U0853196

守望者
The Catcher

阅读 你的生活

中华美德书

夏伟东　主编

中国人民大学出版社
·北京·

序　言

2013年11月，习近平总书记在山东曲阜考察时，鲜明指出，“对历史文化特别是先人传承下来的价值理念和道德规范，要坚持古为今用、推陈出新，有鉴别地加以对待，有扬弃地予以继承”，并明确要求加强全社会的思想道德建设，激发人们形成善良的道德意愿和道德情感，培育正确的道德判断和道德责任，提高道德实践能力，尤其是自觉践行能力，引导人们向往和追求讲道德、尊道德、守道德的生活，形成向上的力量、向善的力量。习近平总书记的这次重要考察和重要讲话，引发了我的老师、中国人民大学荣誉一级教授、新中国伦理学事业的重要开创者、著名伦理学家罗国杰教授的强烈共鸣。

罗老师尽管当时已病重卧床，但仍然召我前去，反复叮嘱我，要好好学习、领悟习近平总书记的重要讲话精神，好好把握弘扬优秀传统文化和传统美德的历史机遇，努力为道德建设做一点贡献。罗老师还提议，他和我共同写一篇学习体会文章公开发表。罗老师口述了文章思路，我执笔完成后，由罗老师的夫人张静贤教授一字一句地读给他听，他认可定稿后，我们将文章交由一家刊物公开发表了。罗老师看到文章刊出后，很高兴，很欣慰。罗老师要求我继续把研究做下去，编写一些有意义的书籍。

原国家教委在1993年组织编写了《中国传统道德》大型丛书，由罗国杰老师担任总主编，我当时在国家教委工作，负责丛书的日常组织工作，从书 1996 年编写完成，出版后受到海内外高度关注。这套丛书主要还是研究整理性的，不太容易推广普及，今天应该在这套丛书的基础上继续推进，编写出更适合推广普及的读物。我提出了这个想法，罗老师很赞同。

为此，我寻求黑龙江大学关健英教授、中国人民大学杨宗元编审的帮助，一起商讨编写一本什么样的有意义的书。她们两位均是罗老师的高足，关健英教授曾担任罗老师的学术秘书，杨宗元编审参加了《中国传统道德》一书的工作，目前两位都是中国人民大学伦理学与道德建设研究中心兼职研究员，罗老师曾带领我们联合署名编写出版了《德治新论》一书，我们对传统美德的态度观点是一致的。

这些年传统道德方面的书出版了不少，但我们感觉到还是缺少雅俗共赏、适合有不同需求的人阅读的比较好的传统美德读本。多年前，有出版社翻译出版了美国原教育部部长威廉·贝内特编著的《美德书》(*Book of Virtues*)，篇幅很大，发行量不小，在国内知名度很高，影响挺广。我认真阅读了此书，看到全书所选美德故事，虽可说收罗广泛，美国，欧洲、非洲一些国家的美德故事都见之于书，但就是缺乏亚洲国家的美德故事，尤其是中国的美德故事。

为此，我建议编写一本《中华美德书》，以影响中华民族五千年的美德嘉言懿行作为主要线索和基本框架。中国五千年的文明史，中华民族五千年的美德历程，源远流长，一脉相承，可歌可泣。经史子集、政书类书、笔记野史、神话志怪、歌赋戏曲、家训蒙学、民间传说，等等，无不记载着中华民族感动人心、激越古今的美德故事和道德箴言，中华民族传统美德所凝结而成的“嘉言懿行”，在五千年文明史中汗牛充栋，弦歌不辍，生生不息，影响深远。

编写《中华美德书》的动议得到关健英教授、杨宗元编审的高度赞同，我们一拍即合，下定决心编写一本中国人自己的美德书，以充分彰显中国人的美德底蕴、美德历程和文化自信、道德自信，也填补传统美德出版物的空缺，为不同层次的读者，提供一本可选择的有益读物。

总的思路和大的框架定下来之后，我们进一步确定了德目。中华五千年文明传统厚积了方方面面、包罗万象的美德德目，不可能全部罗列。我们精挑细选，最终确定了四十个德目，我们认为这些都是不能遗漏的德目，它们真实影响了中华五千年。应该说，这四十个德目，很难讲有一个严整的前后上下贯通的逻辑体系，这事实上也做不到，因为历史上并没有这样的严整贯通的逻辑体系，但我们还是做了深入的思考，认真进行了历史性的梳理，尽可能地按照这些德目在历史上的相关性，形成大致有序的逻辑体系，由此安排各德目之间的先后顺序，努力贴近这些德目的内容逻辑和历史逻辑。

每个德目之下，都撰写了一个简明的“导语”，扼要地叙述这一德目的来龙去脉，以及这一德目的主要内容和基本规范。每个“导语”后，选取若干条“名言”，均为历史上有代表性的、比较著名的格言警句，而且注重各家各派的思想观点和不同侧面的内容。我们还特别注意选取了习近平总书记在不同场合公开引用过的格言警句，大大增加了本书“名言”部分的厚重度。

在各德目的“名言”后，是本书的主体——美德故事。这些美德故事的来源是多样化的，思想流派、代表人物、题材体裁尽可能丰富多彩、不拘一格，这样的安排是出于全面性、代表性、典型性和说服力的考量。每一个美德故事下，有经典原文，有基础注释，有大意译文，还有“感悟”点评。“感悟”点评，对美德故事力求进行辩证分析，做出适当评价，表达我们的观点看法，这是本书的一个着力点，也是编写这类书的一个尝试。

本书的初稿很早就编写出来了，主要是由于我的原因，而迟迟未能定稿出版。前些年忙于工作，完全无暇顾及本书，统稿、修改定稿之事一拖再拖。直到从工作岗位上退下来，我才静下心，重新回到本书上来。

实事求是地说，本书的主要工作是由关健英教授、杨宗元编审来做的。名言和美德故事的选取，“导语”“感悟”的写作，“注释”“大意”的完成，都是她们两位先拿出了初稿。我的分工，主要是统稿，在她们的初稿上进行调整、增删、修改，因此，辛苦和功劳，主要是她们两位的，她们是本书的第一贡献者。我们合作得十分愉快，衷心感谢她们对我的信任和宽容。

本书从最初立意到今天定稿出版，历时已逾十年。慢功出细活，这个道理也适用于本书的编写，这些年我们的认识在提高，知识在增加，下笔也更为慎重。虽然数易其稿，费力良多，来之不易，但我们内心并不以此为苦，而是充满快乐。今天的新时代是传承弘扬中华优秀传统文化和传统美德的最好时代，我们能够做一点力所能及的工作，是我们的历史际遇。习近平总书记深刻指出：“文化自信，是更基础、更广泛、更深厚的自信。”道德自信，是文化自信的重要根基；中国人的道德自信，以中华民族五千年文明史和美德历程为底蕴。正如习近平总书记所强调指出的，“中华文明是世界上唯一绵延不断且以国家形态发展至今的伟大文明”，中华文明“主张以道德秩序构造一个群己合一的世界，在人己关系中以他人为重”。

敬爱的罗国杰老师离开我们已有十个年头了，时间愈久，我们的思念愈深。“传不习乎？”最好的怀念就是将恩师的事业传承下去。谨将此书献给罗国杰老师、张静贤老师，以表达我们历久弥新的景仰之情。

编写传统文化的书难度很大，我们深知自己的学养有限，本书中的错漏在所难免，祈望读者方家批评指正。

夏伟东

2025 年春节于北京万寿路寓所

目　录

报恩：涌泉相报 / 356

气节：时穷节乃见 / 375

自强：自胜者强 / 396

君子：比德于玉 / 409

仁：仁者爱人

导　语

“仁”是中国传统伦理文化中最重要的德目之一，提倡仁爱是中国传统伦理文化的重要特点。春秋时期，孔子开创儒家仁学。从中国传统道德来看，仁有广义和狭义之分：狭义的仁，是作为“四德”“五常”之一的德目；广义的仁，则是一切美德的根源、所有德目的总纲。

仁具有丰富的道德内涵。在《论语》一书中，仁的出现频率较高，但孔子并没有具体定义什么是仁，而是根据不同的问题、不同的提问者、不同的语境，对仁的内涵做出多种解释。比如，孔子曾用“爱人”“忠恕”“克己复礼”“恭、宽、信、敏、惠”等来释仁。孔子说，仁的核心内涵是“爱人”。孔子之后的儒家学者，如孟子等人，对仁的解释，基本都是遵循孔子“爱人”的思路。因此，仁与仁爱、爱人等概念的内涵是一致的。

“仁者爱人”，根本要求是尊重人，把他人看作自己的同类，像关爱自己一样关爱他人。“爱人”之“人”，并非特指某些特定的人，而是泛指同类，这便是孔子所说的“泛爱众”、董仲舒所说的“仁者所以爱人类也”、韩愈所说的“博爱”。马厩失火，孔子问人不问马，表现的就是同类之爱。古人认为，即便是戴罪之人，也是仁爱的对象。大禹下车泣罪，欧阳修之父判案哀矜罪犯，并非宽宥罪行，而是在公正执法时不失仁爱之心。

仁爱落到实处，要求每个人都要竭己之力、尽己之能，帮助那些需要帮助的人，尤其是那些生计困顿的群体。中国自古就有扶危济困的优良传统，倡导对身处困境的人，要施以援手，有钱出钱，有力出力，使老有所终，壮有所用，幼有所长，矜、寡、孤、独、废疾者皆有所养。本篇选取的美德故事中，东汉的第五访“乐以一身救百姓”，不顾朝廷律例开仓放赈；三国的董奉医者仁心，杏林佳话传诵至今；清代的解士雄富而好施，仗义疏财。

儒家认为，仁爱是基于人皆有之的“恻隐之心”“不忍人之心”。孟子认为，恻隐之心是仁爱的根芽。仁爱，不是居高临下的施舍，而是由恻隐之心生发出的对他人的关怀与尊重。面对前来打枣的西邻老妇人，杜甫设身处地，将心比心，对老妇的辛酸感同身受，发出“不为困穷宁有此”的感叹。

名 言

仁者安仁，知者利仁。（《论语·里仁》）

苟志于仁矣，无恶也。（《论语·里仁》）

君子无终食之间违仁，造次必于是，颠沛必于是。（《论语·里仁》）

钓而不纲，弋不射宿。（《论语·述而》）

志士仁人，无求生以害仁，有杀身以成仁。（《论语·卫灵公》）

仁人之事者，必务求兴天下之利，除天下之害。（《墨子·非乐上》）

爱人利物之谓仁。（《庄子·天地》）

恻隐之心，仁之端也。（《孟子·公孙丑上》）

仁者爱人。（《孟子·离娄下》）

心兼爱人谓之仁，反仁为戾。（贾谊：《新书·道术》）

仁者所以爱人类也。（董仲舒：《春秋繁露·必仁且智》）

博爱之谓仁。（韩愈：《原道》）

仁义礼智四者，仁足以包之。（《朱子语类》卷六）

处富贵地，要矜怜贫贱的痛痒；当少壮时，须体念衰老的酸辛。（《增广贤文》）

大禹下车泣罪

【经典】

禹[1] 出见罪人，下车问而泣之。左右曰：“夫罪人不顺道[2]，故使然焉，君王何为痛之至于此也？”禹曰：“尧、舜[3] 之人，皆以尧、舜之心为心。今寡人为君也，百姓各自以其心为心，是以痛之也。”书曰：“百姓有罪，在予一人。”（刘向：《说苑·君道》）

【注释】

[1] 禹：亦称“大禹”“夏禹”“戎禹”，夏代建立者。鲧之子，原为夏后氏部落领袖，奉舜命治理洪水。

[2] 不顺道：指行为不合道义。顺，服从，顺应。道，道义，正道。

[3] 尧、舜：二人均为传说中的远古部落领袖。尧，号陶唐氏，名放勋，史称“唐尧”。舜，号有虞氏，名重华，史称“虞舜”。尧曾选舜为其继承人，史称“禅让”。

【大意】

有一次大禹乘车外出巡视，见到一个被押解的罪犯从他身边经过。大禹吩咐车夫停车，走上前去，询问这个人的详细情况。问完之后，大禹流下了眼泪。

大禹左右的人见了，都很不理解。有人问：“此人是因为行为不端才被抓，君王您为什么如此痛心？”

大禹回答说：“从前尧和舜做君王的时候，百姓都与他们同心同德；如今我做了君王，百姓却不与我同心同德。他们做了坏事，我感到非常痛心！”

于是，大禹当即写了“百姓有罪，在予一人”八个字。

【感悟】

孟子认为，如果说仁爱之德是一棵大树，“不忍人之心”就是最初的小小根芽。

大禹下车泣罪，心怀仁慈之心，并非宽宥罪犯，而是对罪犯的不端行为哀矜不已、痛心不已，对自己失察失职自责不已、检省不已。这是一种大仁之心。

儒家认为，有仁心才有仁政，才有天下归心、四海升平。

孔子问人不问马

【经典】

厩[1] 焚。子退朝，曰：“伤人乎？”不问马。（《论语·乡党》）

【注释】

[1] 厩：马房。

【大意】

马房失火了。孔子看到后，问：“伤着人没有？”没有问损失了多少匹马。

【感悟】

马厩失火，只关心人的安危，而不问马的伤亡，此事于今为平常，在古代却不然。春秋时期，马匹价格不菲，马不仅是重要的生产资料，而且是重要的战略物资。孔子不问马，并非不了解、不在意马的价值，而是更看重人的生命。

朱熹评价孔子此举，“贵人贱畜，理当如此”。人与物相比，人的生命具有价值优先性，重视人的价值，体现了孔子的仁爱之心的本质。

第五访开仓赈民

【经典】

第五访[1] 字仲谋，京兆长陵人，司空伦之族孙也。少孤贫，常佣耕以养兄嫂。有闲暇，则以学文。仕郡为功曹[2]，察[3] 孝廉，补新都令。……迁张掖[4] 太守。岁饥，粟石[5] 数千，访乃开仓赈给以救其敝。吏惧谴，争欲上言。访曰：“若上须报，是弃民也。太守乐以一身救百姓！”遂出谷赋人。顺帝[6] 玺书嘉之。(《后汉书》卷七十六，《循吏列传》)

【注释】

[1] 第五访：东汉顺帝时名吏。字仲谋，京兆长陵（今陕西咸阳市东北）人。第五，复姓。

[2] 功曹：官名。相当于郡守的总务长。

[3] 察：察举，考察后推荐。

[4] 张掖：郡名。故治在今甘肃张掖市西北。

[5] 石：古代的容量单位或重量单位。若指容量单位，则十斗为一石；若指重量单位，则一百二十斤为一石。

[6] 顺帝：东汉顺帝刘保。

【大意】

第五访是东汉时期京兆长陵人，他出生在贫寒之家，少年时代成了孤儿。他和兄嫂一起生活，常常给有钱人家干活，赚钱供养兄嫂。有闲暇的时候，他用功学习，后来当上了郡府的功曹，之后又通过选拔官吏的考察，成为新都县令，由于政绩突出，被提拔为张掖郡太守。

有一年，张掖遭遇饥荒，全郡仅收粮食数千石。第五访决定打开官府粮仓，救灾赈民，以解燃眉之急。但按当时的法律，开仓赈民需要上报。各级官吏害怕朝廷震怒，自己获罪，都不敢开仓，说要有皇帝的御旨才肯赈济百姓。第五访说："上报需要很长的时间，现在每天都有人饿死，如果一定要上报，那就是抛弃百姓，我愿意以个人的身家性命来救济百姓！"于是，这些官吏终于肯打开官仓，拿出粮食，救济百姓。

后来，汉顺帝得知此事，专门下诏书嘉奖了第五访。

【感悟】

第五访的故事展示的是人面临选择时的两难困境：是死守一般"惯例"，还是从危急情况着眼，救民于水火？

私自开仓放赈显然有违"惯例"，会影响到自己的仕途，甚至招致杀身之祸，但第五访首先想到的不是头上的乌纱帽，而是"爱民"还是"弃民"。在特定的情境中，事急从权，"乐以一身救百姓"是官吏的仁爱之选。

杏林佳话

【经典】

董奉[1] 者，字君异，侯官县[2] 人也。……为人治病，不取钱物。使人重病愈者，使栽杏五株，轻者一株。如此数年，计得十万余株，郁然成林。而山中百禽群兽游戏杏下，竟不生草，有如耘治也。于是杏子大熟，君异于杏林下作箪仓，语时人曰："欲买杏者，不须来报，径自取之。得将谷一器置仓中，即自往取一器杏云。"……君异以其所得粮谷，赈救贫穷，供给行旅，岁消三千斛[3]，尚余甚多。(葛洪：《神仙传》卷十)

【注释】

［1］董奉：三国时民间医生。以医术高明、医德高尚著称。

［2］侯官县：今福建闽侯县东北。

［3］斛：量器名，也是容量单位。古时以十斗为一斛，南宋末改成五斗为一斛。

【大意】

三国时，在福建侯官县有一位民间医生叫董奉。他医术高明，医德高尚，给人治病不收钱。他治愈的病人要答谢他，他就让重病痊愈的人种五棵杏树，轻病痊愈的人种一棵杏树。数年之后，已有十万余棵杏树，郁郁葱葱，蔚然成林。禽鸟野兽在杏林中栖戏，杏林杂草不生。杏子丰收了，董奉在林中建一简易仓房，告诉人们说，想买杏的人，不用通报，只需用一容器谷物，换一容器杏。每年用杏换来的粮食，董奉用来救济无依无靠的老弱贫病者以及遇到困难的行人，每年要用掉三千斛粮食，尚余很多。

【感悟】

这个故事出自东晋葛洪的《神仙传》，表现了古代医者扶危济困的仁爱医德。

杏林春暖，医者仁心。今天读董奉的故事，吸引人们的目光并让人们感觉到温暖的，是董奉的仁心善举，是传诵至今的杏林佳话。

杏林早已成为医者的象征，医者，有医术，更要有一颗仁心。

杜甫善待邻妇

【经典】

堂前扑枣[1] 任西邻，无食无儿一妇人。不为困穷宁有此？只缘恐惧转须亲[2]。即防远客[3] 虽多事，便插疏篱却甚真。已诉征求[4] 贫到骨，正思戎马泪盈巾。(杜甫：《又呈吴郎》)

【注释】

[1] 扑枣：打枣。

[2] 转须亲：反而更应该对她表示亲热。

[3] 远客：指吴郎，杜甫的亲戚，这首诗就是写给他的。

[4] 征求：朝廷征收的赋税负担。

【大意】

杜甫是唐朝大诗人。在他晚年住的草堂西边不远，住着一位孤苦伶仃的老妇人。秋天，草堂前的枣树结满了枣子，老妇人常常来打枣，以枣充饥。杜甫对她非常友善。后来，杜甫从草堂搬走，把草堂借给了一位吴姓的亲戚，这位亲戚搬来以后，在草堂周围插上了篱笆。杜甫得知此事，提笔写下《又呈吴郎》这首诗，劝说吴郎善待这位老妇人。

诗的大意是：堂前枣熟时，我任凭西邻老妇人来打枣，她缺衣少食无儿无女，如果不是生活贫困，何以至此？她每次来打枣，都表现得很恐惧。为打消她的顾虑，我反而对她亲近。你来以后，老妇人正担心你不许她打枣，虽然她的担心是多余的，但你无心插了篱笆，她以为你有意不让她打枣。她曾和我哭诉，由于官家横征暴敛，她已经穷得只剩下一把老骨头了。我想，战乱不止，她的生活是多么艰难啊！想到这里，我不禁泪湿衣襟。

吴郎读完诗以后，很受触动。此后，他也像杜甫一样，善待这位孤苦无依的老妇人。

【感悟】

《增广贤文》有言：“处富贵地，要矜怜贫贱的痛痒；当少壮时，须体念衰老的酸辛。”这便是中国古人对仁爱的朴素理解。

面对前来打枣的西邻老妇人，杜甫寄予了深切的同情。为生活所迫的辛酸、乞食于人的羞赧、看人脸色的恐惧、内心的悲凉和无奈，面对这种种处境和心境，杜甫都能做到设身处地，将心比心。

仁爱，需要对别人的处境感同身受。儒家认为，所谓“仁”，要把他人看作与自己一样的人来尊重、关爱。这是一种爱类意识，强调推己及人，换位思考，即董仲舒所说的“仁者所以爱人类也”。

仁爱，不是居高临下的施舍，而是对他人的关怀与尊重。

欧阳修父亲断狱怀仁

【经典】

汝父为吏，尝夜烛治官书，屡废而叹。吾问之，则曰："此死狱也，我求其生不得尔。"吾曰："生可求乎？"曰："求其生而不得，则死者与我皆无恨也，矧[1]求而有得邪？以其有得，则知不求而死者有恨也。夫常求其生犹失之死，而世常求其死也。"回顾乳者，抱汝而立于旁，因指而叹曰："术者[2]谓我岁行在戌将死，使其言然，吾不及见儿之立也，后当以我语告之。"其平居教他子弟，常用此语，吾耳熟焉，故能详也。其施于外事，吾不能知；其居于家，无所矜饰，而所为如此，是真发于中者邪！呜呼！其心厚于仁者邪，此吾知汝父之必将有后也。（欧阳修：《泷冈阡表》）

【注释】

［1］矧（shěn）：况且。

［2］术者：古时以卜筮、星命等办法推知人事吉凶的人。

【大意】

欧阳修是唐宋八大家之一。《泷冈阡表》是欧阳修为父亲撰写的碑文。这篇碑文饱含感情，脍炙人口。碑文记述了父亲的往事。父亲去世时欧阳修才四岁，故事是母亲讲给他听的。欧阳修以母亲口吻写道：

"你父亲做官时，曾经在夜里点着蜡烛看案卷，不时停下来叹气。我问他是怎么回事，他说：'这是一个判了死罪的案子，我想为他找到一条生路，但却找不到。'我问他：'既已判了死罪，还有什么生路吗?’他说：‘我为他寻求生路，却没有找到，那么，死囚和我就没有遗憾了，何况有时也有可能找到呢！正因为有可能找到，我才知道不认真推求而处死犯人，被处死的人会有遗恨啊。经常为死囚求生路，还有人不免被错杀，何况世上还总有人草菅人命呢！’他回头看见奶娘抱着你站在旁边，于是指着你叹气说：‘算命的说我会死于戌年，假使此言应验，我就看不见儿子长大成人了，将来你要把我的话告诉他。’他也常常用这些话教育其他晚辈，我听惯了，所以记得很清楚。他在外面怎么样，我不知道，但他在家里，从不装腔作势，他这样做事都是发自内心的！唉，他的心是很仁厚的啊！这就是我知道你的父亲必定会后继有人的原因。”

【感悟】

《论语·子张》中有这样一件事，曾子的弟子阳肤做了掌管刑狱的官，他来向曾子讨教。曾子告诉他：“如得其情，则哀矜而勿喜。”意思是说，在办案时要哀怜当事人，不要因为案件被侦破而沾沾自喜，更不要大肆庆祝。

欧阳修父亲正是这样，虽判人有罪，罪或至死，却不失仁爱之心，尽己所能，在律法允许的范围内尽量宽免，为其求生路。而对罪不容赦的，也不失仁爱之心，为其悲哀不已。

大禹下车泣罪，曾子告诫掌管刑狱的学生“哀矜而勿喜”，欧阳修父亲判案不失仁厚之心，这几个故事的基本精神是一致的。他们的行为与公正执法并不矛盾，并非宽宥罪犯，而是在执法中体现儒家的仁爱之心。其根本目的，是要以德教人，切勿误入歧途，以身试法，陷入罪不容赦的境地。

解善人富而好施

【经典】

解士雄，字勷武，海州[1] 人。少孤，以力田起家，入赀[2] 为国子生。为人朴鲁俭约，常布衣疏食。而性好施予，有睦姻任恤风[3]。族党之力难殡葬者，嫁娶愆期[4] 者，皆待之以给。岁暮农事毕，则周行村野间，视破屋中之有鹑衣尘甑者[5]，辄予以布粟，故一乡皆称之为解善人。

乾隆乙巳[6]，海州大旱，民饥，州牧林光照设厂煮粥以赈，解率先捐钱八百缗[7] 助之。既而念所居白塔埠镇之被灾为尤剧，复即其家别设粥厂，分男女二棚，与其妻分督之，辄中夜起，率婢仆淅米[8] 执爨[9]。清晨，饿者环集，夫妇先啜一盂以尝之，然后操杓散给，无不饱饫[10] 以去，日常数百人。自冬至夏，阅[11] 六月，所全活者逾千。

是岁，农无籽种，弃田不耕，乃出所藏粟麦，计亩而贷之种，不立券，获而偿者不取息，不偿者听[12]。（徐珂：《清稗类钞 · 义侠类》）

【注释】

[1] 海州：州名。清代辖境相当于今江苏连云港市等地区。

[2] 入赀（zī）：缴纳钱财以取得官爵功名。赀，通“资”。

[3] 有睦姻任恤（xù）风：有和睦家族、融洽姻亲、信任朋友、怜贫济困的作风。任恤，待人诚信并给人以帮助。

[4] 愆（qiān）期：失期。愆，延误。

[5] 鹑（chún）衣尘甑（zèng）者：衣服破旧、家中断炊的人。

鹑衣，鹑鸟尾秃，像补缀的破旧衣服。甑，煮食用的陶制炊具。尘甑，甑中结尘，表明家中断炊已久。

[6] 乙巳：乾隆五十年（1785 年）。

[7] 缗（mín）：穿钱的绳子，也指成串的钱。一千文钱为一缗，也称一贯。

[8] 淅（xī）米：淘米。

[9] 执爨（cuàn）：烧火做饭。爨，灶。

[10] 饫（yù）：饱食。

[11] 阅：经历，经过。

[12] 听：听任，指对不偿还粟、麦种子的人不追究。

【大意】

清乾隆年间，有一个叫解士雄的人，他从小失去了父母，长大以后靠勤劳耕田逐渐富裕起来。他生活俭朴，穿的是粗布衣衫，吃的是粗茶淡饭，却乐善好施，有和睦家族、融洽姻亲、信任朋友、扶贫济困之风。村子里谁家无力殡葬，或者因为贫穷而无力婚娶，他都会给予救济。每年农闲的时候，他总要到各家各户去看看，如果哪家缺衣少粮，他就会提供帮助，被乡里人称为“解善人”。

乾隆年间，解士雄的家乡海州大旱，百姓无粮，难以度日。州牧林光照决定设置粥厂赈济灾民，解士雄立即拿出八百贯钱资助。后来他考虑到自己所住的白塔埠镇受灾特别严重，就又在自己家另设粥厂，分成男女两个大棚，他和妻子分别管理。他们每天半夜就要起来，带领仆人淘米、烧火、煮粥。清晨，饥饿的人们就把粥棚围得水泄不通，每天都有几百人来，他们夫妻二人一勺一勺地给饥民分粥，直到饥民吃饱为止。从冬到夏，靠粥保全性命的饥民超过千人。

这一年，农民没有种子种地，许多田地眼看要撂荒。解士雄又把自己家贮藏的粟、麦种子拿出来，借给那些没有种子的农民。解士雄没有让这些农民立借据。等到收获的时节，对主动还种子的农民，解士雄不要求他们偿还利息；对有些不还种子的农民，他也不在意。

【感悟】

古人云："有力者疾以助人，有财者勉以分人。"在别人处于危难之际，尽己所能，施以援手，有钱出钱，有力出力，这样的人，从来都受到人们的敬重。

解善人是一位富有的乡绅。解善人之富，在于他拥有财富，更在于他富有德行，具有救助贫弱、仗义疏财的仁爱之心。

义：义者宜也

导 语

“义”，是儒家的“四德”“五常”之一，也是“礼义廉耻”四维之一。在中国传统伦理文化中，各家各派都极为推崇义，并经常将仁、义合用。

义，是几千年来中国人的传统美德，中华民族自古就有重义的传统。义在传统价值观中占有重要的地位，义士、义举、义行、义气、义勇历来受到人们特别的推崇和褒奖，千古传诵。

“义者，宜也。”义的含义较为复杂，以“宜”来释义，是古人比较一致的理解。“宜”，就是“应该”“应当”之义，是人们进行道德选择和道德评价时的应然之则。何者为“宜”？不同的人处在不同的立场、不同的时代会有不同的看法。对此，王夫之提出一个深刻的见解：义有“一人之正义”、“一时之大义”和“古今之通义”。其基本原则是：公义重，私义轻。不能以一时废千古，不能以一人废天下。也只有从“大义”的角度，才能更好地理解石碏艰难抉择的道德价值。

孔子讲义利之辨，强调“君子喻于义”。孟子尤其重义，把义看作“正路”“人路”，看作人的必由之道，不可须臾离开，它发端于人的羞恶之心，是人之为人最基本的规定性；它决定了人与动物之别，划定了君子与小人的分野。

本篇所选取的“鉏麑触槐”“易甲明义”“‘强项令’董宣”几个故事，主人公都把义看得比自己的生命还重要。无论是利益的诱惑还是权势的威逼，都不能撼动他们心中所坚守的义。对于他们来说，只有一个选择：舍生取义。

在中国传统文化的语境中，义在很多时候等同于“道义”一词。对义的坚守，是对良善的渴望，是对正义终将战胜邪恶的信念，表达了中国人朴素的善恶观：“多行不义，必自毙。”

名　言

多行不义，必自毙。（《左传·隐公元年》）

君子义以为上。（《论语·阳货》）

万事莫贵于义。（《墨子·贵义》）

仁，人之安宅也；义，人之正路也。（《孟子·离娄上》）

羞恶之心，义也。（《孟子·告子上》）

生亦我所欲也，义亦我所欲也；二者不可得兼，舍生而取义者也。（《孟子·告子上》）

义者，宜也。（《礼记·中庸》）

以仁安人，以义正我。（董仲舒：《春秋繁露·仁义法》）

钱财如粪土，仁义值千金。（《增广贤文》）

多行不义，必自毙

【经典】

初，郑武公[1]娶于申[2]，曰武姜，生庄公及共叔段[3]。庄公寤生[4]，惊姜氏，故名曰“寤生”，遂恶之。爱共叔段，欲立之，亟[5]请于武公，公弗许。及庄公即位，为之请制[6]。公曰：“制，岩邑[7]也，虢叔[8]死焉，佗邑唯命。”请京[9]，使居之，谓之“京城大叔[10]”。

祭仲[11]曰：“都城过百雉[12]，国之害也。先王之制，大都不过参国之一[13]，中五之一，小九之一。今京不度，非制也，君将不堪。”公曰：“姜氏欲之，焉辟害[14]？”对曰：“姜氏何厌[15]之有？不如早为之所，无使滋蔓。蔓，难图也。蔓草犹不可除，况君之宠弟乎？”公曰：“多行不义，必自毙。子姑待之。”

既而大叔命西鄙[16]、北鄙贰于己[17]。公子吕[18]曰：“国不堪贰，君将若之何？欲与大叔，臣请事之；若弗与，则请除之，无生民心[19]。”公曰：“无庸，将自及[20]。”大叔又收贰[21]以为己邑，至于廪延[22]。子封曰：“可矣。厚将得众。”公曰：“不义不昵，厚将崩。”大叔完聚[23]，缮甲兵，具卒乘[24]，将袭郑。夫人将启之。公闻其期，曰：“可矣！”命子封帅车二百乘以伐京。京叛大叔段。段入于鄢。公伐诸鄢。五月辛丑，大叔出奔共。(《左传·隐公元年》)

【注释】

[1] 郑武公：春秋时郑国国君。姬姓，名滑突，一作掘突，“武”

为其谥号。

［2］申：诸侯国名。在今河南南阳市，姜姓。

［3］共（gōng）叔段：郑庄公的弟弟，名段。“叔”为兄弟排行居后者。后来段起兵失败出奔共地，因此又称“共叔段”。

［4］寤（wù）生：难产。

［5］亟：多次，屡次。

［6］制：春秋时郑国邑名。在今河南荥阳虎牢。

［7］岩邑：险要的城邑。

［8］虢（guó）叔：东虢国国君。其国为郑武公所灭。

［9］京：春秋时郑国邑名。在今河南荥阳市东南。

［10］大（tài）叔：对共叔段的尊称。大，通“太”。

［11］祭（zhài）仲：春秋时郑国大夫。

［12］雉（zhì）：古时建筑计量单位。城墙长三丈、高一丈为一雉。

［13］参国之一：大城面积不能超过国都的三分之一。参，同“三”。国，国都。

［14］焉辟害：怎能躲开这种祸害？焉，疑问代词，哪里，怎么。辟，同“避”。

［15］厌：同“餍”，满足。

［16］鄙：边境上的城邑。

［17］贰于己：同时属于自己。意思是原本只属于庄公，现在同时也属于共叔段。

［18］公子吕：春秋时郑国大夫。字子封。

［19］无生民心：不要使民众生出二心。

［20］自及：自己走到毁灭的地步。及，至，到。

［21］贰：指原来贰属的西鄙、北鄙。

［22］廪延：春秋时郑国邑名。在今河南延津县北。

[23] 完聚：修缮城郭，聚集民众。完，修缮，修筑。

[24] 具卒乘（shèng）：准备步兵和兵车。具，准备。卒，步兵。乘，四匹马拉的战车。

【大意】

春秋时期，郑武公娶了申国国君的女儿武姜为妻，生下了庄公和共叔段。武姜生庄公时难产，受了惊吓，所以给庄公取名叫“寤生”，也因此讨厌庄公。武姜很疼爱共叔段，想立他为太子，多次向武公请求，武公都没有答应。

等到庄公当上了郑国国君，武姜向庄公请求，把制这个地方给共叔段，作为他的封地。庄公说：“制是个险要的城邑，从前东虢国的国君虢叔就死在那里，别的地方您想要给他，我都答应。”于是，武姜又为共叔段请求京这个地方，庄公就让共叔段住在那里，称他为“京城太叔”。

郑国大夫祭仲说：“都城超过了三百丈，就会成为国家的祸害。按先王的规定，大城面积不能超过国都的三分之一，中等的不超过五分之一，小的不超过九分之一。现在京地的都城，大小不合法度，这于您不利。”庄公回答说：“姜氏要这么做，我又能怎么办呢？”祭仲说：“姜氏怎么会满足呢？不如趁早给他另外安排一个容易控制的地方，不能让他的势力蔓延。如果蔓延开来，就难对付了。野草滋长蔓延都难以除掉，更何况您受宠的兄弟呢？”庄公说：“干多了不义之事，必定会自取灭亡，您姑且等着吧。”

不久之后，太叔命令西边和北边的边邑也同时归他管辖。郑国大夫公子吕说：“一个国家不能容纳两位君王，您准备怎么处理这件事？如果您想把国家交给太叔，就请允许我去侍奉他；如果不想交给他，就请除掉他，不要使百姓产生二心。”庄公说：“用不着，他会自取灭亡。”后来，太叔又把双方共管的边邑收归自己，一直把邑地扩张到了廪延。公子吕说：“动手吧，他占多了地方就会得到百姓拥护。”庄公说：“他对君不义，对兄不敬，地方再大也会崩溃。”

太叔修建城池，把百姓聚集起来，修整铠甲，制造武器，训练士兵，修造战车，做好了袭击郑国国都的准备。武姜打算为他打开城门做内应。庄公得知了太叔偷袭的日期，说：“可以动手了！”他命令公子吕统率二百辆战车攻打京邑，京邑百姓背叛了共叔段。共叔段逃到了鄢地，庄公又攻打鄢地。后来，共叔段逃到了共地。

【感悟】

“郑伯克段于鄢”，是发生在春秋时期的著名史实，讲述了共叔段成为京城太叔以后，不断地扩张土地，修造战车，扩大军队，兵袭国都，直至最后自取灭亡的故事。

共叔段的不臣之心早已昭然若揭，但面对大臣的谏言，庄公只有淡淡的一句话：“多行不义，必自毙。”

在他看来，不义，是对正义的侵犯，是以一己之私对抗天下公义。庄公在等待共叔段众叛亲离，等待正义与邪恶较量的结果。

“多行不义，必自毙。”这已经成为中国人耳熟能详的至理名言，凝结着人们朴素的道德信念。

石碏大义灭亲

【经典】

四年[1]春，卫[2]州吁[3]弑[4]桓公[5]而立。……州吁未能和其民[6]，厚[7]问定君于石子[8]。石子曰："王觐[9]为可。"曰："何以得觐？"曰："陈桓公方有宠于王，陈、卫方睦，若朝陈使请，必可得也。"厚从州吁如[10]陈。石碏使告于陈曰："卫国褊小[11]，老夫耄[12]矣，无能为也。此二人者，实弑寡君，敢即图之。"陈人执[13]之，而请莅[14]于卫。九月，卫人使右宰丑莅杀州吁于濮。石碏使其宰獳羊肩莅杀石厚于陈。君子曰："石碏，纯臣也。恶州吁而厚与[15]焉。'大义灭亲'，其是之谓乎！"（《左传·隐公四年》）

【注释】

[1] 四年：指鲁隐公四年（前719年）。

[2] 卫：春秋时小国之一，最初是周武王之弟康叔的封地。后来为秦所灭。

[3] 州吁：卫庄公的宠妾所生，为桓公的异母弟。

[4] 弑（shì）：杀。古代子杀父或臣杀君称弑。

[5] 桓公：卫桓公，卫庄公之子，为州吁所杀。

[6] 和其民：治理百姓，使民和睦。

[7] 厚：石厚，石碏（què）之子，与州吁关系密切。

[8] 石子：指石碏，春秋时卫国大夫。

[9] 觐（jìn）：朝见天子。

[10] 如：到。

[11] 褊（biǎn）小：地域狭小。

[12] 耄（mào）：年老，古人称八十岁为耄。

[13] 执：捉住，逮捕。

[14] 莅（lì）：到，临。

[15] 与（yù）：参与，在其中。

【大意】

鲁隐公四年（前719年）的春天，卫国的公子州吁杀了卫桓公而自立为君。……州吁夺权后，国家治理得不好，社会动荡。石厚与州吁交往密切，关系很好，为了帮助州吁，石厚就去向父亲石碏请教稳定君位的方法。石碏是卫国的贤大夫，他早就看不上州吁的为人，认为州吁弑君是大逆不道的事情。为了除掉州吁，石碏说："我看，只有去朝见周天子，州吁的国君身份才能被认可，老百姓才能臣服，社会才能稳定。"石厚又问："怎么才能见到周天子呢？"石碏说："不如去陈国求陈桓公帮忙，因为周天子比较信任他，陈国和卫国又是友好睦邻，求他帮忙，一定可以。"州吁听从了石碏的建议，就带着石厚等人来到陈国。石碏马上派人转告陈桓公，说："卫国土地狭小，国力很弱，我也垂垂老矣。我没办法除掉他们了。州吁和石厚两人是弑君的逆臣，我冒昧地请求您，借他们去贵国的机会，替卫国把他们除掉吧。"陈桓公派人把州吁、石厚两人抓起来，请卫国派人来陈国处置。这年的九月，卫国派一个名叫丑的右宰，到陈国的濮地杀了州吁，石碏也派一个叫獳羊肩的家臣到陈国把石厚杀掉了。人们评价说："从石碏杀子这件事来看，他确实是一个正直纯正的臣子。他憎恶州吁弑君，因此把参与此事的儿子石厚一起杀了，所谓'大义灭亲'，说的就是他这种行为吧！"

【感悟】

石碏设计杀了自己的儿子，这就是成语"大义灭亲"的由来。

历史上这样的故事不少，人们熟悉的"赵氏孤儿"，也与此相类。儒家推崇血缘人伦在社会伦理秩序中的优先地位，强调"父子相隐""亲亲相隐"，为什么会容许"大义灭亲"？其原因在于，儒家强调"公义”。孟子说过，人们在道德选择中，最高的原则就是“惟义所在”（《孟子·离娄下》）。

鉏麑触槐

【经典】

晋灵公不君[1]……宣子[2]骤谏[3]，公患[4]之，使鉏麑[5]贼[6]之。晨往，寝门辟[7]矣，盛服将朝。尚早，坐而假寐[8]。麑退，叹而言曰：“不忘恭敬，民之主也。贼民之主，不忠；弃君之命，不信；有一于此，不如死也。”触槐而死。（《左传·宣公二年》）

【注释】

[1] 不君：不行君道，意思是荒淫无道。

[2] 宣子：赵盾，春秋时晋国正卿。孔子称其为贤大夫。

[3] 骤谏：屡次规劝。

[4] 患：厌恶，憎恨。

[5] 鉏麑（chú ní）：春秋时晋国勇士。

[6] 贼：暗杀。

[7] 辟：打开。

[8] 假寐（mèi）：不脱衣而睡，小憩。

【大意】

春秋时晋国国君晋灵公做事不合君道。正卿赵盾多次进谏规劝，晋灵公为此非常恼火，就派鉏麑去暗杀赵盾。

一天清早，鉏麑来到赵家，看见赵盾的房门已经打开。赵盾穿得整整齐齐，因时间还早，不到上朝时间，正坐着打瞌睡。鉏麑退出来，叹口气说："他在家里都不忘恭敬，真是能为百姓做主的人啊。杀能为百姓做主的人，我就是不忠；可是，不执行国君的使命，我就是不信。我没有办法选择其一，不如死了好。"于是鉏麑撞槐树而死。

【感悟】

一边是内心之义的呼唤，一边是君命不可违。

冲突不可调和，鉏麑最后选择触槐而死，选择了"舍生取义"。

京剧《秦香莲》中有一个重要情节：陈世美派自己的手下韩琪去追杀秦香莲母子，韩琪得知真相后，挥剑自杀。为什么韩琪要自杀？为什么他不放走秦香莲母子，自己远走他乡？或者，冲回驸马府砍了忘恩负义的人？韩琪和鉏麑处于相似的冲突境地。

这种悲壮性的选择，写就了中国历史上一个悲壮的称谓：义士。

孟子论舍生取义

【经典】

孟子曰："鱼，我所欲也，熊掌，亦我所欲也；二者不可得兼，舍鱼而取熊掌者也。生亦我所欲也，义亦我所欲也；二者不可得兼，舍生而取义者也。生亦我所欲，所欲有甚于生者，故不为苟得[1] 也；死亦我所恶，所恶有甚于死者，故患[2] 有所不辟[3] 也。如使人之所欲莫甚于生，则凡可以得生者，何不用也？使人之所恶莫甚于死者，则凡可以辟患者，何不为也？由是则生而有不用也，由是则可以辟患而有不为也，是故所欲有甚于生者，所恶有甚于死者。非独贤者有是心也，人皆有之，贤者能勿丧耳。一箪[4] 食，一豆[5] 羹，得之则生，弗得则死，呼尔[6] 而与之，行道之人弗受，蹴尔[7] 而与之，乞人不屑也；万钟[8] 则不辨礼义而受之，万钟于我何加焉？为宫室之美、妻妾之奉、所识穷乏者得[9] 我与？乡[10] 为身死而不受，今为宫室之美为之；乡为身死而不受，今为妻妾之奉为之；乡为身死而不受，今为所识穷乏者得我而为之；是亦不可以已乎？此之谓失其本心。”（《孟子·告子上》）

【注释】

[1] 苟得：苟且得到，不当得而得。

[2] 患：祸，灾难。

[3] 辟：同“避”。

[4] 箪（dān）：古代盛饭的容器，多用竹制成。

[5] 豆：古代食器，形似高脚盘。

[6] 呼尔：呵斥着。

[7] 蹴（cù）尔：踢着。

[8] 万钟：优厚的俸禄。钟是古代量器，六斛四斗为一钟。

[9] 得：通“德”。得我，指因为周济了他们而感激我。

[10] 乡：同“向”，以前。

【大意】

孟子说：“鱼是我想要的，熊掌也是我想要的；如果二者不能兼得，只好舍鱼而取熊掌。生命是我想要的，道义也是我想要的；如果二者不能兼得，只好牺牲生命来保住道义。生命固然是我想要的，可是我想要的东西还有比生命更可贵的，所以我不能做苟且偷生之事。

死亡本是我厌恶的，可是我厌恶的东西还有比死亡更可怕的，所以有时大祸临头也不躲避。如果人们想要的东西没有比生命更可贵的，那么，为了保住生命，就会采取各种手段；如果人们厌恶的东西没有比死亡更可怕的，那么，为了避开祸患，就会使用各种方法。明明用这些手段就可以苟全性命，明明用这些方法就可以避免灾祸，但有人却不肯做。由此可见，确实有比生命更可贵的东西，也有比死亡更令人厌恶的东西。不仅仅有道德的人是这样，人皆如此，不过有道德的人更能够坚守罢了。一碗饭，一盆汤，有了它就能活命，没有它就得饿死。但是，如果轻蔑地呵斥着给别人，饥肠辘辘的人也不愿意接受；如果践踏过了再给别人，就连乞丐也不屑一顾。对于高官厚禄，有的人不辨是否符合道义，就欣然接受。高官厚禄对我有什么意义呢？为了宫室华美，妻妾享乐，还是想让穷亲戚感激我？以前宁死也不愿意做的，现在为了宫室华美就做了；以前宁死也不愿意做的，现在为了妻妾享乐就做了；以前宁死也不愿意做的，现在为了穷亲戚的感激就做了。难道这些真的就不能停止吗？这就叫失却本心。”

【感悟】

人的一生要面临无数次选择。有些选择，是在善与恶、是与非、高尚与卑鄙之间进行的，此时，选择的难度不是最大的。而有些选择，则把选择者推到了两难境地中。如孟子所说，鱼与熊掌、生命与道义，二者都是我想要的，但却难以兼顾，无法两全。“二者不可得兼”，由此出现了各种困惑甚至强烈的道德冲突境遇。孟子说，有的人失其本心，丧失道义；有的人舍生取义，宁死不屈。

生命对每个人来说都只有一次，但道义永远高于生命。“生亦我所欲也，义亦我所欲也；二者不可得兼，舍生而取义者也。”在中国历史上，无数志士仁人在这样的精神激励下，杀身成仁，舍生取义，大义凛然，义薄云天。

易甲明义

【经典】

建[1] 有子曰胜，在外[2] ……胜怨楚逐其父，将弑惠王及子西[3]。欲得易甲[4]，陈士勒兵[5] 以示易甲曰："与[6] 我，无患不富贵；不吾与，则此是矣[7]！"易甲笑曰："尝言吾义矣，吾子忘之乎？立得天下，不义，吾不取也；威吾以兵，不义，吾不从也。今子将弑子之君，而使我从子，非吾前义也。子虽告我以利，威我以兵，吾不忍[8] 为也。子行子之威，则吾亦得明吾义也。……"拱而待兵，颜色不变也。（刘向：《新序·义勇》）

【注释】

[1] 建：指春秋时楚平王太子。字子木。

[2] 在外：流亡在外。太子建被楚国放逐，到了郑国，为郑国人所杀。太子建的儿子胜就到了吴国，为巢大夫。

[3] 子西：楚平王庶弟，惠王叔父。

[4] 易甲：不见史传记载，可能是当时的勇士。

[5] 勒兵：练兵，统领军队。

[6] 与：亲附，追随。

[7] 则此是矣：指将以兵击之。

[8] 忍：愿意。

【大意】

胜是楚国太子建的儿子，太子建流亡在外，后来为郑国人所杀。胜被迫流落异乡。他非常怨恨楚国放逐他父亲，想杀死楚惠王和惠王的叔父子西。要实现这个计划，胜需要得到勇士易甲的帮助。为此，胜让士兵列队在易甲面前操练，并对易甲说："你跟着我，不愁没有荣华富贵；否则，那你就看看这些士兵吧！"言下之意，如果易甲不肯追随他去谋杀楚王，他就要对易甲动武了。

易甲笑着说："我曾向你说过我的做人原则，你忘了吗？不费力气立即就可以得到天下，如果不合于道义，我不会要；以武力来威胁我，如果不合于道义，我也不会屈从。现在你要杀你的国君，要我跟从你，这不符合我所认为的道义。虽然你以利益诱惑我，又用武力威胁我，但我还是不愿意做。你可以逞你的威风，我也可以表明我的道义。"

说罢，易甲拱手站在那里，面不改色。

【感悟】

对于义士而言，无论是财货的利诱，还是武力的威逼，都动摇不了他们内心的"义"，就像易甲那样，谈笑自如，面不改色。

这就是"义"的力量。

孟子把"义"比作"人路""正路"。

在中国古代，很多时候"义"是道德的同义语，或者直接等同于"道义"一词。古往今来，那些重情义、讲义气，大义凛然、义薄云天的行为，受到人们的尊崇。

“强项令”董宣

【经典】

董宣[1]字少平，陈留圉人也。……后特征为洛阳令。时湖阳公主苍头[2]白日杀人，因匿主家，吏不能得。及主出行，而以奴骖乘[3]，宣于夏门亭候之，乃驻车叩马[4]，以刀画地，大言数主之失，叱奴下车，因格杀之。主即还宫诉帝，帝大怒，召宣，欲棰[5]杀之。宣叩头曰：“愿乞一言而死。”帝曰：“欲何言？”宣曰：“陛下圣德中兴，而纵奴杀良人，将何以理天下乎？臣不须棰，请得自杀。”即以头击楹，流血被面。帝令小黄门[6]持之，使宣叩头谢主，宣不从，强使顿[7]之，宣两手据地，终不肯俯。主曰：“文叔[8]为白衣时，臧[9]亡匿死，吏不敢至门。今为天子，威不能行一令乎？”帝笑曰：“天子不与白衣同。”因敕[10]强项令[11]出。赐钱三十万，宣悉以班[12]诸吏。由是搏击豪强，莫不震栗。京师号为“卧虎”。歌之曰：“枹[13]鼓不鸣董少平。”（《后汉书》卷七十七，《董宣传》）

【注释】

[1] 董宣：东汉大臣。字少平，陈留圉县（今河南杞县南）人。官至洛阳令。

[2] 湖阳公主苍头：湖阳公主的仆人。湖阳公主，光武帝刘秀的姐姐。苍头，奴仆，汉时仆隶以青色头巾包头，故称。

[3] 骖（cān）乘：陪乘，乘车时居于车右，负责行车安全。

[4] 叩马：勒住马。叩，通“扣”。

[5] 棰（chuí）：杖刑。

［6］黄门：宦官。

［7］顿：以头叩地。

［8］文叔：光武帝刘秀的字。

［9］臧：通“藏”。

［10］敕（chì）：告诫，嘱咐。

［11］强项令：硬脖子的县令，形容他刚正不阿、不畏权势。

［12］班：分发。

［13］枹（fú）：鼓槌。击鼓是有人鸣冤。

【大意】

董宣是东汉光武帝时人。在他担任洛阳令的时候，发生了这样一件事：光武帝的姐姐湖阳公主的仆人杀了人，躲在公主家里，捕吏无法抓他。

董宣得知此事后，决定伺机将杀人者绳之以法。有一天，公主出行，刚好那个杀人的仆人随行。董宣在半路等着。当公主一行走来时，他拦住公主的马车，大声地宣布公主的过失，喝令仆人下车，当场处死杀人者。

公主非常气愤，当即去面见光武帝，向光武帝诉说事情的经过。皇帝听说后，怒不可遏，立即召董宣入朝，要对他施以杖刑。

董宣叩头说：“请陛下在处死我之前，允许我说一句话。”

光武帝怒气冲冲地问：“你有什么要说的？”

董宣回答说：“陛下因圣德而使国家中兴，却纵容奴仆无缘无故杀死百姓，那陛下您还用什么来治理天下呢？我不需要您用棍子打死我，让我自己死好了。”说完，他就向大殿的柱子撞去，顿时头破血流。董宣的一番话，深深地触动了光武帝，他连忙让人拦住董宣，想让董宣给湖阳公主赔个罪，以便收场。可是董宣却坚决不肯。于是，太监强按着董宣的头，想让他给湖阳公主叩头赔罪，董宣却两手死命撑地，硬挺着脖子不肯低头。

湖阳公主见状，气愤地对光武帝说："过去你是平民时，家里连逃犯甚至犯了死罪的人也都藏匿过，当时官府都不敢来抓人。现在你做了皇帝，怎么反倒连一点威严也没有了呢？"

光武帝说："当皇帝和做平民百姓不一样啊！"

光武帝给董宣赐名"强项令"并放了他，还赏赐给他很多钱财。董宣把这些钱财都分给了手下的官吏。从此，董宣斗恶霸，除豪强，威震官场，百姓送给他一个雅号叫"卧虎"。大家都说，有董宣在，就没有人击鼓鸣冤了。

【感悟】

"强项令"，是说董宣的脖子很硬，宁死也不向权贵低头。

董宣是东汉有名的酷吏，执法峻酷，刚直廉洁。酷吏，是中国古代官场中的一个特殊群体。自司马迁在《史记》中始为酷吏作传，二十四史中，有十史设《酷吏列传》。汉代酷吏之"酷"，在于执法峻苛严酷、不徇私情、清正廉洁，与后世的酷吏以及人们通常意义上理解的酷吏有所不同。比如，西汉酷吏之首张汤，位极人臣，但死后全部家产不过五百金，有棺无椁。董宣也是这样，死后给家人留下的不过大麦数斛、敝车一乘。

能够让董宣脖子很硬，支撑他与皇亲国戚抗争的，正是他心中所坚守的道义。

王夫之论义

【经典】

有一人之正义，有一时之大义，有古今之通义[1]；轻重之衡，公私之辨，三者不可不察[2]。以一人之义，视一时之大义，而一人之义私矣；以一时之义，视古今之通义，而一时之义私矣；公者重，私者轻矣，权衡之所自定也。（王夫之：《读通鉴论》卷十四，《安帝一四》）

【注释】

[1] 通义：指适用于一般情况和一切时代的道理与法则。

[2] 察：细究，详审。

【大意】

有适用于一个人的正义，有适用于一个时期的大义，还有适用于古今的通义。对于这三种义，哪种轻哪种重，哪种是公哪种是私，不能不深究细察。适用于一个人的义与适用于一个时期的大义相比，一个人的义是私；适用于一个时期的义与适用于古今的大义相比，一个时期的义是私。公义重，私义轻，这便是权衡的标准。

【感悟】

“义者，宜也”。“义”是人们在进行道德选择和道德评价时的应然之则。

那么，何者为“宜”？

王夫之说，从个人的角度看，也许是义，但从大局着眼，就未必合宜；从某个时段看，也许是义，但从长远看，就未必合宜。一人之义、一时之义与古今之通义，三者有时合，有时则不能兼备。

宜，总是具有相对性的，古人认为，权衡轻重的基本原则，应该是：公义重，私义轻。

礼：辞让之心

导　语

中国自古就有“礼仪之邦”的美誉。中华民族是一个明礼讲礼守礼的民族，重礼是中国传统伦理文化的基本精神之一。孔子追求“克己复礼”，孟子将仁、义、礼、智并称，是为“四德”，《管子》言“礼义廉耻，国之四维”，董仲舒提出仁、义、礼、智、信“五常之道”。《周礼》《仪礼》《礼记》，是儒家经典，也是中国传统文化的经典。可见，“礼”在中国传统伦理文化中具有十分重要的地位。

礼是中国传统伦理文化中的一个重要概念。从“礼（禮）”字的字形来看，它由“示”和“豊”两部分组成，“示”为神主，“豊”为行礼之器，礼的初始意思为祭祀。从礼的含义来看，它大致包含三个方面。一是泛指一切社会规范，古代社会的政治制度、法律规范、道德准则均为礼，《礼记》所说的“礼者，所以定亲疏、决嫌疑、别同异、明是非也”，即指此，这是广义的礼。二是指人伦道德之总称，是处理社会生活中各种伦理关系的基本准则，与“法”或“刑”对应，如荀子讲的“隆礼重法”之礼。三是指礼仪、礼节、礼貌。礼的这三个方面的含义互相蕴含、密切相关。本篇所言之“礼”，主要是第三个方面含义的礼，是狭义之礼。

古人认为，“不学礼，无以立”，礼是社会生活中的重要规范，是立人做事之道。比如，对父母，要冬温夏凊，晨省昏定，恪守为人儿女的基本礼节；对老师，要像曾参那样尊师重教，待师以礼；对尊贵者，要如晋文公一样，恪守礼仪，礼敬王命；对下属，要学习齐桓公，屈尊枉驾，谦恭有礼。

古人认为，礼的形式十分重要，但更重要的是礼的内在精神，即仁爱、谦敬、礼让。孔子曾说：“人而不仁，如礼何？人而不仁，如乐何？”范文子不争功，让父亲心安；冯异从不争功，被人赞誉为不自夸的“大树将军”；孔融三岁让梨，因为他懂得尊重兄长；张说辞让大学士，令众人钦敬。文质彬彬，方为君子。如果没有内在的道德精神，礼仪节文就成了冷冰冰的形式，繁文缛节，甚至是虚伪的表演。礼于外，诚于内，才是表里如一。

名　言

人而无仪，不死何为！（《诗经·鄘风·相鼠》）

人而无礼，胡不遄死！（《诗经·鄘风·相鼠》）

不学礼，无以立。（《论语·季氏》）

辞让之心，礼之端也。（《孟子·公孙丑上》）

人无礼则不生，事无礼则不成，国家无礼则不宁。（《荀子·修身》）

仓廪实则知礼节。（《管子·牧民》）

礼尚往来。往而不来，非礼也；来而不往，亦非礼也。（《礼记·曲礼上》）

礼者，敬而已矣。（《孝经·广要道》）

管子曰："礼义廉耻，是谓四维。四维不张，国乃灭亡。"（贾谊：《治安策》）

礼者人之规范，守礼所以立身也。（《二程集·河南程氏粹言》卷一）

为人子，方少时，亲师友，习礼仪。（王应麟：《三字经》）

齐桓公礼见小臣

【经典】

齐桓公见小臣稷，一日三至，不得见也。从者曰：“万乘之主[1]，布衣之士，一日三至不得见，亦可以止矣。”桓公曰：“不然，士之骜[2]爵禄者固轻其主，其主骜霸王者亦轻其士。纵夫子[3]骜爵禄，吾庸敢骜霸王乎？”五往而后得见。天下闻之，皆曰：“桓公犹下[4]布衣之士，而况国君乎？”于是相率而朝，靡有不至。（刘向：《新序·杂事》）

【注释】

[1] 万乘之主：大国之君，此处指齐桓公。

[2] 骜：同“傲”，轻蔑。

[3] 夫子：指小臣稷。

[4] 下：谦让，自降身份与人交往，谦恭待人。

【大意】

齐桓公是春秋时期齐国的国君，也是当时各诸侯国的盟主。有一次，他去见一个叫稷的小臣，一天连去了三次，都没有见到。他的随从愤愤不平，说：“您是大国之君，他算什么呀？我们一天来了三次，够给他面子了。您不要理他了。”齐桓公笑着劝导随从说：“不能这样啊。傲视爵禄的士会轻视国君，傲视霸主地位的国君也会瞧不起士。虽然像稷这样的小臣可以傲视爵禄，轻视我，我怎么敢轻视霸主的地位，又怎么敢轻慢他呢？”齐桓公耐心地一连去了五次，终于感动了稷，稷肯出来相见了。

这件事传开后，人们纷纷赞扬齐桓公礼贤下士的美德，大家说："齐桓公对小臣都能屈尊礼待，那么，对诸侯国的国君就更不用说了。"各诸侯国听说这件事后，也都来朝见齐桓公。从此，齐桓公的霸主地位更加巩固了。

【感悟】

像齐桓公这样礼贤下士的故事，在中国历史上从不鲜见。燕昭王高筑黄金台，刘备三顾茅庐，均与此相类。贵为大国之君、诸侯霸主，为见一个地位卑微的小臣屈尊枉驾，礼数周全，不厌其烦，足见"礼"在招揽贤士、集聚人才中的作用了。

"敬人者，人恒敬之"。居上位者，越是放低身段，越是谦恭有礼，越是能赢得人们的拥戴。

晋文公守礼必霸

【经典】

襄王[1] 使太宰文公及内史兴[2] 赐晋文公[3] 命[4]，上卿逆[5] 于境，晋侯郊劳[6]，馆[7] 诸宗庙，馈九牢[8]，设庭燎[9]。及期，命于武宫[10]，设桑主[11]，布几筵，太宰莅之，晋侯端委[12] 以入。太宰以王命命冕服[13]，内史赞[14] 之，三命而后即冕服。既毕，宾、飨、赠、饯[15] 如公命侯伯之礼，而加之以宴好[16]。内史兴归，以告王曰："晋，不可不善也。其君必霸，逆王命敬，奉礼义成。敬王命，顺之道也；成礼义，德之则也。则德以导诸侯，诸侯必归之。且礼所以观忠、信、仁、义也。……中能应外，忠也；施三服义，仁也；守节不淫，信也；行礼不疚，义也。臣入晋境，四者不失，臣故曰：‘晋侯其能礼矣，王其善之！’树于有礼，艾[17] 人必丰。”王从之。……襄王十六年，立晋文公。二十一年，以诸侯朝王于衡雍，且献楚捷，遂为践土之盟，于是乎始霸。（《国语·周语上》）

【注释】

[1] 襄王：周襄王，东周国王。名郑。

[2] 太宰文公及内史兴：周朝两位大夫。

[3] 晋文公：春秋时晋国国君。名重耳。

[4] 命：古代帝王按等级赐给臣下的仪物，如命圭。

[5] 逆：迎接。

[6] 郊劳：到郊外迎接并慰劳。

[7] 馆：安顿。

[8] 九牢：古时牛羊豕三牲为一牢，九牢即牛羊豕各九，为大礼所用。

[9] 庭燎：古代庭中用来照明的火炬。

[10] 武宫：晋文公的祖庙。

[11] 桑主：桑木制作的神主。主，为死者立的牌位。

[12] 端委：玄端和委貌，即黑赤色的礼服和黑色的丝质礼帽。

[13] 冕服：举行吉礼时穿戴的礼服礼帽。

[14] 赞：引导。

[15] 宾、飨、赠、饯：迎宾、餐饮、致赠、郊送饮酒之礼。

[16] 宴好：设宴招待并馈赠礼物。

[17] 艾：报答。

【大意】

东周时期，周王室的权力衰微，很多诸侯国已经不太重视周王的号令。但是，晋文公重耳却不是这样。周襄王派太宰文公和内史兴两人去晋国赐给晋文公命圭，晋文公接受命圭的过程恭恭敬敬，完全符合礼制。

得知太宰和内史兴即将莅临晋国后，重耳派上卿在边境迎接，然后自己到郊外亲迎慰问，把他们安顿在宗庙下榻，按礼数准备丰盛的酒肉，在庭院中布置了照明的火炬。接受命圭时，在晋国最尊贵的地方祖庙武宫举行仪式，并且为晋国的先人设立了桑木牌位。仪式由太宰主持，重耳按礼制着正装进入武宫。太宰以王命命他换上赏赐给他的冕服，由内史官引导，他辞让了三次才换上。正式的礼仪结束后，迎宾、餐饮、致赠、郊送饮酒等仪式也一一按诸侯接受王命的礼节进行，格外亲近友好。

内史兴回来后对周襄王说："一定得好好对待晋国，重耳一定会称霸诸侯。重耳接受王命的态度十分恭敬，举行的仪式完全符合礼制。敬重王命，说明他顺乎礼义之道；行事符合礼义之道，说明他遵守道德准则。用道德准则来引导诸侯，诸侯就会归服。"

内史兴继续分析道："从重耳对礼的态度可以观察他的忠、信、仁、义。表里相应，这就是忠；三次辞让封赏，这就是仁；固守礼节而又不过分，这就是信；行礼适当，这就是义。我在晋国看到这四点都具备，所以我认为，晋侯是能行礼义的，希望大王好好礼遇他。一个人在礼的方面有建树，报答别人肯定丰厚。"

襄王听从了内史兴的建议。后来襄王十六年（前 636 年）时晋文公重耳即位。二十一年（前 631 年），晋文公率诸侯朝拜周天子，并且献上了打败楚国所获得的战利品，接着主持了践土之盟，开始称霸诸侯。

【感悟】

在中国古代，古人的生活中处处离不开礼仪。“士冠礼”“士相见礼”“乡饮酒礼”“聘礼”“昏礼”“丧礼”“觐礼”等，大到会盟祭祀，小到日常起居，渗透到政治生活和日常生活的方方面面。中国“礼仪之邦”的美誉，是名副其实的。

当周室衰微，诸侯们咄咄逼人的气势已经直逼周天子时，周天子与诸侯国之间的礼仪，就不仅是君臣之间的礼数，而且蕴含着极为微妙的政治信息。宾礼、飨礼、赠礼、饯礼，对于这些烦琐的规定，晋文公遵从如旧，蹈之如仪。正是从他恪守礼仪、礼敬王命的行为中，内史兴看出了他的信心、他的坚持、他的蓄势待发，预判他一定会深孚众望，大有作为。

范文子循礼让功

【经典】

晋师归[1]，范文子[2]后入。武子[3]曰：“无为吾望尔也乎[4]？”对曰：“师有功，国人喜以逆之，先入，必属耳目[5]焉，是代帅受名也，故不敢。”武子曰：“吾知免[6]矣。”……范叔见[7]，劳之如郤伯[8]，对曰：“庚所命也[9]，克之制也[10]，燮何力之有焉？”（《左传·成公二年》）

【注释】

[1] 晋师归：指晋与齐打仗后，晋国军队凯旋。

[2] 范文子：士燮，春秋时晋国大夫。武子士会之子，时为上军

副将（上军之佐）。

［3］武子：范文子的父亲。

［4］无为吾望尔也乎：你没意识到我在盼望着你吗？为，同“谓”。尔，你，指范文子。

［5］必属（zhǔ）耳目：必定使大家的注意力集中于我。属，属意，瞩目。

［6］免：免于刑戮。意思是如此礼让，故知今后能免于祸患，得以保全。

［7］范叔见：范文子见晋景公。

［8］郤（xì）伯：主帅郤克。

［9］庚所命也：荀庚指挥得当。庚，荀庚，当时为上军将。

［10］克之制也：主帅郤克统率有方。

【大意】

春秋时期，范文子是晋国的上军副将。在与齐国的一次战役中，他与众将一起，指挥得当，取得了胜利。

当部队凯旋时，范文子有意走在队伍的最后。他父亲范武子盼儿心切，可是久久不见儿子的身影。在队伍的后面，他终于看见了儿子。他埋怨儿子说：“你没有想到我在盼望你早点回来吗？”范文子听到父亲的抱怨，心里很感动。他对父亲解释说：“军队凯旋，百姓前来迎接，如果我走在前面，就会吸引大家的注意，那是代替主帅接受荣誉呀，所以我不能这样做。”他父亲听了儿子的解释，赞扬儿子说：“我放心了，你能这样礼让，将来可以免于祸患了。”

范文子入见晋景公，晋景公也像慰劳主帅郤伯一样慰劳他，范文子仍旧很谦恭，说：“军队取胜是靠荀庚指挥得当，郤克统率有方，我没有出什么力呀！”

【感悟】

军队凯旋时，虽有老父祈盼，范文子也不愿走在前面，因为不愿抢了主帅的风头；论功行赏时，虽有国君嘉奖，也要谦逊让功，因为不想表功邀誉。不走在前面，是因为不争；谦逊让功，是由于尊人。

像范文子这样面对荣誉不争不抢、循礼谦让的故事在中国历史上还有许多。春秋时期鲁国大夫孟之反，在军队撤退的时候，总是让别人先走，自己殿后。他从不夸功，反而说："非敢后也，马不进也。"因此孔子称赞他"不伐"，即有德行，不自夸。

有功而礼让，更令人尊敬。

曾子避席尊师

【经典】

仲尼居[1]，曾子[2]侍。子曰："先王有至德要道，以顺天下，民用和睦，上下无怨，汝知之乎？"曾子避席[3]曰："参不敏，何足以知之？"子曰："……复坐，吾语汝。"（《孝经·开宗明义》）

【注释】

[1] 居：坐。

[2] 曾子：孔子弟子。名参，字子舆，春秋末鲁国南武城（一说为今山东嘉祥南，一说为今山东平邑南）人。

[3] 避席：离开席位。古人布席于地而坐，对别人表示尊敬时，就起身离开原位。

【大意】

曾参是孔子的弟子，有一次他在孔子身边侍坐。孔子问他："以前的圣贤君王有至德要道，以此和顺天下，和睦人心，上下之间没有不满，你知道它是什么吗?"曾子听了，知道老师是要教导他，便立刻站起来，离开席位，恭恭敬敬地回答道："我不够聪明，哪里能知道，还请老师把这些道理教给我。"孔子说："坐下吧，我来给你讲讲。"

【感悟】

在孔子的时代，人们都是席地而坐。关于"坐"，古人有很多规矩。标准的坐姿叫"经坐"，也叫"正坐""危坐"，与今天的"跪"是一样的。两腿并拢，膝盖着地，臀部贴着脚后跟，挺直腰板，目光平视，这是符合礼仪规定的坐姿。坐的时候若两腿叉开，形似簸箕，则叫"箕坐"，被认为是极不礼貌的。《礼记》中有"坐毋箕"，《弟子规》中有"勿箕踞"，都是对人们坐姿的礼仪要求。

古人不仅对坐姿有规定，对何时要站起来、如何站，也有规定。曾参在接受孔子教诲的时候，为表示尊师，站起来行礼，这就叫"避席"。这是一种礼仪，表达了曾子对老师的尊重和感激之情。

《礼记》说礼

【经典】

鹦鹉能言，不离飞鸟。猩猩能言，不离禽兽。今人而无礼，虽能言，不亦禽兽之心乎？夫唯禽兽无礼，故父子聚麀[1]。是故圣人作，

为礼以教人，使人以有礼，知自别于禽兽。(《礼记·曲礼上》)

【注释】

[1] 父子聚麀（yōu）：父子共一母鹿。聚，共。麀，雌鹿。

【大意】

鹦鹉能言，仍是飞鸟。猩猩能言，仍是走兽。人如果无礼，虽然能说话，不也是禽兽之心吗？禽兽不知人伦，不懂礼义，父子共妻。圣人以礼来教化众人，使人明礼守礼，知道自己不同于禽兽。

【感悟】

孟子曾说："人之所以异于禽兽者几希。"意思是说，人与禽兽在很多地方都是相似的，有区别的地方很少。荀子也认为，人"饥而欲食，寒而欲暖，劳而欲息"，这些特性更接近于动物性。

那么，人与禽兽的区别究竟在哪里？

儒家认为，动物有血缘传承，但无父子之亲；有雌雄之别，但无男女大防；有动物语言，但无人伦礼义。因此，人与禽兽之别，别在道德，别在"礼"。

懂得了人与禽兽之别的道理，自然就懂得了人之为人的高贵与尊严，懂得了人为什么要知礼明礼守礼。

大树将军

【经典】

异[1] 为人谦退不伐[2]，行与诸将相逢，辄引车避道。进止皆有表识[3]，军中号为整齐。每所止舍[4]，诸将并坐论功，异常独屏[5] 树下，军中号曰“大树将军”。及破邯郸，乃更部分诸将，各有配隶。军士皆言愿属大树将军，光武以此多[6] 之。(《后汉书》卷十七，《冯异传》)

【注释】

[1] 异：指冯异，东汉大将，字公孙，颍川父城（今河南宝丰东）人。刘秀即位后封夏阳侯，任征西大将军。

[2] 伐：夸耀。

[3] 进止皆有表识：部队做什么不做什么，都有鲜明的令旗作为标志。

[4] 每所止舍：每到部队驻扎之处。

[5] 屏（bǐng）：退避。

[6] 多：赞赏。

【大意】

东汉时的将军冯异，曾随光武帝刘秀四处征战，立下汗马功劳。但他为人十分谦逊，从不张扬自己的赫赫战功。

冯异乘车出门，在路上与其他将领相遇时，总是自己引车避道，给对方让路，让对方先行。他的军队治理有方，做什么或不做什么，都用鲜明的令旗来指挥，部队军容十分整齐，军纪十分严明。他平日的所作所为令士兵敬佩。

每当各路部队集结驻扎时，将军们就坐在一起评功摆好。这时，冯异总是躲避在大树下面，从来不和将军们争功。于是，军士们都把冯异称作“大树将军”。

后来，光武帝对将领们重新调整更换，这时，军士们纷纷表示，愿意受“大树将军”统领。光武帝因此对冯异极为赞赏。

【感悟】

所谓“桃李不言，下自成蹊”，知礼明礼守礼之人，总是能够得到下属的拥戴、上司的赏识。

道家认为，唯有不争则天下莫能与之争；儒家认为，不争是君子之德，懂礼方能以德服人。恪守礼节，内敛不争，是古人推崇的德行，也是一种为人处世的智慧。

孔融让梨

【经典】

（融）兄弟七人，融第六，幼有自然之性。年四岁时，每与诸兄共食梨，融辄[1] 引小者。大人问其故，答曰：“我小儿，法[2] 当取小者。”由是宗族奇之。（《后汉书》卷七十，《孔融传》注引《融家传》）

【注释】

［1］辄：总是。

［2］法：常理，常规。

【大意】

孔融家有兄弟七人，孔融行六。他四岁时，与哥哥们一起吃梨，总是拿最小的。大人问他什么原因，他回答说：“我是小弟弟，按规矩应当拿小的。”由这件事，宗族的人都觉得孔融这孩子很不平常。

【感悟】

孔融是东汉末年著名的文学家，孔子二十世孙，“建安七子”之一。

史书上说他“幼有奇才”，源于“孔融让梨”这个家喻户晓、妇孺皆知的故事。《三字经》中有“融四岁，能让梨，弟于长，宜先知”，以“孔融让梨”的故事，教育人们从小就要懂得人与人之间相互谦让的道理。

张说辞任大学士

【经典】

始，帝[1] 欲授说[2] 大学士，辞曰：“学士本无大称，中宗[3] 崇宠大臣，乃有之，臣不敢以为称[4]。”固辞乃免。

后宴集贤院，故事[5]，官重者先饮，说曰：“吾闻儒以道相高，不以官阀为先后。大帝[6] 时修史十九人，长孙无忌以元舅，每宴不肯先举爵。长安[7] 中，与修《珠英》，当时学士亦不以品秩[8] 为限。”于是引觞同饮，时伏[9] 其有体[10]。(《新唐书》卷一百二十五，《张说传》)

【注释】

[1] 帝：指唐玄宗李隆基。

[2] 说（yuè)：张说，唐大臣。字道济，一字说之，洛阳（今属河南）人。历武则天、中宗、睿宗、玄宗四朝，封燕国公。

[3] 中宗：指唐中宗李显。

[4] 不敢以为称：不敢担当此名。

[5] 故事：旧例。

[6] 大帝：指唐高宗李治。

[7] 长安：周武则天年号（701—704年）。

[8] 品秩：官品之大小。

[9] 伏：通“服”，佩服。

[10] 体：原则，规则。

【大意】

张说是唐朝时的文官，长于文辞，历四朝为官，到玄宗李隆基时，更加受到赏识。李隆基要封他做大学士，他坚决推辞，不肯接受。他说：“学士本没有‘大’之说，是后来唐中宗推重恩宠大臣才有了这样的称呼，我怎敢担当此名啊！”李隆基见张说坚辞不受，只好作罢。

有一次，在集贤院举行宴会，按惯例，总是官大的人先喝酒。大家就请张说先喝，张说说：“我听说以前读书人是以学问论高低，不以官位分先后。唐高宗时，有十九个人担任编写史书的工作，其中国舅长孙无忌地位最高，但是在宴会上喝酒时，他并不先喝。长安年间，大家一起修撰《三教珠英》，也不以官品大小为序。”张说提议，不分官位大小，大家一起喝酒。众人听了，举杯同饮。大家都对张说谦让有礼的人品表示钦敬。

【感悟】

据史记载，燕国公张说写得一手好文章，与当时的许国公苏颋（tǐng）并称为“燕许大手笔”。

张说学问好，官做得大，但为人十分谦虚守礼。与同僚宴饮，他不肯因官阶高而先举杯；皇帝亲授“大学士”称号，他固辞不受。张说谦虚守礼，表明他有深厚的德行修养。

《弟子规》讲礼

【经典】

父母呼，应勿缓；父母命，行勿懒。父母教，须敬听；父母责，须顺承。冬则温[1]，夏则凊[2]，晨则省[3]，昏则定[4]。出必告，反[5]必面，居有常，业无变。(李毓秀：《弟子规》)

【注释】

[1] 温：为父母暖被褥。

[2] 凊（qìng)：为父母扇凉。

[3] 省：看望。

[4] 定：安顿。

[5] 反：同“返”。

【大意】

父母叫你，要立刻答应，不能迟缓。父母让你做什么，行动不能懒惰。父母教导你，必须恭恭敬敬地听着。父母责骂你，必须顺从地接受。冬天天气冷，要给父母暖被褥。夏天天气热，要给父母扇凉。每天早晨要向父母请安，每天晚上要安顿好父母再去休息。出门的时候，要向父母禀告。回家之后，要面告父母。居住的地方要固定，所从事的工作不要经常变动。

【感悟】

这是中国古代著名蒙学读物《弟子规》中的话。《弟子规》初名《训蒙文》，其作者是清代的秀才李毓秀。后来，儒生贾存仁对此修订改编，并改名为《弟子规》。所谓“弟子规”，即青少年、学生的言行举止规范，对侍奉父母、尊重师长、为人处世、衣食住行等各个方面均有规定。《弟子规》全篇共1080字，三字一句，合辙押韵，义理通俗易懂，朗朗上口。它被列为私塾的必读教材，流传甚广，影响极大。

这里节选的这段话，是对孩子礼敬父母的日常基本要求，属于家庭伦理规范。《弟子规》中的一些礼节，并不完全适用于现代生活，有的规定在现代社会已无必要，有的礼节在现代的生活节奏中已很难完全做到。但无论家庭礼仪规范如何演变，孝敬父母的基本精神以及基本行为规范，仍然是十分重要的。

智：智者不惑

导语

在中国传统伦理文化中，人的智慧和道德是紧密相关的，“智”与“仁”“勇”合称“三达德”，它还是“四德”“五常”之一，是传统道德的重要德目。

本篇选取了历史上几个著名的关于“智”的故事。管仲之智，是利用老马识途的本领，在迷途中找到道路；隰朋之智，在于根据蚂蚁的习性，给军队找到水源。古人认为，要善于观察生活中的现象，找出现象背后的真相，不要像黎丘丈人那样被蒙蔽，而是要做一个有智慧的人。

古人注重用人的理智明辨是非、善恶。本篇选取了“杨朱哭衢途”的故事。孔子说：“知者不惑。”孟子说：“是非之心，智之端也。”只有知善知恶，才能正确地选择人生之路。在善恶的十字路口，智者才不会走错路。

古人认为，智莫难于知人，认识一个人的抱负、襟怀、涵养、见识等不是一件容易的事，本篇选取的吕坤的“知人四原则”就是古人的洞见。知人者智，自知者明，了解自己并战胜自己，是一种明智，也是一种德行。

古人认为，人既要明辨是非、善恶，也要通晓事物变化之理。有智慧的人，能预见事物的发展方向，洞悉其中的微著变化，权衡事物的轻重本末，审时度势地控制全局。“齿亡舌存”，昭示着柔弱胜刚强的生存智慧；“塞翁失马”，蕴含着福祸相依的生活哲理；“曲突徙薪”，告诉人们生活中处处有智慧；“未雨绸缪”，告诉人们生活中要有先见之明；“瓜田李下”，包含着智者的聪明机智；“吕端大事不糊涂”，则启示人们遇大事而不糊涂是人生的大智慧。

名　言

日中则昃，月盈则食，天地盈虚，与时消息。(《周易·丰·彖》)

知人者智，自知者明。(《老子》第三十三章)

知者不惑。(《论语·子罕》)

人无远虑，必有近忧。(《论语·卫灵公》)

是非之心，智之端也。(《孟子·公孙丑上》)

流言止于智者。(《荀子·大略》)

好学近乎知。(《礼记·中庸》)

凡事豫则立，不豫则废。(《礼记·中庸》)

深知祸福谓之智，反智为愚。(贾谊:《新书·道术》)

明者因时而变，知者随世而制。(桓宽:《盐铁论·忧边》)

多见者博，多闻者知。(桓宽:《盐铁论·刺议》)

明者防祸于未萌，智者图患于将来。(《三国志》卷五十四，《吴书·吕蒙传》裴松之注)

祸患常积于忽微，而智勇多困于所溺。(《新五代史》卷三十七，《伶官传》)

良药苦口利于病，忠言逆耳利于行。(《增广贤文》)

不痴不聋，不作阿姑阿翁。(《增广贤文》)

管仲与隰朋之智

【经典】

管仲[1]、隰朋[2] 从于桓公而伐孤竹[3]，春往冬反，迷惑失道。管仲曰：“老马之智可用也。”乃放老马而随之，遂得道。行山中，无水，隰朋曰：“蚁冬居山之阳，夏居山之阴。蚁壤一寸而仞[4] 有水。”乃掘地，遂得水。(《韩非子·说林上》)

【注释】

[1] 管仲：春秋初期齐国政治家。名夷吾，字仲，亦称“敬仲”，颍上（颍水之滨）人。辅佐齐桓公成为春秋五霸之一。

[2] 隰（xí）朋：春秋时齐国人，与管仲一起辅佐齐桓公成就霸业。

[3] 孤竹：古诸侯国。在今河北境内。

[4] 仞（rèn）：古代七尺或八尺为一仞。

【大意】

管仲和隰朋跟随齐桓公去讨伐孤竹国，去的时候是春天，直到冬天才返程，回来的时候却迷了路。管仲说：“老马是有智慧的，就让它给我们带路吧。”于是就放开老马，大家都跟着老马走，果然找到了道路。后来，在山里行军的时候找不到水源，隰朋说：“蚂蚁的习性是冬天住在南山坡上，夏天住在北山坡上。我们首先要找到蚂蚁穴。如果看到地面上的土松了，高出地面一寸，就说明这里有蚁穴，那么，在它下面七八尺的地方一定有水。”按照这个方法，果然找到了水。

【感悟】

让老马带路，寻蚁穴找水，凭的是生活中的观察和总结。管仲之智，是利用老马识途的本领，在迷途中找到道路；隰朋之智，在于根据蚂蚁的习性，给军队找到水源。

生活中充满了各种现象，很多现象司空见惯，人们便习以为常，知其然而不知其所以然，更不懂得后面的规律。而智者会用心观察生活中的各种现象，注意总结其中规律性的东西，知其然进而知其所以然。道德智慧之于善恶之辨，道理也是一致的。

齿亡舌存

【经典】

常枞[1]有疾，老子往问焉……张其口而示老子，曰："吾舌存乎？"老子曰："然。""吾齿存乎？"老子曰："亡。"常枞曰："子知之乎？"老子曰："夫舌之存也，岂非以其柔耶？齿之亡也，岂非以其刚耶？"常枞曰："嘻，是已，天下之事已尽矣，无以复语[2]子哉！"（刘向：《说苑·敬慎》）

【注释】

[1] 常枞（cōng）：相传是老子的老师。

[2] 语（yù）：对……说，告诉。

【大意】

老子的老师常枞病重，老子前往看望。老子说："先生您的病很重，还有什么要对弟子交代的吗？”常枞张开嘴让老子看了看，说：“我的舌头还在吧？”老子说：“在的。”“那我的牙齿还在吗？”老子说：“牙齿已经掉光了。”常枞说：“你知道为什么齿亡舌存吗？”老子说：“舌头之所以还在，是因为它柔软的缘故；牙齿之所以掉光，是因为它们坚硬的缘故吧。”常枞说：“是啊。你明白了这个道理，天下万事的道理尽在其中了。”

【感悟】

在老子《道德经》的五千言中，处处可见对柔弱的赞美。生活中确实常常存在这样的现象，看似柔弱的东西，却是最坚强、最有生命力的。比如水，是天下至柔者，可它滴穿石头、穿山越谷；比如和牙齿相比，舌头是柔软的，但齿亡而舌存。

柔弱胜刚强，既是一种辩证思维，也是一种生活智慧，更是一种道德哲理。

杨朱哭衢途

【经典】

杨朱[1] 哭衢涂[2]，曰：“此夫过举跬步[3] 而觉跌千里者夫！”哀哭之。此亦荣辱安危存亡之衢已，此其为可哀甚于衢涂。(《荀子·王霸》)

【注释】

[1] 杨朱：杨朱学派创始人。战国初魏国人，其学说主张贵己重生。

[2] 衢（qú）涂：四通八达的道路。涂，同“途”。

[3] 跬（kuǐ）步：半步。

【大意】

杨朱在十字路口痛哭不已。有人问他为何如此难过，他说：“看似走错了半步，其实差别有千里之远啊。”说完，又继续在路口哀哭。荀子说，我们每天都处在人生的十字路口，这就是荣辱、安危、存亡之道的选择。

【感悟】

智慧之于道德，最重要的是知善知恶，以指导自己正确地选择人生之路，在关乎荣辱、安危、存亡时，做出正确的选择。不然，迷惑于善恶之途，行为就会失之毫厘，谬以千里。

黎丘丈人

【经典】

梁北有黎丘部，有奇鬼焉，喜效[1] 人之子侄、昆弟之状。邑丈人有之市而醉归者，黎丘之鬼效其子之状，扶而道苦之[2]。丈人归，酒醒而诮[3] 其子，曰：“吾为汝父也，岂谓不慈哉！我醉，汝道苦我，何故？”其子泣而触地曰：“孽矣！无此事也！昔也，往责于东邑人，可问也。”其父信之，曰：“嘻！是必夫奇鬼也。我固尝闻之矣。”明日端复饮于市，欲遇而刺杀之。明旦之市而醉，其真子恐其父之不能反也，遂逝[4] 迎之，丈人望其真子，拔剑而刺之。丈人智惑于似其子者，而杀其真子。夫惑于似士者，而失于真士，此黎丘丈人之智也。疑似之迹，不可不察，察之必于其人也。舜为御，尧为左，禹为右，入于泽而问牧童，入于水而问渔师，奚故也？其知之审也。夫孪子之相似者，其母常识之，知之审也。（《吕氏春秋·疑似》）

【注释】

[1] 效：模仿。

[2] 苦之：使……受苦。

[3] 诮（qiào）：责备。

[4] 逝：往，去。

【大意】

魏国的北部有个叫黎丘的乡村，那里有个奇怪的鬼，喜欢装扮成别人的儿子、侄子、兄弟的样子去捉弄人。村子里有一位老人，他到街市上喝醉酒回家，黎丘之鬼装扮成他儿子的样子，一路扶着他，却不断地捉弄他，让他吃了很多苦。老人回到家，酒醒后就责骂他儿子，说："我是你的父亲啊，难道我对你不够好吗？我喝醉了，你为什么在路上折磨我？"他儿子哭着磕头说："冤枉啊！没有这样的事啊！你说的那个人根本不是我。昨天我去村东向人讨债，不信可以去问。"老人恍然大悟，说："一定是那黎丘之鬼在作怪了，我曾听说过这样的事。"第二天他特意又到街市上喝酒，想再次碰上那个鬼，将它刺死。儿子担心父亲喝醉了不能回家，就前去接他。老人看见儿子，以为是黎丘之鬼，拔剑就刺。老人的理智竟被像他儿子的鬼弄糊涂了，杀死了自己真正的儿子。同理，那些被冒牌的贤士搞糊涂的人，见了真的贤士，反而不能辨认。他们的见识其实和黎丘老人一样。一定要考察疑似的现象，就像尧、舜、禹，他们遇到事情，都要实地查证，进山向牧童询问，入泽向渔民请教，免得被蒙蔽。孪生子都是很相似的，但母亲从来不会把他们弄混，就是因为她不会被迷惑。

【感悟】

有智慧的人，能够透过似是而非的现象看清事物的真相。

可是，很多时候，人们都缺少这种能力，容易为假象所蒙蔽，如黎丘丈人那样为奇鬼的假象所蒙蔽。

只有保持理智清醒，肯于实地考察，才能够免受假象迷惑，认清事物善恶的本来面目。

塞翁失马

【经典】

近塞上之人有善术者，马无故亡[1] 而入胡[2]，人皆吊[3] 之。其父曰："此何遽[4] 不为福乎！"居数月，其马将[5] 胡骏马而归，人皆贺之。其父曰："此何遽不能为祸乎！"家富良马，其子好骑，堕而折其髀[6]，人皆吊之。其父曰："此何遽不为福乎！"居一年，胡人大入塞，丁壮者引弦而战。近塞之人，死者十九。此独以跛[7] 之故，父子相保。(《淮南子·人间训》)

【注释】

[1] 亡：丢失。

[2] 胡：北方的少数民族。此处代指胡人住地。

[3] 吊：安慰，慰问。

[4] 遽（jù）：遂，就。

[5] 将：带领。

[6] 髀（bì）：大腿。

[7] 跛：腿瘸。

【大意】

有一位在边塞居住的老人，很擅长推测吉凶祸福。一天，他养的马无缘无故跑到胡人住地，人们都来宽慰他。老人却说："丢就丢了，也许这是一种福气呢！"过了几个月，那匹丢失的马带着胡人的良马回来了，人们都来祝贺他。老人却又说："怎知这不是一种灾祸呢？"老人家中有很多好马，他的儿子爱好骑马，结果从马上掉下来摔断了大腿。人们都来慰问他。老人说："也许这还是一件好事呢！"过了一年，胡人大举入侵边塞，健壮男子都去参战。住在边塞附近的人，有九成都战死了。他的儿子因为腿瘸的缘故免于征战，父子俩一同保全了性命。

【感悟】

人既要明辨是非，又要通晓事物变化之理。

事物的两极是不断变化的，好坏、成败、福祸、大小、高下等对立的双方时刻处在力量的此消彼长中，自然界和社会人生有太多的不确定性。

这就需要懂得祸福相依的辩证法，这是立人做事的大智慧。

曲突徙薪

【经典】

客有过[1] 主人者，见其灶直突[2]，傍[3] 有积薪。客谓主人：“更为曲突，远徙[4] 其薪，不者，且有火患。”主人嘿然[5] 不应。俄而，家果失火，邻里共救之，幸而得息。于是杀牛置酒，谢其邻人，灼烂者在于上行[6]，余各以功次坐，而不录言曲突者。人谓主人曰：“乡使[7] 听客之言，不费牛酒，终亡火患。今论功而请宾，曲突徙薪亡恩泽，焦头烂额为上客耶?”主人乃寤[8] 而请之。(《汉书》卷六十八，《霍光传》)

【注释】

[1] 过：拜访。

[2] 突：烟囱。

[3] 傍：同“旁”。

[4] 徙：搬离。

[5] 嘿（mò）然：不作声的样子。嘿，同“默”。

[6] 上行（háng）：上座。

[7] 乡使：假使。

[8] 寤：同“悟”，醒悟，觉悟。

【大意】

有一位拜访主人的客人，看到主人家炉灶的烟囱是直的，旁边还堆着柴草，便对主人说：“你要把烟囱改为弯曲的，把柴草搬走，不然的话，会引起火灾的。”主人不以为意，默不作声。不久，家里果然失火，邻居们一同来救火，幸好把火扑灭了。为了感谢邻居们，主人杀牛，置办酒席。救火烧伤的人坐在上座，其余的按照功劳依次排定座位，但却没邀请给主人提过醒的那位客人。一位邻居对主人说：“您当初如果听了那位客人的话，家里就不会失火，今天也不用破费摆酒席。现在论功致谢，邀请宾客，为什么事先给您建议的人没有受到感谢，而被烧伤的人却成了上客呢？”主人这才醒悟，连忙去邀请那位客人。

【感悟】

这个故事中的三个人物都是智者。

客人之智，在于他对事情的发展有前瞻性的预见。

邻居之智，在于他从事情的来龙去脉中发现了问题的症结和主人的错误。

主人之智，在于他幡然醒悟，虽为后觉，但犹未迟也。

瓜田李下

【经典】

君子防未然，不处嫌疑间。瓜田不纳履[1]，李下不正冠。（《古乐府·君子行》）

【注释】

［1］纳履：提鞋。

【大意】

君子要尽量避免嫌疑，在瓜地里不提鞋，在李树下不整理帽子。

【感悟】

避免瓜田李下，不处嫌疑之间，在很多情况下确实是明智之举，避免了很多困扰和麻烦。这是中国古代的“避嫌”智慧。

吕端大事不糊涂

【经典】

吕端，字易直，幽州安次人。……时赵普[1]在中书，尝曰：“吾观吕公奏事，得嘉赏未尝喜，遇抑挫未尝惧，亦不形于言，真台辅之器也。”……太宗欲相端。或曰：“端为人糊涂。”太宗曰：“端小事糊涂，大事不糊涂。”决意相之。(《宋史》卷二百八十一，《吕端传》)

【注释】

[1] 赵普：北宋初大臣。字则平，幽州蓟（今北京城西南隅）人。最初为赵匡胤的幕僚，策划陈桥兵变，帮助赵匡胤夺取政权。官拜宰相。赵普读书不多，相传有“半部《论语》治天下”的说法。

【大意】

吕端是北宋初大臣，字易直，幽州安次（今河北廊坊西）人。当时的宰相赵普评价说：“吕端这个人，得到嘉奖看不出欢喜，遇见挫折看不出恐惧，喜怒不形于色，真是国之重臣。”后来，宋太宗欲拜吕端为相，有人对太宗说：“吕端做事糊涂。”太宗说：“我看吕端是小事糊涂，大事绝不糊涂。”终拜吕端为相。

【感悟】

在评价一个人谨慎、睿智的时候，人们常用一句话，“吕端大事不糊涂”。

吕端之智，表现在小事糊涂，大事绝不糊涂。他得嘉赏未尝欢喜，遇挫折未见恐惧，淡泊从容，处变不惊，在有些人看来，这岂非糊涂人？对这等得失小事，吕端乐于糊涂，难得糊涂。但在国家大事上，吕端则绝不糊涂。

据史记载，他与寇準同朝为相，处处谦让，力求同僚和睦，共谋朝政。为官低调不争，看似糊涂，实则是超乎常人的清醒睿智。

宋初常有边患。一次，守军抓到了叛军头目的母亲，大家都主张杀其母以震慑之。吕端力主不杀，建议以其母的性命来招抚叛乱。宽宥匪患，看似糊涂，实则是安抚人心的智谋。

太宗驾崩之际，吕端排除皇后干扰，力主皇太子承继大统。真宗即位，垂帘见众臣，吕端于殿下立而不拜。待真宗卷帘，吕端走上前去看清楚后，才率众大臣拜呼万岁。如此行事，看似糊涂，实则表现了他处事周密的智慧。

《呻吟语》论知人

【经典】

大事难事看担当，逆境顺境看襟度，临喜临怒看涵养，群行群止

看识见。（吕坤：《呻吟语·修身》）

【大意】

遇到大事和难事的时候，可以看出一个人的胆识和能力；遇到顺境和逆境的时候，可以看出一个人的襟怀和气量；看一个人的喜怒哀乐，可以知道他的涵养如何；看一个人如何与人相处，可以知道他见识如何。

【感悟】

弟子问孔子什么是“智”，孔子的回答是“知人”。知人者智，可是真正地了解一个人、认清一个人却很难，所以古语说“智莫难于知人”。

吕坤给出的四个原则，是对古人智慧的概括。

未雨绸缪

【经典】

宜未雨而绸缪[1]，毋临渴而掘井。（朱柏庐：《朱子治家格言》）

【注释】

［1］绸缪（chóu móu）：紧密缠缚。

【大意】

要在天还没下雨的时候就把窗子绑牢，不要等到渴得受不了的时候才想起来挖井。

【感悟】

这是中国人耳熟能详的一句话，《增广贤文》中也有类似辑录。它是中国古人对生活智慧的总结，是中国人的持家之道、处世之道，更是中国式的道德智慧。

古人认为，居安思危，准备在前，是大智慧。

信：无信不立

导 语

在中国古代，“信”的主要含义是讲信用、守诺言，诚实不欺。信中包含着诚，诚也必然落实到信，因此古人在很多时候将诚、信互释，更将这两个概念合称为“诚信”。

古人对信很重视，把它看作人的一种基本品格，将它列入“五常”之一。在中国传统伦理文化中，由于强调个人之信，因而也注重为政者的诚信，并进而使信和诚信具有政治道德的含义。古人认为，小到个人的安身立命，大到国家的治乱兴衰，都与诚信之德密切相关。

虽然诚侧重于内心的动机，信侧重于行为的结果，但二者的意思是相通的，都含有诚实不欺之意。“季札挂剑”的故事表明，守信的行为源自不违“吾心”的真诚，表现出来的是信，内心的动因则是诚。

古人认为，诚信是人的基本德行，是人际交往的基本规范。孔子言：“人而无信，不知其可也。”曾子重信，杀猪而教子；吴起有信，不食待故人；季布守诺，一诺重于千金。他们都是历史上诚实守信的典范。

诚信是为政者的基本德行。孔子说，取信于民是为政的首要原则，是先于和重于经济、军事的社会治理要务。魏文侯不以疾风而失信，魏国强盛；商鞅立木求信，新法推行。在历史上，儒家和法家都认为，能否取信于民，决定了社会的治乱和国家的存亡。

古人认为，信与道义是紧密相连的。古人重信，但又绝不拘泥于"小信""非义之信"，在信与道义发生矛盾、不能兼顾的情况下，古人认为，为了道义，可以"言不必信，行不必果"。

名　言

轻诺必寡信。（《老子》第六十三章）

与朋友交，言而有信。（《论语·学而》）

人而无信，不知其可也。（《论语·为政》）

自古皆有死，民无信不立。（《论语·颜渊》）

凡交，近则必相靡以信，远则必忠之以言。（《庄子·人间世》）

言不必信，行不必果，惟义所在。（《孟子·离娄下》）

先王贵诚信。诚信者，天下之结也。（《管子·枢言》）

人之所以为人者，言也。人而不能言，何以为人？言之所以为言者，信也。言而不信，何以为言？（《穀梁传·僖公二十二年》）

诚者，天之道也。诚之者，人之道也。（《礼记·中庸》）

不宝金玉，而忠信以为宝。（《礼记·儒行》）

诚信著乎天下，醇德流乎四海。（《盐铁论·世务》）

忠信谨慎，此德义之基也。虚无谲诡，此乱道之根也。（王符：《潜夫论·务本》）

君子宁言之不顾，不规规于非义之信。（《张载集·正蒙·有德》）

许人一物，千金不移。一言既出，驷马难追。（《增广贤文》）

季札挂剑

【经典】

季札[1] 之初使，北[2] 过徐君[3]。徐君好季札剑，口弗敢言。季札心知之，为使上国，未献。还[4] 至徐，徐君已死。于是乃解其宝剑，系之徐君冢树[5] 而去。从者曰：“徐君已死，尚谁予乎？”季子曰：“不然。始吾心已许之，岂以死倍[6] 吾心哉？”（《史记》卷三十一，《吴太伯世家》）

【注释】

[1] 季札：亦称“公子札”，春秋时吴国贵族。

[2] 北：向北。

[3] 徐君：徐国国君。徐，春秋时期小国，在今山东境内。

[4] 还：返回。

[5] 冢（zhǒng）树：种在坟墓边的树。

[6] 倍：同“背”，违背。

【大意】

季札是春秋时吴国的公子。有一次，季札出使鲁国时途经徐国，去拜会徐君。徐君很喜欢季札的佩剑，却不好意思开口。季札明白徐君的心思，但出使的使命还没完成，还必须带着剑，心想等出使回来，再把佩剑送给徐君。等到季札出使返回的时候，徐君却已过世。季札来到徐君的墓旁，把宝剑挂到徐君坟前的树上。随从见此，问道：“徐君已经过世了，您将宝剑挂在这里，又有什么用呢？”季札说：“徐君虽已不在了，但我的内心对他有过承诺，怎么能够因为他的过世而背弃我心呢？”

【感悟】

季札认为，徐君虽已死，但自己对徐君的“心许”不能因徐君之死而取消。如果自己不守信，违背的其实是“吾心”，伤害的其实也是“吾心”。

诚信，表现出来的是“信”，但内心的动因则是“诚”。没有“吾心”之诚，“信”又从何而来？

孔子论无信不立

【经典】

子贡[1] 问政。子曰：“足食，足兵，民信之矣。”子贡曰：“必不得已而去，于斯三者何先？”曰：“去兵。”子贡曰：“必不得已而去，于斯二者何先？”曰：“去食。自古皆有死，民无信不立。”（《论语·颜渊》）

【注释】

[1] 子贡：孔子弟子。端木氏，名赐，字子贡，春秋末卫国人。

【大意】

子贡问怎样治理国家，孔子讲了三个要件，即粮食充足、军备充足、取信于民。子贡说：“如果三者不能兼备，不得不去掉一项，在这三者中先去掉哪一项呢？”孔子说：“那就放弃军备。”子贡又问：“如果不得已再去掉一项，在剩下的两项中去掉哪一项呢？”孔子说：“去掉粮食吧。自古以来人都是会死的，不能取信于民，朝政是立不住的。”

【感悟】

在《论语》中，孔子对“信”的论述集中在两个方面，即作为个人道德的诚信和作为政治道德的诚信，这个故事讲的是作为政治道德的诚信。

孔子认为，诚信是为政和为政者的基本德行，是为政的首要原则，是先于和重于经济、军事的社会治理要务。能否取信于民决定了社会治乱和国家存亡。孔子对政治诚信的论述说明了“无信不立”的重要性。

孔孟谈信与义

【经典】

言必信，行必果，硁硁[1]然小人哉！（《论语·子路》）

孟子曰：“大人者，言不必信，行不必果，惟义所在。”（《孟子·离娄下》）

【注释】

[1] 硁硁（kēng）：浅薄固执。

【大意】

孔子说，如果一个人仅仅是固守言必信、行必果，他只不过是浅薄固执的小人罢了。

孟子说，有道德的人，言不必信，行不必果，更重要的是，要看其言行是不是符合道义。

【感悟】

孔子重“信”，孔子眼中的“信”，是人的基本德行。但孔子也指出，如果一个人只是固守一个“信”字，而置仁德于不顾，此“信”也不过是小人之行罢了。孟子说得更明确，在“信”与“义”发生抵牾、不能兼取的情况下，只能为了“义”而放弃“信”。

“信”固然重要，但道义更为重要。因此，宋代的张载说过，君子宁可“言之不顾”，也不能拘泥于“非义之信”。

曾子杀猪教子

【经典】

曾子之妻之[1] 市，其子随之而泣。其母曰：“女[2] 还，顾反为女杀彘[3]。”妻适市来，曾子欲捕彘杀之。妻止之曰：“特[4] 与婴儿戏耳。”曾子曰：“婴儿非与戏也。婴儿非有知[5] 也，待父母而学者也，听父母之教，今子欺之，是教子欺也。母欺子，子而不信其母，非所以成教也。”遂烹彘也。（《韩非子·外储说左上》）

【注释】

[1] 之：动词，去。

[2] 女：同“汝”。

[3] 彘（zhì）：猪。

[4] 特：只不过。

[5] 知：同“智”。

【大意】

曾子的妻子要去集市，儿子哭闹着要跟着去。曾妻说：“你听话快回家，等我回来杀猪给你吃。”曾妻从集市上回来后，曾子就开始准备杀猪。妻子阻止他说：“我说杀猪，只不过是哄小孩子罢了，你怎么当真呢？”曾子说：“你以为小孩子就可以随便许诺吗？孩子还没有辨别是非的能力，他是从父母的身上学习做人的道理。你许诺杀猪但不兑现，这等于教孩子欺骗。你欺骗孩子，孩子就不会再相信你，以后还怎么教育孩子呢？”于是，就真的把猪杀了。

【感悟】

父母是孩子的第一任老师，孩子总是先从父母的言行中学习做人的道理。一个兑现的承诺胜于无数言语说教。

作为家长，不能因为孩子小不懂事就轻诺寡信，说了做不到，说话不算数。教育孩子诚信，家长首先要在重诺守信上率先垂范。

魏文侯期猎

【经典】

魏文侯[1] 与虞人[2] 期[3] 猎。明日，会[4] 天疾风，左右止文侯。不听，曰："不可以风疾之故而失信，吾不为也。"遂自驱车往，犯风[5] 而罢[6] 虞人。(《韩非子·外储说左上》)

【注释】

[1] 魏文侯：战国时魏国的建立者。名斯。魏文侯四十三年（前403年），周威烈王承认魏为诸侯。

[2] 虞人：掌管山泽的官吏。

[3] 期：约定。

[4] 会：适逢，正赶上。

[5] 犯风：冒着大风。

[6] 罢：停止。

【大意】

魏文侯和虞人约定一同上山打猎。到了约定的日子，正赶上刮大风，身边人劝魏文侯说，天气这么恶劣，就不要去了。魏文侯说："已经约定好的事情，怎么可以因为天气不好就失信呢?"于是亲自驾车，顶着大风前去告知虞人，因天气不好，今天就不去打猎了。

【感悟】

这则故事出自《韩非子》一书，记录的是法家代表人物韩非的思想观点。法家和儒家都提倡诚信道德，虽然侧重点并不一致，但在政治诚信的问题上，二者是大体一致的，都认为，君主首先要讲诚信，君主的诚信即国家的诚信、政治的诚信。诚信则兴邦，失信则丧邦。

吴起不食待故人

【经典】

吴起[1] 出，遇故人而止之食。故人曰："诺。今返而御[2]。"吴子曰："待公而食。"故人至暮不来，起不食待之。明日早，令人求故人。故人来，方与之食。(《韩非子·外储说左上》)

【注释】

[1] 吴起：战国时兵家。善用兵。初任鲁将，后在魏屡建战功，被魏文侯任命为西河守。魏文侯死后，逃到楚国，辅佐楚悼王实行变法。

[2] 御：进食。

【大意】

吴起外出，遇见一个老朋友，两人见面非常高兴，吴起就约他一起吃饭。朋友说："好的，今天回来就到您那里吃饭。"吴起说："一言为定，我等您。"到了晚上，朋友一直没来，吴起就一直等待不吃饭。第二天一早，吴起派人去找这个朋友。等朋友来后，吴起才和他一起吃饭。

【感悟】

战国时期，吴起是一个响当当的名字。在《史记》中，吴起与孙子合传，被誉为兵家亚圣。他在魏国，秦人不敢东向。他为楚国效力，三晋不敢南侵。虽然在历史上人们对吴起的为人评价不一，但“吴起不食待故人”重信守诺的典故，一直为人们所津津乐道。

商鞅立木取信

【经典】

商君[1] 者，卫之诸庶孽公子也，名鞅，姓公孙氏，其祖本姬姓也。……令既具，未布，恐民之不信，已乃立三丈之木于国都市南门，募民有能徙置北门者予十金[2]。民怪之，莫敢徙。复曰“能徙者予五十金”。有一人徙之，辄予五十金，以明不欺。卒下令。(《史记》卷六十八，《商君列传》)

【注释】

[1] 商君：商鞅，战国时政治家。公孙氏，名鞅，也称“卫鞅”。辅助秦孝公变法图强，因战功封商（今陕西丹凤西北）、於（今河南西峡境）十五邑，号商君。

[2] 金：古代计算货币的单位。秦以一镒（yì）为一金，汉以一斤为一金。

【大意】

商鞅变法之初，法令已制定好了，但没有马上公布。商鞅最担心的，就是老百姓不相信新法，使新法不能推行。怎么办呢？他想出一个主意，在国都的南门立了一根三丈高的木头，并发布了一条告示：如果有人能把木头从南门搬到北门，就赏给这个人十镒钱。告示发布后，老百姓议论纷纷，因为他们从来没见过这样的怪事，谁也不敢去搬那根木头。于是，商鞅又发布了一条告示：如果有人能把木头从南门搬到北门，就赏五十镒钱。重赏之下，有一个人把木头搬到北门，果然得到了五十镒赏钱。这件事向老百姓表明商鞅说到做到，于是商鞅颁布了法令。

【感悟】

商鞅立木，目的是树立当政者不欺民的形象，言而有信，取信于民，为新法的推行立信立威。

人们相信了新政，自然就会按照新法中奖励耕战的条款去做：努力开荒种地，发展经济；按规定服兵役，勇敢杀敌。新法推行一段时间后，秦国的国力迅速增强，国富兵强，为后来秦统一六国奠定了坚实的基础。

季布一诺千金

【经典】

季布者，楚人也。为气任侠[1]，有名于楚。……楚人谚曰："得黄金百斤，不如得季布一诺[2]。"（《史记》卷一百，《季布传》）

【注释】

[1] 任侠：有信用，有侠义。

[2] 诺：许诺，诺言。

【大意】

秦朝末年，在楚地有一个叫季布的人，他性情耿直，重诺言，守信用，为人侠义。只要是他答应过的事情，无论有多大困难，他都会设法办到。楚国人说："得黄金百斤，不如得季布的一句诺言。"可见人们对他的敬重。

【感悟】

楚汉相争时，季布是项羽的部下，曾几次献策，帮助项羽击败刘邦的军队。后来刘邦打败项羽当了皇帝，下令通缉季布，悬赏千金，有敢藏匿季布的，罪及三族。很多人因敬慕季布的为人，都在暗中帮助他。他先藏身在一户姓周的人家，不久，刘邦的人发现了蛛丝马迹，要来捉拿他。在人们的帮助下，季布乔装到鲁地一个名叫朱家的人家里当佣工。朱家明知他是季布，仍收留了他。后来，朱家又到洛阳去找刘邦的老朋友汝阴侯夏侯婴说情，希望刘邦放过季布。在夏侯婴的劝说下，刘邦撤销了对季布的通缉令，还封季布做了郎中，后来又封他做了河东太守。

季布几次死里逃生，不但保住了性命，还为刘邦所重用，与其说是众人帮助了他，倒不如说是平素里诚信的好名声帮助了他。季布一诺，所值何止黄金百斤！

勇：勇者不惧

导 语

中华民族以勤劳勇敢著称于世，“勇”是中华民族最为崇尚的传统美德之一，与“智”“仁”并称为“三达德”。“勇”也与“忠”“义”合称为“忠勇”“义勇”。几千年来，中华民族英雄辈出，勇武精神生生不息。

勇首先是一种精神气概，表现为不惧权势，不畏强暴，不计得失，不顾生死。曹刿在敌我力量悬殊的情况下，带领士兵一鼓作气，以弱胜强。烛之武临危受命，只身入敌，以自己的勇气和智慧瓦解了秦晋联军。荆轲刺秦王，勇气干云，气贯长虹，留下了勇者的千古壮歌。

勇也是一种内在的道德自省能力，勇于直面自己的过失和不足。“知耻近乎勇”。

十三岁的朱晖在自己的亲人即将遭受凌辱时挺身而出，怒斥强盗，勇敢地捍卫生命的尊严。关羽是忠勇之士，不仅在战场上英勇无敌，而且有着惊人的意志力，刮骨疗毒，谈笑自若。刘敏元见义勇为，为了救一位非亲非故的老人，以身涉险。宗悫少立大志，临危不惧，十四岁时就以一己之力击退十几个盗贼，终成大器。少年区寄被强盗挟持，机智勇敢，成功自救。

中华传统美德所推崇的勇，与道义紧密地联系在一起。古人推崇见义勇为，认为见义不为非勇。古人分辨“大勇”“小勇”，真正的勇敢，是大勇，而非小勇，是义理之怒，而非血气之勇，是为了道义挺身而出，而不是逞强鲁莽蛮干。正是在这个意义上，古人把勇同仁、智并称，认为“仁者必有勇”，并特别推崇有勇有谋的行为。

名言

见义不为，无勇也。（《论语·为政》）

仁者必有勇。（《论语·宪问》）

勇者不惧。（《论语·宪问》）

君子义以为上，君子有勇而无义为乱，小人有勇而无义为盗。（《论语·阳货》）

率义之谓勇。（《左传·哀公十六年》）

知耻近乎勇。（《礼记·中庸》）

持节不恐谓之勇，反勇为怯。（贾谊：《新书·道术》）

勇于义而果于德，不以贫富、贵贱、死生动其心。（扬雄：《法言·渊骞》）

勇者不避难。（《孔子家语·屈节解》）

遇事无难易，而勇于敢为。（欧阳修：《尹师鲁墓志铭》）

君子勇于义，小人勇于气。（《二程集·河南程氏外书》卷七）

小勇，血气所为；大勇，义理所发。（朱熹：《四书章句集注·孟子集注·梁惠王章句下》）

曹刿以勇败齐师

【经典】

齐师伐我[1]，公[2]将战，曹刿[3]请见。其乡人曰："肉食者[4]谋之，又何间[5]焉？"刿曰："肉食者鄙，未能远谋。"乃入见，问何以战。公曰："衣食所安，弗敢专也，必以分人。"对曰："小惠未遍[6]，民弗从也。"公曰："牺牲玉帛，弗敢加[7]也，必以信。"对曰："小信未孚[8]，神弗福也。"公曰："小大之狱，虽不能察，必以情[9]。"对曰："忠之属也，可以一战。战，则请从。"公与之乘。战于长勺[10]。公将鼓之。刿曰："未可。"齐人三鼓。刿曰："可矣。"齐师败绩。公将驰之。刿曰："未可。"下，视其辙，登轼而望之，曰："可矣。"遂逐齐师。既克，公问其故。对曰："夫战，勇气也。一鼓作气，再而衰，三而竭。彼竭我盈，故克之。夫大国，难测也，惧有伏焉。吾视其辙乱，望其旗靡，故逐之。"（《左传·庄公十年》）

【注释】

[1] 我：鲁国自称。齐伐鲁，时在齐桓公二年、鲁庄公十年（前684年）。

[2] 公：鲁庄公。

[3] 曹刿（guì）：春秋时鲁国人。

[4] 肉食者：指做官的人。

[5] 间（jiàn）：参与。

[6] 遍：全，遍及。

[7] 弗敢加：谓祭品必依礼为之，不敢擅自增加。

[8] 小信未孚：这种细琐的行为不足以令人信服。孚，信服。

[9] 情：指真情实据。

[10] 长勺：古地名。春秋时鲁地，在今山东莱芜东北。长勺之战是中国历史上以弱胜强的著名战例。

【大意】

春秋时期，齐国的军队攻打鲁国。鲁庄公准备迎战。曹刿请求觐见。他的同乡说："这是当官的人考虑的事情，你去参与什么！"曹刿说："你以为当官的就很高明吗？他们考虑得不够长远。"于是曹刿入宫觐见庄公。

曹刿问庄公："您和齐国作战，凭什么打败它呢？"庄公说："我有吃有穿，但从来都不敢独自享受，一定分给别人。"曹刿回答说："这些小恩小惠不能遍及百姓，百姓是不会服从的。"庄公说："祭祀用的牛羊玉帛，不敢擅自增加，敬神非常虔诚。"曹刿回答说："这点诚心也不足以让神明信服，神明是不会因为这些琐碎小事降福的。"庄公说："大大小小的案件，我虽然不能完全明察，但必定办得符合情理。"曹刿回答说："这是为百姓尽力，凭借这一点可以一战。如果和齐国开战，请让我跟随您一起去。"

庄公和曹刿同乘一辆战车，与齐军在长勺展开战斗。庄公准备下令击鼓。曹刿说："还不到时候。"齐国人的战鼓响过三通。曹刿说："咱们可以击鼓前进了。"鲁军出击，齐军大败。庄公准备下令追击。曹刿说："先等等。"他下了车，仔细察看齐军的车辙，然后登上车前横木眺望，在对齐军的状况做出准确的判断后，他说："可以了。"鲁军乘胜追击，大胜而还。

得胜以后，庄公问曹刿取胜的缘故。曹刿回答说："作战全凭勇气。第一通鼓振奋勇气，第二通鼓勇气就少了一些，第三通鼓勇气就没有了。他们的勇气没有了，我们的勇气刚刚振奋，所以战胜了他们。但齐国毕竟是大国，很难预料齐军的实力，我担心齐军会有埋伏。我看到齐军的车辙已经乱了，远望齐军的旗子已经倒下，所以才敢追逐齐军。”

【感悟】

长勺之战是中国历史上以少胜多的著名战例。曹刿取胜的秘诀在于他深谙“夫战，勇气也”。

一是以此掌握出战的时机。敌我对峙的战场上，敌方三通战鼓响过，敌方士气趋于减弱，我方士气刚刚提振。彼竭我盈，是进击的最好时机。敌方兵车乱了，军旗倒了，又是追击的好时机。

二是以此统兵。战争，既是敌我双方经济实力、军事实力的抗衡，更是双方军队士气的较量。狭路相逢勇者胜，胜在所向无敌的英勇气概。

烛之武退秦师

【经典】

晋侯、秦伯[1] 围郑。……佚之狐[2] 言于郑伯曰：“国危矣！若使烛之武[3] 见秦君，师必退。”公从之。辞曰：“臣之壮也，犹不如人；今老矣，无能为也已。”公曰：“吾不能早用子，今急而求子，是寡人之过也。然郑亡，子亦有不利焉！”许之。夜，缒[4] 而出。见秦伯曰：“秦、晋围郑，郑既知亡矣。若亡郑而有益于君，敢以烦执事。越国以鄙远，君知其难也；焉用亡郑以陪邻？邻之厚，君之薄也。若舍郑以为东道主，行李[5] 之往来，共[6] 其乏困，君亦无所害。且君尝为晋君赐[7]矣。许君焦、瑕[8]，朝济而夕设版[9]焉，君之所知也。夫晋，何厌之有？既东封郑[10]，又欲肆其西封；不阙秦，将焉取之？阙秦以利晋，唯君图之。”秦伯说，与郑人盟。(《左传·僖公三十年》)

【注释】

[1] 晋侯、秦伯：晋文公和秦穆公。

[2] 佚之狐：春秋时郑国大夫。

[3] 烛之武：春秋时郑国大夫。

[4] 缒（zhuì）：用绳子拴着往下放。这里指把烛之武从城墙上悬吊着放下去。

[5] 行李：使者。

[6] 共：同“供”，供给。

[7] 赐：恩惠。

[8] 焦、瑕：均为晋国邑名。

[9] 设版：指建筑防御工事。版，筑土墙用的夹墙板。

[10] 封郑：以郑国为疆界。

【大意】

春秋时期，晋文公、秦穆公联合围攻郑国。郑国大夫佚之狐对郑文公说：“郑国处境危险，如果能派烛之武去见秦穆公，一定能说服他们撤军。”郑文公听从了他的意见。但烛之武却推辞说：“我年轻时，尚且不如别人；现在老了，更做不成什么了。”郑文公说：“我早先没有重用您，现在处于危急之中才来求您，这是我的过错。然而郑国灭亡了，对您也不利啊！”烛之武就答应了郑文公的请求。

夜晚，烛之武用绳子绑住身体，从城墙上悬吊到城外，去见秦穆公。烛之武对秦穆公说：“秦、晋两国围攻郑国，我们知道，郑国就快要灭亡了。如果灭掉郑国对您有好处，那您可以去做。可是，假如郑国灭亡了，增加的是邻国晋国的土地，您秦国也得不到什么好处。晋国的国力雄厚了，您的国力也就相对削弱了。假如您放弃攻打郑国，让郑国成为您秦国东部的朋友，秦国使者往来，郑国可以提供帮助，这对于您秦国来说，也没有什么害处。况且，您曾经对晋文公有恩，他也曾答应把焦、瑕二邑割让给您。然而，他早上渡河归晋，晚上就筑城拒秦，这些您是知道的。晋国哪会满足呢？现在它已把郑国当作东部的疆界，又想扩张西部的疆界。如果不有损于秦国，晋国从哪里取得它所贪求的土地呢？秦国受损而晋国受益，您好好考虑考虑吧！"

秦穆公听了烛之武的这些话，觉得他说的很有道理，就不再攻打郑国，并签订了盟约。

【感悟】

烛之武是一个勇敢的人。

烛之武的勇敢，表现为他勇于临危受命。此前，他并没有受到重用，国危之际，郑文公找上门来，他年老而勇负重任，无所畏惧。

烛之武的勇敢，表现为他智勇双全。他为秦伯分析了秦、晋、郑三国的形势，晓之以利害，并离间秦晋关系。在生命悬于一线之际，沉着冷静，应对有方，有勇有谋。

荆轲刺秦王

【经典】

太子及宾客知其事者，皆白衣冠以送之。至易水上，既祖[1]，取道。高渐离[2] 击筑，荆轲和而歌，为变徵之声[3]，士皆垂泪涕泣。又前而为歌曰："风萧萧兮易水寒，壮士一去兮不复还！"复为慷慨羽声，士皆瞋目，发尽上指冠。于是荆轲遂就车而去，终已不顾。

……（秦王）设九宾，见燕使者咸阳宫。荆轲奉樊於期头函，而秦武阳奉地图匣以次进。至陛[4] 下，秦武阳色变振恐，群臣怪之。荆轲顾笑武阳，前为谢曰："北蛮夷之鄙人，未尝见天子，故振慑，愿大王少假借[5] 之，使毕使于前。"秦王谓轲曰："起，取武阳所持图！"

轲既取图奉之，发[6] 图，图穷而匕首见。因左手把秦王之袖，而右手持匕首揕之。未至身，秦王惊，自引而起[7]，绝袖。拔剑，剑长，掺其室[8]。时怨急，剑坚，故不可立拔。

荆轲逐秦王，秦王还[9] 柱而走。群臣惊愕，卒[10] 起不意，尽失其度。而秦法，群臣侍殿上者，不得持尺兵[11]；诸郎中[12] 执兵，皆陈殿下，非有诏不得上。方急时不及召下兵，以故荆轲逐秦王，而卒惶急无以击轲，而乃以手共搏之。

是时，侍医夏无且以其所奉药囊提[13] 轲。秦王之方还柱走，卒惶急，不知所为。左右乃曰："王负剑！王负剑！"遂拔，以击荆轲，断其左股。荆轲废，乃引其匕首提秦王，不中，中柱。秦王复击轲，被八创。

轲自知事不就，倚柱而笑，箕踞[14] 以骂曰："事所以不成者，乃欲以生劫之，必得约契以报太子也。"左右既前斩荆轲，秦王目眩良久。（《战国策》卷三十一，《燕策三·燕太子丹质于秦》）

【注释】

[1] 祖：出行前祭路神。

[2] 高渐离：战国末燕国人，擅长击筑。秦始皇完成统一大业后，命人熏瞎其目，让他击筑。他在筑内暗藏铅块，欲扑杀秦始皇，不中

被杀。

[3] 为变徵（zhǐ）之声：发出变徵的声调。古时音乐分宫、商、角、变徵、徵、羽、变宫七音，变徵是徵音的变调，声调悲凉。

[4] 陛：殿前的台阶。

[5] 假借：宽容，原谅。

[6] 发：打开。

[7] 自引而起：自己挣扎着站起来。

[8] 掺其室：握住剑鞘。掺，同“操”，持也。室，指剑鞘。

[9] 还：通“环”，绕。

[10] 卒：同“猝”。

[11] 尺兵：指尺寸之兵器。

[12] 郎中：宫廷的侍卫。

[13] 提（dǐ）：投掷。

[14] 箕踞：坐时两腿前伸，形状像簸箕，是一种轻慢、傲视对方的姿态。

【大意】

战国末期，强大的秦国所向无敌。秦国占领赵国后，继续挥师向北，一直打到燕国边界。燕太子丹暗中策划刺杀秦王，勇士荆轲成为刺客的最佳人选。

太子等人为荆轲送别。到了易水边，祭过路神，荆轲就要上路了。高渐离击筑，荆轲和着音乐唱起歌来，声调悲壮凄凉，大家都被感染了，流下了眼泪。荆轲唱道：“风萧萧兮易水寒，壮士一去兮不复还！”他的声音慷慨激昂。众人群情振奋，圆睁双眼，头发竖起。荆轲上车而去，始终没有回头。

秦王设九宾之礼，在咸阳宫接见燕国的使者。荆轲捧着装有樊於期头颅的匣子，秦武阳捧着装有地图的匣子，依次进来。到了台阶下，秦武阳害怕得变了脸色，群臣对此感到奇怪，荆轲回头对他笑了笑，走上前对秦王致歉说："北方边远地区的人，没有见过天子，胆子小，望大王原谅他，让他能够在大王面前完成使命。"秦王对荆轲说："起来吧，把地图给我拿来。"

荆轲拿来地图捧送给秦王，他打开地图，待地图全部展开后就露出了匕首。荆轲乘机用左手抓住了秦王的袖子，右手拿起匕首就去刺秦王。匕首没有刺中秦王，秦王吓坏了，挣扎着站了起来，挣断了衣袖。秦王想拔剑，但剑太长，又插得太紧，不能立即拔出来。

荆轲在后面紧追秦王，秦王绕着柱子跑。群臣惊恐万状，事情发生得突然，大家都乱了套。按照秦国的法律，在殿上侍立的群臣，不能带兵器；那些带兵器的侍卫，都在殿下侍候，没有命令不得上殿。慌乱之中，秦王也来不及召来侍卫，因此荆轲追逐着秦王，众大臣也没有什么兵器来对付荆轲，只能徒手来和荆轲搏斗。

这时，秦王的御医夏无且用他手里的药囊扔向荆轲。秦王还在绕着柱子跑，仓促之间惊惶焦急，不知所措。左右大臣都提醒说："大王，把剑背到背上！把剑背到背上！"于是秦王把剑背到背上拔了出来，挥剑刺向荆轲，砍断了荆轲的左大腿。荆轲受伤倒地，又举起匕首投向秦王，没投中，击中了柱子。秦王又砍杀荆轲，荆轲身上八处受伤。

荆轲自知事情不能成功了，靠在柱子上大笑，两腿张开、两膝微曲地坐着，痛骂道："事情之所以没有成功，是想活捉你呀，好让你同我们订下誓约来回报太子呀！"

秦王的左右大臣上前斩了荆轲。秦王吓得头晕目眩了很长时间。

【感悟】

荆轲是中国历史上著名的义士、勇士。

“风萧萧兮易水寒，壮士一去兮不复还!”他明明知道此去秦国，注定是一条不归路，但既已选择这条路，便不再回头。

知其不可而为之，勇于牺牲，是一种悲壮的勇敢。

朱晖挺身救妇女

【经典】

朱晖[1] 字文季，南阳宛人也。……晖早孤，有气决[2]。年十三，王莽[3] 败，天下乱，与外氏家属[4] 从田间奔入宛城。道遇群贼，白刃劫诸妇女，略夺[5] 衣物。昆弟宾客皆惶迫，伏地莫敢动。晖拔剑前曰：“财物皆可取耳，诸母衣不可得。今日朱晖死日也!”贼见其小，壮其志，笑曰：“童子内刀[6]。”遂舍之而去。(《后汉书》卷四十三，《朱晖传》)

【注释】

[1] 朱晖：东汉初名臣。字文季，南阳宛县（今河南南阳）人。

[2] 气决：气节。

[3] 王莽：新王朝建立者。汉元帝皇后之侄。字巨君，魏郡元城（今河北大名东）人。

[4] 外氏家属：外祖父母家属。

[5] 略夺：抢夺，掠夺。

[6] 内刀：把刀收起来。内，通“纳”。

【大意】

东汉时，南阳人朱晖很小就没了父亲，和外祖父母生活在一起。他待人诚恳，见义勇为，年纪不大就很有气节，亲朋邻居都称赞他。

朱晖十三岁的时候，因为社会动荡，举家迁居。某天，一伙强盗拦住了他们。强盗拿着刀，抢了他们的财物，还要侮辱妇女。大家都吓坏了，趴在地上不敢动。就在此时，朱晖挺身而出，拔剑怒斥强盗："东西可以拿走，但是不能侮辱妇女！如果你们胆敢侮辱妇女，我就跟你们拼命！"这伙强盗见朱晖小小年纪就有如此勇气，便停手走了。

【感悟】

十几岁，还是需要别人保护的年纪。但在危难之中，小朱晖勇敢地担当起保护他人的责任，勇气可敬。

关羽刮骨疗毒

【经典】

羽[1] 尝为流矢[2] 所中，贯其左臂，后创虽愈，每至阴雨，骨常疼痛，医曰："矢镞[3] 有毒，毒入于骨，当破臂作创，刮骨去毒，然后此患乃除耳。"羽便伸臂令医劈之。时羽适请诸将饮食相对，臂血流离，盈于盘器，而羽割炙引酒，言笑自若。(《三国志》卷三十六，《关羽传》)

【注释】

[1] 羽：三国蜀汉大将。字云长，本字长生，河东解县（今山西运

城西南）人。宋代以后，他的事迹被神化，被尊为“关公”“关帝”。

[2] 流矢：乱箭。

[3] 矢镞（zú）：箭头。

【大意】

关羽是三国时期蜀国的著名将领。有一次，关羽在战斗中被乱箭射中，箭贯穿他的胳膊，虽然没有危及生命，但每到阴雨天，胳膊肿胀疼痛，无法活动。大夫说：“这是弩箭所伤，箭头有毒，毒素已经渗入骨头，需要切开胳膊，刮去骨头上的毒，胳膊才能好。”关羽于是请大夫刮骨疗毒。当时，他正与诸将一起吃饭。大夫用刀割开关羽的皮肉，一直割到骨头，大夫用刀刮着骨头，血流了一盆。关羽照旧饮酒吃肉，谈笑自如。

【感悟】

关羽是忠义之人，也是勇敢之人。

关羽治疗箭伤在历史上实有其事，史书中已有记载，而小说则让此事为人所熟知。罗贯中的《三国演义》用大段的笔墨描写，形神兼备，绘声绘色。从此“刮骨疗毒”的故事家喻户晓，关公的勇者形象深入人心。

刘敏元护孤老

【经典】

刘敏元[1] 字道光，北海人也。……永嘉之乱[2]，自齐西奔。同县管平年七十余，随敏元而西，行及荥阳[3]，为盗所劫。敏元已免，乃还谓贼曰："此公孤老，余年无几，敏元请以身代，愿诸君舍之。"贼曰："此公于君何亲？"敏元曰："同邑人也。穷窭无子，依敏元为命。诸君若欲役之，老不堪使，若欲食之，复不如敏元，乞诸君哀也。"有一贼瞋目叱敏元曰："吾不放此公，忧不得汝乎！"敏元奋剑曰："吾岂望生邪！当杀汝而后死。此公穷老，神祇尚当哀矜之。吾亲非骨肉，义非师友，但以见投之故，乞以身代。诸大夫慈惠，皆有听吾之色，汝何有靦[4]面目而发斯言！"……前将斩之。盗长遽止之，而相谓曰："义士也！害之犯义。"乃俱免之。(《晋书》卷八十九，《刘敏元传》)

【注释】

[1] 刘敏元：两晋十六国时前赵官员。字道光，北海（治今潍城）人。为人刚勇忠义。

[2] 永嘉之乱：晋怀帝永嘉四年（310 年），北方的匈奴人破洛阳，俘怀帝，焚宫庙，纵兵烧掠，海内大乱，史称"永嘉之乱"。

[3] 荥（xíng）阳：郡名。故治在今河南郑州市惠济区西北古荥。

[4] 靦（tiǎn）：羞愧。

【大意】

永嘉之乱中，刘敏元从山东向西逃难。一位七十多岁的同乡随同他一起逃命。走到荥阳的时候，遇到一伙强盗，刘敏元年轻跑得快，老人却被抓住了。

刘敏元放心不下老人，不顾个人安危，又跑了回去，对强盗说："这位老人孤苦伶仃，余日无多，请你们把他放了，我愿意顶替他。"强盗问："这位老人是你的亲戚吗？"刘敏元回答说："我们只是同乡，他很穷，无儿无女，靠我照顾他。你们要想让他干活，他人老了，也不中用，要想吃了他，还不如我肉多，请你们可怜他，把他放了吧!”

有一个强盗瞪着眼睛训斥刘敏元说：“我不放他，还怕抓不着你吗!”刘敏元怒目圆睁，拔剑在手，厉声说：“我到这儿来就没打算活着回去，我要先把你杀了再死。这位老人又穷又老，连天地神灵都哀怜他。我和他既非亲骨肉，也不是师生朋友，只不过因为看他可怜，才请求顶替他。你怎么有脸说这种话!”强盗欲斩杀他，强盗头子赶忙出来制止，说：“这是位义士，我们不要伤害他，伤害他违背义行。”于是放了他们。

【感悟】

刘敏元在遭遇强盗又逃离虎口之后，敢于再入虎穴，与强盗谈救人条件，拔剑怒斥，据理力争，勇气令人不禁生出敬意，甚至感染了强盗头子。他的事迹被收入《晋书·忠义传》。

见义勇为，自古得到人们由衷的敬意。

宗悫挺身拒劫

【经典】

宗悫[1] 字元干，南阳涅阳人也。叔父少文高尚不仕，悫年少，问其所志，悫答曰：“愿乘长风破万里浪。”少文曰：“汝若不富贵，必破我门户。”兄泌娶妻，始入门夜被劫，悫年十四，挺身与劫相拒，十余人皆披散，不得入室。时天下无事，士人并以文义为业，少文既高尚，诸子群从皆爱好坟典[2]，而悫任气好武，故不为乡曲[3] 所知。(《南史》卷三十七，《宗悫传》)

【注释】

[1] 宗悫（què）：字元幹，南朝宋南阳涅阳（今河南邓州东北）人。

[2] 坟典："三坟五典"的简称，泛指古书。

[3] 乡曲：乡里。

【大意】

南北朝时，有个少年名叫宗悫。他的叔叔是个清高的读书人，不肯做官。在宗悫年少的时候，叔叔问他："你有什么志向啊？"宗悫回答说："我愿乘长风破万里浪。"他的叔叔感叹说："你很勇武。你长大后若不大富大贵，我们宗家门户就会破败了。"

宗悫的哥哥结婚那天，家里宾客盈门，热闹非凡。当晚就有十几个盗贼到宗家抢劫。当时宗悫才刚刚十四岁，他毫不畏惧，挺身而出，顽强地与盗贼搏斗，十多个人被他打散，无法上前。

当时天下无战事，读书人致力于研究文章义理，而且宗悫的叔叔有学问，又很清高，众多学子都追随他喜好读书。而宗悫崇尚勇武，所以宗悫当时不为乡里所知。

【感悟】

"愿乘长风破万里浪"，这是何等气魄！十几岁的少年一人打跑十几个盗贼，这是何等勇敢！

自古英雄出少年。宗悫少有大志，机敏勇敢，长大后，立下赫赫战功，被封为左卫将军、雍州刺史，在死后也享有极高的荣誉。

区寄有勇有谋

【经典】

童寄者，柳州荛牧儿也。行牧且荛[1]，二豪贼劫持，反接[2]，布囊[3]其口，去逾四十里之墟所[4]卖之。寄伪儿啼，恐栗，为儿恒状。贼易[5]之，对饮酒，醉。一人去为市[6]；一人卧，植刃道上。童微伺其睡，以缚背刃[7]，力上下，得绝；因取刃杀之。

逃未及远，市者还，得童，大骇，将杀童。遽曰："为两郎僮，孰若为一郎僮耶？彼不我恩[8]也；郎诚见完与恩，无所不可。"市者良久计曰："与其杀是僮，孰若卖之？与其卖而分，孰若吾得专焉？幸而杀彼，甚善！"即藏其尸，持童抵主人[9]所，愈束缚牢甚。夜半，童自转，以缚即[10]炉火烧绝之，虽疮手勿惮；复取刃杀市者。因大号。一墟皆惊。童曰："我区氏儿也，不当为僮。贼二人得我，我幸皆杀之矣。愿以闻于官。"

墟吏白[11]州。州白大府。大府召视儿，幼愿[12]耳。刺史颜证奇之，留为小吏，不肯。与衣裳，吏护还之乡。乡之行劫缚者，侧目莫敢过其门。(《柳宗元集·童区寄传》)

【注释】

[1] 行牧且荛（ráo）：一边放牧，一边打柴。行，从事，做。且，连词，连接同时做的两个动作。荛，割柴草。

[2] 反接：反绑两手。

[3] 囊：覆盖，蒙住。

[4] 墟所：集市。

[5] 易：轻视。

[6] 为市：做买卖。这里指买卖人口。

[7] 以缚背刃：把捆住他的绳子靠在刀刃上。

[8] 不我恩："不恩我"，不好好待我。

[9] 主人：指墟所窝藏豪贼的人。

[10] 即：就着。

[11] 白：报告。

[12] 幼愿：幼小而老实。愿，质朴，恭谨。

【大意】

区（ōu）寄是柳州的一个牧童。有一天，他正一边放牧一边打柴，两个强盗把他绑架了，反绑他的手，用布蒙住他的嘴，带到四十多里外的集市，准备把他卖了。区寄装着啼哭不止，害怕得发抖，就像一般的小孩遇到这样的事常有的表现那样。强盗以为他好对付，就放松了警惕，两个强盗相对痛饮，都喝醉了。一个强盗去谈买卖，另一个负责看管区寄的强盗躺在那里，把刀插在地上。区寄暗地里察看强盗睡着了，把捆手的绳子贴在刀刃上，用力上下拉动，绳子终于被割断了。区寄拿起刀来杀了那个强盗，然后撒腿就跑。

区寄还没来得及跑远，去谈买卖的强盗刚好回来了，抓住了他，这个强盗十分震惊，想要杀了区寄。区寄急忙说："我给你们两个人当仆人，哪里比得上给你一个人当仆人好呢？他待我不好，你如果能保全我的生命，并且好好待我，我就听你的。"强盗盘算了很久，心想："与其杀了这个小孩，不如把他卖了；与其卖了钱两个人分，不如我一个人独占。"于是，他藏起同伙的尸体，带着区寄去集市上窝藏强盗的人家，把区寄捆得越发结实。半夜，区寄翻转身子，将捆绑他的绳子靠近炉火，把绳子烧断，手烧伤也不害怕；然后，拿起刀杀了这个强盗。接着大声哭叫。整个集市的人都大吃一惊。区寄说："我是区家的孩子，两个强盗抓了我，幸好我把他们都杀了。请赶快报告官府。"

管集市的小吏报告州官，州官又报告上级官员大府。大府召见了区寄，大府一看，原来是一个既幼小又老实的孩子。刺史颜证觉得他与众不同，留他当衙门小吏，他不肯。刺史就给了他衣服，让人护送他回到乡里。从此，乡里那些抢劫绑架的人都不敢正眼看他，不敢经过他的家门。

【感悟】

区寄是一个勇敢的孩子，他身处险境不恐惧，也不蛮干。他先是用啼哭、假装恐惧麻痹强盗，然后利用强盗的贪财之心，机智地保全了自己的性命，最终成功地解救了自己。

区寄年龄虽小，却有勇有谋。

忠：尽己为忠

导 语

“忠”，是中国传统伦理文化中的一个重要规范，其基本含义是“尽己之心”，即尽心竭力和倾尽所有所能来对人、做事的一种基本品格。

在中国传统伦理文化中，忠作为一种基本的人格属性，作为对人、做事的一种态度，其内容是很广泛的。如孔子讲“与人忠”“主忠信”，曾子把“为人谋而不忠乎”作为三省己身的内容之一，等等。古人认为，只要是无私、尽己，即为忠，故关羽被称为“千秋忠义”。

在中国传统伦理文化中，忠的一个很重要的方面是对国家、社稷之忠。春秋时子产推行新政，“苟利社稷，死生以之”，对社稷之忠成为他不恤人言、不惧中伤的精神支柱；屈原心系楚国，虽遭放逐，仍存忧国忧民、存君兴国之志；宋代的杨家将几代人征战沙场，可谓满门忠烈；岳飞尽忠报国，莫须有的罪名难以撼动他爱国的公忠；清代的林则徐因禁烟抗英而被发配新疆，“苟利国家生死以，岂因祸福避趋之”的诗句昭示着他无怨无悔的选择和爱国主义的情怀。虽然在他们的行为中，不可避免地有忠于一姓王朝的思想，但他们身上所表现出来的整体主义精神和爱国主义情怀，是中华民族价值观的重要部分，是民族精神的重要体现。

千百年来，忠德对中国人的观念和行为产生了重大而深刻的影响。

名　言

夙夜在公。(《诗经·召南·采蘩》)

公家之利，知无不为，忠也。(《左传·僖公九年》)

无私，忠也。(《左传·成公九年》)

利于国者爱之，害于国者恶之。(《晏子春秋·内篇·谏上》)

教人以善谓之忠。(《孟子·滕文公上》)

仁义忠信，乐善不倦。(《孟子·告子上》)

士为知己者死。(《史记》卷八十六，《刺客列传》)

天之所覆，地之所载，人之所履，莫大乎忠。(《忠经·天地神明章》)

忠者，中也，至公无私。(《忠经·天地神明章》)

人之忠也，犹鱼之有渊。(诸葛亮：《兵要》)

鞠躬尽瘁，死而后已。(诸葛亮：《出师表》)

疾风知劲草，板荡识诚臣。(李世民：《赐萧瑀》)

位卑未敢忘忧国。(陆游：《病起书怀》)

尽己之心为忠。(朱熹：《四书章句集注·中庸章句》)

为官避事平生耻，视死如归社稷心。(元好问：《四哀诗·李钦叔》)

苟利国家生死以，岂因祸福避趋之。(林则徐：《赴戍登程口占示家人》)

苟利社稷，死生以之

【经典】

郑子产[1] 作丘赋[2]。国人谤之，曰："其父死于路[3]，已为虿尾[4]。以令于国，国将若之何？"子宽[5] 以告。子产曰："何害？苟利社稷，死生以之。"(《左传·昭公四年》)

【注释】

[1] 子产：春秋时郑国执政。名侨，字子产。郑穆公之孙，亦称"公孙侨"。居东里，亦称"东里子产"。

[2] 丘赋：丘，古代田地的区划，十六井为丘。丘赋，每丘出马一匹、牛三头的军赋。

[3] 其父死于路：子产之父子国为尉氏所杀。

[4] 虿（chài）尾：虿，蝎子之类的毒虫，其尾部有毒。这里是说子产重赋，盘剥百姓，犹如毒虫害人。

[5] 子宽：春秋时郑国大夫。

【大意】

春秋时期，社会剧变，兵革数兴。郑国在春秋早期的时候国势较为强盛，但到了春秋晚期，国力渐趋衰微。当时，郑国的地理位置处在晋、楚两个大国之间，只有增强国力，才能求生存，图发展。为了富国强兵，郑国的执政子产推行了一系列改革措施，其中一项就是赋税改革——实行丘赋，即在缴纳田赋的基础上，以"丘"作为田地的区划，每"丘"再出一匹马、三头牛的军赋，由丘内的农夫分摊。显然，实行丘赋会增加国家的公共积累，快速增强经济实力，但也加重了百姓的赋税负担，因而遭到了国人的激烈反对。人们咒骂他说：“你的父亲就是因为改革而被杀，你自己又实行丘赋祸害国人。”子宽把这些议论告诉子产。子产说：“只要是对国家有利的事情，自己的生死又何必放在心上。”

【感悟】

在子产看来，最高的原则就是忠于国家社稷，“苟利社稷，死生以之”。在这个原则面前，人们的咒骂、同僚的中伤，乃至个人的生命，通通可以忽略不计。

屈原忠心系楚国

【经典】

屈原者，名平，楚之同姓也。为楚怀王左徒[1]。博闻强志，明于治乱，娴[2] 于辞令。入则与王图议国事，以出号令；出则接遇宾客，应对诸侯。王甚任之。……屈平疾王听之不聪也，谗谄之蔽明也，邪曲之害公也，方正之不容也，故忧愁幽思而作《离骚》[3]。《离骚》者，犹离忧也。……屈平既嫉之，虽放流，眷顾楚国，系心怀王，不忘欲反，冀幸君之一悟，俗之一改也。其存君兴国而欲反覆之，一篇之中三致志[4] 焉。(《史记》卷八十四，《屈原贾生列传》)

【注释】

[1] 左徒：官名。战国时楚国设置，参与议论国事，发布号令，

出则接待宾客。

［2］娴：熟练。

［3］《离骚》：《楚辞》篇名。屈原自述身世、遭遇、心志的长篇叙事诗，对中国文学具有深远影响。

［4］三致志：多次表达心志。三，多次。

【大意】

屈原是战国时期楚国的贵族，任楚怀王的左徒。他博闻强识，明于国家治理之道，谙熟应对酬答之辞。他与楚王讨论国事，发布政令，接待来宾，应对诸侯，深得楚王信任。大臣靳尚等人嫉贤妒能，向楚怀王进谗言，说屈原居功自傲，楚怀王遂疏远屈原，后来屈原被罢黜左徒之官。屈原痛心楚怀王被奸邪小人蒙蔽，担心邪恶侵害正义，忧虑正直之人无处容身，因此创作《离骚》，表达自己的忧国忧民之心。屈原虽在放逐之中，但他仍时刻准备返回楚国，多次表达存君兴国的公忠之志。

【感悟】

屈原是战国时期的政治家，中国古代著名的爱国主义诗人。屈原的忠，既表现为他心系楚王，时刻不忘忠诚于君王，也体现在他致力于改革内政、抵御外敌、振兴楚国的责任担当，同时反映了他关爱百姓疾苦、哀民生之多艰的为民情怀。屈原的忠，具有中国古代爱国主义的鲜明特点，是中国古代爱国主义的重要体现。

千秋忠义关云长

【经典】

挂印封金[1] 辞汉相，寻兄遥望远途还。马骑赤兔[2] 行千里，刀偃青龙出五关[3]。忠义慨然冲宇宙，英雄从此震江山。独行斩将应无敌，今古留题翰墨间。(罗贯中:《三国演义》第二十七回)

【注释】

[1] 挂印封金：把官印挂起来，把金银财宝封存起来，表明不想接受。典故出自《三国演义》第二十六回“袁本初败兵折将，关云长挂印封金”。

[2] 赤兔：赤兔马，良马。赤兔的第一个主人是董卓，后来董卓为了拉拢吕布，就把赤兔送给了吕布。吕布战死后，赤兔归曹操，曹操把它送给了关羽。见《三国演义》第二十五回“屯土山关公约三事，救白马曹操解重围”。

[3] 出五关：关羽挂印封金辞别曹操后，前去寻找刘备，途经五个关隘，分别是东岭关、洛阳关、汜水关、荥阳关、滑州关，守关曹军不让通过，关羽斩杀了六员守关大将。见《三国演义》第二十七回“美髯公千里走单骑，汉寿侯五关斩六将”。

【大意】

刘备在徐州被曹操打败后，跟关羽和张飞走散了，独自投奔河北袁绍。曹操使用计策夺取了徐州的下邳，把关羽围困在一座土山上，派遣跟关羽有一面之交的张辽来劝降。关羽提出三个条件：一是只投降汉献帝，不投降曹操；二是刘备的两位夫人要受到赡养和尊重；三是一旦知道兄长刘备的下落，就立刻去投奔。三个条件缺一不可。曹操爱才心切，答应了关羽的全部要求，汉献帝还任命他当偏将军。在与关羽相处的过程中，曹操越发敬重忠义的关羽，将心爱的赤兔马赠给了关羽。关羽非常高兴，因为有了日行千里的良马，他就可以更快地见到刘备了。后来曹操跟袁绍交战，关羽斩杀了袁绍的大将颜良，为曹操解围，立了大功。曹操上表奏请朝廷，封关羽为汉寿亭侯，还专门铸成一枚大印送给关羽。在随后的战斗中，关羽又追杀了袁绍的另一员大将文丑。正是在这次交战中，刘备知道了关羽在曹操手下；不久，关羽也得知兄长刘备在袁绍那里，并且收到袁绍部下送来的刘备亲笔信，关羽当时就写了回信，表达了“义不负心，忠不顾死”的决心，由来人带回。关羽把刘备的消息告知嫂夫人后，就到丞相府向曹操告辞。曹操知道他的来意，在大门上悬挂回避的牌子，关羽一连去了好几次，都见不到曹操。张辽也推托有病不接见。关羽知道他们的用意，就写了一封信，派人送到丞相府，然后把曹操赠送的金银都封存起来，把汉寿亭侯的大印悬挂在大堂上，带着以前的部将，护送着两位嫂夫人，踏上了寻找刘备的漫漫路途。一路上，曹军重重围困，关羽过五关斩六将，最终冲出重围，回到刘备身边，留下了“千秋忠义”的美誉。

【感悟】

说到“忠”，关羽是中国文化中一个不可或缺的人物。在明代，关羽被封“协天护国忠义帝”；在清代，康熙书“义炳乾坤”匾，悬挂于山西解州关帝庙殿内。他的忠义形象对中国人产生了深刻的影响。

杨家将满门忠烈

【经典】

一句话恼得我火燃双鬓，
王大人且慎言，
莫乱猜我忠良之心。
自杨家统兵马身膺重任，
为社稷称得起忠烈一门。
恨辽邦打战表兴兵犯境，
杨家将请长缨慷慨出征。
众儿郎齐奋勇冲锋陷阵，
老令公[1] 提金刀勇冠三军。
父子们忠心赤胆为国丧命，
金沙滩拼死战鬼泣神惊。
众儿郎壮志未酬疆场饮恨，
洒碧血染黄沙浩气长存。
两狼山被辽兵层层围困，
李陵碑碰死了我的夫君。
哪一阵不伤我杨家将，
哪一阵不死我父子兵。
可叹我三代男儿伤亡殆尽，
单留宗保[2] 一条根。
到如今宗保边关又丧命，
才落的老老少少，

冷冷清清，孤寡一门。

历尽沧桑我也未曾灰心，

杨家报仇报不尽，

哪一战不为江山不为黎民。（京剧《杨门女将》佘太君唱段）

【注释】

[1] 老令公：佘太君之夫杨继业，其原型是北宋初的右领军卫大将军兼郑州刺史杨业。

[2] 宗保：杨宗保，在“杨家将”的故事中，杨宗保是杨延昭之子，杨继业、佘太君之孙。

【大意】

杨家将的原型，是北宋时期抗辽名将杨家父子，经历代艺术加工后，形成著名的“杨家将”故事，颂扬宋辽对峙时期，杨家为保宋朝社稷，在金沙滩战场，七个儿子死的死、散的散，后来在两狼山战役中，老令公碰死在李陵碑，为国捐躯，忠君保国。

【感悟】

中国人都熟知“杨家将”的故事。

在“杨家将”的故事中，杨继业的原型是宋太宗时期的右领军卫大将军兼郑州刺史杨业。据《宋史》记载，杨业是太原人，以骁勇闻，率兵抗辽，所向无敌。其子杨延昭随父在军中效力，智勇善战，身先士卒。杨延昭之子杨文广，宋英宗时人，任兴州防御史。

正如《杨门女将》戏中佘太君的唱词，“哪一阵不伤我杨家将，哪一阵不死我父子兵”，为保大宋社稷，杨家几代为国捐躯，满门孤寡，堪称忠烈。

岳飞尽忠报国

【经典】

岳飞，字鹏举，相州汤阴人。……少负气节，沈厚寡言，家贫力学，尤好《左氏春秋》、孙吴兵法。生有神力，未冠[1]，挽弓三百斤，弩[2]八石，学射于周同，尽其术，能左右射。同死，朔望[3]设祭于其冢。父义之，曰："汝为时用，其徇国死义乎！"……方指日渡河，而桧[4]欲画淮以北弃之，风台臣请班师。飞奏："金人锐气沮丧，尽弃辎重，疾走渡河，豪杰向风，士卒用命，时不再来，机难轻失。"桧知飞志锐不可回，乃先请张俊、杨沂中等归，而后言飞孤军不可久留，乞令班师。一日奉十二金字牌，飞愤惋[5]泣下，东向再拜曰："十年之力，废于一旦。"飞班师，民遮马恸哭，诉曰："我等戴香盆、运粮草以迎官军，金人悉知之。相公去，我辈无噍类[6]矣。"飞亦悲泣，取诏示之曰："吾不得擅留。"哭声震野。……桧遣使捕飞父子证张宪[7]事，使者至，飞笑曰："皇天后土，可表此心。"初命何铸鞫[8]之，飞裂裳以背示铸，有"尽忠报国"四大字，深入肤理。……飞坐系[9]两月，无可证者。或教卨[10]以台章所指淮西事为言，卨喜白桧，簿录飞家，取当时御札藏之以灭迹。又逼孙革等证飞受诏逗遛，命评事元龟年取行军时日杂定之，傅会其狱。岁暮，狱不成，桧手书小纸付狱，即报飞死，时年三十九。(《宋史》卷三百六十五，《岳飞传》)

【注释】

[1] 未冠：未到二十岁。古代男子年二十而加冠。

[2] 弩（nǔ）：用机栝发箭的弓。

[3] 朔（shuò）望：农历每月初一日为朔，每月十五日为望。

[4] 桧：秦桧，两任南宋宰相，前后执政十九年，主和派代表，为宋高宗所宠信，以“莫须有”的罪名杀害岳飞。

[5] 愤惋（wǎn）：激愤，叹惜。

[6] 噍（jiào）类：原指能饮食的动物，泛指活着的人。噍，咬，嚼。

[7] 张宪：南宋抗金将领，岳飞的爱将。

[8] 鞠（jū）：通“鞫”，审讯犯人。

[9] 坐系：拘囚，坐牢。

[10] 卨（xiè）：万俟（mò qí）卨，南宋官员，秦桧同党。

【大意】

岳飞，字鹏举，是相州汤阴（今属河南）人。少有大志，沉默寡言，读书刻苦，尤其喜欢读《左传》《孙子兵法》等书。他勇武过人，不到二十岁的时候就能拉动三百斤的弓箭、八石重的弓弩。他曾向周同学习射术，周同死后，岳飞每逢朔望日都要祭奠老师。父亲认为岳飞是一个忠义的人，对他说：“你要是能被国家重用，一定会忠义为国的。”

北宋末年，岳飞投军，后任统制。南宋偏安一隅后，他上书反对议和。他率领的岳家军大举反击金兵，收复洛阳等地。但秦桧把持朝廷，一意求和，以十二道金牌下令岳飞撤军。岳飞非常痛惜，说：“十年抗金，废于一旦。”他班师的时候，老百姓痛哭流涕，说：“岳家军撤退了，我们老百姓就活不成了。”岳飞听后，心如刀绞，但军令难违。

回去不久，岳飞被诬陷谋反，面对审讯他的人，岳飞坦荡地说：“皇天后土可知我对国家的忠心。”最初朝廷让何铸审讯岳飞，岳飞撕开自己的衣服，露出了刺在后背上的“尽忠报国”四个字，何铸知道岳飞是冤枉的，审讯进行不下去。后来朝廷改派奸臣万俟卨审讯，万俟卨诬蔑岳飞写给张宪等人的谋反信已被张宪等焚毁，以此作为岳飞谋反的证据，最后以“莫须有”的罪名杀害了岳飞。岳飞死的那年，刚刚三十九岁。

【感悟】

尽忠报国，是对国家、社稷、民族之忠，是“公忠”。

岳飞之忠，不可避免地表现为对一姓王朝之忠，但其基本精神，又不限于一朝一姓，而是对国家、社稷之忠，对民族大义之忠。

林则徐的离别诗

【经典】

力微任重久神疲，再竭衰庸[1] 定不支。苟利国家生死以[2]，岂因祸福避趋之。谪居[3] 正是君恩厚，养拙[4] 刚于戍卒[5] 宜[6]。戏与山妻[7] 谈故事，试吟断送老头皮[8]。[林则徐：《赴戍登程口占示家人(其二)》]

【注释】

[1] 衰庸：衰朽，衰老而无能，自谦之词。

[2] 苟利国家生死以：语出《左传·昭公四年》，子产言“苟利社稷，死生以之”。

[3] 谪（zhé）居：因有罪被遣戍远方。

［4］养拙：藏拙。

［5］戍（shù）卒：守卫边关的士兵。

［6］宜：适合。

［7］山妻：谦称自己的妻子。

［8］老头皮：犹言老命。宋真宗时，访天下隐者，杨朴奉召入朝，自言临行时其妻送诗一首云："更休落魄贪杯酒，亦莫猖狂爱咏诗。今日捉将官里去，这回断送老头皮。"

【大意】

道光二十二年（1842年），已经五十七岁的林则徐自西安启程赴伊犁，临行前作诗一首，留别家人。诗中说：本人能力低微而担当重任，久已感到精力衰竭，要继续操劳政事，以我垂暮之年、衰朽之身，定是难以支撑。但只要是对国家有利的事情，我个人的祸福安危又何足挂齿？此次将我发配伊犁，正是皇帝对我的爱护，让我这样一个不适宜做官的人去当戍边的小卒，不刚好合适吗？老妻啊，你不要难过，要向宋代的杨朴夫妇那样，吟上一首"老头皮"的打油诗，送我上路吧。

【感悟】

1840年，鸦片战争爆发，清朝道光皇帝与主和派割地赔款，签订不平等条约，并将坚决禁烟、抗击英军的林则徐革职查办，贬谪新疆伊犁。正是在这种情形下，林则徐写下了"苟利国家生死以，岂因祸福避趋之"的名句，林则徐的思想体现了深刻的公忠爱国情怀。

廉：临财毋苟得

导　语

中国传统伦理文化历来推崇“廉”。《管子》将廉看作国之“四维”之一，《吕氏春秋》有《忠廉》《诚廉》篇，《日知录》有“贵廉”“除贪”条。在中国古代，人们将品行清白之人称为“廉士”，将官声清白之人称为“廉吏”。

廉的基本含义是指不贪、清白的品性，因此很多时候也称为“廉洁”。廉的反面是贪。廉洁是人对待财物的一种态度、一种品格，要求人不贪不义之财，不取不义之利。廉既是对所有人的道德要求，同时更是那些手中掌握权力的官吏的职业准则，因此廉又被称为“仕者之德”。

人有多种欲望，有多种利益需求，但人的欲望如果不加以约束，就会变成贪欲，甚至使人淹没在一己私欲的洪水之中不能自救。自古廉士不饮盗泉之水，而吴隐之坦然饮之，因为他知道，真正的盗泉藏在人的心里，那就是人的私心、贪欲。

古人认为，在人际交往中，免不了有很多人之常情会以馈赠钱物的形式表现出来，对此，孟子的原则是：有的可以接受，有的则坚决不能接受。能否接受，既要看是否合于常情常理，也要看是否有违廉洁准则和做人的良心。

人总是面临着各种诱惑，手中掌握权力的人受到的诱惑就更多了。在诱惑面前，人的廉洁或者贪欲一览无遗。面对价值连城的宝玉，子罕以不贪为宝。面对属下馈赠的寻常礼品，悬鱼太守以清贫自甘。卸任后装在船上的一块巨石，让陆绩心安理得。

廉洁总是与勤政、公正的品格相关联。廉洁才会勤政，人如果不为一己之私忙活，心思自然会用到正事上。廉洁才会公正，心底无私方能天地宽；刘宠勤政爱民，才有“一钱太守”的清誉史上留名；包拯“不持一砚归”，才有铁面无私、秉公持正的包青天。

名　言

欲仁而得仁，又焉贪。(《论语·尧曰》)

君子之道也，贫则见廉。(《墨子·修身》)

可以取，可以无取，取伤廉。(《孟子·离娄下》)

一介不以取诸人。(《孟子·万章上》)

国有四维。……何谓四维？一曰礼，二曰义，三曰廉，四曰耻。(《管子·牧民》)

临大利而不易其义，可谓廉矣。(《吕氏春秋·忠廉》)

临财毋苟得。(《礼记·曲礼上》)

辞利刻谦谓之廉，反廉为贪。(贾谊:《新书·道术》)

吏不廉平，则治道衰。(《汉书》卷八，《宣帝纪》)

新松恨不高千尺，恶竹应须斩万竿。[杜甫:《将赴成都草堂，途中有作，先寄严郑公五首 (其四)》]

贪他一斗米，失却半年粮。(《增广贤文》)

不贪为宝，两不相伤。(《增广贤文》)

子罕不贪为宝

【经典】

宋人或得玉，献诸子罕[1]，子罕弗受。献玉者曰："以示玉人[2]，玉人以为宝也，故敢献之。"子罕曰："我以不贪为宝，尔以玉为宝。若以与我，皆丧宝也。不若人有其宝。"稽首[3] 而告曰："小人怀璧，不可以越乡，纳此以请死也。"子罕置诸其里，使玉人为之攻[4] 之，富而后使复其所。(《左传·襄公十五年》)

【注释】

[1] 子罕：春秋时宋国大夫。名乐喜，曾任司城之职。

[2] 玉人：玉匠。

[3] 稽（qǐ）首：古时一种跪拜礼。叩头到地，是九拜中最恭敬的礼节。

[4] 攻：治。

【大意】

有一个宋人得到一块玉，想把它献给当时掌管市政建设的子罕，子罕没有接受。献玉的宋人说："我请玉匠鉴定过了，这确实是一块少见的宝玉，所以我才敢献给您。"子罕说："我的宝物是不贪，你的宝物是这块玉。如果你把玉给了我，我们就都失去了宝物，还不如我们各自留着自己的宝物。"献玉者行跪拜之礼，说："我家在外乡。如果这块玉在我这里，会给我招来杀身之祸。您就收下吧，就算是救我一命了。"子罕没办法，只好留下这块玉，让玉匠对它进行雕琢加工，又把这块美玉卖了钱，让献玉者带着钱回家乡去了。

【感悟】

在这个故事中，献玉人以各种“理由”来行贿。先是以玉的价值来诱惑，继而以自己的性命之虞来哀求，理由不可谓不充分，言辞不可谓不恳切。但子罕只有一个原则：最可宝贵的，是不贪。

孟子论收礼

【经典】

陈臻[1] 问曰：“前日于齐，王馈兼金[2] 一百[3] 而不受；于宋，馈七十镒[4] 而受；于薛，馈五十镒而受。前日之不受是[5]，则今日之受非也；今日之受是，则前日之不受非也：夫子必居一于此矣。”孟子曰：“皆是也。当在宋也，予将有远行。行者必以赆[6]，辞曰‘馈赆’，予何为不受？当在薛也，予有戒心。辞曰：‘闻戒，故为兵馈之。’予何为不受？若于齐，则未有处[7] 也。无处而馈之，是货[8] 之矣。焉有君子而可以货取乎？”（《孟子·公孙丑下》）

【注释】

［1］陈臻：孟子弟子。

［2］兼金：价值倍于常金的良金。

［3］一百：百镒。

［4］镒：古代的重量单位。二十两或者二十四两，一镒为一金。

［5］是：对的。

[6] 赆（jìn）：赠给人的路费或者礼物。

[7] 未有处：指没有馈赠的理由。

[8] 货：收买。

【大意】

弟子陈臻问孟子："前些天我们到齐国，齐君送您百镒的钱，您没接受；但是我们到宋国，宋君送您七十镒的钱，您接受了；到了薛地，薛人送您五十镒的钱，您也接受了。如果您之前不接受齐人的钱是对的，那么您今日接受宋人和薛人的钱就一定是错的；如果您今日接受宋人和薛人的钱是对的，那么您之前不接受齐人的钱就一定是错的了。二者必居其一吧。"

孟子回答说："受金和不受金都是对的。我们离开宋国要远行，按照送别远行者的礼节，远行者要接受主人的馈赠。他们说，这是给我们的路费，我们有什么理由不接受呢？我们离开薛地，要戒备有人加害。他们说，这是给我们准备兵器的费用，我们有什么理由不接受呢？可是到了齐国，没有前面那些馈赠的理由。你记住，有人没有任何理由地给你钱财，那就是要收买你。有道德的人难道可以被收买吗？"

【感悟】

面对别人馈赠的钱物，接受还是不接受？在孟子看来，礼尚往来的"理由"很重要。接受或不接受他人的馈赠，必须审视"理由"。

孟子的原则是：正当的可以接受，不正当的则坚决不能接受。毫无理由的馈赠，就是收买，就不是正当的，一旦你伸手，就意味着你出卖了自己的德行。

悬鱼太守的家当

【经典】

续为南阳太守。……时，权豪之家多尚奢丽，续深疾[1]之，常敝[2]衣薄食，车马羸[3]败。府丞尝献其生鱼，续受而悬于庭；丞后又进之，续乃出前所悬者以杜其意。续妻后与子祕俱往郡舍，续闭门不内，妻自将祕行，其资藏唯有布衾[4]、敝袛裯[5]、盐、麦数斛而已，顾敕祕曰："吾自奉若此，何以资尔母乎？"使与母俱归。（《后汉书》卷三十一，《羊续传》）

【注释】

[1] 疾：痛恨。

[2] 敝：破旧。

[3] 羸（léi）：瘦弱。

[4] 衾（qīn）：被子。

[5] 袛裯（dī dāo）：短衣、汗衫之类。

【大意】

东汉羊续曾任南阳太守。当时，权贵之家奢华之风日甚，羊续对此深恶痛绝。他自己穿破旧的衣服，吃粗茶淡饭。一次，手下的官员给他送来一种当地的特产——一条鲤鱼，羊续推让不过，只好收下。但羊续并没有把这条鱼变成桌上的美味，而是把它悬挂在院子里。后来，这位属下又送来一条更大的鲤鱼。羊续把他带到院子里，让他看当庭悬挂的鱼干。属下明白羊续真的是一位清廉的官员，只好羞愧而退。羊续在任期间，夫人和儿子找来，想和他一起生活，他却闭门不纳，夫人只能带着儿子回老家了。为说服家人回乡自食其力，他向夫人和儿子展示了自己为官多年的“家当”：只有一床被子、几件换洗的旧衣服、几斗麦子、一些食盐而已。他对儿子说：“你看，这就是我的全部家产，我拿什么来养活你们母子呢？”

【感悟】

明代的于谦曾有诗云：“剩喜门前无贺客，绝胜厨内有悬鱼。清风一枕南窗下，闲阅床头几卷书。”

其实，于谦所云“无贺客”的确是一种廉洁的较高境界。正因为“有悬鱼”，也就渐渐地“无贺客”了。“悬鱼”相当于拒贪告示，令馈赠者知难而退。

一钱太守刘宠

【经典】

刘宠字祖荣，东莱牟平人，齐悼惠王[1] 之后也。……宠少受父业，以明经举孝廉，除东平陵令，以仁惠为吏民所爱。母疾，弃官去。百姓将送塞道，车不得进，乃轻服遁归。后四迁为豫章太守，又三迁拜会稽太守。山民愿朴，乃有白首不入市井者，颇为官吏所扰。宠简除烦苛，禁察非法，郡中大化。征为将作大匠。山阴县有五六老叟，尨[2] 眉皓发，自若邪[3] 山谷间出，人赍[4] 百钱以送宠。宠劳之曰：“父老何自苦？”对曰：“山谷鄙生，未尝识郡朝。它守时吏发求民间，至夜不绝，或狗吠竟夕，民不得安。自明府下车以来，狗不夜吠，民不见吏。年老遭值圣明，今闻当见弃去。故自扶奉送。”宠曰：“吾政何能及公言邪？勤苦父老！”为人选一大钱受之。……宠前后历宰二郡，累登卿相，而清约省素，家无货积。(《后汉书》卷七十六，《刘宠传》)

【注释】

[1] 悼惠王：汉高祖之子刘肥。

[2] 尨（máng）：杂色的。

[3] 若邪（yé）：山名。在今浙江绍兴南。

[4] 赍（jī）：赏赐。

【大意】

东汉人刘宠，字祖荣，东莱郡牟平县（今山东烟台西北）人，汉高祖之子悼惠王刘肥的后代。其父刘丕人称儒学大家。刘宠从小随父亲学习，精通经学，被举荐为孝廉，任命为东平陵令，在任期间，仁爱惠民为吏民所拥戴。母亲患病，他弃官回家尽孝，临行时百姓夹道欢送，堵塞了道路，车子无法行进，为了不烦扰百姓，他穿着便服悄悄离开。

后来，他数次升迁，担任豫章太守、会稽太守。山里民风淳朴，有的人竟然从小到老都没有进过集市。当地的官员往往欺诈百姓。刘宠到任后，废除那些烦琐的规章制度，禁止部属去侵扰百姓，郡中秩序井然，百姓安居乐业。后来，他再度升迁，山阴县有五六个生活在山中的老者，须眉皆白，每人拿着一百钱，要送给刘宠。

刘宠对他们说：“各位长者何必如此？”老翁们回答道：“山里人粗鄙，没有见过郡守。别的太守在任时，派官吏到民间搜刮财物，日夜不断，有时狗叫通宵，百姓不得安宁。您到任以来，夜里听不见狗叫声，百姓看不到官吏。我们到了老年遇到了您这样的好官，现在听说您要离开，我们特来送行。”刘宠说：“我的政绩哪里像您几位长者所说的那样好呢？你们辛苦了啊！”刘宠只挑选了一枚大钱留作纪念。

刘宠先后连任郡太守，官至卿相，但他清廉朴素，家里没有多少财产。

【感悟】

在历史上，为官廉洁者基本上都有勤政爱民的好名声，勤政爱民与廉政密不可分。

廉洁是为官的基本操守。首先做一个清官，才会超越个人的私欲与私利，努力为官一任，造福一方。

“廉石”的故事

【经典】

陆氏在姑苏，其门有巨石，远祖绩[1]尝事吴为郁林[2]太守，罢归无装，舟轻不可越海，取石为重，人称其廉，号“郁林石”，世保其居云。(《新唐书》卷一百九十六，《陆龟蒙传》)

【注释】

[1] 绩：陆绩，字公纪，三国吴郡吴县（今苏州）人。官至郁林太守。

[2] 郁林：郡名，汉置。辖今广西除桂林、梧州两市以及一部分玉林市以外的广大地区。

【大意】

三国时，吴郡陆绩为郁林太守。陆绩从广西卸任回老家苏州的时候，要走海路。因为行李太少，船夫怕船太轻难以抵御风浪，便取一块巨石压在船上。船到了苏州，就将这块巨石弃之于野。人们看到一个太守竟如此清廉，就把这块石头保留下来，叫作“郁林石”，也称“廉石”，为苏州古迹之一。

【感悟】

有道是“三年清知府，十万雪花银”。在中国古代，多少官吏在卸任前挖地三尺，唯恐不能钵满盆满。

而陆绩，堂堂太守卸任离去时，行李空空，以至用石头做行船的压舱石。“郁林石”的分量，是清廉的分量，使得后人反复掂量，不能忘怀。

吴隐之饮贪泉

【经典】

吴隐之，字处默，濮阳鄄城人。……美姿容，善谈论，博涉文史，以儒雅标名。弱冠[1]而介[2]立，有清操，虽日晏[3]歠菽[4]，不飨非其粟，儋石[5]无储，不取非其道。……在郡清俭，妻自负薪。……虽居清显，禄赐皆班亲族，冬月无被，尝浣衣，乃披絮，勤苦同于贫庶。广州包带山海，珍异所出，一箧[6]之宝，可资数世。……故前后刺史皆多黩货[7]。朝廷欲革岭南之弊，隆安中，以隐之为龙骧将军、广州刺史、假节，领平越中郎将。未至州二十里，地名石门，有水曰贪泉，饮者怀无厌之欲。隐之既至，语其亲人曰："不见可欲，使心不乱。越岭丧清，吾知之矣。"乃至泉所，酌[8] 而饮之，因赋诗曰："古人云此水，一歃[9] 怀千金。试使夷齐[10] 饮，终当不易心。"及在州，清操逾厉，常食不过菜及干鱼而已，帷帐器服皆付外库，时人颇谓其矫，然亦终始不易。……后迁中领军，清俭不革，每月初得禄，裁留身粮，其余悉分振亲族，家人绩纺以供朝夕。时有困绝，或并日而食，身恒布衣不完，妻子不沾寸禄。(《晋书》卷九十，《吴隐之传》)

【注释】

[1] 弱冠：二十岁左右的男子。

[2] 介：独特，耿介。

[3] 晏：晚。

[4] 歠菽（chuò shū）：以豆为食。歠，啜。菽，豆类。

[5] 儋石（dān shí）：一石为石，再石为儋。常用来形容米粟为数不多。

[6] 箧（qiè）：小箱子。

[7] 黩（dú）货：贪污财物。

[8] 酌（zhuó）：斟酒，饮酒。

[9] 歃（shà）：饮。

[10] 夷齐：伯夷、叔齐。伯夷为商末孤竹君长子，孤竹君以次子叔齐为继承人，孤竹君死后，叔齐让位于伯夷，伯夷不受。后来两人因为周文王善养老而归周。武王伐纣时，他们劝谏武王。灭商后，两人隐居首阳山，不食周粟而死。

【大意】

吴隐之是东晋时人，字处默，老家濮阳鄄城。吴隐之容貌出众，谈吐不俗，涉猎广泛，以儒雅著名。他年少时就显露出耿介正直的品行，操守端正，虽然生活清苦，但不食不义之粟；虽然一无积蓄，但不拿不义之财。他做官后，生活仍非常清苦，妻子要自己去砍柴。家里冬天没有被子盖，没有换洗的衣服，洗衣服的时候，就披着棉絮，日子过得同穷人没什么区别。

广州这个地方倚山靠海，是出产奇珍异宝的地方，一个小箱子所装的珍宝，几辈子花不完。在那里做官的人，大都贪赃枉法。朝廷想要革除官吏贪污之弊，就派吴隐之做广州的刺史。离广州二十里的一个地方，叫石门。石门有一处泉水，被称为“贪泉”。传说人只要喝一口这里的泉水，就会有无尽的贪欲。吴隐之来到贪泉，对他的随从们说：“见不到可产生贪欲的东西，就能使心境保持不乱，广州地区多贪官的原因，我现在知道了。”于是他来到泉边，舀起泉水喝下去，并作诗：“古人云此水，一歃怀千金。试使夷齐饮，终当不易心。”他为官清廉，经常吃的东西不过是蔬菜和干鱼，当时有许多人认为他是故意作秀，然而他却始终如一。后来他被调任中领军，仍不改清廉俭朴的本色。每月初拿到俸禄，只留下自己的口粮，其余都分别赈济亲戚、族人，家人靠纺织来补贴家用。遇到口粮不够的时候，一天的粮食分作两天吃。他和家人穿着破旧的布衣服，妻子儿女没沾一点他为官的光。

【感悟】

“古人云此水，一歃怀千金。试使夷齐饮，终当不易心。”一眼泉水，汩汩涌流。有人饮之而贪欲倍增，有人饮之则廉心不易。

世界上哪有什么贪泉，真正的贪泉在人的心里，这就是人的贪欲，关键是自己要坚守清廉之志不易心，这样才能防止“贪泉”在内心汹涌恣肆。

包拯不持一砚归

【经典】

包拯字希仁，庐州合肥人也。……徙[1] 知端州[2]，迁[3] 殿中丞。端土产砚，前守缘贡，率取数十倍以遗权贵。拯命制者才足贡数，岁满不持一砚归。(《宋史》卷三百一十六，《包拯传》)

【注释】

[1] 徙：迁徙。

[2] 知端州：任端州（故治今广东肇庆）的知州。端州出产砚石，称为“端砚”。

[3] 迁：官吏调任，多指升迁。

【大意】

包拯字希仁，是庐州合肥（今属安徽）人。他曾任端州的知州。端州这个地方出产端砚，十分珍贵，被作为献给皇帝的贡品。过去端州的地方官都以进贡为名盘剥百姓，或者中饱私囊，或者用端砚做官场上的敲门砖。包拯到任后，下令严格按照进贡的数量生产端砚。离任时，这个端州的最高行政长官却没有带走一方端砚。“不持一砚归”，被人们传为千古佳话。

【感悟】

在民间故事里，包拯的形象是不徇私情、执法如山的“铁面包公”。正史中“不持一砚归”的记载，生动地诠释了廉洁与威严、廉洁与公正的关系。

廉洁方有威严。威严不是装腔作势，一个洁身自好、以身作则的官员，不怒自威，所以古语有言“廉生威”。

廉洁才能公正。如果不是自律廉洁得近乎苛刻，也就没有历史上铁面无私、秉公持正的包青天。

孝：百善之先

导 语

“孝”，是中国传统伦理文化中的一个重要德目。古人认为，百善孝为先，孝是一切德行的根本。儒家特别重视孝，孔子、孟子、荀子以及汉儒、宋儒对孝有诸多论述。成书于秦汉之际的《孝经》一书，是儒家经典“十三经”之一。

孝道，是家庭中血缘伦理关系的反映，是子女对父母孺慕之情的体现，也是子女对父母应尽的责任和义务。“孔子论孝”选取了《论语·为政》中谈孝的几段话，代表了儒家对孝的内涵的基本认识。儒家认为，孝有两个方面的基本要求：一是孝养，即物质赡养，要尽己所能在物质上供养父母；二是孝敬，即精神关爱，不仅仅要保证父母衣食无缺，更要对父母愉色婉容，发自内心地敬重父母、仰慕父母，要按照礼的要求，“生，事之以礼；死，葬之以礼，祭之以礼”。

父子伦理关系虽然是人类血缘之爱的反映，但在中国传统社会中，尤其是秦汉以后，随着孝道中“顺”的要求逐渐加强，父慈子孝的伦理要求逐渐强化了子女对父母绝对顺从的片面要求，突出了父亲的绝对权威。当然，对于极端情况，儒家也提倡变通的办法，比如，面对家长责罚，小杖则受过，大杖则逃走，既保全性命又不违背孝道，这是古人解决这类问题的一种智慧。

“缇萦救父”和“木兰代父从军”是中国人耳熟能详的两个故事，

这两个故事中的主人公都是传诵千年的孝女，前者被载入正史，后者在民间流传甚广。缇萦上书，直接影响了汉代的刑法改革，成为中国法制史上一个重要事件；木兰女扮男装，征战沙场，书写了一位巾帼英雄的传奇。

本篇选取的董永、黄香、李密、李皋、陆陇其的故事，通过不同的孝行事例说明，践行孝道更多的是日常家庭生活中琐碎、平凡的言行，正是这些普通的凡人小事，诠释了血浓于水的亲情，展现了中华民族传承几千年的传统美德。

名　言

父兮生我，母兮鞠我。拊我畜我，长我育我。顾我复我，出入腹我。欲报之德，昊天罔极。（《诗经·小雅·蓼莪》）

孝弟也者，其为仁之本与。（《论语·学而》）

老吾老，以及人之老；幼吾幼，以及人之幼。天下可运于掌。（《孟子·梁惠王上》）

大孝，终身慕父母。（《孟子·万章上》）

夫孝者，善继人之志，善述人之事者也。（《礼记·中庸》）

夫孝，德之本也。（《孝经·开宗明义》）

夫孝，天之经也，地之义也，民之行也。（《孝经·三才》）

子爱利亲谓之孝，反孝为孽。（贾谊：《新书·道术》）

冬则温，夏则清。晨则省，昏则定。（李毓秀：《弟子规》）

祭而丰不如养之厚，悔之晚何若谨于前。（《增广贤文》）

孔子论孝

【经典】

孟懿子[1]问孝，子曰："无违[2]。"樊迟[3]御[4]，子告之曰："孟孙问孝于我，我对曰：'无违。'"樊迟曰："何谓也？"子曰："生，事之以礼；死，葬之以礼，祭之以礼。"

孟武伯问孝，子曰："父母唯其疾之忧。"

子游[5]问孝，子曰："今之孝者，是谓能养。至于犬马，皆能有养；不敬，何以别乎？"

子夏[6]问孝，子曰："色难[7]。有事弟子[8]服其劳，有酒食先生[9]馔，曾[10]是以为孝乎？"（《论语·为政》）

【注释】

[1] 孟懿子：春秋末鲁国大夫。仲孙氏，名何忌，谥懿。

[2] 无违：不要违背礼。

[3] 樊迟：孔子弟子。名须，字子迟，春秋末齐国人。

[4] 御：驾车。

[5] 子游：孔子弟子。言氏，名偃，春秋末吴国人。

[6] 子夏：孔子弟子。卜氏，名商，春秋末晋国人，一说卫国人。

[7] 色难：和颜悦色是件难事。色，脸色，神态。

[8] 弟子：少年，年幼者。

[9] 先生：父兄，长辈。

[10] 曾：竟，难道。

【大意】

孟懿子向孔子请教孝道，孔子说："不要有违于礼。"樊迟为孔子驾车，孔子告诉他说："孟懿子向我问孝道，我告诉他说：'不要有违于礼。'"樊迟问："这是什么意思？"孔子说："父母活着的时候，要依礼侍奉他们；父母去世了，要依礼安葬他们，依礼祭祀他们。"

孟武伯向孔子请教孝道，孔子说："让父母只为孩子是否会生病担忧。"

子游向孔子请教孝道，孔子说："现在人们说到孝顺，只是说要能赡养父母。但对于犬马，人们不也能饲养吗？如果对父母不敬，那赡养父母与饲养犬马又有什么区别呢？"

子夏向孔子请教孝道，孔子说："侍奉父母能做到和颜悦色很难。有事情让年幼者代劳，有酒食让长辈享用——难道这就可以算作孝了吗？"

【感悟】

上述四则对孝的论述均出自《论语·为政》。孔子因材施教，根据不同的提问者以及不同的谈话情境，有针对性地对孝的内涵进行了全面阐释，核心要义是指明，孝要求对父母既赡养又敬重。

古人的所谓养，又称孝养，是指在物质上对父母的赡养，这是孝的基本要求。古人的所谓敬，又称孝敬，是指对父母的尊重和敬慕之情，这是孝的精神层面的要求。孔子认为，如果仅仅是物质上的供养，缺乏对父母的敬爱之心，与饲养动物没有区别，不是人类的孝道。孟子曾说："大孝，终身慕父母。"

因此，古人认为，孝敬父母，在生、死、祭三个环节，都要无违于礼。父母健在时，要依礼侍奉，包括在物质供给上要尽己所能，在举止态度上要愉色婉容，在日常礼节上要晨省昏定；父母去世，要依礼安葬；父母忌日，要依礼祭祀。

缇萦救父

【经典】

太仓公者，齐太仓长[1]，临菑人也，姓淳于氏，名意。少而喜医方术。……文帝四年中，人上书言意[2]，以刑罪当传[3] 西之长安。意有五女，随而泣。意怒，骂曰："生子不生男，缓急无可使者[4]！"于是少女缇萦伤父之言，乃随父西。上书曰："妾父为吏，齐中称其廉平，今坐法当刑[5]。妾切痛死者不可复生而刑者不可复续，虽欲改过自新，其道莫由，终不可得。妾愿入身为官婢，以赎父刑罪，使得改行自新也。"书闻，上悲其意，此岁中亦除肉刑法[6]。(《史记》卷一百五，《扁鹊仓公列传》)

【注释】

[1] 太仓长：又称太仓令，主管太仓的官。太仓，古代京师储谷的大仓。

[2] 人上书言意：有人上书给朝廷告淳于意的状。

[3] 传（zhuàn）：传车，当时的公用交通车。此处是乘传送之的意思。

[4] 缓急无可使者：在紧急关头没有一个顶用的。

[5] 坐法当刑：法该处以肉刑。坐法，犯法判罪。

[6] 肉刑法：指黥（qíng，面部刺字）、劓（yì，割鼻子）及割左右趾等残害人身体的刑法。

【大意】

缇萦的父亲淳于意曾经是齐国都城管理粮仓的长官，他的医术很高明，但有时对已治不好的病人便不肯施治，因此也有许多病家怨恨他。

汉文帝四年（前 176 年），有人上书朝廷控告了他。他要被押解到长安去。淳于意没有儿子，只有五个女儿，上路时，女儿们跟在后面哭泣。他怒骂道：“我没有儿子，到紧要关头连个顶用的人都没有！”

最小的女儿缇萦听了父亲的话很伤感，就跟随父亲西行到了长安。她上书朝廷说：“我父亲是朝廷的官吏，齐地的百姓都称赞他廉洁公正，现在他犯法被判刑，我非常难过。被处死的人不能再生，而受刑致残的人也不可能再复原，即使他们想改过自新，也没机会了。我情愿自己到官府做奴婢，来赎父亲的罪，使父亲能有改过自新的机会。”

汉文帝看了缇萦的上书，怜悯她的孝心，赦免了淳于意，并在这一年废除了肉刑。

【感悟】

在中国法制史上，汉文帝刘恒废除肉刑是重要事件。自然，汉文帝的刑法改革，是由多种因素促成的结果。而改革的直接起因，就是孝女缇萦上书救父。

缇萦的父亲淳于意是一位名医，在《史记》中，司马迁把他和扁鹊合传，记载了他妙手回春的很多故事。后来淳于意被人构陷，女儿缇萦给汉文帝上书，恳请朝廷赦免父亲。汉文帝被缇萦救父的孝心感动，被缇萦所陈肉刑之痛触动，遂下令废除了黥刑、劓刑等残害人身体的刑罚。

汉文帝为缇萦的孝心所打动不是没有缘由的，据说汉文帝非常仁孝，母亲生病，他总是衣不解带侍奉在床前；母亲的汤药，他每次都亲口尝过。汉文帝的孝行被列入二十四孝，他成为其中唯一以皇帝身份入选的孝子。

董永至孝感天

【经典】

汉董永，千乘[1] 人。少偏孤，肆力[2] 田亩，鹿车[3] 载自随。父亡，无以葬，乃自卖为奴，以供丧事。主人知其贤，与钱一万，遣之。永行三年丧毕，欲还主人，供其奴职。道逢一妇人，曰："愿为子妻。"遂与之俱。主人谓永曰："以钱与君矣。"永曰："蒙君之惠，父丧收藏。永虽小人，必欲服勤致力，以报厚德。"主曰："妇人何能？"永曰："能织。"主曰："必尔者，但令君妇为我织缣[4] 百匹。"于是永妻为主人家织，十日而毕。女出门，谓永曰："我，天之织女也。缘君至孝，天帝令我助君偿债耳。"语毕，凌空而去，不知所在。（干宝：《搜神记》卷一）

【注释】

[1] 千乘（shèng）：古郡名，西汉置，今山东高青高城镇北。

[2] 肆力：尽力。

[3] 鹿车：古代的一种小车。

[4] 缣（jiān）：双丝淡黄色的绢。

【大意】

东汉董永，是千乘郡的人。他从小失去母亲，辛苦种地，常常用小车推着父亲到地里干活。后来，他父亲死了，无钱埋葬。董永自卖为奴，才得以料理父亲丧事。主人知道他是个孝子，于心不忍，给他一万钱，打发他走了。董永为父亲守丧三年后，要回到主人家继续干活，在路上，他遇到一个女子。女子说："我愿意做你的妻子。"于是两人一起回到主人家。主人说："我已经付过工钱，你不用来干活。"董永说："感谢您当初收留我，给我钱，我的父亲才能安葬。我虽然是个干粗活的，但我知道拿了您的钱，就要为您干活，我现在回来报答您的恩德。"主人见此，问道："您的妻子会做什么呢?"董永说："她会织布。"主人说："既然你们一定要留下，那就让她为我织百匹上好的绢吧!"十天后，百匹绢完工，二人离开了主人家。女子对董永说："我是天上的织女，你卖身葬父，孝行感动天帝，天帝遂令我来帮助你还债。"说完，女子凌空而飞，不知道去了哪里。

【感悟】

董永卖身葬父、孝感天帝的故事，最早出自东晋干宝的志怪小说《搜神记》，后被收入二十四孝。在历史上，董永的故事流传甚广，见诸正史记载以及《太平御览》《蒙求》《东坡诗话》等，在佛、道经典中，也有对董永孝行的褒奖。以董永为原型创作的黄梅戏《天仙配》，使得董永和七仙女的故事家喻户晓，妇孺皆知。

中国传统伦理文化认为，孝行必致福应。《孝经》说，孝悌之至，通于神明，光于四海，无所不通，这就是孝的"应感"。历代正史中俯拾即是的感天地、泣鬼神孝行记载，沿用至今的以"孝感"命名的城市，都反映出中国古代以"孝"教化天下的价值导向和文化传统。

黄香扇枕温席

【经典】

后汉黄香，年九岁失母，思慕惟切，乡人称其孝。香躬执勤苦，一意事父。夏天暑热，为扇凉其枕席；冬天寒冷，以身暖其被褥。太守刘护表而异之。有诗为颂，诗曰：冬月温衾暖，炎天扇枕凉。儿童知子职，千古一黄香。(《二十四孝》)

【大意】

黄香是东汉人。他九岁时母亲就去世了，他非常思念母亲。乡里人都称赞他孝顺。安葬了母亲之后，黄香便把对母亲的思念化作对父亲的孝顺，对父亲体贴入微。

夏季炎热，黄香担心父亲因炎热而睡不好觉，在傍晚别人纳凉消暑的时候，他就把父亲的枕席铺好，手拿一把扇子，一下一下地为父亲把枕席扇凉；冬季寒冷，黄香担心父亲因寒冷而难以安眠，在傍晚别人围着火炉烤火的时候，他就给父亲铺好被褥，钻进去，用自己的身体为父亲焐热被褥。

当时有赞颂他孝行的诗："冬月温衾暖，炎天扇枕凉。儿童知子职，千古一黄香。"

【感悟】

九龄童黄香扇枕温席的孝行，是中国古代二十四孝之一。《三字经》中的"香九龄，能温席。孝于亲，所当执"一段话，说的就是小黄香的故事，以此教育孩子以黄香为样板，从小懂得孝敬父母。

李密陈情报祖母

【经典】

李密[1] 者，字令伯。《华阳国志》曰：密祖父光，朱提太守。父早亡。母何氏，更适[2]人。密见养[3]于祖母。治《春秋左氏传》，博览多所通涉，机警辩捷。事祖母以孝闻，其侍疾则泣涕侧息，日夜不解带，膳饮汤药，必自口尝。本郡礼命[4]不应……蜀平后，征西将军邓艾闻其名，请为主簿，及书招，欲与相见，皆不往。以祖母年老，心在色养[5]。晋武帝[6]立太子，征为太子洗马[7]，诏书累下，郡县逼遣，于是密上书曰："臣以险衅[8]，夙遭闵凶[9]，生孩六月，慈父见背[10]，行年四岁，舅夺母志[11]。祖母刘，愍[12]臣孤弱，躬见抚养。……臣欲奉诏奔驰……但以刘日薄西山，气息奄奄，人命危浅，朝不虑夕。臣无祖母，无以至今日，祖母无臣，亦无以终余年，母孙二人，更相为命，是以区区[13]不敢废远[14]。臣今年四十有四，祖母刘今年九十有六，是臣尽节于陛下之日长，报养刘之日短也。乌鸟私情[15]，愿乞终养。……"武帝览表曰："密不空有名也。"嘉其诚款[16]，赐奴婢二人，下郡县供养其祖母奉膳。及祖母卒，服终[17]，从尚书郎为河内温县[18]令，政化严明。(《三国志》卷四十五，《蜀书·杨戏传》注)

【注释】

[1] 李密：西晋官员。一名虔，字令伯，犍（qián）为武阳（今四川眉山市彭山区东北）人。

[2] 更适：改嫁。

[3] 见养：被养。见，被。

[4] 礼命：按礼制规定官员升迁的文书，此处指郡府的授职文书。

[5] 色养：和颜悦色地尽奉养之道。

[6] 晋武帝：司马炎，西晋建立者。字安世，河内温县（今河南温县西南）人。

[7] 洗马：官名。为太子属官，掌宾赞受事，太子出行则为前导。

［8］险衅：艰难祸患。

［9］闵凶：忧患，丧亲之忧。

［10］见背：指父母或长辈去世。

［11］舅夺母志：舅父强迫母亲改变志向。志，此处指守节抚孤之志。

［12］愍（mǐn）：怜悯，哀怜。

［13］区区：自称的谦辞。

［14］废远：懈怠远行。废，懈怠。

［15］乌鸟私情：指报答祖母养育之情。乌雏长大，衔食喂其母，这里借乌鸟反哺来喻人应孝敬父母长辈。

［16］诚款：诚挚，恳切。

［17］服终：服丧结束。

［18］河内温县：今河南温县西南。

【大意】

李密是西晋人，他的父亲早死，母亲改嫁了，是祖母抚养他长大成人。他学习研究《左传》，天资聪颖，机智敏捷，博览群书，博学多才。

他以侍奉祖母尽孝闻名于乡里，祖母生病，他侍奉在旁，暗自哭泣叹息，日日夜夜不脱衣服，睡在祖母身边。祖母吃饭喝药，他一定先亲口尝一尝冷热是否合适。他的心思都在侍奉祖母上，郡里发下授予他官职的文书，他都没有去接。

晋国灭掉蜀国后，晋国的大将军邓艾得知李密学识渊博，想让他做主簿，派人送去书信，说想和他见面。李密说祖母年老，自己需要尽心奉养，谢绝了邓艾的好意。

晋武帝司马炎立了太子，征召他去做太子洗马，连着下了几道诏书，地方官不断催逼，李密只好给晋武帝上书，说：“我命运不好，从小遭遇不幸，出生才六个月，慈父就去世了；到四岁时，舅父又强行让我母亲改嫁；祖母刘氏怜悯我孤苦，亲自抚养我，直至我长大成人。我接到诏书本想即刻启程，但祖母刘氏已如日薄西山，气息奄奄，生命微弱，朝不保夕。我没有祖母，活不到今天；祖母没有我，也无法安享她最后的时光，我们祖孙二人，相依为命，所以我不敢有所懈怠，丢下祖母远行。我今年四十四岁，祖母刘氏今年九十六岁，我向陛下尽忠的日子还长，而报答祖母刘氏的日子则屈指可数。乌鸦尚且反哺，请陛下体察我孝敬祖母的心情，就让我为祖母养老送终吧。"

晋武帝看了李密的奏表，深受感动，感叹说："李密真是名不虚传的孝子。"为了嘉奖李密的孝心，朝廷赐给他奴婢，帮助他照顾祖母。李密一直在家尽孝，直到祖母去世，服丧结束才赴任。

【感悟】

"子欲养而亲不待"，这是痛彻骨髓的人生遗憾。所以古人讲："祭而丰不如养之厚，悔之晚何若谨于前。"面对九十六岁高龄的祖母，李密心在"色养"，一再推迟担负晋武帝的重任的行期，一心一意孝养祖母，承欢膝下。他虽然驳了皇帝的面子，但却成为晋代以孝治天下的道德样板。

一篇情真意切的《陈情表》，不但感动了晋武帝司马炎，也感动了天下人。

木兰代父从军

【经典】

唧唧[1] 复唧唧，木兰当户织。不闻机杼声，唯闻女叹息，问女何所思？问女何所忆？女亦无所思，女亦无所忆。昨夜见军帖，可汗[2]大点兵，军书十二卷，卷卷有爷名。阿爷无大儿，木兰无长兄，愿为市鞍马，从此替爷征。

东市买骏马，西市买鞍鞯[3]，南市买辔头，北市买长鞭。旦辞爷娘去，暮宿黄河边，不闻爷娘唤女声，但闻黄河流水鸣溅溅。旦辞黄河去，暮至黑山头，不闻爷娘唤女声，但闻燕山胡骑鸣啾啾。

万里赴戎机，关山度若飞。朔气传金柝[4]，寒光照铁衣。将军百战死，壮士十年归。

归来见天子，天子坐明堂。策勋十二转，赏赐百千强。可汗问所欲，木兰不用尚书郎，愿驰千里足，送儿还故乡。

爷娘闻女来，出郭相扶将；阿姊闻妹来，当户理红妆；小弟闻姊来，磨刀霍霍向猪羊。开我东阁门，坐我西阁床。脱我战时袍，著我旧时裳。当窗理云鬓，对镜帖花黄[5]。出门看伙伴，伙伴皆惊惶。同行十二年，不知木兰是女郎。

雄兔脚扑朔[6]，雌兔眼迷离[7]。双兔傍地走，安能辨我是雄雌。(《乐府诗集·木兰诗》)

【注释】

[1] 唧唧：纺织机的声音。一说为叹息声。

[2] 可汗（kè hán）：古代鲜卑、回纥、突厥等族的最高统治者的称号。

[3] 鞯（jiān）：马鞍下的垫子。

[4] 金柝（tuò）：古代军中用的一种铁锅。白天用来做饭，晚上用来报更。

[5] 花黄：古代妇女的面饰。

[6] 扑朔：兔跑足缩之貌。

［7］迷离：捉摸不定貌。

【大意】

《木兰诗》是北朝民歌，也是一篇乐府诗。它记述了木兰女扮男装、代父从军、征战沙场的传奇故事。

有一年，皇帝下令征召军人，木兰的父亲刚好生病不能从军，官府又催促得很急，木兰遂请求父亲允许她女扮男装，代父从军。木兰在集市上买齐了战马、鞍鞯，背上行囊，辞别了父母。她听不到父母呼唤她的声音，耳边只有黄河滔滔的流水声，燕山胡人战马的嘶鸣声。她跨过一道道关隘，爬过一座座高山，北方的寒气中传来打更的声音，清冷的月光映照着战士的铠甲。戍边十二年，木兰经历了无数凶险，面临过无数次死亡，建立了赫赫战功。

当她胜利归来时，皇帝要奖赏她。当问到她有什么要求时，她回答说："我不想当官，只想回家陪伴父母。"

父母听说木兰回来了，高兴地相互搀扶着到城门外迎接，姐姐也打扮梳洗，穿戴整齐，兄弟们为她杀猪宰羊。木兰回到家里，高兴地在每一间屋里看看、坐坐，脱去战袍，换上女孩的装束。当她去看望一起从军的士兵时，士兵们都非常吃惊。他们一起并肩战斗了十二年，没有人知道木兰是女子。

【感悟】

木兰乔装改扮，代父从军，杀敌报国，而且十几年都没有暴露自己的女性身份，确实是一位奇女子。

关于木兰其人，与她的传奇经历一样，有很多传说。关于她的姓氏，有说她姓魏，有说她姓花，有说她复姓木兰。关于她生活的年代，有认为她是汉代人，有认为她是北朝时人，还有认为她是隋代初年时人。

木兰是否真有其人，她又是哪个朝代的，这些史实也许并不重要，后人更看重的，是这个代父从军的女子是中国人心目中的孝女，也是巾帼不让须眉的爱国英雄。

李皋受冤瞒母

【经典】

李皋[1]字子兰，曹王明玄孙，嗣王戢之子。少补左司御率府兵曹参军。天宝十一载嗣封，授都水使者，三迁至秘书少监，皆同正。多智数，善因事以自便。奉太妃郑氏以孝闻。……皋行县，见一媪[2]垂白而泣，哀而问之，对曰："李氏之妇，有二子：钧、锷；宦游[3]二十年不归，贫无以自给。"时钧为殿中侍御史，锷为京兆府法曹，俱以文艺登科，名重于时。皋曰："'入则孝，出则悌，行有余力，然后可以学文。'若二子者，岂可备于列位！"由是举奏，并除名勿齿[4]。……坐小法[5]，贬潮州刺史。时杨炎谪官道州，知皋事直，乃为相，复拜衡州。初，皋为御史覆讯[6]，惧贻太妃忧，竟出则素服，入则公服，言貌如平常，太妃竟不知。及为潮州，诡词谓迁，至是复位，方泣以白，且言非疾不敢有闻。(《旧唐书》卷一百三十一，《李皋传》)

【注释】

[1] 李皋：唐宗室。字子兰，嗣封曹王，曾任衡州、潮州等地刺史。

[2] 媪（ǎo）：对老年妇女的尊称。

[3] 宦游：外出求官或做官。

[4] 齿：齿录，收入，叙用。

[5] 坐小法：因小事犯法。

[6] 覆讯：审察，讯问。

【大意】

李皋，字子兰，是曹王李明的玄孙。天宝十一载（752 年）嗣承王位。他足智多谋，善于随机应变。侍奉母亲太妃郑氏恭敬体贴，以孝顺闻名。

有一次，李皋在他所管的县巡视，看见一位头发花白的老妇人在路旁哭泣，李皋十分同情，温和地询问老妇人，为什么如此难过。老妇人哭诉道："我是李家的妇人，有两个儿子，一名李钧，一名李锷。他们在外做官，二十年不曾回家一次，我实在穷得活不下去了！"当时李钧任殿中侍御史，李锷任京兆府法曹，都是以文章考取科名，很有名望。李皋慨叹道："圣人教导说，入则孝，出则悌，行有余力，然后可以学文。像他们这样为人，岂能置身于公卿之间？"因此上奏章弹劾，两人一并被除名，永不录用。

后来，李皋因小事违反了法度，被贬为潮州刺史。当时杨炎正好被贬谪到道州，知道李皋为人正直，他当了宰相后，就重新任命李皋为衡州刺史。

当初，李皋被御史审查时，唯恐太妃担忧，每天从府中出来时穿上平民服饰，回到府中后仍穿官服，以免太妃问及。他虽然正在被审查，内心郁闷，但言谈笑貌一如平常，太妃对他的处境竟一无所知。他被贬潮州，跟太妃说他升迁了。到最后官复原职，才哭泣着告诉太妃以往的经过，说孩儿不敢禀告，恐母亲挂念不安。

【感悟】

曾有人问孔子什么是孝，孔子回答说："父母唯其疾之忧。"意思是说，如果让自己的父母只是担心自己是不是生病了，而不是忧心自己闯了什么祸，有了什么灾，做了什么不义之事，那就是孝了。

孔子的话是很有道理的。担心孩子身体生病，是父母爱护孩子的本能，是舐犊情深的体现，不能算是孩子的不孝。但如果父母担心孩子做坏事而陷于不仁不义，整日为此忧心忡忡，则是孩子的不孝。

李皋被朝廷审查，他虽没做什么不义之事，但为避免母亲担心，他隐瞒实情，行为举止一如平常，让母亲看不出任何破绽。这便是孔子所说的"父母唯其疾之忧"，是实实在在地尽孝了。

陆陇其孝行感少年

【经典】

陆清献[1] 尝为灵寿令，政尚宽大，吏民莫不怀德。……一日，有老妪控子忤逆，呼其子至案前，则一年未弱冠之少年也。陆谓其母曰："余署中无僮厮，尔子可暂服役，俟[2] 有代者，当为杖遣[3] 可也。"随命其子给事左右，毋得稍离。陆每晨，鹄立[4] 太夫人房外，太夫人起，即进盥漱，进茗饵[5]。午餐，侍案侧，奉甘旨，时作孺子态，承色笑[6]，太夫人食毕，方啖[7] 其余，晚餐亦如之。每公暇，辄侍坐，或述古事，或说民间情状，以为笑乐。太夫人稍不适，则扶掖搔爬，秤药量水，数夜不寐，了无倦容。如是者数月，某子忽跪请归省[8]，陆曰："汝母子龃龉[9]，何省为？"某子泣曰："小人向不知礼，开罪于

母，悔不可追。”遂召其母至，子见母，痛哭自投[10]，母亦哭，即令其母挈之归，后以孝闻。（徐珂：《清稗类钞·孝友类》）

【注释】

[1] 陆清献：清代理学家。原名龙其，字稼书，也称“陆陇其”，浙江平湖人。

[2] 俟（sì）：等待。

[3] 杖遣：施用杖罚后遣送回家。

[4] 鹄（hú）立：如鹄之延颈而立。鹄，天鹅。

[5] 茗饵：茶饭。

[6] 承色笑：敬奉和悦的神色和笑语。

[7] 啖（dàn）：吃。

[8] 归省（xǐng）：回家探望母亲。省，省亲，探望父母。

[9] 龃龉（jǔ yǔ）：上下牙齿不相配合。比喻意见不合，不融洽。

[10] 自投：以头碰地，表示自责。

【大意】

陆陇其是清代一位有名的才子，他曾担任灵寿县令，为政清廉，秉公办事，深得百姓赞许。

有一天，一位老妇人来到县衙，控告她的儿子不孝顺。陆陇其把她的儿子叫上堂来，原来老妇人的儿子是一个不到二十岁的年轻人。陆陇其想，如果只是按律惩罚这个年轻人，不让他真正懂得什么是孝道，老妇人还是老无所养。于是，他对老妇人说：“我这里正好缺个听差童仆，先让他留下来，等我找到合适的人，再杖罚他，让他回家。”他让这个年轻人随侍左右，不得离开。

每天早晨，陆陇其都早早起来，恭恭敬敬地在母亲门外等候，等母亲起床后，就将洗脸水送进屋内，请母亲洗漱，之后，再端上沏好的茶水。

午餐的时候，陆陇其站在母亲的饭桌旁，随时听候母亲的吩咐，不时地给母亲夹菜盛饭。等母亲吃完饭，他才开始吃。晚饭的时候也是如此。

平常只要一有空，陆陇其便陪伴在母亲旁边，或者给母亲讲一些过去的事情，或者说些最近发生的奇闻逸事，或者说些笑话，让母亲高兴。

母亲身体稍有不适，陆陇其就会站在母亲床边，给母亲掖掖被角，帮母亲翻身，扶母亲起来，擦脸捶背，送药端水，从不嫌累，直到母亲病愈。

就这样，一连过了几个月，有一天，那个年轻人忽然跪在陆陇其面前，请求回家探望母亲。陆陇其问他："你们母子二人不和，你为什么要回去呢？"年轻人哭着说："我以前不知礼，不懂得孝敬母亲，让母亲伤心，现在看到您如此孝顺，我后悔莫及。"

于是，陆陇其召来年轻人的母亲，年轻人见到母亲，痛哭流涕，表示悔改，母亲也感动得掉下了眼泪。陆陇其就让老妇人把儿子带回去，后来这个年轻人也像陆陇其一样成为当地一个有名的孝子。

【感悟】

陆陇其用自己的行为感动不孝青年，不是他对母亲有什么惊天动地的壮举，而只是平平常常的居家琐事。

陆陇其每天陪母亲说说话，给母亲捶捶背，夹菜盛饭，端茶倒水，这些平平常常的行为，蕴含着对母亲深深的敬爱，表达着对母亲浓浓的关心，这就是孝。

时代在变化，社会在发展，孝的方式也会与时俱进，重要的是对父母的孝心不能消泯，血浓于水的亲情无法冲淡。

慈：亲爱利子

导 语

中国传统伦理文化中讲的“慈”，是指长辈对晚辈的爱，也专指父母对子女的爱。慈和孝是紧密相联、相辅相成的。

子女对父母要“孝”，父母对子女要“慈”，即“父慈子孝”。父母对子女的慈爱平凡、细微而又无处不在，如老牛舐犊之深情，如三春阳光之恩泽。慈是思儿心切的母亲啮指的心痛，是倚门倚闾、盼子归家的双亲那渴望的眼神，是缝缀在游子衣衫上那密密的针线，是一个人面对自己的孩子油然而生的爱子之心、怜子之情。父母对子女的慈爱是不图回报的爱，是无私给予和付出。

父母对子女的慈爱是爱和教的结合。“养不教，父之过”，爱而不教是为溺爱，古人有“慈母败子”的警示。中国自古就有重视家庭教育的传统，父母担负着培养孩子才能、引导孩子成人的责任，不仅仅要以慈爱之心生养，更要以教诲之责培育，导之向善，使之成人。柳母和丸教子，是母亲对孩子的良苦用心，可见慈爱的博大而深沉。

名　言

哀哀父母，生我劬劳。……无父何怙？无母何恃？（《诗经·小雅·蓼莪》）

父慈而教。（《左传·昭公二十六年》）

为人父而不明父子之义以教其子而整齐之，则子不知为人子之道以事其父矣。故曰：父不父，子不子。（《管子·形势解》）

父母之爱子，则为之计深远。（《战国策》卷二十一，《赵策四·赵太后新用事》）

亲爱利子谓之慈，反慈为嚚。（贾谊：《新书·道术》）

谁言寸草心，报得三春晖。（孟郊：《游子吟》）

为人母者，不患不慈，患于知爱而不知教也。（司马光：《温公家范·母》）

岂无远道思亲泪，不及高堂念子心。（《增广贤文》）

能师孟母三迁教，定卜燕山五桂芳。（《增广贤文》）

曾母啮指思儿

【经典】

曾子从仲尼在楚而心动，辞归问母。母曰："思尔啮[1]指。"（干宝：《搜神记》卷十一）

【注释】

[1] 啮（niè）：咬。

【大意】

曾参是孔子的弟子。孔子周游列国，曾参跟随左右。他们在楚国游历的时候，一天，曾参突然感到心里一动，似乎和母亲有某种感应。他心里牵挂母亲，于是辞别了老师，回家探母。回家后，曾参看到母亲安然无恙，就和母亲说了自己的这种感应。母亲说："你走后，我太想你了，想得受不了的时候，我就咬自己的手指头。"

【感悟】

这就是人们常说的"母子连心"。与其说这是一种心理感应，不如说这是母子间情感的呼应。

常言道，养儿方知父母恩，这种朴素的说法表明的是对父母那种日益深沉厚重的爱与感恩。

倚门倚闾望子归

【经典】

王孙贾[1] 年十五，事闵王[2]。王出走[3]，失王之处。其母曰："女朝出而晚来，则吾倚门而望；女暮出而不还，则吾倚闾[4] 而望。女今事王，王出走，女不知其处，女尚何归？"（《战国策》卷十三，《齐策六・王孙贾年十五事闵王》）

【注释】

[1] 王孙贾：战国时齐大臣。

[2] 闵王：齐闵王，也作"齐愍王"，战国时齐国君。田氏，齐宣王之子。

[3] 王出走：燕昭王以乐毅为统帅，联合五国攻打齐国。半年之内，乐毅攻下了齐地七十余城，大军直逼齐都临淄。齐闵王仓皇出逃。

[4] 闾（lǘ）：古代里巷的大门。

【大意】

战国时，五国联合攻齐。燕国大将乐毅的军队兵临齐国国都临淄城下，形势十分危急。齐闵王派人向楚国求救，情愿割让土地，但久等救兵不来。无奈之下，齐闵王只好逃走，流亡在外。

王孙贾是齐闵王的大臣，他十五岁开始在齐闵王身边做事。齐闵王流亡的时候，他也在身边，但后来却走散了。王孙贾找不到齐闵王，就自己回家了。母亲对他说："孩子，你平日早出晚归，我倚门而望等你回来；你晚上出去没回来，我倚闾而望等你回来。这就是母亲盼孩子回家的心情啊。”

母亲一席话说得王孙贾很惭愧。君主盼望臣子的心情何异于慈母之心？他于是毅然离家，继续寻找流亡的齐闵王。

【感悟】

这则故事包含着丰富、真实的历史信息，七雄争霸、逐鹿中原，叱咤风云的大将、仓皇出逃的国君，使一位母亲的形象凸显出来。

她是一位普通的母亲。倚门倚闾望子归，是普天下母亲的共同形象。

她是一位不平凡的母亲。爱自己的孩子，但时刻不忘教诲他忠于职守，忠于国家。

刘向论贤父

【经典】

贤父之于子也，慈惠以生之，教诲以成之，养其谊[1]，藏其伪[2]，时其节，慎其施[3]。子年七岁以上，父为之择明师，选良友，勿使见恶，少渐[4] 之以善，使之早化。（刘向：《说苑·建本》）

【注释】

[1] 谊：通“义”。

[2] 伪：人为的。指后天培养的才能。

[3] 慎其施：使其行为谨慎。

[4] 渐：渗透，浸染。

【大意】

贤明的父亲是这样教育孩子的：以慈爱之心生养他，以教诲之责培育他，使孩子从小既有各种才能，又有道义感，行为谨慎，品节端正。不仅仅要照顾好他的生活，更要重视对他的教育。孩子长到七岁的时候，父亲就要给他选择明师良友，不要让他和丑恶的东西接触，要用美好的东西熏陶他，让他养成良好的品德。

【感悟】

中国人心目中的父亲形象集慈父与严父于一身，故称父亲为“家严”，可见严父的形象深入人心。

“养不教，父之过。”父亲对孩子的爱多半是以威严的形式表现出来的。对子女，既要以慈爱之心生养，还要教他们行仁行义，也就是“教诲以成之”，使之成长为有德行的人。

老牛舐犊之爱

【经典】

（杨彪）子修[1] 为曹操所杀。操见彪问曰：“公何瘦之甚?”对曰：“愧无日磾[2] 先见之明，犹怀老牛舐犊[3] 之爱。”操为之改容。（《后汉书》卷五十四，《杨彪传》）

【注释】

[1] 修：杨修，汉末文学家。字德祖，弘农华阴（今陕西华阴东

南）人。才思敏捷，聪明过人。任丞相曹操主簿。后被曹操借故杀死。

[2] 日磾（mì dī）：金日磾，西汉大臣。字翁叔，本为匈奴太子，汉武帝时归汉。史载，金日磾有两个儿子，均为汉武帝所喜爱，生活在汉武帝的身边。后来，这两个儿子逐渐长大，有一次，他们在宫里与宫女调笑嬉戏，正巧被金日磾看到，他认为这两个儿子早晚是祸害，就把他们杀了。

[3] 舐犊（shì dú）：舐，舔。犊，小牛。母牛舔小牛表示对它的爱护，比喻父母对子女的怜惜、疼爱之情。

【大意】

东汉末年，杨彪的儿子杨修为曹操所杀。杨修死时，刚四十五岁。经历了丧子之痛的杨彪像遭受了重创，身体消瘦，精神枯槁。一日，曹操见到杨彪，问他："您怎么这么瘦呢？身体有什么不适吗？"杨彪回答道："我很惭愧自己不能像金日磾那样斩断与儿子的父子之爱，我对杨修还有像老牛舐犊一样的疼惜之情啊。"曹操听后也为之动容。

【感悟】

舐犊之爱是源于血缘的天然情感，不独人类如此，在很多动物的身上也体现出这种爱的本能。

面对杀死自己儿子的曹操，杨彪表面上虽言自己愧不及西汉时期的金日磾那样决绝地斩断父子亲情，但内心的怜子之情和彻骨之痛溢于言表，令人为之动容。

顾雍痛失爱子

【经典】

豫章太守顾邵[1]，是雍[2] 之子。邵在郡卒。雍盛集僚属，自围棋，外启信至，而无儿书，虽神气不变，而心了其故，以爪掐掌，血流沾褥。宾客既散，方叹曰：“已无延陵之高[3]，岂可有丧明之责[4]！”于是豁情散哀，颜色自若。（刘义庆：《世说新语·雅量》）

【注释】

[1] 顾邵：三国时吴国人，官至豫章太守。

[2] 雍：顾雍，顾邵的父亲。在吴任丞相，当时的名士。

[3] 延陵之高：延陵是春秋时季札的封邑，此处用来代指季札。史载，季札的儿子死了，季札很平静地说，人的生命重新回到土里是命中注定的事情。他对生死的达观态度受到孔子的赞许。

[4] 丧明之责：据《礼记》记载，子夏的儿子死后，子夏把眼睛哭瞎了，受到曾子的批评。

【大意】

豫章太守顾邵是顾雍的儿子。顾邵在任上去世。一天，顾雍正召集自己的属下聚会宴饮，自己在下围棋。外面报告说，公子的信使来了，但却没有带来公子的书信。顾雍虽然表面上神色不变，但心里已经猜到原因了。他用指甲掐自己的手掌心，血流出来，沾湿了坐垫。客人散去以后，他才叹息道：“我已经无法做到像季札那样达观了，难道还要像子夏那样悲伤过度受人指责吗？”于是他排解哀伤悲痛，神色泰然自若。

【感悟】

《世说新语》一书记载了许多古人的嘉言懿行，展现了魏晋士人的风度。顾雍的这则故事，表明一位父亲面对儿子的死讯，外表做到了神态自若，洒脱而旷达，但内心却弥漫着痛彻心扉的哀伤，流露出自然率真的父子之情。

“无情未必真豪杰，怜子如何不丈夫?”顾雍是慈爱在心，哀而不伤。

《颜氏家训》说家教

【经典】

父母威严而有慈，则子女畏慎而生孝矣。吾见世间，无教而有爱，每不能然。饮食运为[1]，恣[2] 其所欲，宜诫翻[3] 奖，应诃[4] 反笑。至有识知，谓法当尔。骄慢已习，方复制之，捶挞[5] 至死而无威，忿怒日隆而增怨。逮于成长，终为败德。(颜之推：《颜氏家训·教子》)

【注释】

[1] 运为：所为。

[2] 恣（zì）：放纵，无拘束。

[3] 翻：反而。

[4] 诃（hē）：大声训斥。

[5] 捶挞（tà）：用鞭子或者棍子打。

【大意】

做父母的既威严又慈爱，做子女的才会心怀敬畏产生孝心。现在社会上很多父母并不能做到这一点，对子女是溺爱有加而教育不够。他们在生活上将孩子照顾得无微不至，放纵孩子的欲望。孩子做错事，不惩罚反倒奖励，不训斥反倒表扬。他们甚至认为，爱孩子就当如此。等到孩子骄横无礼的习惯已经养成了，才想起来要约束孩子，鞭子打，棍棒捶，可即便是把孩子打死，也无济于事，父母的威严扫地，亲子关系紧张，如同仇人。这样成长起来的孩子，终究是一个品德败坏的人。

【感悟】

爱自己的孩子是人的天性，是父母之慈的表现，但有爱而无教，则是在慈的问题上的误区。

诚如颜之推所说，父母教育孩子最大的问题，就是物质上的全方位满足和品德培养上的全面缺失。人的品德养成是一个漫长的过程，非一朝一夕之力。等到其败德显露端倪，才想起来教育约束，即便诉诸责骂加棍棒，其效果也会大打折扣。

对待孩子，爱与教都不可缺失。慈爱和严教是不可分离的，有教之爱才是真正的慈爱。

孟郊的《游子吟》

【经典】

慈母手中线，游子[1] 身上衣。临行密密缝，意[2] 恐迟迟归。谁

言寸草心，报得三春[3] 晖。(孟郊：《游子吟》)

【注释】

[1] 游子：离家远游的人。

[2] 意：猜想，料想。

[3] 三春：指春天。旧称农历正月为孟春，二月为仲春，三月为季春，合称“三春”。有时亦指春季的第三个月，即农历三月。

【大意】

母亲用手中的针线，为离家远行的儿子缝补身上的衣衫。临行前一针一线密密地缝缀，怕的是儿子归期太迟而衣服破损。有谁敢说，子女像小草那样微弱的孝心，能够报答得了像春天的暖阳一样的慈母恩情呢？

【感悟】

母爱是承载万物的大地，博大而温暖；又如同三春的暖阳，恩及寸草，纯粹而无私。

儿行千里母担忧。比之严父，慈母之爱总是表现得平凡而又琐屑。慈母的大爱，就是那些数不清的叮咛与嘱咐，那些放不下的牵挂与惦记，都化作一针一线，细细密密地缝缀在游子的衣衫上。

一首《游子吟》，天下慈母心。

柳母和丸教子

【经典】

仲郢[1] 字谕蒙。母韩，即皋女也，善训子，故仲郢幼嗜学。尝

和[2] 熊胆丸，使夜咀咽以助勤。(《新唐书》卷一百六十三，《柳仲郢传》)

【注释】

[1] 仲郢（yǐng）：柳仲郢，唐代学者。大臣柳公绰之子。

[2] 和（huò）：混合，拌。

【大意】

柳仲郢字谕蒙，是唐代大臣柳公绰之子。他的母亲韩氏善于教育孩子，使得他从小就爱读书学习。为了使柳仲郢夜里读书的时候不发困，韩氏把熊胆、苦参、黄连这些极苦的药一起和成小丸，命他困倦袭来时嚼一嚼咽下去，让苦味赶走睡意，勤奋读书。在母亲的教育下，柳仲郢发奋读书，成为唐代的大学者。

【感悟】

药名：母爱。

主要成分：宽容而严厉，温柔而琐碎。

配料：熊胆、苦参、黄连。

用法：夜半时分，在母亲殷切的注视和陪伴下嚼服。

功用：提神醒脑，启迪心智，陶冶德行。

这就是慈母爱子教子的良方。

恕：推己及人

导 语

“恕”，从其字形来看，就是“如心”。在中国传统伦理文化中，恕的基本含义是以己之心，度人之心，设身处地，推己及人。一方面，恕要求“己所不欲，勿施于人”，将心比心，凡是自己不愿意做的事都不要强加于人；另一方面，恕强调“己欲立而立人，己欲达而达人”，即与人为善，成人之美。

恕与仁、忠、宽等的含义多有相通、交叉，故有仁恕、忠恕、宽恕等。中国传统伦理文化特别注重恕道，恕在中国传统道德中占有重要地位。孔子认为恕是可以终身奉行的美德，孔子的弟子曾参甚至认为孔子“一以贯之”之道，指的就是忠恕。汉代的董仲舒、清代的曾国藩，都认为恕是最大的美德。

古人认为，恕道之所以如此重要，是因为奉行恕道，推己及人，是领悟践行仁爱之德的方法，古人将此称为“为仁之方”，即接近仁德、实现仁德的门径。

恕要求人们在人际交往中换位思考，将心比心，对他人的处境感同身受。大雪三日，身穿貂裘的齐景公自然不觉寒冷。晏婴因此劝谏景公，作为国君，更应饱而知人之饥，温而知人之寒，逸而知人之劳。因此，对于国君来说，恕既是个人美德，也具有政治道德的含义。

恕强调推己及人，其中包含宽容、饶恕、体谅对方等含义。“庄王绝缨”说的是身居王位的楚庄王，完全可以替自己的妃子出气，但楚庄王最大限度地保全了臣子的性命和颜面。“绨袍垂爱”说的是身居相位的范雎，完全可以报当年之仇，但范雎顾念须贾赠袍垂爱的旧情，宽恕了须贾。这是一种气量，是恕道的体现。

恕是包容性很强的美德。遵守恕道的人，其行为往往也具有更丰富的道德内容。汉代的刘宽是一个仁恕宽厚的人，对他人所犯的错误总是宽大为怀，对触犯刑律的人宽严相济，蒲鞭示辱；程颐的母亲对待家人和下人都能做到推己及人、仁恕温厚，说明实践恕道即接近了仁爱。

古人认为，恕并不是无原则、和稀泥，不是简单地讲得饶人处且饶人，而是以符合仁的原则去推己及人、成人之美、宽恕待人。

名 言

夫子之道，忠恕而已矣。（《论语·里仁》）

己欲立而立人，己欲达而达人。（《论语·雍也》）

己所不欲，勿施于人。（《论语·卫灵公》）

恕者，以身为度者也。（《尸子·恕》）

以己量人谓之恕。（贾谊：《新书·道术》）

尽己之心为忠，推己及人为恕。（朱熹：《四书章句集注·中庸章句》）

和以处众，宽以接下，恕以待人，君子人也。（林逋：《省心录》）

肯替别人想，是第一等学问。（吕坤：《呻吟语·应务》）

遂己之欲，亦思遂人之欲。（戴震：《原善》卷下）

去私莫如强恕，解蔽莫如学。（戴震：《原善》卷下）

以己之心，度人之心。将心比心，强如佛心。（石成金：《传家宝》初集卷六，《天福编》）

恕则无人我之私，故能进于德。（石成金：《传家宝》三集卷二，《群珠》）

责人之心责己，恕己之心恕人。（《增广贤文》）

楚庄王绝缨

【经典】

楚庄王赐群臣酒，日暮，酒酣，灯烛灭。乃有人引美人之衣者，美人援绝[1] 其冠缨[2]，告王曰："……趣[3] 火来上，视绝缨者。"王曰："赐人酒，使醉失礼，奈何欲显妇人之节而辱士乎？"乃命左右曰："今日与寡人饮，不绝冠缨者不欢。"群臣百有余人，皆绝去其冠缨而上火。卒尽欢而罢。居二年，晋与楚战。有一臣常在前，五合五获首，却敌，卒得胜之。庄王怪而问曰："寡人德薄，又未尝异子，子何故出死不疑如是？"对曰："……臣乃夜绝缨者也。"（刘向：《说苑·复恩》）

【注释】

[1] 援绝：拉断。

[2] 冠缨：帽带。系于颌下，使帽子固定在头上。

[3] 趣：取。

【大意】

楚庄王是春秋时的霸主之一，是一位明智有为的君主。

有一次，楚庄王大宴群臣。天色已晚，君臣之间觥筹交错，酒意正浓。忽然，灯烛灭了。这时，有一个人趁着黑暗，去拽楚庄王妃子的衣服，这个妃子一下子就扯断了那个人的帽带，然后立即把此事告诉了楚庄王，她愤愤地说："赶快把灯拿上来，看看谁的帽带断了，看看谁这么大胆。"

楚庄王说："我赏赐群臣喝酒，导致他们醉酒失礼，怎么能为了显示妇人的贞节而使臣子受辱呢?”于是命令群臣说：“今天大家和我共饮，都得把帽带扯断，谁不扯断帽带，谁就是不高兴。”一百多个臣子都扯断了自己的帽带后，楚庄王才命人掌灯。最终所有人尽欢而散。

过了两年，晋楚交战。有一个臣子异常勇猛，冲锋在前，和敌人交锋五次，五次斩获对方的首级，最后终于击退了敌人，大获全胜。楚庄王觉得非常奇怪，问他为什么如此英勇不怕死。他回答说：“我就是那个宴饮时被您的妃子扯断帽带的人。”

【感悟】

楚庄王面对醉后失态的臣子，采取了宽容的冷处理方法，最大限度地保全了臣子的颜面和性命。这是一种气量，是恕道的体现，也赢得了人心。

晏婴谏齐景公

【经典】

景公[1] 之时，雨雪三日而不霁。公被狐白之裘[2]，坐于堂侧阶。晏子[3] 入见，立有间，公曰：“怪哉！雨雪三日而天不寒。”晏子对曰：“天不寒乎?”公笑。晏子曰：“婴闻古之贤君饱而知人之饥，温而知人之寒，逸而知人之劳。今君不知也。”公曰：“善！寡人闻命[4] 矣。”乃令出裘发粟，与饥寒。令所睹于涂者，无问其乡[5]；所睹于里[6] 者，无问其家。循[7] 国计数，无言其名。士既事者兼[8] 月，疾者兼岁。(《晏子春秋·内篇·谏上》)

【注释】

[1] 景公：齐景公，春秋时齐国国君。名杵臼，在位时厚赋重敛，刑罚残酷。

[2] 狐白之裘：集狐狸腋下的白毛制成的裘（皮衣）。这种裘最为珍贵。狐白，狐狸腋下的白毛。

[3] 晏子：晏婴，春秋时齐国大夫。字平仲，夷维（今山东高密）人。后世有《晏子春秋》，依托其名并采缀其言行而作。

[4] 闻命：承命，接受命令。这里是表示接受对方意见的敬辞。

[5] 乡：按周代的制度，一万二千五百家为乡。

[6] 里：在周代，五家为邻，五邻为里，一里居住二十五家。

[7] 循：通“巡”，巡视。

[8] 兼：倍。

【大意】

春秋时，齐国君主齐景公在位时期，有一年连着下了三天大雪，天还没有放晴。齐景公披了一件贵重的狐裘，坐在厅堂侧面的台阶上欣赏雪景。恰在此时，晏子进见。

见齐景公雅兴正浓，晏子便站在一旁。过了一会儿，景公说：“天气真怪，下了三天雪，却不怎么寒冷。”晏子迟疑着反问道：“天真的不寒冷吗？”景公不以为然地笑了。晏子说：“我听说古代贤德的君主自己吃饱了，还惦念着有人在挨饿；自己穿暖了，还惦念着有人在挨冻；自己安逸了，还惦念着有人在劳作。现在君主您却不这么想。”齐景公听了晏子的话，说：“您说得对，我受教了。”

于是，齐景公下令打开国库拿出皮袄，开仓拨出粮食，发放给那些挨饿挨冻的人。在路上、在乡里看到受饥受寒的人，不必问他是哪乡的、哪家的，只要吃不饱、穿不暖就一律发放。官府派官员巡视，统计发放的数量，不记受到救济的人的姓名。士已经担任职务的，发两个月的救济粮；有病的，发两年的救济粮。

【感悟】

恕，“如心”之谓，确实需要设身处地、将心比心，才能领悟恕道的真谛。

自己身穿狐裘，下雪三日自然感觉不到天寒地冻。但推己及人，“饱而知人之饥，温而知人之寒，逸而知人之劳”，就能想到别人的困难，从而行仁行义，这才是恕道的体现。

晏婴讲给齐景公的道理，正是儒家所说的“己欲立而立人，己欲达而达人”。恕是个人美德，对于为政者来说，恕道也具有政治道德的含义。

孔子讲仁之方

【经典】

子贡曰：“如有博施于民而能济众，何如？可谓仁乎？”子曰：“何事于仁，必也圣乎！尧、舜其犹病诸[1]！夫仁者，己欲立而立人，己欲达而达人。能近取譬[2]，可谓仁之方[3]也已。”（《论语·雍也》）

【注释】

[1] 病诸：难以做到这一点。病，难，为难。诸，“之乎”的合音。

[2] 近取譬：切近己身取譬相喻。取譬，取例，譬如。

[3] 仁之方：修养、领悟仁德的方法或途径。

【大意】

孔子的弟子子贡向孔子请教什么样的人能够称为仁人，他问孔子："如果有人能广博地施惠于百姓而能帮助众人，这怎么样呢？可以称得上仁了吧？"孔子感叹地说："这何止是仁，那一定是圣了！就连尧、舜这样的人也怕难以做到呢！"孔子接着解释道："一个有仁德的人，自己要想有建树，也要让别人有建树；自己要想通达，也要让别人通达。能切近自身取譬相喻，从而推己及人，这可以说就是实现仁德的门径了。"

【感悟】

人同此心，心同此理。与人相处时，应该"能近取譬"，将心比心，换位思考。希望别人仁爱友善，自己就要仁爱友善地对待别人；希望得到别人的帮助，自己就要帮助别人。

孔子说，仁德其实并不遥远，"我欲仁，斯仁至矣"。推己及人，就是接近仁德、实现仁德的门径。

己所不欲，勿施于人

【经典】

子贡问曰："有一言而可以终身行之者乎？"子曰："其恕乎！己所不欲，勿施于人。"（《论语·卫灵公》）

【大意】

孔子的弟子子贡问孔子："有没有哪个字可以终身奉行呢？"孔子说："那大概就是恕了。自己都不愿意做的事情，也不要强加于人。"

【感悟】

曾子在解释孔子所言"吾道一以贯之"时说："夫子之道，忠恕而已矣。"他把忠恕之道看作孔门至德要道、一以贯之之道。孔子确实认为"己所不欲，勿施于人"的恕道可以终身行之。

范雎绨袍垂爱

【经典】

范雎[1] 既相秦，秦号曰张禄，而魏不知，以为范雎已死久矣。魏闻秦且东伐韩、魏，魏使须贾[2] 于秦。范雎闻之，为微行[3]，敝衣间步之邸[4]，见须贾。须贾见之而惊曰："范叔固无恙[5] 乎！"范雎曰："然。"须贾笑曰："范叔有说于秦邪？"曰："不也。雎前日得过于魏相，故亡逃至此，安敢说乎！"须贾曰："今叔何事？"范雎曰："臣为人庸赁[6]。"须贾意哀之，留与坐饮食，曰："范叔一寒如此哉！"乃取其一绨袍[7] 以赐之。……于是范雎盛帷帐，侍者甚众，见之。须贾顿首言死罪……范雎曰："汝罪有三耳。……然公之所以得无死者，以绨袍恋恋，有故人之意，故释公。"乃谢罢。入言之昭王，罢归须贾。（《史记》卷七十九，《范雎蔡泽列传》）

【注释】

[1] 范睢：亦作“范且”，或误作“范雎”，战国时秦相。初在魏事中大夫须贾，为须贾所诬，几乎被打致死。被救后改名张禄，入秦国为相。为相期间实行远交近攻战略，屡败列国。

[2] 须贾：战国时魏国大臣。

[3] 微行：隐其身份，易服外出。

[4] 敝衣间步之邸：穿着破旧的衣服私下里走到须贾的住处。敝，破旧。间步，私下步行。之，到。

[5] 无恙：无灾，无忧，古代为问安之辞。

[6] 庸赁：佣赁，受雇为人做工。

[7] 绨（tí）袍：质地粗厚的衣服。

【大意】

范睢是战国时魏国人，很有才能。有一次，他陪同须贾出使齐国，受到很高的礼遇。须贾由此认为范睢是齐国的奸细，回国后就向丞相魏齐禀告了此事。范睢为此而受笞刑，几乎被打死。后来他逃到了秦国，以自己的才能得到了秦昭王的信任，官至宰相。

范睢在秦国改名为张禄，而魏国人对此一无所知，认为范睢早已死了。魏王听说秦国即将向东攻打韩、魏两国，便派须贾出使秦国，以求和解。范睢得知须贾来到秦国，很想见见这个差点害死自己的人。他隐瞒了自己的身份，穿着破旧的衣服一个人步行到客馆，见到了须贾。

须贾一见范睢，不禁惊愕道：“您还活着啊！”范睢说：“是啊。”须贾笑着说：“范叔是来替秦国游说的吧？”范睢答道：“不是的。我以前得罪了魏国宰相，所以才逃亡到这里，怎么还敢游说呢！”须贾问道："您现在做些什么？如何为生？"范雎答道："我给人家当差役。"须贾听了以后，有些怜悯范雎，便留范雎一起吃饭，又不无同情地说："范叔怎么竟贫寒到这个样子！"还取出自己一件粗布袍送给了他。

后来，范雎在众人的服侍下召见须贾，须贾得知范雎是秦国宰相，诚惶诚恐，再三谢罪。范雎历数了须贾所做的对不起他的三大罪状之后，说："我之所以不处死你，是因为从你赠给我一件粗布袍这件事来看，你对老朋友还有一点念旧之情，所以我给你一条生路，放了你。"说完后，宰相范雎向秦昭王禀报了此事，把须贾赶回了魏国。

【感悟】

恕要求推己及人，因此恕道自然包含了宽恕、宽容、体谅对方之意。

须贾误认范雎背魏，归告魏相，致使范雎遭笞辱几死，流亡秦国。多年后范雎身居秦相之位，完全可以一雪当年之仇，但范雎顾念赠袍垂爱的情分，宽恕了须贾。

中国有句古语，叫作"得饶人处且饶人"，因此很多人以为"饶人"就是恕道。其实，恕并不是对错误的姑息，也不是无原则地"饶人"，以恕己之心恕人，是在不违背道义原则的前提下，体谅对方的难处，设身处地从对方的角度考虑问题。

刘宽蒲鞭示辱

【经典】

宽[1] 尝行，有人失牛者，乃就宽车中认之。宽无所言，下驾步归。有顷，认者得牛而送还，叩头谢曰："惭负长者，随所刑罪。"宽曰："物有相类，事容脱误，幸劳见归，何为谢之？"州里服其不校[2]。桓帝时，大将军辟[3]，五迁司徒长史。……延熹[4]八年，征拜尚书令，迁南阳太守。典历[5]三郡，温仁多恕，虽在仓卒，未尝疾言遽色[6]。常以为"齐之以刑，民免而无耻"。吏人有过，但用蒲鞭[7]罚之，示辱而已，终不加苦。事有功善，推之自下。灾异或见，引躬克责。……尝坐客[8]，遣苍头市酒，迂久[9]，大醉而还。客不堪之，骂曰："畜产。"宽须臾遣人视奴，疑必自杀。顾左右曰："此人也，骂言畜产，辱孰甚焉！故吾惧其死也。"夫人欲试宽令恚[10]，伺当朝会，装严已讫，使侍婢奉肉羹，翻污朝衣。婢遽收之，宽神色不异，乃徐言曰："羹烂汝手？"其性度如此。（《后汉书》卷二十五，《刘宽传》）

【注释】

[1] 宽：刘宽，东汉人，以温厚仁恕著称。

[2] 校（jiào）：计较。

[3] 辟（bì）：征召。

[4] 延熹：汉桓帝年号（158—167 年）。延熹八年为公元 165 年。

[5] 典历：掌管，治理。

[6] 遽色：慌张的神色。遽，惶遽。

[7] 蒲鞭：蒲草做的鞭子。用以表示薄罚宽仁。

[8] 坐客：留客入席。

[9] 迂久：时间长，很久。

[10] 恚：发怒，愤恨。

【大意】

刘宽是东汉人，为人很有涵养，懂得体谅他人。有一次，刘宽乘牛车出行，忽然有一个人拦住了刘宽，说自己的牛丢了，刘宽的牛正是他的牛。刘宽没说什么，自己下了车，把牛给了那个人，然后步行回家了。

过了一会儿，那个人找到了自己的牛，便满怀歉意地把牛给刘宽送了回来，叩头赔罪说："我很惭愧，愿听凭您处罚。"刘宽说："牛长得很相像，容易认错，辛苦你把牛送回来，为什么要赔罪呢?"人们都很佩服刘宽的大度。

汉桓帝时，征召刘宽担任司徒长史，延熹八年（165 年），担任尚书令，后来又担任南阳太守。刘宽掌理三郡，温厚仁爱，多行恕道，在仓促之间也不会因着急而有恶言恶语，不会神色慌张。他认为，用刑罚来管理民众，民众就会只求逃避处罚，而不会感到羞耻。所以，每当他的吏属有过错的时候，他都只用蒲草做的鞭子来责罚他们，让他们感到自己有错，感到羞耻，并不想让他们在肉体上受苦。每当处事有功，他都把功劳归于下属；每当见到事有异样，他都会反省自己是否有什么过错。

有一次，刘宽待客，他让奴仆去买酒，过了很长时间，奴仆大醉而归。客人觉得这样的奴仆实在让人难以忍受，就责骂这个仆人是"畜生"。过了一会儿，刘宽让人去看看那个奴仆，他担心奴仆会自杀。他对左右说："他是一个人啊，骂他是畜生，这样的侮辱太过分了，我担心他会去死。"

刘宽的夫人想试试他的度量，故意激他发怒。她看刘宽要上朝，已经穿戴整齐了，就让奴婢给刘宽端来一碗肉汤，结果奴婢把肉汤洒了，弄脏了刘宽的衣服。这个奴婢急忙收拾，刘宽的神色没有一点异样，他温和、关心地问奴婢："烫着手了没有?"

【感悟】

《后汉书》评价刘宽是一个宽厚恭谨的人。无论是误认牛的陌生人、买酒醉归的仆人还是弄脏了刘宽衣服的奴婢，不管他们做错了什么，刘宽都不仅原谅他们的过错，而且设身处地为他们着想。即便对那些在公务上有小失误的官吏，对那些应该责罚的人，刘宽也只是以蒲鞭示辱，目的不在责罚，而是希望他们知耻改过。

“蒲鞭示辱”之所以能够成为流传千载的典故，就在于其中蕴含了刘宽推己及人、设身处地为他人着想的美德。

程颐母亲仁恕待人

【经典】

(侯氏) 仁恕宽厚，抚爱诸庶，不异己出。从叔[1] 幼孤，夫人存视[2]，常均己子。治家有法，不严而整。不喜笞扑[3] 奴婢，视小臧获[4] 如儿女。诸子或加呵责，必戒之曰：“贵贱虽殊，人则一也。汝如此大时，能为此事否?”道路遗弃小儿，屡收养之。有小商，出未还而其妻死，儿女散，逐人去，惟幼者始三岁，人所不取，夫人惧其必死，使抱以归。时聚族甚众，人皆有不欲之色，乃别籴[5] 以食之。其父归，谢曰：“幸蒙收养，得全其生，愿以为献。”夫人曰：“我本以待汝归，非欲之也。”好为药饵，以济病者。大寒，有负炭而擞[6] 者过门，家人欲呼之，夫人劝止之曰：“慎勿为此，胜则贫者困矣。”(《二程集·河南程氏文集》卷十二)

【注释】

[1] 从叔：丈夫的堂弟。

[2] 存视：看待。

[3] 笞（chī）扑：鞭打，体罚。笞，古代用小荆条或小竹板打臀、腿或背。扑，古代责罚的刑杖，也是体罚的用具。

[4] 小臧获：小奴。臧，男奴隶。获，女奴隶。

[5] 籴（dí）：买进粮食。

[6] 撽（qiào）：击。

【大意】

程颐是宋代著名理学家，他在自己的文章中记述了母亲仁恕宽厚的二三事。

母亲对庶出的儿女很慈爱，像对待自己的亲生儿女一样。父亲的堂弟很小就成了孤儿，母亲对他也非常好，像对待自己的孩子一样。

她治家有法，并不严厉，但家中诸事均很有条理。她从不鞭打奴婢，对待童仆像对待自己的儿女一样。每当看到儿女苛责童仆，她都会责备，告诫说："虽然你们和小奴贵贱不同，但都一样是人，想想你们像他这么小年纪时，这些事能做好吗？"

她还经常收养被人遗弃的孩子。有一位商人在外经商，妻子亡故，儿女离散。剩下一个三岁的小孩无人照管，如果无人收养，他必死无疑。母亲就让人把他抱回家。当时程颐家是一个大家庭，各房都不愿意家里又多一个吃饭的人。母亲就自己出钱，另外给这个小孩买粮，养活他。商人回来后，非常感动，说："如果不是您收留，他就没命了，我愿意让他一直留在您身边。"母亲说："我收留他就是为了等您回来，我并不是想要这个小孩。"

母亲还经常自己配一些常用药，哪家有病人，就把药送给人家，帮助他们。有一年天气特别寒冷，有一个卖炭的从家门前经过，家人想多买些囤起来，母亲劝阻说："不要这样，咱们把炭全买了，穷人就更艰难了。"

【感悟】

这是宋朝著名理学家程颐所记述的他母亲仁恕宽厚的故事。程母对庶出的儿女视如己出，对奴婢、童仆宽厚相待，对孤苦幼儿无私收留，对素不相识的穷苦人也体恤仁爱。她并没有说什么深刻的大道理，而是信奉“人则一也”的朴素道理，将心比心，推己及人，由恕而宽，由恕而仁。

惠：利民为本

导语

在中国传统伦理文化中，“惠”是基于仁慈之心的施惠于人，其内核是爱人之心。孔子将惠与恭、宽、信、敏并称，认为它们都是仁德的一个方面，是君子之道。惠也具有政治道德的含义，孔子将其看作为政的“五美”之一。

古人认为，惠的一个重要内容，是当政者要在施政中给百姓以实际的好处。百姓的衣食住行等生计问题，关系到国家的安危治乱，关系到政权的稳定，因此要爱民利民，因民之所利而利之，造福于民。本篇所选取的先哲论述和历史故事均围绕这个主题。子产在郑国实施改革，目的是强国富民；李悝创平籴法，目的是保护农人的利益；孟子认为，爱民惠民，乃王道之始。

儒家所说的惠，以仁心为内核和出发点，反对苛政和暴政。孔子说，苛政吃人，其害有甚于猛虎；孟子认为，君主不爱民，无异于率兽食人。法家所说的惠，强调以百姓为天，通过强国富民，获得百姓的支持。

古人认为，惠强调要体恤民众生存之艰难，尤其要关心生计困顿的群体。文王善养老，显示出小邦周的道德感召力和社会凝聚力；有若论税收，坚持周代的什一税，目的在于减轻百姓负担，蕴含着爱民、重民思想；郑板桥“一枝一叶总关情”的诗句，蕴含着州县小吏的爱民情怀。

名　言

因民之所利而利之。(《论语·尧曰》)

分人以财谓之惠。(《孟子·滕文公上》)

仓廪实则知礼节，衣食足则知荣辱。(《管子·牧民》)

政之所兴，在顺民心，政之所废，在逆民心。(《管子·牧民》)

凡治国之道，必先富民。(《管子·治国》)

苛政猛于虎。(《礼记·檀弓》)

民之所好好之，民之所恶恶之。(《礼记·大学》)

得众则得国，失众则失国。(《礼记·大学》)

心省恤人谓之惠。(贾谊:《新书·道术》)

治国有常，而利民为本。(《淮南子·泛论训》)

天下顺治在民富，天下和静在民乐。(《王廷相集·慎言·御民篇》)

利民之事，丝发必兴；厉民之事，毫末必去。(万斯大:《周官辨非》)

利济苍生，方是圣贤。(《颜习斋先生言行录·教及门》)

正其谊以谋其利，明其道而计其功。(颜元:《四书正误》卷一)

西伯善养老

【经典】

伯夷辟纣，居北海之滨，闻文王作兴[1]，曰："盍归乎来？吾闻西伯善养老者。"大公[2]辟纣，居东海之滨，闻文王作兴，曰："盍归乎来？吾闻西伯善养老者。"天下有善养老，则仁人以为已归矣。五亩之宅，树墙下以桑，匹妇蚕之，则老者足以衣帛矣。五母鸡，二母彘，无失其时，老者足以无失肉矣。百亩之田，匹夫耕之，八口之家足以无饥矣。所谓西伯善养老者，制其田里，教之树、畜，导其妻子，使养其老。五十非帛不暖，七十非肉不饱。不暖不饱，谓之冻馁[3]。文王之民，无冻馁之老者，此之谓也。(《孟子·尽心上》)

【注释】

[1] 作兴：兴起。

[2] 大公：吕尚，周代齐国始祖。姜姓，吕氏，字尚父，一说字子牙，有"太公"之称，俗称"姜太公"。辅佐武王灭商有功。

[3] 冻馁（něi）：冻死饿死。馁，饥饿。

【大意】

商末，伯夷躲避纣王的暴政，隐居在北海之滨，听说周文王兴起，就说："何不入周呢？都说文王善待老年人。"姜太公躲避纣王的暴政，隐居在东海之滨，听说周文王兴起，也说："何不入周呢？都说文王善待老年人。"孟子说，善待老人的当政者，会让天下有仁德的人有归属感。种桑养蚕，这样老年人就会有衣服穿了；养鸡养猪，这样老年人就会有肉吃了；耕田种地，这样八口之家就可以温饱了。人们所称颂的“文王善养老”，就是让人们耕田种地，种桑养蚕，养鸡养猪，教导妻儿尊老养老。要让老年人有衣可穿，有肉可吃，否则，就是吃不饱穿不暖，叫作“冻馁”。在周文王的时代，没有“冻馁”的老人。

【感悟】

孟子认为，一个善待老人、惠及老人的社会，一定是一个有感召力和凝聚力的社会。文王兴起之时，尊老养老的道德之举使得天下归心，小邦周迅速崛起，为推翻商朝打下了坚实的基础。周人的养老政策并非空洞的政治宣传，而是落在实处的养老惠民举措：有衣穿，有肉吃，老有所养，路无冻馁。

百姓为天

【经典】

齐桓公问管仲曰：“王者何贵?”曰：“贵天[1]。”桓公仰而视天。管仲曰：“所谓天者，非苍苍莽莽之天也。君人者，以百姓为天。百姓与[2]之则安，辅之则强，非之则危，背之则亡。”（刘向：《说苑·建本》）

【注释】

[1] 贵天：以天为贵。

[2] 与：赞同，拥护。

【大意】

春秋时期，管仲辅佐齐桓公。一次，齐桓公问管仲："您认为王者治理国家的首要问题是什么呢?"管仲回答道："最主要的问题是要以天为贵。"听了管仲的话，齐桓公仰面望天，很是茫然。管仲说："我说的天，并不是我们头顶上苍苍莽莽的自然之天，而是指老百姓。王者，要以老百姓为天。老百姓拥护他，他的政权就安稳；老百姓帮助他，他的国家就强大；老百姓反对他，他的王位就危险；老百姓背叛他，他的命运就是灭亡。"

【感悟】

孟子说"仲尼之徒无道桓文之事者"，但他极力主张制民之产；董仲舒讲"五尺童子羞称五伯"，但他一再呼吁富民利民。

法家说，要劝课农桑，奖励垦荒，发展生产，根本是要以百姓为天。

儒家、法家的治国方略不同，但重视百姓、利民惠民则有相通之处。

"惠人"子产

【经典】

子产使都鄙[1]有章，上下有服，田有封洫[2]，庐井有伍。大人之忠俭者，从而与之；泰侈者，因而毙[3]之。……从政一年，舆人[4]诵之曰："取我衣冠而褚[5]之，取我田畴而伍之。孰杀子产，吾其与之!"及三年，又诵之曰："我有子弟，子产诲之。我有田畴，子产殖

之。子产而死，谁其嗣[6] 之?”(《左传·襄公三十年》)

【注释】

[1] 都鄙：城市和边鄙。周制四县为都，五百家为鄙。

[2] 封洫（xù）：疆界沟洫。子产划定土地的疆界沟洫，实际上是确认国人对土地的私有权。

[3] 毙：惩罚。

[4] 舆人：国人。

[5] 褚：通“储”，贮藏。

[6] 嗣：继承。

【大意】

春秋时期，郑国的执政子产推行以土地制度为核心的改革措施，他划分出城市和边鄙，将土地划分出疆界，开掘了沟洫，并把同井而居的五家改编为伍，进一步明确了国人对土地的所有权，也明确了上下尊卑的等级。同时，对忠诚俭朴的卿大夫，进行嘉奖；对高傲奢侈的卿大夫，则依法予以惩办。……子产改革一年，人们纷纷咒骂他：“子产计算我的家产而收财物税，丈量我的耕地而收土地税。谁杀死子产，我就助他一臂之力。”到了改革的第三个年头，人们纷纷赞美道：“我有子弟，就让子产为我教诲；我有土地，就让子产为我增殖。子产死了，有谁来接替他呢？”

【感悟】

子产厉行改革，整顿田地疆界和沟洫，发展农业生产；改革税赋，增强国家的经济实力；颁布成文法，铸刑鼎；听取国人意见，不毁乡校。他的改革措施给郑国带来了新的气象，使郑国发展强大起来，百姓也得到了利益。

子产的改革着眼于国家利益，从长远上看也是为百姓谋利，是惠民之举。因此，孔子对子产德行的嘉许，集中在一个“惠”字。孔子多次称赞子产，认为子产施政“养民也惠”乃“君子之道”；有人问孔子对子产的评价，孔子言简意赅，称子产为“惠人”；孔子赞同子产的治国主张，进一步提出“宽猛相济”的方略；子产死后，孔子流了眼泪，认为子产乃“古之遗爱”。

苛政猛于虎

【经典】

孔子过泰山侧，有妇人哭于墓者而哀。夫子式[1] 而听之，使子路问之，曰：“子之哭也，壹[2] 似重[3] 有忧者。”而曰：“然。昔者吾舅[4] 死于虎，吾夫又死焉，今吾子又死焉。”夫子曰：“何为不去也？”曰：“无苛政。”夫子曰：“小子识之，苛政猛于虎也。”（《礼记·檀弓下》）

【注释】

[1] 式：同“轼”，古代车厢前面用作扶手的横木。

[2] 壹：真是，实在是。

[3] 重：重叠。

[4] 舅：丈夫的父亲，公公。

【大意】

孔子在周游列国的时候，有一次经过泰山附近，碰上一位妇人在坟墓边哭。孔子在车上听到了，就让子路前去问问是怎么回事。子路问妇人道："您的哭声里实在是有说不完的愁苦，能和我们说说吗？"妇人回答："是的。我的公公被老虎吃掉了，我的丈夫被老虎吃掉了，我的儿子又被老虎吃掉了。"孔子听了，忍不住问她："此地有猛虎，那你为什么不搬家呢？"妇人说："此地是有猛虎，但此地没有苛政，我只好住在这里。"孔子感慨地对弟子们说："你们一定要记住啊，苛政猛于虎。"

【感悟】

猛虎食人，但苛政之害甚于猛虎。人们厌恶苛政，避之唯恐不及，宁肯以身饲虎，也要远离苛政；人们祈盼仁政，如大旱之望云霓。为政者是否施行惠民利民的仁政，老百姓是否有饭吃、有衣穿，野外有无饿殍，路上有无冻馁，决定了民心的向背。

有若论税收

【经典】

哀公[1]问于有若[2]曰："年饥，用[3]不足，如之何？"有若对曰："盍[4]彻[5]乎？"曰："二[6]，吾犹不足，如之何其彻也？"对曰："百姓足，君孰与不足？百姓不足，君孰与足？"（《论语·颜渊》）

【注释】

[1] 哀公：鲁哀公，春秋时鲁国的最后一位国君。

[2] 有若：孔子弟子。有氏，名若，春秋末鲁国人。在《论语》

中被尊称为“有子”。

[3] 用：用度。

[4] 盍（hé）：何不。

[5] 彻：周代的租赋制度。什一而税，即民得其九，公取其一。

[6] 二：民得其八，公取其二。

【大意】

一次，鲁哀公和有若一起讨论鲁国的财政问题。鲁哀公说：“收成不好，国家的用度不足，财政紧张，您有什么办法吗?”有若回答道：“您何不采用十取其一的赋税制度呢?”鲁哀公说：“十取其二我都觉得不够用，您竟然让我十取其一，这怎么行呢?”有若说：“如果给老百姓减免赋税，他们的生活富足了，您还有什么不够用的？如果他们生活不富足，您的用度再多又有什么意义呢?”

【感悟】

这是《论语》中唯一一则讨论赋税的记载。什么样的赋税制度既利国又利民，既保证国力增长又不盘剥百姓？有若的观点代表了儒家的经济伦理主张。后来，孟子也曾谈到赋税问题，孟子认为，适当的赋税是富国利民的根本：赋税太轻，乃荒蛮之举；赋税过重，则是桀纣之道。

周代采用的是什一而税的赋税制度，即民得其九，公取其一，这样既保证了公室积累，又使老百姓得到实惠，孟子将之称为“尧、舜之道”。鲁国自“初税亩”后，在什一而税的基础上，又逐亩什取其一，已经是什取其二。按照儒家的观点，鲁哀公的经济政策已经偏离了利民、惠民的大道，如果仍觉得用度不够，还要加赋的话，则无疑是苛政。

有若给鲁哀公提交的是儒家的经济改革方案：降低赋税。因为民富即国富，国富即君富。虽然这并非鲁哀公希望得到的回答，而且从经济学上看，过低的税率也未必有利于经济的长远发展，但儒家的这种省赋税、养民力、富民生、反对强征暴敛的思想主张，在中国历史上产生了积极的影响。

李悝重农惠民创平籴法

【经典】

李悝[1] 为魏文侯作尽地力之教[2]。……又曰，籴甚贵伤民，甚贱伤农；民伤则离散，农伤则国贫。故甚贵与甚贱，其伤一也。善为国者，使民毋伤而农益劝。今一夫挟[3] 五口，治田百亩，岁收亩一石半，为粟百五十石，除十一之税十五石，余百三十五石。食，人月一石半，五人终岁为粟九十石，余有四十五石。石三十，为钱千三百五十，除社[4] 闾尝新春秋之祠，用钱三百，余千五十。衣，人率[5] 用钱三百，五人终岁用千五百，不足四百五十。不幸疾病死丧之费，及上赋敛，又未与此。此农夫所以常困，有不劝耕之心，而令籴至于甚贵者也。是故善平籴者，必谨观岁有上中下熟[6]。上熟其收自四，余四百石；中熟自三，余三百石；下熟自倍，余百石。小饥则收百石，中饥七十石，大饥三十石。故大熟则上籴三而舍一，中熟则籴二，下熟则籴一，使民适足，贾[7] 平则止。小饥则发小熟之所敛，中饥则发中熟之所敛，大饥则发大熟之所敛，而粜之。故虽遇饥馑[8] 水旱，籴不贵而民不散，取有余以补不足也。行之魏国，国以富强。(《汉书》卷二十四上，《食货志》)

【注释】

[1] 李悝（kuī）：战国初期魏国著名的政治家、改革家，法家代表人物。

[2] 尽地力之教：指李悝重视农业生产的思想，包括改良耕作技术、充分利用土地、提出平籴政策等。

[3] 挟（xié）：这里指养活。

[4] 社：古代地区单位之一。二十五家为社。

[5] 率（shuài）：通常。

[6] 上中下熟：指收成好、收成一般、收成差，即丰年、平年和灾年。

[7] 贾（gǔ）：买卖。

[8] 饥馑（jǐn）：谷不熟为饥，蔬不熟为馑。指灾荒。

【大意】

战国时，魏文侯任用李悝为相，进行农业改革。李悝认为，粮价高伤害士、工、商的利益，粮价低伤害农夫的利益。士、工、商的利益受到伤害，社会就会动荡；农夫的利益受到伤害，国家的根基就要动摇。比如说，丰年时，农夫手中有大量粮食要卖，这时市场粮价必然下跌，以致农夫多收不能多得，造成谷贱伤农的情况；灾年时，农夫减收，粮食少了，这时市场粮价必然上涨，又会造成大部分人买不起粮的情况。因此，治理国家，就要协调好这两个方面的关系，既不伤害士、工、商的利益，又要保护农夫种田的积极性。李悝算了一笔账：一个养活五口之家的农夫，耕田百亩，一年的收入去除衣、食等生活成本，已经是入不敷出，如果再加上生病、高税收，生活是很贫困的。因此，农夫种田的积极性受到损害，大家都不种地了，粮价就高了。李悝认为，国家在制定农业政策的时候，要考虑农夫的利益。根据年成的好坏，由政府出面平抑粮价，既保护农夫的利益，又保证所有人都能买到平价粮食，即使遇上自然灾害，也能避免出现百姓离散、社会动荡的情况。

【感悟】

平籴法由李悝所创，主要内容是由国家控制粮食的购销和价格，即在丰年以平价收购农民的余粮，防止商人压价伤农；在灾年则以平价出售储备粮，防止商人抬价伤民。通过这样的调控，防止出现“谷贱伤农，谷贵伤民”的情况。

如果从农业经济学的角度进行研究，平籴法的理论根基或许并不牢靠，李悝的计算方法也并非没有问题。但是，他的思想中所蕴含的重视农业生产、协调社会各个利益群体之间关系的主张，则体现了鲜明的关注民生、改善民生的特色，尤其是其中利民、惠民、富民的主张，表达了对百姓疾苦的深切同情。

孟子论为民父母

【经典】

梁惠王[1] 曰：“寡人愿安承教。”孟子对曰：“杀人以梃[2] 与刃，有以异乎?”曰：“无以异也。”“以刃与政，有以异乎?”曰：“无以异也。”曰：“庖有肥肉，厩有肥马，民有饥色，野有饿莩[3]，此率兽而食人也。兽相食，且人恶之；为民父母，行政不免于率兽而食人，恶在[4] 其为民父母也?”(《孟子·梁惠王上》)

【注释】

[1] 梁惠王：魏惠王，战国时魏国国君。名䓨（yīng），魏武侯之子。

[2] 梃（tǐng）：棍棒。

[3] 莩（piǎo）：通“殍”，饿死的人。

[4] 恶在：何在。

【大意】

史载，魏惠王的时候，广招天下贤士，孟子来到魏国。魏惠王对孟子说：“我愿意听您的教诲。”孟子就问魏惠王：“您说用棍棒杀人和用刀子杀人，二者有区别吗?”魏惠王说：“都是杀人，当然没有区别。”孟子又问：“那您说用刀子杀人和用苛政杀人，二者有区别吗?”梁惠王回答：“也没什么区别。”孟子接着说：“如果一个国家，国君的厨房里堆满美味佳肴，马厩里养满健壮的肥马，但这个国家的老百姓却面有菜色，哀鸿遍野，饿殍满地，这就相当于驱赶野兽去吃人。野兽互相残杀，人们尚且不愿意看到，驱兽食人，又岂是为民父母者应该做的事情?”

【感悟】

孟子所处的时代，正是各国急于寻求强国之道，在群雄相争中图生存、求发展的战国时期。因此，见到不远千里而来的孟子，魏惠王开口就问孟子有什么“利吾国”的高招，而孟子却对魏惠王大谈王道仁政的儒家主张，具体说就是施仁政于民，省刑罚，薄赋敛，以道德教化百姓。一句话，爱民惠民，乃王道之始。

孟子认为，不爱民的君主无异于率兽食人，不爱民的政治乃吃人的政治。

孟子认为，只有按照自己所开的德政药方，才能做到仁者无敌，无往而不胜。

显然，这并不是魏惠王所需要的答案，正如司马迁所言，那是一个“贵诈力而贱仁义”的时代，孟子的方案不会受到重视，但孟子坚持儒家的仁政惠民思想。

一枝一叶总关情

【经典】

衙斋卧听萧萧竹，疑是民间疾苦声。些小吾曹[1] 州县吏，一枝一叶总关情。(郑燮[2]：《潍县署[3] 中画竹呈年伯[4] 包大中丞括[5]》)

【注释】

[1] 吾曹：吾辈，我们。

[2] 郑燮：字克柔，号板桥，江苏兴化人。乾隆间进士，工诗词，善书画，尤善画兰竹，时人以诗书画“三绝”称之。

[3] 署：古代官吏办公场所。

[4] 年伯：科举时代，对与自己同年登科者中的长辈的尊称，也泛指父辈。

[5] 包大中丞括：包巡抚，姓包，名括。大，敬辞。中丞，古代官职，清代指巡抚。

【大意】

在官署里听到室外风中萧萧的竹声，似乎那是百姓痛苦的呻吟。

我们这些州县级别的小官吏，百姓的一点点小事总是能让我们动情。

【感悟】

郑板桥是清雍乾年间著名的书画家、文学家，他的艺术成就名扬天下，同时他也是一位两任知县的地方官员。

这首诗是郑板桥《墨竹图》的题画诗，是他任山东潍县知县时写下的。他在任时，潍县水灾、旱灾、蝗灾不断，百姓生活困难，流离失所。郑板桥考察民情，访贫问苦，将掌握的情况如实报告朝廷，请求赈灾粮款；同时，责令囤积粮食的商人平价卖粮食给灾民，用以工代赈的方法帮助灾民，号召有钱人开设粥厂救济灾民。作为一个州县小吏，郑板桥关心民生，对百姓疾苦感同身受，实施惠民举措，具有可贵的爱民情怀。

和：和而不同

导 语

“和”是中国古人认识宇宙、社会、人生的智慧，“贵和”是中国传统伦理文化的重要方面，注重人与人之间的和气友善，社会的和谐有序，民族与民族之间的和睦相处，国家与国家之间的和平交往。

古人认为，“和实生物，同则不继”。和是多样性的统一，同是单一性的简单相加。孔子倡导“和而不同”，反对“同而不和”。和谐不是无原则的盲从与附和，不是强求一致的一刀切，不是消灭差异性、多样性，而是在讲原则的基础上承认并尊重差异性、多样性的存在。因此，五味相和才有美味，五音相和方成雅音，君臣相和乃成善政。

古人认为，“天时不如地利，地利不如人和”。无论做什么事情，顾全大局、和衷共济，就会攻无不克，战无不胜。战国时期，赵国的蔺相如以国家利益为重，摒弃私仇，演绎了“将相和”的千古佳话。唐初，房玄龄、杜如晦二人同心同德，“房谋杜断”的美谈流传青史。

古人认为，和不仅体现在人与人之间的关系上，也体现为民族之间的和睦。反对民族分裂，维护国家的团结与统一，是中华民族的传统美德。昭君出塞、文成公主入藏，对民族和睦、民族之间的交流交融做出了重要贡献，她们的美德故事载入了民族团结的史册。郑成功驱逐荷兰侵略者的英雄壮举，则向世人表明了中国人维护祖国统一的坚定决心。

和体现在国家与国家之间的关系上，在于协和万邦，亲善友邻，爱好和平。中华民族是爱好和平的民族。郑和七下西洋，远至非洲，既是文化交流的使者，也播撒着文明、友谊与和平的种子，向世界昭示中华民族协和万邦的博大胸襟。

从“和为贵”中生发出了中华民族求同存异、同心同德、团结一致、和衷共济的民族凝聚力和向心力，“以和为贵”“和而不同”，成为中华民族一脉相承的重要伦理文化。

名　言

二人同心，其利断金。（《周易·系辞上》）

和实生物，同则不继。（《国语·郑语》）

礼之用，和为贵，先王之道，斯为美。（《论语·学而》）

君子和而不同，小人同而不和。（《论语·子路》）

不和于国，不可以出军；不和于军，不可以出陈；不和于陈，不可以进战；不和于战，不可以决胜。（《吴子·图国》）

天时不如地利，地利不如人和。（《孟子·公孙丑下》）

万物并育而不相害，道并行而不相悖。（《礼记·中庸》）

刚柔得道谓之和，反和为乖。（贾谊：《新书·道术》）

千人同心，则得千人力；万人异心，则无一人之用。（《淮南子·兵略训》）

和气致祥，乖气致异。（《汉书》卷三十六，《楚元王传附刘向传》）

两人一般心，有钱堪买金；一人一般心，无钱堪买针。（《增广贤文》）

晏婴论和与同

【经典】

齐侯[1] 至自田[2]，晏子侍于遄台[3]，子犹[4] 驰而造[5] 焉。公曰：“唯据与我和夫！”晏子对曰：“据亦同也，焉得为和？”公曰：“和与同异乎？”对曰：“异。和如羹[6] 焉，水、火、醯[7]、醢[8]、盐、梅，以烹鱼肉，燀[9] 之以薪，宰夫和之，齐[10] 之以味，济[11] 其不及，以泄[12] 其过。君子食之，以平其心。君臣亦然。君所谓可而有否焉，臣献其否以成其可；君所谓否而有可焉，臣献其可以去其否，是以政平而不干[13]，民无争心。故《诗》曰：‘亦有和羹，既戒[14] 既平。鬷嘏[15] 无言[16]，时靡有争。’先王之济五味[17]、和五声[18] 也，以平其心，成其政也。声亦如味，一气[19]，二体[20]，三类[21]，四物[22]，五声，六律[23]，七音[24]，八风[25]，九歌[26]，以相成也；清浊、小大，短长、疾徐，哀乐、刚柔，迟速、高下，出入、周疏，以相济也。君子听之，以平其心。心平，德和。故《诗》曰：‘德音[27] 不瑕。’今据不然。君所谓可，据亦曰可；君所谓否，据亦曰否。若以水济水，谁能食之？若琴瑟之专一，谁能听之？同之不可也如是。”（《左传·昭公二十年》）

【注释】

[1] 齐侯：指齐景公。

[2] 田：打猎。这里指打猎处。

[3] 遄（chuán）台：春秋时齐国地名。在今山东淄博市临淄区。

[4] 子犹：春秋时齐国大夫梁丘据的字。

[5] 造：至，到。

[6] 羹：用肉或菜调制的带汁食物。

[7] 醯（xī）：醋。

[8] 醢（hǎi）：用鱼、肉等制成的酱。

[9] 燀（chǎn）：炊，烧火煮。

[10] 齐：调配，使味道适中。

[11] 济：增加，添加。

[12] 泄：减少。

[13] 干：犯，违背。

[14] 戒：至，到，指五味俱全。

[15] 鬷嘏（zōng jiǎ）：亦作“鬷假”，祭祀时精诚上达于神。鬷，进献。嘏，同“假”，至也。

[16] 无言：指肃敬。

[17] 五味：酸、苦、辛、咸、甘五种味道。

[18] 五声：指宫、商、角、徵、羽五个音阶。

[19] 一气：空气。声音通过气来发动。

[20] 二体：随音乐而舞蹈，有文舞和武舞二体。

[21] 三类：指《诗经》中的风、雅、颂。

[22] 四物：四方之物，指用来制作乐器的金、石、丝、竹、匏、土、革、木等不是在某一处就能齐备的，需要杂用四方之物。

[23] 六律：指用来确定声音高低清浊的六个阳声，即黄钟、太簇、姑洗（xiǎn）、蕤（ruí）宾、夷则、无射（yì）。

[24] 七音：指宫、商、角、徵、羽、变宫、变徵七种音阶。

[25] 八风：八方之风。

[26] 九歌：可以歌唱的九功之德，六府、三事称为九功。六府，即水、火、木、金、土、谷。三事，即正德、利用、厚生。

[27] 德音：本指美德，这里借指美好的音乐。这句诗出自《诗经·豳风·狼跋》。

【大意】

晏婴是春秋时期齐国的大夫。一日，晏婴与齐景公讨论“和同”。晏子认为，“和”与“同”是有差别的。晏子以烹饪为喻，他说，“和”就好像做羹汤，厨师用水、火、醋、酱、盐、梅来烹调鱼和肉，把这些加以调和，使味道适中，感觉味道太淡就多加点调料，感觉味道太浓就加水冲淡。不同的调料相中和，做出来的羹汤就味道鲜美。不仅烹饪如此，音乐也是“和”的结果。声音是由一气、二体、三类、四物、五声、六律、七音、八风、九歌组成的，是由清浊、小大、短长、缓急、哀乐、刚柔、快慢、高低、出入、疏密互相调节的。不同的声音相协调，音乐才会美妙动听。晏子还认为，不仅食物、音乐中蕴含着“和”的道理，治国理政亦是如此。国君认为对的，臣子可以认为不对；国君认为不对的，臣子可以认为对。只有君臣之间不同的见解相互碰撞，才能形成好的意见，才能成就政事。反之，如果国君认为对的，臣子就认为对，国君认为不对的，臣子也认为不对，没有不同的意见和建议，这就如同烹饪的时候用水去调和水，如此食物谁能下咽？就像奏乐的时候总是弹奏一个音调，这样的音乐谁能爱听？

【感悟】

晏婴论“和同”是中国历史上关于和谐思想的最早论述之一，表明了中国古人对“和”与“同”的深刻理解。

晏婴从生活中最朴素的例子讲起。以烹饪为例，如果说以水济水是“同”，那么五味相济才是“和”；如果说琴瑟专一是“同”，那么五音相谐才是“和”。因此，五味相济才有美食，五音相和才有雅音。

“同”，是绝对的一致，没有差异，没有多样性，也就没有内在的活力和动力。“和”，是相对的一致，它容纳了不同因素的特点，这些不同因素相互补充，形成一个具有内在活力和生命力以及再生力的整体。

天时不如地利，地利不如人和

【经典】

孟子曰：“天时不如地利，地利不如人和。三里之城，七里之郭[1]，环而攻之而不胜。夫环而攻之，必有得天时者矣；然而不胜者，是天时不如地利也。城非不高也，池非不深也，兵革非不坚利也，米粟非不多也；委[2] 而去之，是地利不如人和也。故曰：域民[3] 不以封疆之界，固国不以山溪之险，威天下不以兵革之利。得道者多助，失道者寡助。寡助之至，亲戚畔[4] 之；多助之至，天下顺之。以天下之所顺，攻亲戚之所畔，故君子有不战，战必胜矣。”（《孟子·公孙丑下》）

【注释】

[1] 三里之城，七里之郭：内城的墙三里，外城的墙七里。内城的墙叫“城”，外城的墙叫“郭”。

[2] 委：弃。

[3] 域民：限制百姓，让百姓在这里居住。域，居住。

[4] 畔：同“叛”。

【大意】

孟子认为，天时不如地利，地利不如人和。他举例说，方圆三里的内城，方圆七里的外城，如果攻而不克，说明天时不如地利。如果一座城池占尽地利条件，城墙高耸，护城河环绕，重兵防守，粮草充足，守军仍然弃城而逃，说明地利不如人和。因此看来，治理国家靠的不是给百姓划定疆域界限，凭借的不是地势的险要，依靠的不是重兵的威慑，关键在于“人和”。所谓“人和”，即“得道者多助，失道者寡助”，只有实行仁政王道，才能人心所向，天下归心，故君子不战则已，战而必胜。

【感悟】

在这段话中，“天时不如地利，地利不如人和”与“得道者多助，失道者寡助”是两句家喻户晓的格言。孟子说的是用兵打仗的道理，但其深刻用意不止于此。小到社会生活中人与人的关系，大到治理国家，道理一也。

事业成功，离不开天时、地利、人和。在这三个条件中，人和是最重要的。人心齐，泰山移，团结一致，就能攻无不克，战无不胜。

将相和

【经典】

廉颇[1] 者，赵之良将也。赵惠文王十六年，廉颇为赵将伐齐，大破之，取阳晋，拜为上卿，以勇气闻于诸侯。蔺相如[2] 者，赵人也，为赵宦者令[3] 缪贤舍人[4]。……（蔺相如）拜为上卿，位在廉颇之右。

廉颇曰："我为赵将，有攻城野战之大功，而蔺相如徒以口舌为劳，而位居我上，且相如素贱人，吾羞，不忍为之下。"宣言曰："我见相如，必辱之。"相如闻，不肯与会。相如每朝时，常称病，不欲与廉颇争列。已而相如出，望见廉颇，相如引车避匿。于是舍人相与谏曰："臣所以去亲戚而事君者，徒慕君之高义也。今君与廉颇同列，廉君宣恶言而君畏匿之，恐惧殊甚，且庸人尚羞之，况于将相乎！臣等不肖，请辞去。"蔺相如固止之，曰："公之视廉将军孰与秦王？"曰："不若也。"相如曰："夫以秦王之威，而相如廷叱之[5]，辱其群臣，相如虽驽，独畏廉将军哉？顾吾念之，强秦之所以不敢加兵于赵者，徒以吾两人在也。今两虎共斗，其势不俱生。吾所以为此者，以先国家之急而后私仇也。"廉颇闻之，肉袒负荆[6]，因宾客至蔺相如门谢罪。曰："鄙贱之人，不知将军宽之至此也！"卒相与欢，为刎颈之交[7]。（《史记》卷八十一，《廉颇蔺相如列传》）

【注释】

［1］廉颇：战国时赵国名将。屡立战功，赵惠文王时任上卿，赵孝成王十五年（前 251 年）封信平君。

［2］蔺（lìn）相如：战国时赵国贤大夫。

［3］宦者令：掌管宫廷内侍的官名。宦者之长。

［4］舍（shè）人：战国至汉初，王公贵族的侍从宾客、左右亲近之人。

［5］廷叱之：在朝堂之上大声呵斥他。此指渑池会上秦王仗势欺赵、相如据理力争一事。

[6] 肉袒负荆：赤膊背着荆杖。肉袒，脱去上衣，露出膀臂，以示降服或请罪。负荆，背着荆杖（刑具），表示认罪，并甘愿受责罚。

[7] 刎颈之交：同生死、共患难的朋友。刎颈，杀头。

【大意】

廉颇和蔺相如都是战国时期赵国人，廉颇是赵国官职最高的武将，为赵国立下汗马功劳。蔺相如原是宦官头目缪贤的门客，后来出使秦国，保护了国宝和氏璧，立了大功，就被赵王封为上卿，地位在廉颇之上。

廉颇说："我是赵国的将领，有攻城野战的赫赫战功，蔺相如只是靠耍嘴皮子，地位却在我之上，他不过是一个出身贫贱的人，我觉得耻辱，无法忍受我的地位比他低。"他扬言说："我如果碰到蔺相如，一定要羞辱他。"蔺相如听说后，总是躲着廉颇。每当上朝时，蔺相如也总是称病，不想和廉颇争位次。

有一次，蔺相如出门时，远远地看见廉颇，便躲开了。随从们说："我们抛妻别子到您这里来是因为佩服您，现在您和廉颇同朝为官，廉颇说了一些关于您的很难听的话，您却畏惧躲避，害怕得很，这样做连普通人都觉得耻辱，何况您身居高位呢？我们没有本事侍奉您，请允许我们离开吧！"

蔺相如阻止他们说："你们觉得廉将军和秦王谁厉害？"他们说："廉将军当然不如秦王厉害。"蔺相如接着说："就算秦王如此威风，我蔺相如也敢在秦国朝堂上责骂秦王，羞辱他的群臣。我虽然愚笨，但是连秦王都不怕，又哪里会怕廉将军呢？只是我觉得，秦国之所以不敢侵犯我们赵国，就是因为有我和廉将军二人在。如果我们两虎相斗，必有一伤，秦国会坐收渔翁之利。我这样做是先考虑国家安危，后考虑个人恩怨啊！"

后来，这些话传到了廉颇那里，廉颇觉得非常羞愧，他按当时的习俗，露出上身，背上荆杖，由宾客引导，到蔺相如家里负荆请罪，赔礼道歉。他真诚地说：“我见识浅陋，不知将军如此宽厚。”他们二人终于和好了，并且成为刎颈之交。

【感悟】

将相不和、同僚相争、同行相轻的例子，史书中不乏记载。

能够把“不和”转化为“和”，唯有大气量、大胸襟者能之。蔺相如以国家利益为重，急国家之急，摒弃个人恩怨，容忍同僚的无理侮辱与挑衅，最终赢得了廉颇的敬重，也赢得了天下人的敬重。

今天河北省邯郸市有一条巷子叫“回车巷”，此处正是蔺相如曾经为廉颇回车让路的地方，历史上的《邯郸县志》等地方志多有记载。蔺相如的美德被刻记在后人的历史记忆中。

昭君出塞

【经典】

竟宁元年[1]，单于[2]复入朝，礼赐如初，加衣服锦帛絮，皆倍于黄龙[3]时。单于自言愿婿[4]汉氏以自亲。元帝以后宫良家子王墙[5]字昭君赐单于。单于欢喜，上书愿保塞上谷[6]以西至敦煌，传之无穷，请罢[7]边备塞吏卒，以休天子人民。……王昭君号宁胡阏氏[8]，生一男伊屠智牙师，为右日逐王。……匈奴用事大臣右骨都侯须卜当，即王昭君女伊墨居次云之婿也。云常欲与中国和亲，又素与咸[9]厚善，见咸前后为莽[10]所拜，故遂越舆[11]而立咸为乌累若鞮单于。

(《汉书》卷九十四下，《匈奴传下》)

【注释】

[1] 竟宁元年：公元前 33 年，竟宁为西汉元帝刘奭（shì）的年号。

[2] 单于：匈奴最高首领的称号。此指呼韩邪单于。

[3] 黄龙：汉宣帝刘询的年号（前 49 年）。

[4] 婿：此处用作动词，做女婿。

[5] 王墙：王嫱，字昭君，西汉南郡秭归（今属湖北）人。

[6] 上谷：郡名，在今河北怀来一带。

[7] 罢：撤回。

[8] 宁胡阏氏（yān zhī）：王昭君嫁匈奴单于后的名号。阏氏，汉代匈奴单于、诸王之妻的统称或尊称。

[9] 咸：左犁汗王。

[10] 莽：王莽，新朝建立者，汉元帝皇后之侄。

[11] 舆：乌累若鞮单于之弟。

【大意】

汉元帝时，匈奴最高首领呼韩邪单于再一次来到汉朝。像以往一样，汉元帝对单于以礼相待，赐给他很多礼物，这些礼物比汉宣帝时给的还多。单于说，他愿意娶汉室女为妻，做汉家的女婿，以示亲善。汉元帝便将王昭君嫁给单于。单于非常高兴，表示愿意永保汉朝西部边陲的安宁，撤回守备边塞的军队，让汉朝的天子和百姓休养生息。

王昭君来到匈奴后，成为呼韩邪单于的妻子，号宁胡阏氏。她的儿子后来成为右日逐王，她的女儿后来成为匈奴用事大臣右骨都侯须卜当的妻子。昭君的女儿也很希望匈奴与汉和亲。他们夫妇与左犁汗王咸关系很密切，拥立他为乌累若鞮单于，使匈奴与汉保持了长久的和睦。

【感悟】

在中国历史上，历代王朝往往将宗室女子或者宫廷女子嫁给边疆部族的统治者，利用联姻停止战争，捐弃仇怨，建立和平、友好、亲睦的关系。和亲有助于消弭战争，达成民族之间的和解，对缓和民族矛盾、维护国家统一和民族团结、促进各民族之间的交流融合具有一定的作用。这也是中国传统伦理文化中“和为贵”理念的一种体现。

房谋杜断

【经典】

杜如晦[1] 字克明，京兆杜陵人。……高祖[2] 平京师，秦王[3] 引为府兵曹参军，徙陕州总管府长史。时府属多外迁，王患之。房玄龄[4] 曰：“去者虽多，不足吝，如晦王佐才也。大王若终守藩，无所事；必欲经营四方，舍如晦无共功者。”王惊曰：“非公言，我几失之！”因表留莫府。……方为相时，天下新定，台阁制度，宪物容典，率二人讨裁。每议事帝所，玄龄必曰：“非如晦莫筹之。”及如晦至，卒用玄龄策也。盖如晦长于断，而玄龄善谋，两人深相知，故能同心济谋，以佐佑帝，当世语良相，必曰房、杜云。(《新唐书》卷九十六，《杜如晦传》)

【注释】

[1] 杜如晦：唐初大臣。字克明，京兆杜陵（今陕西西安东南）人。官至尚书右仆射，与房玄龄共理朝政，史称“房杜”。

[2] 高祖：指唐高祖李渊，唐朝的建立者。

[3] 秦王：唐太宗李世民。李渊次子，李渊称帝时为秦王。

[4] 房玄龄：唐初大臣。字乔，齐州临淄（今山东淄博市临淄区北）人。与杜如晦、魏徵等同为唐太宗的重要辅臣，封梁国公。

【大意】

唐高祖李渊攻取京师后，杜如晦被秦王李世民引为府兵曹参军，不久，又被李渊调离秦王府，担任陕州总管府长史。当时正是用人之际，秦王府的很多属官被外调，李世民很担忧。房玄龄知道此事后，对李世民说：“秦王府的人虽然离开的很多，不过都不值得惋惜。但杜如晦有王佐之才，是个例外。如果您只想当个藩王，也不一定用他了；若是想拥有天下，则非用此人不可。”李世民大惊，说：“如果不是你提醒我，我就失掉这个人才了。”李世民忙去向李渊请求，留下了杜如晦。

杜如晦刚担任宰相时，正值唐新建不久。官员构成、典章制度、诸事规则、礼容仪则都由房玄龄、杜如晦两人商量裁夺。每次在皇帝那里议事，房玄龄总会说：“此事只有杜如晦能谋划。”杜如晦来后，又总是采用房玄龄的计策。这大概是因为杜如晦长于决断，而房玄龄擅长谋划的缘故，他们两人能够相知，所以能够同心协力，互相补充，共同谋划大事，辅佐唐太宗李世民，时称“房谋杜断”。

【感悟】

“天时不如地利，地利不如人和。”贞观之治、大唐盛世的形成，必定离不开人和。房玄龄、杜如晦同朝为臣，地位相当，如果他们各存私心，必定会争权夺利，明争暗斗，初唐的政坛必定是另一番景象。但他们能够心存大局，以和为德，相互合作，彼此信赖，取长补短，共同为大唐国是殚精竭虑。在他们身后留下的是大唐的基业，更是“房谋杜断”的美谈。

文成公主入藏

【经典】

十五年[1]，妻以宗女文成公主[2]，诏江夏王道宗持节护送，筑馆河源王之国。弄赞[3]率兵次柏海亲迎，见道宗，执婿礼恭甚，见中国服饰之美，缩缩[4]愧沮[5]。归国，自以其先未有昏[6]帝女者，乃为公主筑一城以夸后世，遂立宫室以居。公主恶国人赭面[7]，弄赞下令国中禁之。自褫毡罽[8]，袭纨绡，为华风[9]。遣诸豪子弟入国学，习《诗》《书》。又请儒者典书疏[10]。……高宗即位，擢[11]驸马都尉、西海郡王。弄赞以书诒[12]长孙无忌曰：“天子初即位，下有不忠者，愿勒兵赴国共讨之。”并献金琲[13]十五种以荐[14]昭陵。进封賨王，赐饷[15]蕃渥[16]。又请蚕种、酒人与碾硙[17]等诸工，诏许。(《新唐书》卷二百一十六上，《吐蕃传上》)

【注释】

[1] 十五年：贞观十五年（641 年），贞观（627—649 年）为唐太宗的年号。

[2] 文成公主：唐太宗养宗室女。

[3] 弄赞：弃宗弄赞，即松赞干布，吐蕃赞普。

[4] 缩缩：畏缩的样子。

[5] 愧沮：惭愧，沮丧。

[6] 昏：通“婚”。

[7] 赭（zhě）面：用赤褐色物涂饰面孔。赭，红土，引申为赤褐色。

[8] 褫毡罽（chǐ zhān jì）：不再穿毡毛织的衣服。褫，剥去衣服，引申为革除、夺去。罽，一种毛织品。

[9] 袭纨绡，为华风：穿丝绸织物，仿照中华的风俗。纨，白色细绢。绡，生丝织成的薄纱、薄绢。

[10] 典书疏：掌管文书、奏疏。典，动词，掌管。

[11] 擢（zhuó）：选拔，提拔。

[12] 诒：通“贻”，给。

[13] 金琲（bèi）：金银珠宝。琲，成串的珠子。

[14] 荐：祭祀。

[15] 赐饷：赏赐馈赠。

[16] 蕃（fán）渥：丰富，优厚。蕃，众多。

[17] 硙（wèi）：石磨。

【大意】

松赞干布是唐朝时吐蕃杰出的领袖，他多次遣使来长安朝贡，想娶唐朝公主为妻。贞观十五年（641 年），唐太宗答应将养宗室女文成公主嫁给松赞干布。

唐太宗命江夏王李道宗护送文成公主入吐蕃。松赞干布亲自迎接，谒见道宗，行子婿之礼。他见到唐朝服饰华美，非常羡慕，之后携文成公主同返拉萨。松赞干布说：“我父祖没有与大唐公主成婚的先例，我能娶大唐公主，深感荣幸，当为公主筑一城以夸示后代。”他专门为公主修筑了宫室以居住。文成公主把唐朝优秀的文化和先进的生产技术传入了西藏，也把唐人的风俗带到了西藏。以前西藏人喜欢用红色颜料涂面，自公主入藏后松赞干布就禁止西藏人以红色颜料涂面了。松赞干布还改穿唐人服装，派遣贵族子弟到长安入太学学习《诗》《书》，聘请唐朝文士掌管与唐往来的文书。

唐太宗去世以后，唐高宗即位，封松赞干布为驸马都尉、西海郡王。松赞干布专门致书长孙无忌，说："天子新即位，若有不忠者，我愿意发兵赴国征讨。"他还献金银珠宝十五种，请求用于祭奠唐太宗。松赞干布被封为賨王，赏赐丰厚。他又请求赐给他蚕种和各种工匠，皇帝下诏准许。

【感悟】

中国是一个多民族国家。在中华民族大融合的历史进程中，民族间的和睦往来、友好相处增强了民族间的凝聚力和向心力。文成公主与松赞干布和亲的故事，彪炳青史，被汉藏两族传为佳话，成为中国历史上民族间和睦相处的典范。

郑和七下西洋

【经典】

郑和[1]，云南人，世所谓三保太监者也。……永乐三年六月，命和及其侪王景弘等通使西洋。将士卒二万七千八百余人，多赍金币。造大舶，修[2] 四十四丈、广十八丈二者六十二。自苏州刘家河泛海至福建，复自福建五虎门扬帆，首达占城，以次遍历诸番国……和经事三朝，先后七奉使，所历占城、爪哇、真腊、旧港、暹罗、古里、满剌加、渤泥、苏门答剌、阿鲁、柯枝、大葛兰、小葛兰、西洋琐里、琐里、加异勒、阿拨把丹、南巫里、甘把里、锡兰山、喃渤利、彭亨、急兰丹、忽鲁谟斯、比剌、溜山、孙剌、木骨都束、麻林、剌撒、祖法儿、沙里湾泥、竹步、榜葛剌、天方、黎伐、那孤儿，凡三十余国，所取无名宝物，不可胜计，而中国耗废亦不赀[3]。自宣德以还，远方时有至者，要不如永乐时，而和亦老且死。自和后，凡将命海表者，莫不盛称和以夸外番，故俗传三保太监下西洋，为明初盛事云。（《明史》卷三百四，《郑和传》）

【注释】

[1] 郑和：明宦官，航海家。本姓马，原名文和，小字三保。回族，云南人。二十八年间，七次出海，遍访三十多个国家和地区，最远曾达非洲东岸和红海海口。

[2] 修：长。

[3] 赀（zī）：计算，估量。

【大意】

郑和是云南人，小名三保（亦作“三宝”），人称三保太监，明代永乐年间奉命出使西洋。当时的西洋指的是南海以西的海域和沿海各地。郑和带的船队一共有二万七千八百余人，除了士兵和水手，还有医生、翻译等各类人员。他们乘坐的大船长四十四丈、宽十八丈，一共六十二艘。船队从苏州刘家河出发，经过福建沿海，一路向南驶去。他们首先到达越南占城，之后又到沿海各国。郑和前后七次下西洋，到过越南南部、印尼爪哇岛、柬埔寨、印尼巨港、泰国等三十多个国家和地区，最远到达过非洲东岸和红海海口。

【感悟】

协和万邦，四海一家，是中华民族的传统。郑和下西洋不仅是中国明初的盛事，也是世界航海史上的壮举。郑和的船队所到之处，既不掠夺财富，也不开疆辟土，而是传播友谊和文明的种子，显示了中华民族乐于探索、勇往直前的精神，展现了中华民族爱好和平、协和万邦的博大胸襟。印度尼西亚的“三宝垄”、泰国的“三宝港”、马来西亚的“三宝城”，就是中华民族“和”的美德的历史见证。

郑成功光复台湾

【经典】

成功[1]……规取[2]台湾。台湾，福建海中岛，荷兰红毛人居之。……荷兰筑城二：曰赤嵌、曰王城，其海口曰鹿耳门[3]。荷兰人恃鹿耳门水浅不可渡，不为备。成功师至，水骤长丈余，舟大小衔尾径进，红毛人弃赤嵌走保王城。成功使谓之曰：“土地我故有，当还我；珍宝恣尔载归。”围七阅月[4]，红毛存者仅百数十，城下，皆遣归国。成功乃号台湾为“东都”……制法律，定职官，兴学校。……辟草莱[5]，兴屯聚，令诸将移家实之。（《清史稿》卷二百二十四，《郑成功传》）

【注释】

[1] 成功：郑成功，明清之际收复台湾的名将。本名森，号大木，福建南安人。康熙元年（1662 年）驱逐荷兰殖民者，收复台湾。

［2］规取：计划占领。

［3］鹿耳门：旧地名。在今台湾台南安平港北。

［4］七阅月：经过了七个月。阅，经历。

［5］辟草莱：垦荒。草莱，荒芜未垦的土地。

【大意】

明代，荷兰殖民者侵占台湾，中国人民反抗殖民者的斗争从来没有停止过。清初，郑成功经过一番精心筹划，决定攻取台湾。

当时荷兰人在台湾建造了两座城池，一座是赤嵌，一座是王城，入海口为鹿耳门。鹿耳门水道迂回险阻，而且水很浅，荷兰人以为无法从鹿耳门攻入台湾，所以没有防备。郑成功水师到达鹿耳门之后，水势骤涨，大小船只长驱直入。荷兰人大败，放弃赤嵌，逃到王城，准备死守王城。郑成功派使者对荷兰侵略者说："台湾是中国人的土地，理当归还，你们掠夺的珍宝可以带走。"郑成功围攻王城七个多月，荷军损失惨重，仅存百余人。郑成功攻下王城以后，把荷兰人遣送回国，台湾回到了祖国的怀抱。

郑成功把台湾定名为东都，制定法律，定立职官，兴办学校，开垦荒地，屯田聚居，让诸将把家都迁到台湾，促进了台湾的政治经济发展。

【感悟】

中华民族"贵和"的理念，也表现为中华儿女反对祖国分裂、捍卫祖国统一的爱国主义行为。台湾自古以来就是中国的领土，民族英雄郑成功收复台湾后，曾写下这样的诗句："开辟荆榛逐荷夷，十年始克复先基。田横尚有三千客，茹苦间关不忍离。"既表达了他收复台湾的艰辛历程，也表达了中华儿女为维护祖国统一宁愿历尽千辛万苦也决不言弃的坚强决心。

谦：泰而不骄

导语

“谦”，主要是指人不自满、不自夸、虚心向他人学习的一种品格。在《周易》的六十四卦中，唯有谦卦六爻皆吉，由此可见古人对谦虚品德的推崇。

古人认为，月盈则亏，水满则覆，这是古人观察大自然认识到的朴素真理。中国古代传统伦理文化由此反观人自身，认为人要以此为鉴，时刻提醒自己不忘谦虚，避免因自满而导致倾覆之祸。《老子》一书，处处阐发守辱谦下的道理；孔子观水器，抒发“满则覆”的感慨；庄子借河伯之口，望洋而兴叹。虽然儒家重视的是处世为人的道德修养，道家关注的是贵生自保之术，两家所论之谦，出发点和目的均不相同，但对谦虚之德的推崇则是一致的。

古人认为，具有谦虚的美德，是一个人处世立身、终有所成的重要条件。谦虚，才能像孔文子那样，虚心好学，不耻下问；谦虚，才会有自知之明，知道自己和别人在资质、禀赋上的差距，像子贡一样永不自满，时刻从他人那里获取前进的动力；谦虚，才能打开眼界，突破自我的局限，像河伯仰视海神一样，方知还有比大河更辽阔的海洋，方知自己的渺小。

从历史上看，凡成就大事者，无一不具备谦虚的美德。舜谦虚谨慎，乐取于人，成为帝王的楷模；孔子注重向他人学习，“三人行，必有我师焉”，成为万世师表。他们总能看到他人身上的长处，抓住向他人学习的机会，这是一种美德，更是成就大事的能力。

名　言

天道亏盈而益谦。(《周易·谦·象》)

满招损，谦受益。(《尚书·大禹谟》)

江海所以能为百谷王者，以其善下之，故能为百谷王。(《老子》第六十六章)

三人行，必有我师焉。(《论语·述而》)

君子泰而不骄。(《论语·子路》)

人之患，在好为人师。(《孟子·离娄上》)

满则覆。(《荀子·宥坐》)

贤者任重而行恭，知者功大而辞顺。(《战国策》卷十九，《赵策二·秦攻赵》)

河海不择细流，故能就其深。(《史记》卷八十七，《李斯列传》)

满而不溢，泰而不骄。(桓宽：《盐铁论·褒贤》)

汝惟不矜，天下莫与汝争能；汝惟不伐，天下莫与汝争功。(《增广贤文》)

舜乐取于人

【经典】

（舜）善与人同，舍己从人，乐取于人以为善；自耕稼[1]、陶[2]、渔[3]以至为帝，无非取于人者。（《孟子·公孙丑上》）

【注释】

[1] 耕稼：种地。传说舜在历山与农人一起耕田种地。

[2] 陶：烧制瓦器。传说舜在河畔与手工业者一起制作器物。

[3] 渔：打鱼。传说舜在雷泽与渔民一起捕鱼。

【大意】

舜是远古时的帝王。舜的德行之一就是谦虚谨慎，他能够舍弃自己的看法而听从他人的看法，虚心向他人学习。无论是做农夫、工匠、渔民，还是为帝，他都能够采纳他人的见解。

【感悟】

在很多时候，谦虚不仅是一种德行，也是一种做大事的能力。

谦虚，能够使人听取他人的意见，最大限度地避免犯错误，故能成大事。

谦虚，能够使人集思广益，优化行动方案，故能成大事。

谦卦六爻皆吉

【经典】

谦[1]，亨[2]，君子有终。

初六[3]：谦谦君子，用涉[4]大川，吉。

六二[5]：鸣[6]谦，贞吉。

九三[7]：劳谦，君子有终，吉。

六四[8]：无不利，挥[9]谦。

六五[10]：不富，以其邻，利用侵伐，无不利。

上六[11]：鸣谦，利用行师，征邑国。(《周易·谦》)

【注释】

[1] 谦：卦名。

[2] 亨：亨通。

[3] 初六：谦卦的第一爻。

[4] 涉：渡河。

[5] 六二：谦卦的第二爻。

[6] 鸣：共鸣。

[7] 九三：谦卦的第三爻。

[8] 六四：谦卦的第四爻。

[9] 挥：挥举。

[10] 六五：谦卦的第五爻。

[11] 上六：谦卦的第六爻。

【大意】

谦卦，具有亨通的特性。它象征君子谦让自处，必有善终。谦卦的第一爻说，君子因为拥有谦虚的美德，能够渡过宽阔的河流，因而是吉祥的。谦卦的第二爻说，因为具有谦虚的美德，能够得到他人的共鸣，因而是吉祥的。谦卦的第三爻说，既勤劳又谦虚的人，结果一定是吉祥的。谦卦的第四爻说，具有谦虚美德的人，在谦让他人的同时会有所进步，无往而不利。谦卦的第五爻说，谦虚使人不张扬富有，但如果用兵侵伐，并无不利。谦卦的第六爻说，因为具有谦虚的品德，而获得他人的共鸣，可以兴兵打仗，征讨他国。

【感悟】

谦卦是六十四卦之一。在《周易》的六十四卦中，每一卦都是吉凶各有消长，唯独谦卦下三爻皆“吉”，上三爻皆“利”。从六爻的爻辞看，无论是个人的为人处世，还是国家的政事征伐，皆无悔吝凶咎，这在六十四卦中是绝无仅有的。由此可见古人对谦虚美德的推崇。

孔文子虚心好学

【经典】

子贡问曰：“孔文子[1]何以谓之‘文’也？”子曰：“敏而好学，不耻下问，是以谓之‘文’也。”（《论语·公冶长》）

【注释】

[1] 孔文子：春秋时卫国大夫。名圉（yǔ），死后谥为“文”。

【大意】

子贡问孔子："孔圉死后为什么给他的谥号是'文'呢？"孔子说："孔圉这个人很聪明，他谦虚好学，不耻下问，因此谥号为'文'。"

【感悟】

宋代大儒朱熹说过，大凡性敏者多不好学，位高者多耻下问。此话确有一定的道理。因此，能够像孔圉这样既聪敏又不耻下问的谦虚之人，值得推崇。

聪明是人的先天禀赋，人固有不同；谦虚则是人的后天品德，需要修养磨砺。

孔子观水器

【经典】

孔子观于鲁桓公之庙，有攲[1]器焉，孔子问于守庙者曰："此为何器？"守庙者曰："此盖为宥坐之器[2]。"孔子曰："吾闻宥坐之器者，虚则攲，中则正，满则覆。"孔子顾谓弟子曰："注水焉。"弟子挹[3]水而注之。中而正，满而覆，虚而攲，孔子喟然而叹曰："吁！恶有满而不覆者哉！"（《荀子·宥坐》）

【注释】

[1] 攲（qī）：通"敧"，倾斜。

[2] 宥（yòu）坐之器：攲器，古帝王用以自我劝诫之器。宥，

同“右”。

[3] 挹（yì）：舀。

【大意】

孔子在鲁桓公的宗庙里看到一个倾斜的器具。孔子就问守庙的人："这是什么器具呢?"守庙的人说："这就是所说的放在国君座位右侧的器具了。"孔子说："我知道了，所说的宥坐之器，是说它空的时候是倾斜的，盛适量的水就端正了，注满了水就要倾倒。"为了证实给弟子们看，孔子对弟子说："给它注水。"弟子往宥坐之器里注水，果然，水量少的时候它是倾斜的，水量适中的时候它是端正的，注满了水它就倾倒了。孔子感叹道："唉，哪里有自满而不倾覆的道理呢?"

【感悟】

所谓“宥坐之器”，是古代帝王自我警示、自我劝诫之器，类似于我们常说的座右铭。其所以要将它置于身边，是因为自满是人难以避免且难以自知的毛病，故必须时时提醒自己：骄傲自满会招致倾覆之祸。

月盈则亏，水满则覆，这是大千世界昭示的朴素道理。同理，谦虚使人总觉得自己还差得很多，自然会不断进取；骄傲自满则会使人丧失前行的动力，停滞不前。这就是“谦虚使人进步，骄傲使人落后”的道理。

圣人无常师

【经典】

圣人无常[1]师。孔子师郯子[2]、苌弘[3]、师襄[4]、老聃[5]。郯子

之徒，其贤不及孔子。孔子曰：“三人行，则必有我师。”（韩愈：《师说》）

【注释】

［1］常：经常的，固定的。

［2］郯（tán）子：春秋时郯国国君。孔子曾向他请教少皞（hào）氏（传说中的古代帝王）时代的官职名称。

［3］苌（cháng）弘：春秋时周大夫。孔子曾向他请教古乐。

［4］师襄：春秋时鲁国乐官。名襄。孔子曾向他学习弹琴。

［5］老聃（dān）：老子，春秋时思想家，道家创始人。老子姓李，名耳，字聃，孔子曾向他请教礼仪。

【大意】

圣人没有固定的老师，孔子曾以郯子、苌弘、师襄、老聃为师。郯子这些人，贤能都比不上孔子。孔子说：“几个人同行，那么里面一定有可以当我的老师的人。”

【感悟】

谦虚的人，总能看到他人身上的长处，总能抓住向他人学习的机会，总能把他人当作自己的老师。

在《左传》《史记》中，记载了孔子以郯子等人为师的故事，《论语》中说孔子“入太庙，每事问”。“三人行，必有我师焉”，孔子是这样说的，也是这样做的。

子贡不敢望颜回

【经典】

子谓子贡曰："女与回[1]也孰愈[2]？"对曰："赐[3]也何敢望回？回也闻一以知十，赐也闻一以知二。"子曰："弗如也！吾与女弗如也。"（《论语·公冶长》）

【注释】

[1] 回：颜回，孔子弟子。名回，字子渊，早卒。

[2] 愈：胜。

[3] 赐：子贡自称。

【大意】

一次，孔子和子贡闲聊。孔子问子贡："你和颜回比，你俩谁更胜一筹？谁更突出一些？"子贡回答说："我哪里敢和颜回比？打个比方吧，颜回可以闻一知十，而我只能闻一知二。"孔子说："是啊，你不如颜回。我和你都不如颜回。"

【感悟】

在孔子的弟子里，子贡绝对是出类拔萃的。他口才极好，是一位出色的外交家；懂得生意，是一位出色的商人；富有谋略，是一位出色的政治家。从这则故事可知，子贡也是一个谦虚的人。

子贡的谦虚在于有自知之明。如果确如他所说，颜回"闻一知十"，而他"闻一知二"，颜回确实是上智之资。知道自己与他人的差距，是有自知之明，可谓明智。很多时候，正是因为能够认识到自己与他人的差距，才有了刻苦进取的动力，勉励自己以勤补拙，如《中庸》所说，“人一能之，己百之；人十能之，己千之”，从而获得人生的成功。

河伯望洋兴叹

【经典】

秋水时至，百川灌河，泾流之大，两涘[1]渚崖[2]之间，不辨牛马。于是焉河伯[3]欣然自喜，以天下之美为尽在己。顺流而东行，至于北海[4]，东面而视。不见水端。于是焉河伯始旋其面目，望洋向若[5]而叹曰：“野语有之，曰‘闻道百，以为莫己若’者，我之谓也。”（《庄子·秋水》）

【注释】

[1] 涘（sì）：河岸。

[2] 渚（zhǔ）崖：小洲的边沿。

[3] 河伯：古代神话中的黄河水神。

[4] 北海：今之渤海，因其在齐鲁之北，故称北海。

[5] 望洋向若：仰视海神。望洋，仰视的样子。若，海神。

【大意】

秋水适时而来，无数条河流灌注到黄河之中。河水奔涌，河面变得非常宽阔，一眼望去，黄河两岸的景物模糊不清。见此，黄河水神河伯非常高兴，认为天下最壮美的景色都在自己这里。河伯顺流而下来到渤海之滨，向东望去，却发现海洋是如此辽阔，极目远眺，水的边际似乎在那海天相接处。于是河伯不再志得意满。他敬仰地对海神说："俗话说得好，'懂得很多道理，就以为没有谁比得上自己'，这句话说的就是我这样自满的人吧。"

【感悟】

骄傲自满往往是由于自己的眼界狭窄，如同河伯之欣然自喜。当眼界开阔后，方知还有比大河更辽阔的海洋，方知自己的渺小。

人也同样如此，打开眼界，方能突破自满的局限，不做井底之蛙。

勤：勤则不匮

导 语

“勤”离不开“劳”，勤劳是中华民族的传统美德。在我国自古就流传着很多有关勤劳的神话故事，这些故事生动体现了自古以来中华民族崇尚勤劳勇敢、艰苦奋斗的精神品格。愚公移山，感天动地；大禹治水，三过家门而不入。

古人认识到“民生在勤，勤则不匮”“功崇惟志，业广惟勤”的深刻道理。汉代的召信臣为百姓谋福祉，勤政爱民，富民惠民。在中国历史上，不乏像召信臣这样公忠体国、鞠躬尽瘁的官吏。

古人认为，勤劳则思，思则善心生；懒惰则淫，淫则恶心生。敬姜以自身的阅历告诉人们一个朴素的道理：勤劳是立身之德，人不劳动就会变坏。

古人认为，勤可养德。勤劳，不仅是获得生活来源的重要途径，而且可以帮助人们调养心志、重拾生活的信心。苏轼被贬黄州，垦荒于东坡之上，在劳作中放松了身心，感受到了生活的质朴和收获的快乐，也留下了“东坡居士”的美名。

名 言

克勤于邦，克俭于家。（《尚书·大禹谟》）

功崇惟志，业广惟勤。（《尚书·周官》）

劳则思，思则善心生；逸则淫，淫则忘善，忘善则恶心生。（《国语·鲁语下》）

民生在勤，勤则不匮。（《左传·宣公十二年》）

事辍者无功，耕怠者无获。（桓宽：《盐铁论·击之》）

业精于勤，荒于嬉；行成于思，毁于随。（韩愈：《进学解》）

忧劳可以兴国，逸豫可以亡身。（《新五代史》卷三十七，《伶官传》）

一勤天下无难事。（钱德苍：《解人颐·勤懒歌》）

池塘积水堪防旱，田地深耕足养家。（《增广贤文》）

愚公移山

【经典】

太行、王屋[1]二山，方七百里，高万仞[2]，本在冀州[3]之南、河阳[4]之北。北山愚公者，年且九十，面山而居，惩山北之塞，出入之迂也，聚室而谋，曰："吾与汝毕力平险，指通豫南，达于汉阴[5]，可乎？"杂然相许。其妻献疑曰："以君之力，曾不能损魁父[6]之丘，如太行、王屋何？且焉置土石？"杂曰："投诸渤海之尾[7]、隐土[8]之北。"遂率子孙荷担者三夫，叩石垦壤，箕畚[9]运于渤海之尾。邻人京城氏之孀妻，有遗男[10]，始龀[11]，跳往助之。寒暑易节，始一反焉。

河曲[12]智叟笑而止之，曰："甚矣，汝之不惠[13]！以残年余力，曾不能毁山之一毛，其如土石何？"北山愚公长息曰："汝心之固，固不可彻，曾不若孀妻弱子。虽我之死，有子存焉；子又生孙，孙又生子；子又有子，子又有孙。子子孙孙，无穷匮也。而山不加增，何苦而不平？"河曲智叟亡以应。

操蛇之神[14]闻之，惧其不已也，告之于帝[15]。帝感其诚，命夸娥氏[16]二子负二山，一厝[17]朔东，一厝雍南。自此，冀之南，汉之阴，无陇断[18]焉。(《列子 · 汤问》)

【注释】

[1] 太行、王屋：山名。太行山脉纵贯山西、河南与河北交界处，是中国北方的重要山系之一。此处指太行山位于山西阳城、垣曲与河南济源、泌阳一带的山段。王屋山，在山西省垣曲县和河南省济源

市间。

[2] 万仞：形容其高。

[3] 冀州：古代九州之一。指今山西陕西间黄河以东、河南山西间黄河以北和山东西北、河北东南部地区。

[4] 河阳：晋地。在今河南孟州境。

[5] 汉阴：汉水之南。汉，指长江支流汉水。阴，古以水南山北为阴。

[6] 魁父：小丘名。在今河南陈留县境。

[7] 渤海之尾：渤海的西边。

[8] 隐土：据《淮南子》称，即今山东德州一带。

[9] 箕畚（jī běn）：撮土用的器具。

[10] 遗男：指父亲死后留下来的男孩。

[11] 始龀（chèn）：刚刚换牙。龀，儿童换齿，即脱去乳齿，长出恒齿。

[12] 河曲：晋地。在今山西永济一带。

[13] 惠：通"慧"，聪明。

[14] 操蛇之神：山神。《大荒经》云："山海神皆执蛇。"

[15] 帝：天帝，神话传说中主宰天地万物的天神。

[16] 夸蛾氏：力之神。

[17] 厝（cuò）：放置。

[18] 无陇断：没有丘阜岗峦的阻隔。

【大意】

在冀州的南面、黄河的北面曾经有两座巍峨的山脉——太行山和王屋山，这两座大山方圆七百里，高七八千丈，阻碍人们出行。

愚公一家面山而居。愚公将近九十岁了，他苦于交通阻塞，进出要绕远道，就召集全家来商量说："我要和你们一起尽全力挖平这两座险峻的大山，一直通到豫州的南部，到达汉水的南岸，可以吗？"大家都纷纷表示赞成他的想法。他的妻子提出了疑问："凭你的力气，恐怕连魁父那样的小山都不能铲平，又能把太行、王屋两座大山怎么样呢？况且挖下来的泥土、石头往哪里放呢？"大家纷纷出主意说："把它们扔到渤海的边上，隐土的北面。"于是愚公率领家里能挑担子的三个儿孙，敲碎石头，挖走泥土，用竹筐把它们搬运到渤海边。邻家有个七八岁的孩子，也去帮忙。寒来暑往，季节变换，他们才能往返一趟。

河曲智叟笑着劝阻愚公说："你真是太愚蠢了。你都这么一大把年纪了，还能活几年？以你残年余力，连山上的一棵草都铲除不了，又能把泥土、石头怎么样呢？"北山愚公叹息说："你的思想真顽固，顽固得不明事理，连孤儿寡妇都不如。即使我死了，还有儿子在呀；儿子又生孙子，孙子又生儿子；儿子又有儿子，儿子又有孙子；子子孙孙是没有穷尽的啊。可是山却不会增高加大，还愁什么挖不平呢？"河曲智叟无言以对。

山神听说愚公移山这件事，就向天帝报告。天帝被愚公的诚心感动，命令大力神夸娥氏的两个儿子背走了两座大山，一座放在朔方的东部，一座放在雍州的南面。

从此，冀州的南部，一直到汉水的南边，再没有高山阻隔了。

【感悟】

智叟非智，他是在给安于现状、无所作为寻找借口，看到的只是一个人的力量，看似精明，实则大愚。

愚公非愚，他明白通过勤劳改变现状的道理，看到的是"子子孙孙，无穷匮也"，看似愚顽，实则大智。

大禹治水

【经典】

禹者，黄帝之玄孙而帝颛顼[1] 之孙也。……禹乃遂与益[2]、后稷[3] 奉帝命，命诸侯百姓兴人徒[4] 以傅[5] 土，行山表木[6]，定高山大川。禹伤先人父鲧[7] 功之不成受诛，乃劳身焦思，居外十三年，过家门不敢入。薄衣食，致孝于鬼神。卑宫室，致费于沟淢[8]。陆行乘车，水行乘船，泥行乘橇[9]，山行乘檋[10]。左准绳，右规矩，载四时[11]，以开九州[12]，通九道[13]，陂[14] 九泽[15]，度九山[16]。令益予众庶稻，可种卑湿。命后稷予众庶难得之食。食少，调有余相给，以均诸侯。禹乃行相地宜所有以贡[17]，及山川之便利。……众民乃定，万国为治。(《史记》卷二，《夏本纪》)

【注释】

[1] 颛顼（zhuān xū）：传说中古代部族首领。此处说是禹的祖父。各说不一。

[2] 益：伯益，古代嬴姓祖先，东夷族首领。佐禹治水。

[3] 后稷：古代周族始祖。舜时任稷官，主管农事，教民耕种。

[4] 兴人徒：发动劳工服役。人徒，服徭役的人。

[5] 傅：通“敷”，分布。

[6] 行山表木：巡视山林，并立木为表以为标记。

[7] 鲧（gǔn）：禹父。奉尧命治水，用筑堤防水的方法，九年未治平，为舜所杀。

[8] 淢（xù）：通“洫”，水渠，护城沟。

［9］橇（qiāo）：古代在泥路上行走所乘之具。

［10］檋（jú）：登山时穿的带锥头的木屐。

［11］载四时：指携带测量四时的仪器。

［12］九州：传说中的中国上古地理区划。州名未有定说。《书·禹贡》作冀、兖、青、徐、扬、荆、豫、梁、雍，传说皆为大禹所开。

［13］九道：通往九州的道路，或指九州的河道。

［14］陂（bēi）：筑堤防水。

［15］九泽：古九州之沼泽，或谓指大陆、雷夏、大野、彭蠡、震泽、云梦、荥泽、菏泽与孟诸。

［16］九山：九州之名山。山名各家说法不一。

［17］相地宜所有以贡：据不同地区所应有之出产以定所纳贡赋之多少。

【大意】

夏禹是上古时代夏的部落首领，他是黄帝的玄孙、颛顼帝的孙子。尧帝在位的时候，洪水滔天，包围了高山，漫上了丘陵，百姓都为此非常忧愁。尧先后派了很多人去治水，其中也包括禹的父亲鲧，都不见成效。

尧去世后，舜继位。舜派禹去治水。禹和益、后稷一起开始治水。他让诸侯百官发动服劳役的人分布在九州的土地上，然后自己翻山越岭，竖立木桩作为标志，测定高山大川的状貌。他时常想起自己的父亲鲧因治水无功而受罚，难过之余，更加不辞劳苦，苦苦思索治水之策。大禹为了治水，在外面生活了十三年，几次路过家门都没敢进去。他节衣缩食，尽力孝敬鬼神；居处节俭，把资财用于治水。

大禹的足迹遍及各地，危险的泥沼、崎岖的山路都挡不住他前行的脚步。遇到泥沼他就乘木橇，在山路上他就穿上带齿的木鞋。他一手拿着测水平的准绳，一手拿着规和矩，还带着测四时、定方向的工具。就这样，他开发九州土地，疏浚九州河道，修治九州大湖，测量九州大山。他让益给民众分发稻种耕种，让后稷发粮赈济民众。缺少粮食的时候，他就让一些地区互通有无，有所调剂，以便大家都有粮食吃。禹一路行进，在平治水土的同时也考察了各地的物产和交通，据此规定各地向天子交纳的贡赋。

从此，所有山川河流都被治理好了，九州统一，百姓安居乐业。

【感悟】

大禹治水是我国最古老的传说之一。千百年来，这个古老的故事一直鼓舞着中华儿女辛勤劳作，战天斗地，励精图治，无论环境多么恶劣，无论条件多么艰苦，都奋斗不息、英勇向前，不达目的，誓不罢休，用自己的勤劳创造美好生活。

民生在勤，勤则不匮

【经典】

郑皇戌[1]使如晋师，曰："郑之从楚，社稷之故也，未有贰心。楚师骤胜而骄，其师老矣，而不设备。子击之，郑师为承，楚师必败。"彘子[2]曰："败楚、服郑，于此在矣。必许之！"栾武子[3]曰："楚自克庸以来，其君无日不讨国人而训之于民生之不易、祸至之无日、戒惧之不可以怠；在军，无日不讨军实[4]而申儆[5]之于胜之不可保、纣之百克而卒无后，训之以若敖、蚡冒[6]筚路蓝缕[7]以启山林。箴之曰：'民生在勤，勤则不匮。'不可谓骄。……郑不可从。"（《左传·宣公十二年》）

【注释】

[1] 皇戌：春秋时郑国人，郑悼公时为卿。

[2] 彘子：也称“彘季”，时为晋国中军副帅。

[3] 栾武子：栾书，春秋时晋国大夫。栾盾之子，时为晋国下军副帅。

[4] 军实：军中人员。

[5] 申儆：约束，警告。

[6] 若敖、蚡（fén）冒：楚国的两位先君。

[7] 筚路蓝缕：驾柴车穿敝衣，形容创业勤苦。筚路，柴车。蓝缕，敝衣。

【大意】

春秋时期，楚国攻打郑国，郑国向晋国求援，但未及晋军赶到，楚国已将郑国攻破，郑国投降。

郑国的皇戌出使到晋军中，对晋军将领说：“郑国投降楚国，是怕自己的国家灭亡，对晋国并没有二心。楚军屡次得胜，这使他们很骄傲，而且他们在外面连年征战，是疲惫之师，又不设防御。你们进攻他们，郑国的军队作为后援，楚军一定失败。”

晋军的中军副帅彘子听了皇戌的一番话，感到很有道理，他说：“打败楚军，降服郑国，就在此一举了，咱们一定要答应皇戌的请求。”

下军副帅栾书则表达了不同意见，他说：“自从战胜庸国以来，楚国的国君没有一天不教育国民：百姓维持生计不容易，祸患随时可能到来，警惕戒备一点儿也不能放松。他没有一天不训诫军队的官兵：胜利不可能永远保有，纣打了一百场胜仗，最终却没有好结果。他还用楚国的先君若敖、蚡冒乘柴车穿破衣、开辟山林的事迹来教育国民，告诫说：‘百姓的生计在于勤劳，勤劳就不会匮乏。’从这些看来，楚国并没有骄傲。因此，不能听从郑国人的话。”

【感悟】

栾书懂得“勤则不匮”的道理，认识到楚国的国君一直在诫示自己的军民，并没有被胜利冲昏头脑，因此楚国保有强大的物质和精神力量。

因为楚君经常以“民生在勤，勤则不匮”的道理教育军民，军民以先君筚路蓝缕的创业经历激励自己。

一个崇尚勤勉的国家在物质上必定不会匮乏，在精神上也必定会奋发有为。

敬姜以勤立身

【经典】

公父文伯[1] 退朝，朝其母，其母方绩[2]。文伯曰：“以歜之家，而主[3] 犹绩，惧忓[4] 季孙[5] 之怒也，其以歜为不能事主乎？”其母叹曰：“鲁其亡乎[6]！使僮子[7] 备[8] 官而未之闻[9] 耶？居，吾语女。昔圣王之处民也，择瘠土而处之，劳其民而用之，故长王天下。夫民劳则思，思则善心生；逸则淫，淫则忘善，忘善则恶心生。……今我，寡也，尔又在下位，朝夕处事，犹恐忘先人之业。况有怠惰，其何以避辟[10]？……余惧穆伯[11] 之绝嗣也。”仲尼闻之曰：“弟子志之，季氏之妇不淫矣。”（《国语・鲁语下》）

【注释】

[1] 公父文伯：春秋晚期鲁国大夫。名歜（chù）。

[2] 其母方绩：他的母亲正在搓麻线。母，指敬姜，早寡，以俭约明礼深受世人尊敬。绩，把麻拧成线。

[3] 主：古大夫或大夫之妻称主。这里指公父文伯的母亲敬姜。

[4] 忓（gān）：通“干”，触犯。

[5] 季孙：指季康子，春秋晚期鲁国执政。季桓子之子，名肥。

[6] 鲁其亡乎：鲁国要灭亡了啊。鲁，古国名。其国都在今山东曲阜。

[7] 僮子：童子，指公父文伯。

[8] 备：充当。

[9] 未之闻：指未曾闻勤劳之道。

[10] 避辟：免罪。辟，法度，法律。

[11] 穆伯：指敬姜的丈夫、公父文伯的父亲公孙敖。

【大意】

敬姜是春秋时期鲁国的大夫文伯的母亲，虽然文伯已贵为大夫，但敬姜仍然以勤劳为立身之本，生活中的事总是自己动手。

有一天，文伯下朝后去拜见母亲，看见母亲正在搓麻线。文伯就对母亲说：“以我们这样的人家，怎么还用您亲自搓麻线呢？如果国君知道了，他会生气的，他会认为是我不能侍奉您啊。”

他母亲听了以后感叹道：“难道鲁国要灭亡了吗？你在朝为官，难道不懂得勤劳不息的道理吗？坐下吧。我给你慢慢讲。”

见到母亲生气了，文伯羞愧不已，他静静地听着母亲的教诲：“过去贤明的君主选择贫瘠的地方让百姓居住，让百姓辛勤劳动，努力耕作，所以能长久地统治天下。百姓辛勤劳作，就会生善心，而沉迷于享乐，则会生出恶心。”

最后，敬姜谈到自家的生活，她说：“我已经寡居，你是个大夫，我们从早到晚操劳，还怕丢了先人的功业，要是怀有怠惰之心，贪图享受，后果不堪设想啊！”

孔子听说这件事后，很赞赏敬姜，认为从敬姜身上，可以看出鲁国妇女是不会沉溺于享乐的。

【感悟】

两千多年前的一位妇女，用她朴素的生活感受和人生阅历告诉人们一个道理：“劳则思，思则善心生；逸则淫，淫则忘善，忘善则恶心生。”

劳动不仅仅是谋生手段，更具有道德意义：勤劳使人心向善，贪图享乐则让人道德堕落。

“召父”勤政为民

【经典】

信臣[1] 为人勤力有方略，好为民兴利，务在富之。躬劝耕农，出入阡陌[2]，止舍离乡亭[3]，稀有安居时。行视郡中水泉，开通沟渎[4]，起水门提阏[5] 凡数十处，以广溉灌，岁岁增加，多至三万顷。民得其利，畜积有余。信臣为民作均水约束，刻石立于田畔，以防分争。禁止嫁娶送终奢靡，务出于俭约。府县吏家子弟好游敖[6]，不以田作为事，辄斥罢之，甚者案[7] 其不法，以视好恶。其化大行，郡中莫不耕

稼力田，百姓归之，户口增倍，盗贼狱讼衰止。吏民亲爱信臣，号之曰召父[8]。(《汉书》卷八十九，《召信臣传》)

【注释】

[1] 信臣：召（shào）信臣，字翁卿，西汉九江寿春（今安徽寿县）人。元帝时，任南阳太守，勤政为民，被时人称为“召父”。

[2] 阡陌：田间纵横交错的小路。

[3] 乡亭：西汉于乡村十里设一亭，有亭长一人，掌治安，兼管停留旅客，治理民事。

[4] 渎（dú）：小沟渠。

[5] 阏（è）：闸板，水闸。

[6] 敖（áo）：游嬉，闲逛。

[7] 案：治罪。

[8] 召父：尊称，人们把召信臣当作真正的父母官。

【大意】

召信臣是一个很有方略又很勤奋的人，他乐于为民兴利，想方设法使民众富裕起来。他常常奔走在乡间，亲自劝勉农耕生产，很少在官府为官员设置的乡亭吃住，很少有安闲的时候。

他行遍郡中的每一处水源，带领民众开沟渠，修水闸，一连修了数十处，使农田得到了灌溉，能够耕种的土地每年都有增加，多达三万顷。老百姓得到了实惠，富裕起来了。

召信臣为了让民众能够安居乐业，他制定了均衡用水的规范，刻石立于田间地头，以防纷争。对民间婚丧嫁娶，禁止奢侈浪费，务求俭约。官府家的子弟好吃懒做，不把耕作当回事，他就斥责他们，严重的还会治罪。

就这样，在召信臣的治理下，郡中百姓勤劳耕作，人口倍增，盗贼狱讼减少，人们都敬爱召信臣，把他看作父母官，称他为“召父”。

【感悟】

勤于政事是“勤”的基本要求之一，是各级官吏的职业行为准则。

从为政以德的角度看，“勤”是指执政者尽职尽责，在其位谋其政，忠于职守，尽己所能。就如召信臣，想方设法为百姓谋福利，多做富民惠民关系百姓切身利益的善事，将勤政落到实处。

东坡躬耕

【经典】

余至黄州二年，日以困匮。故人马正卿哀余乏食，为于郡中请故营地[1] 数十亩，使得躬耕其中。地既久荒为茨棘瓦砾之场，而岁又大旱，垦辟之劳，筋力殆尽。释耒[2] 而叹，乃作是诗，自愍其勤，庶几[3] 来岁之入以忘其劳焉。(《苏轼诗集·东坡八首·叙[4]》)

【注释】

[1] 营地：在黄州东坡。

[2] 释耒（lěi）：放下农具。

[3] 庶几：但愿，表示希望。

[4] 叙：文章的一种体裁，同“序”。

【大意】

这是苏轼为他的诗《东坡八首》所作的序。

苏轼被贬黄州，又没有俸禄，到黄州两年后，原来的积蓄也用得差不多了，生活非常窘困匮乏。他的老朋友马正卿同情他缺衣少食，就帮他从州郡那里申请下来数十亩地，以供躬耕之用。

这数十亩地撂荒已久，布满了荆棘瓦砾，还碰上天气大旱，开垦拓荒的劳苦让苏轼精疲力竭。他放下锄头，慨叹自己的处境，写下了《东坡八首》，既怜惜同情自己的勤苦，同时也对来年的收获充满期待，从而忘却了周身的劳顿。

【感悟】

苏轼被贬黄州后，为生活所迫，在黄州东坡垦荒。这便是“东坡居士”雅号的由来。

在诗人眼里，遍布荆棘瓦砾而又大旱的荒地，不仅仅是他们一家人生计的希望，更是他放松身心、躬耕吟诗的精神栖居地。劳作在让他精疲力竭、对命运沉浮慨然生叹的同时，也让他感受到了质朴、本真的生活，在对劳动收获的期望中淡忘了身体的劳苦。

俭：德之共也

导 语

“俭”作为中华民族的传统美德，历来受到特别的重视。孔子推崇温良恭俭让，并提出“宁俭”。老子主张“去奢”，把俭称作“三宝”之一。墨子提倡节俭、节用。

古人认为，俭是立身之德。中国传统伦理文化历来以俭为善，以侈为恶。早在春秋时期，就有“俭，德之共也；侈，恶之大也”的说法。在古人看来，俭德表现为对财物的爱惜，更重要的是，恪守俭德能够让人克制欲望，约束行为，谨身节用，直道而行。因此，俭是一种基础性的品德，可以促使人养成其他德性，即“俭以养德”。

古人认为，俭是持家之德。中国古代蔚为大观的家训、家书、治家格言，都特别推崇俭德。古人把精打细算、量入为出看作治家之方，认为挥霍奢靡、坐吃山空必然败家。“一粥一饭，当思来处不易”“积谷防饥”“常将有日思无日，莫把无时当有时”，以及“成家犹如针挑土，败家好似水推沙”，是中国人耳熟能详的古训，蕴含着朴素而深刻的生产生活道理。像陶侃、张知白都十分俭朴，苏轼更是靠着节俭生活，合理安排用度，度过了最艰难的日子。

古人认为，俭是为政之德。在中国古代，俭具有政德的含义。历史上，季文子以俭率民，认为百姓粗衣恶食，执政者没有理由华服美食。宋仁宗停箸问蟹价，彰显居上位者崇尚节俭具有社会导向意义。

古人认为，俭不同于吝啬。同样是爱惜甚至是吝惜财物，真正有德之人总是对自己俭朴，对他人慷慨。张俭一件旧袍穿三十年，可谓节俭至极，但却时常周济他人。而悭吝的人则以俭饰吝，该向他人伸出援手的时候，却是十足的守财奴。

俭、侈是人们对待财物的两种截然不同的态度，也是两种截然不同的人生观和价值观。

名　言

俭，德之共也；侈，恶之大也。（《左传·庄公二十四年》）

俭节则昌，淫佚则亡。（《墨子·辞过》）

俭以养德。（诸葛亮：《诫子书》）

谁知盘中餐，粒粒皆辛苦。[李绅：《悯农（其二）》]

历览前贤国与家，成由勤俭破由奢。（李商隐：《咏史》）

取之有度，用之有节，则常足。（司马光：《资治通鉴》卷二百三十四，《唐纪五十》）

奢靡之始，危亡之渐。（《新唐书》卷一百五，《褚遂良传》）

一粥一饭，当思来处不易；半丝半缕，恒念物力维艰。（朱柏庐：《朱子治家格言》）

成家犹如针挑土，败家好似水推沙。（《增广贤文》）

俭则约，约则百善俱兴；侈则肆，肆则百恶俱纵。（金缨：《格言联璧·持躬类》）

季文子以俭率民

【经典】

季文子[1] 相宣、成[2]，无衣帛之妾，无食粟之马。仲孙它[3] 谏曰：“子为鲁上卿，相二君矣，妾不衣帛，马不食粟，人其[4] 以子为爱[5]，且不华国[6] 乎！”文子曰：“吾亦愿之。然吾观国人，其父兄之食粗而衣恶[7] 者犹多矣，吾是以不敢。人之父兄食粗衣恶，而我多美妾与马，无乃[8] 非相人者乎！且吾闻以德荣为国华[9]，不闻以妾与马。”文子以告孟献子[10]，献子囚之七日。自是，子服之妾衣不过七升之布[11]，马饩[12] 不过稂莠[13]。文子闻之，曰：“过而能改者，民之上也。”使为上大夫。（《国语·鲁语上》）

【注释】

[1] 季文子：春秋时鲁国大夫。季孙氏，字行父。死后家无私积，以节俭著称。

[2] 宣、成：春秋时鲁国的两个国君鲁宣公和鲁成公。

[3] 仲孙它（tuó）：鲁国大夫。名它，也叫子服它。

[4] 其：副词，表推测，估计。

[5] 爱：吝啬。

[6] 华国：使国家荣耀。

[7] 恶：粗陋。

[8] 无乃：比较委婉地提出对某一问题的看法，相当于现代汉语中的“恐怕”“只怕”。

[9] 以德荣为国华：道德高尚可以使国家荣耀。

[10] 孟献子：仲孙它的父亲仲孙蔑，时人称为贤大夫。

[11] 七升之布：八十缕为一升，朝服用十五升，七升之布很粗糙。

[12] 饩（xì）：饲料。

[13] 稂（láng）莠（yǒu）：两种杂草，这里泛指杂草。

【大意】

春秋时期，鲁国大夫季文子辅佐鲁宣公、鲁成公两君。他虽然地位尊贵，但生活非常节俭，他的妻妾衣着很俭朴，家里的马也从来不喂粮食。

鲁国大夫仲孙它（子服）给季文子提意见说："您担任鲁国上卿，辅佐两朝君主，您的妻妾不穿绸衣，马匹不喂粮食，人们会认为您吝啬，而且也影响鲁国的形象。"

文子说："我也愿意生活得华贵，可是看到鲁国的百姓都还吃粗粮穿破衣，我就不敢奢华了。父老兄弟吃不好、穿不好，而我却让妻妾穿得好、马匹吃得好，恐怕这样我就不是好卿相了！而且我听说有以德行为国争光的，没听说用妻妾和马匹的奢华来为国争光的。"

文子随后把子服的话告诉了子服的父亲孟献子，孟献子把子服关了七天。从此以后，子服的妻妾也只穿粗布衣，他家喂马的饲料也只用杂草。文子听说后，说："有过而能改，是优秀的人啊！"后来，他让子服担任了上大夫的官职。

【感悟】

妻妾衣帛，马匹食粟，以季文子的地位，是惯例也完全可以做到，但他却不肯做。能不能做到，是财力的问题；肯不肯做，则关涉一个人的品行。

俭是一种生活态度，也透视出一个官员的荣辱观。在季文子看来，百姓粗衣恶食，居上位者却美食华服，不但不能给国家带来荣耀，反而是给国家抹黑。“以德荣为国华”，这才是正确的荣辱观。

陶侃节用爱物

【经典】

（侃）尝出游，见人持一把未熟稻，侃[1]问：“用此何为？”人云：“行道所见，聊取之耳。”侃大怒曰：“汝既不田，而戏贼人稻[2]！”执而鞭之。是以百姓勤于农殖，家给人足。时造船，木屑及竹头悉令举掌之[3]，咸不解所以。后正会[4]，积雪始晴，听事[5]前余雪犹湿，于是以屑布地。及桓温伐蜀，又以侃所贮竹头作丁[6]装船。（《晋书》卷六十六，《陶侃传》）

【注释】

［1］侃：陶侃，东晋名吏。字士行，庐江寻阳（今江西九江西南）人。

［2］戏贼人稻：以破坏别人的稻子为戏。

［3］举掌之：收管起来。

［4］正会：正月初一日聚会。

［5］听事：指公堂。

［6］丁：同“钉”。

【大意】

东晋的陶侃在任上时，勤于政务，生活也非常俭朴。有一次陶侃外出，看到一个人拿着一把尚未成熟的稻子，觉得奇怪，便问：“你拿着这个做什么？”那人回答说：“刚好路上看见，摘下来玩玩而已。”陶侃大怒：“你不种田，竟然还祸害别人的稻禾取乐！”于是，陶侃让人把他抓起来，鞭打一顿。

当时造船剩下许多木屑、竹片，他都让人收拾起来。人们不知道他留这些东西做什么用。第二年正月初一日聚会时，刚好雪后初晴，地面又湿又滑，他让人拿出木屑铺路，路就好走多了。后来又逢战事，他拿出存放的竹片来制作竹钉，用来制造战船，省下很多费用。

在陶侃管辖的地区，老百姓勤于劳作，爱惜财物，家家富足安乐。

【感悟】

据史记载，东晋的陶侃是勤勉、廉洁的官员，史家评价他“勤于吏职”。

古人认为，“俭”与“廉”是密切相关的。对于官吏而言，养成廉洁之德，首先就要崇尚俭朴，拒绝奢华，所以有“俭以养廉”的古训。

节俭的人自己从来不糟蹋东西，也见不得别人糟蹋东西。在他们眼里，取用以时，物尽其用，既是爱惜物力，也是一种品德。

张知白自奉俭朴

【经典】

张文节公[1] 为宰相，所居堂屋不蔽风雨，服用饮膳，与始为河阳书记[2] 无异。其所亲[3] 或规之曰：“公月入俸禄几何？而自奉俭薄如此？外人不以公清俭为美，反以为有公孙布衣之诈[4]。”文节叹曰：

“以吾今日之禄，虽侯服王食[5]，何忧不足？然而人情由俭入奢则易，由奢入俭则难。此禄安能常恃，一旦失之，家人皆习于奢，不能顿俭，必至失所，曷若无失其常。吾虽违世[6]，家人犹如今日乎？”（司马光：《温公家范·祖》）

【注释】

［1］张文节公：张知白，北宋宰相。字用晦，沧州清池（今河北沧州东南）人。

［2］书记：古代掌管文书记录的官吏。

［3］亲：此处指亲近之人。

［4］公孙布衣之诈：公孙，指西汉武帝时丞相公孙弘。公孙弘位列丞相而极为节俭，被认为伪诈。

［5］侯服王食：享用侯王衣食。

［6］违世：离开人世，指死亡。

【大意】

张知白是北宋时的一位宰相。他地位高了，但住所还是很简陋，吃穿用度也都很俭朴，与他做小吏时没什么两样。

和他亲近的人都劝他，没必要这么节省，对他说：“您每月有多少俸禄啊？竟至于自己生活得如此俭朴？外面的人不会认为您这样清廉俭朴是美德，反而会以为您是在沽名钓誉呢！”

张知白叹息道：“以我现在的俸禄，就是过王侯那样的生活，也不愁不够用。可是，由俭入奢易，由奢入俭难。高官厚禄哪里永远靠得住呢？一旦失去了，家里人都过惯了奢侈的生活，不能一下子节俭起来，那他们就连正常的生活都过不上了。我们一直保持原来的生活，即使我去世，他们也能维持现在的生活水平，过着安定的日子。”

【感悟】

与司马光一样，张知白也是北宋的大臣，也曾官居相位，两人对俭朴之德的看法也是一致的。司马光在训诫子孙的时候，以张知白为例，告诫家人恪守俭德，力戒奢华，这样方能安身立命。

以张知白的月俸，家人生活却俭薄如此，难怪引起他人的揣测，以为他是虚伪作秀。但张知白认为，喜欢奢华乃人之常情，过惯奢华生活的人难以过苦日子，这也是人之常情；只有养成俭朴的生活习惯，才能从容面对种种人生变故。

“由俭入奢易，由奢入俭难”，看似平实的一句话，包含着对人性的深刻洞察，包含着居安思危的人生智慧。

张俭旧袍三十年

【经典】

俭[1]衣唯绸帛，食不重味，月俸有余，赒给[2]亲旧。方冬，奏事便殿，帝见衣袍弊恶，密令近侍以火夹穿孔记之，屡见不易。帝问其故，俭对曰：“臣服此袍已三十年。”时尚奢靡，故以此微讽喻之。上怜其清贫，令恣取内府物，俭奉诏持布三端[3]而出，益见奖重。（《辽史》卷八十，《张俭传》）

【注释】

[1] 俭：张俭，辽大臣。官至左丞相。

[2] 赒（zhōu）给：接济，周济。

[3] 端：古代量布帛长度的单位。有说二丈为一端，有说六丈为一端。

【大意】

辽代官员张俭官居相位，生活仍然很俭朴。他穿的是粗绸的衣服，吃的是粗茶淡饭。如果每月有节余下来的钱粮，他便用来周济那些穷亲戚、穷朋友。

有一年冬天，他上殿奏事，皇帝见他穿的衣袍已经很旧了，便悄悄地让侍卫在他的衣服上烧个洞，做个记号。后来皇帝发现，他每次上朝都是穿那件旧衣袍，从不更换。皇帝问其缘故，张俭说："这件旧衣袍，我已穿了三十年了。"当时的社会风气崇尚奢靡，张俭是想用自己的行动对此加以讽喻。

皇帝看他如此俭朴，让他到库房随意拿些自己喜欢的东西，张俭却只拿了几丈布，皇帝越发看重他。

【感悟】

世风奢靡，张俭偏偏不媚俗。一袭旧袍三十年，只为警示世人戒除奢华，崇尚俭朴。

张俭自己粗茶淡饭，节省下来的钱财总是周济他人。所以古人说得好，俭则不吝。真正的俭朴绝不是吝啬，不是抠门，不是守财奴，而是对己俭薄，对人慷慨。

仁宗食蟹问价

【经典】

仁皇帝[1] 内宴[2]，十门[3] 分各进馔[4]。有新蟹一品，二十八枚[5]。帝曰："吾尚未尝，枚直[6] 几钱?"左右对："直一千。"帝不悦，曰："数戒汝辈无侈靡，一下箸[7] 为钱二十八千，吾不忍也。"置不食。(邵博：《邵氏闻见后录》)

【注释】

[1] 仁皇帝：指宋仁宗赵祯。
[2] 内宴：宫廷宴会。
[3] 门：内廷宫室门。
[4] 进馔：奉上菜肴。
[5] 枚：量词，只。
[6] 直：通"值"，价值，价钱。
[7] 箸：筷子。

【大意】

宋仁宗在内廷设宴，由内廷各宫室分别奉上菜肴。在各宫室提供的佳肴中，有一味是新上市的螃蟹，一共二十八只。仁宗说："我还没尝过今年新上市的螃蟹呢！一只蟹多少钱?"侍从回答说："一只蟹要一千钱。"仁宗听了，很不高兴地说："我多少次告诫你们，不要奢靡浪费，任意挥霍。这一筷子下去，就要花掉二十八千钱呀！我舍不得吃。"这品新蟹仁宗一口也没动。

【感悟】

古人重视节俭之德，并非仅仅算一笔经济账，更着眼于奢与俭的社会意义。"历览前贤国与家，成由勤俭破由奢。"古人认为，节俭不仅仅是个人修身的根基、治家的要诀，更是治国的法宝。

古人强调，君子德风，政者正也，上之所好，下必甚焉。在上者的奢靡行为不光是耗费巨大，还会在社会上形成一种崇尚奢华的风尚，长此以往，必将败坏社会风气。

司马光释俭

【经典】

御孙[1] 曰：“俭，德之共也；侈，恶之大也。”共，同也，言有德者皆由俭来也。夫俭则寡欲，君子[2] 寡欲，则不役于物，可以直道而行；小人寡欲，则能谨身节用、远罪丰家。故曰：“俭，德之共也”。侈则多欲，君子多欲，则贪慕富贵，枉道速祸；小人多欲，则多求妄用，丧身败家，是以居官必贿，居乡必盗，故曰：“侈，恶之大也”。（《司马光集·训俭示康》）

【注释】

［1］御孙：春秋时鲁国大夫。下文是他劝谏鲁庄公的话，出自《左传·庄公二十四年》。

［2］君子：统治者和贵族男子的通称。这里指地位高的人。下文中的小人指地位低的人，即普通百姓。

【大意】

春秋时期的御孙说：“俭，德之共也；侈，恶之大也。”所谓“共”，就是“同”，意思是说有良好品德的人，他们共同的特点是节俭。一个人若是节俭，就会寡欲。有地位的人若是寡欲，就不会为外物所役使，不会受外物的牵制，可以公正无私；没有地位的人若是寡欲，就能约束自己，节约用度，避免犯罪，家庭富足。所以古人说："俭，德之共也"。一个人若是奢侈，就会多欲。有地位的人若是多欲，就会贪图富贵，丧失原则，招致祸患；没有地位的人若是多欲，就会多方营求，随意浪费，丧身败家。因此，官员奢侈必然贪赃受贿，百姓奢侈必然盗窃财物。所以古人说："侈，恶之大也"。

【感悟】

"俭，德之共也；侈，恶之大也"，是春秋时期鲁国大夫御孙的名言。司马光在训诫子孙的时候，把这句话加以阐发，告诫子孙恪守俭德，戒除奢侈。

俭、侈是对待财物的两种截然不同的态度，也是两种截然不同的人生观和价值观。对于俭何以成为"德之共"，侈何以成为"恶之大"，先哲们发过很多议论。司马光从欲望的角度加以阐发，认为俭则寡欲，侈则多欲；寡欲则保身远罪，多欲必丧身败家。

苏轼的账簿

【经典】

初到黄[1]，廪[2] 入既绝，人口不少，私甚忧之。但痛自节俭，日用不得过百五十，每月朔便取四千五百钱，断为三十块，挂屋梁上，平旦用画叉[3] 挑取一块，即藏去叉，仍以大竹筒别贮用不尽者，以待宾客，此贾耘老[4] 法也。度囊中尚可支一岁有余，至时，别作经画[5]，水到渠成，不须预虑。以此，胸中都无一事。(《苏轼集·答秦太虚书》)

【注释】

[1] 黄：黄州。北宋元丰二年（1079 年），苏轼被贬黄州。

[2] 廪：官府发给的口粮。

[3] 画叉：用来悬挂或取下高处立幅书画的长柄叉子。

[4] 贾耘老：苏轼的朋友，喜吟诗，家境较贫寒。

[5] 经画：研究筹划。

【大意】

苏轼是宋代著名文学家，他被贬黄州时没有了俸禄，生活无着。在写给朋友秦观的信中，他描述了自己的生活状况：

“刚到黄州，没有了俸禄，而家里那么多人要吃饭，我心里非常担忧。只能痛下决心，节俭度日。我算过，每天的花费不能超过 150 文钱。为了确保不超支，我每月初一取出自己的积蓄 4 500 文钱，分为 30 份，挂在屋梁上。每天早上用叉子挑下来一份，然后就将叉子藏起来。如果当天的生活费有节余，就把余钱存在一个大竹筒里，作为招待客人的费用。这是我的朋友贾耘老的办法。即使如此，我估计自己手中的这点积蓄也只能支撑一年多。我想，一年后再做筹划吧，到时自有办法，先不必发愁。这样，我心里就坦然了。”

【感悟】

大文豪的账簿果然别出心裁，不是写在纸上，而是挂于梁上。账目一目了然，给拮据的生活平添了几分趣味。

古语道，三穷三富过到老。人生常困顿，君子亦有穷。范仲淹断齑画粥，苏东坡梁上挂钱。他们具有达观的生活态度，靠着精打细算、量入为出、节俭持家，度过了人生中最艰难的日子。

一粥一饭，当思来处不易

【经典】

一粥一饭，当思来处不易；半丝半缕，恒念物力维艰。宜未雨而绸缪，毋临渴而掘井。自奉必须俭约，燕[1] 客切勿流连。器具质而洁，瓦缶胜金玉；饮食约而精，园蔬愈珍馐。（朱柏庐：《朱子治家格言》）

【注释】

［1］燕：通“宴”。

【大意】

即便是一碗粥、一碗饭，也应当想到它们来得不容易；纵使是半根丝、半缕线，也要想到劳作的艰辛。天还没有下雨，就要提前修补好房屋，防患于未然；不要渴了才去掘井，为时已晚。自己的寻常日用一定要节俭，待客也不要沉迷酒宴。器具质朴洁净，陶制器物也胜过金杯玉盏；饮食简单有营养，园中的果蔬也胜过珍馐佳肴。

【感悟】

“一粥一饭，当思来处不易；半丝半缕，恒念物力维艰”，这是中国家喻户晓的一句名言，被辑录到《朱子治家格言》等书中。它不仅被当作格言警句、治家之方，而且渗透到中国人安身立命的生产生活的准则中，根深蒂固，影响深远。

物力维艰，得来不易，一粥一饭、半丝半缕，都是艰辛劳作换来的，务要心存敬意，备加珍惜。

宽：厚德载物

导 语

“宽”是中国人十分推崇的处世之道，是中国传统伦理文化中的重要德目之一。孔子将宽视为仁德的基本方面，《周易》认为宽厚是像大地一样广阔、包容、承载的品格。

古人认为，宽乃君子之德，宽厚、宽容是基本的处世之道，形容一个宽厚的人，常用“宰相肚里能撑船”做比喻，表示有宽厚容人的雅量。周顗就是一个大度宽厚的人，面对折辱，不以为意，自称其心胸“能容卿辈数百人”。在中国历史上，很多有大气量、大胸怀的人，在与同自已有过节、有嫌隙，甚至有仇怨的人相处时，宽以待人，以直报怨。韩信不念旧恶任用壮士，蒋琬有雅量容忍同僚，陆逊具备宽厚长者之风，他们能够从大处着眼，不计前嫌，不念旧恶，以宽厚化解矛盾，以正直回报仇怨，有器量和胸襟。

在中国传统伦理文化中，宽具有政治道德的含义。对于为政者来说，宽容不仅仅是个人美德，更是为政之德。李世民不计前嫌任用魏徵，从谏如流，宽宏大气，至今都是美谈。

宽也是古人考察、选拔和任用人才的一种标准。如果用严苛的标准来衡量，一个人无论是才干还是道德，都很难尽善尽美。宽以察人并非失去原则和取消标准，而是认识到“尺有所短，寸有所长”，因此，任用人才，必须用其所长，避其所短。齐桓公不以人之小恶而亡人之大美，擢用管仲、宁戚二人，使天下英雄尽入彀中，从而成就了春秋霸业。

古人所推崇的宽厚之德，绝不是宽纵恶行。司马光主张“宽而疾恶，严而原情”，宽严并济，不以宽而放弃原则，不以严而失去仁心。古人常将宽与仁并称。若没有内在的仁爱之心，就会丢掉原则，失却尺度，成为好好先生，古人认为此乃“德之贼也”。陈寔宽宥梁上君子，不是放弃原则，而是出于悲悯与仁爱之心。

名　言

地势坤，君子以厚德载物。(《周易·坤·象》)

宽则得众。(《论语·阳货》)

君子尊贤而容众，嘉善而矜不能。(《论语·子张》)

褚小者不可以怀大，绠短者不可以汲深。(《庄子·至乐》)

尺有所短，寸有所长。(屈原:《卜居》)

常言人长，希言人短。(王充:《论衡·自纪》)

宽而疾恶，严而原情。(司马光:《司马温公文集》卷十四，《宽猛》)

宽也者，君子之德也。(《陆九渊集》卷五，《与辛幼安》)

遏恶扬善，举直错枉，乃宽德之行也。(《陆九渊集》卷五，《与辛幼安》)

大其心，容天下之物。(吕坤:《呻吟语·修身》)

将相顶头堪走马，公侯肚内好撑船。(《增广贤文》)

海纳百川，有容乃大。(林则徐:《自勉联》)

齐桓公容小恶得大美

【经典】

宁戚[1] 欲干[2] 齐桓公，穷困无以自进，于是为商旅将任车[3] 以至齐，暮宿于郭门之外。桓公郊迎客，夜开门，辟任车，爝火[4] 甚盛，从者甚众。宁戚饭牛居车下，望桓公而悲，击牛角疾歌。桓公闻之，抚其仆之手曰："异哉！之[5] 歌者非常人也。"命后车载之。桓公反，至，从者以请。桓公赐之衣冠，将见之。宁戚见，说桓公以治境内。明日复见，说桓公以为天下。桓公大说，将任之。群臣争之曰："客，卫人也。卫之去齐不远，君不若使人问之，而固贤者也，用之未晚也。"桓公曰："不然，问之，患其有小恶。以人之小恶，亡人之大美，此人主之所以失天下之士也已。"(《吕氏春秋·举难》)

【注释】

[1] 宁戚：春秋时卫国人，早年贫困，替人拉牛车运货物。后来得到齐桓公任用，拜为上卿，迁相国。

[2] 干：求，指谋求官职。

[3] 将任车：驾载货的车。将，驾，御。任车，载货物的车，古时多用牛拉。

[4] 爝（jué）火：火炬，火把。

[5] 之：指示代词，这。之歌者，这个歌者。

【大意】

宁戚是春秋时期卫国人，家境贫寒，却很有才学。宁戚想向齐桓公谋求官职，但没有路费，无法前往。于是，他给人驾牛车运送货物，以便能到齐国去。天黑了，他就露宿在外城的城门外。

齐桓公到郊外迎客，夜里打开城门，让装载货物的车辆让路，一时间城门外灯火通明。宁戚正在车下喂牛，看到桓公一行，很是悲伤，敲着牛角唱起歌来，声音激昂。桓公听了，轻轻地抚着边上随从的手说："真是不同啊，这个唱歌的人非同一般。"便吩咐后面的车辆载上宁戚。

等到桓公回到城里，随从请示如何安置宁戚。桓公赐给宁戚衣服、帽子，准备召见他。宁戚见到桓公，先是畅谈如何治理齐国，使齐国富强起来；第二天再见面时，又阐述如何平治天下。桓公听了非常高兴，打算任用宁戚。

一些臣子说："宁戚是卫国人。卫国离齐国不远。君主不如派人去调查，如果宁戚确实是有才有德的人，再任用他也不迟呀！"

桓公说："不能这样。去调查是因为担心他有小毛病，因为小毛病，丢掉人家的大才德，这正是一些君主得不到天下有才德之士的原因。"

【感悟】

古往今来，很多成大事者在选拔、任用人才的时候，并不是发现了完人，而是重用其所长，宽容其所短，不"以人之小恶，亡人之大美"。

正因为有这样的用人理念，管仲、宁戚、隰朋、宾胥无、鲍叔牙等贤士齐聚麾下，辅佐齐桓公尊王攘夷，九合诸侯，一匡天下，成就春秋霸业。

韩信不念旧恶用壮士

【经典】

淮阴[1] 屠[2] 中少年有侮信[3] 者，曰："若虽长人，好带刀剑，中情怯耳。"众辱之曰："信能死，刺我；不能死，出我袴下。"于是信孰视[4] 之，俯出袴下，蒲伏[5]。一市人皆笑信，以为怯。……召辱己之少年令出胯下者以为楚中尉。告诸将相曰："此壮士也。方辱我时，我宁不能杀之邪？杀之无名，故忍而就于此。"（《史记》卷九十二，《淮阴侯列传》）

【注释】

[1] 淮阴：郡名。今江苏淮安市淮阴区西南。

[2] 屠：宰杀牲口的人。

[3] 信：韩信，西汉初军事家。淮阴人。

[4] 孰视：仔细打量。孰，反复。

[5] 蒲伏：同"匍匐"，伏地而行。

【大意】

汉朝开国大将韩信在少年时，家里很穷，常遭人欺负。街上一个卖肉的少年说："别看你长得个头很高，还喜欢带着刀剑，其实是个胆小鬼！"当众羞辱他说："你要是不怕死，就刺我一刀；要是怕死，就从我胯下钻过去。"韩信打量了那个少年一番，然后俯下身，从少年的裤裆下爬过去了。满集市的人都讥笑韩信，觉得他是个胆小鬼。

若干年后，韩信屡立战功，被封为楚王。他回到家乡，让那个当年侮辱自己的人当上了楚中尉，说："这是一个壮士，当年侮辱我时，我难道不能杀了他吗？但是，杀他没有什么意义，所以我忍受了一时的侮辱而成就了今天的功业。"

【感悟】

韩信少时忍受市井少年胯下之辱的故事，为人们所熟知。如果说，当年的忍耐是特殊情境下不得已而为之的选择，那么在他成名后，能够任用当年折辱自己的鲁莽少年，则体现了韩信的容人肚量。

不计前嫌、不念旧恶，韩信的故事告诉人们一个道理：与他人相处，尤其是与同自己有过节、有仇怨的人相处，能够容人之过，坚持用人之长，比之睚眦必报，更具有力量。

陈寔宽宥梁上君子

【经典】

（陈）寔[1] 在乡闾，平心率物[2]。其有争讼，辄求判正，晓譬曲直，退无怨者。至乃叹曰："宁为刑罚所加，不为陈君所短。"时岁荒民俭，有盗夜入其室，止于梁上。寔阴见，乃起自整拂，呼命子孙，正色训之曰："夫人不可不自勉。不善之人未必本恶，习以性成，遂至于此。梁上君子者是矣！"盗大惊，自投于地，稽颡[3] 归罪。寔徐譬之曰："视君状貌，不似恶人，宜深克己反善。然此当由贫困。"令遗绢二匹。自是一县无复盗窃。（《后汉书》卷六十二，《陈寔传》）

【注释】

[1] 寔（shí）：陈寔，字仲弓，东汉颍川许县（今河南许昌东）

人。初为县吏，后任太丘长，时人亦称之“陈太丘”。

[2] 率物：做人们的表率。物，这里指人，众人。

[3] 稽颡（sǎng）：古时一种跪拜礼。

【大意】

东汉的陈寔是一位修德清静、待人宽责己严的长者，他处事公平，给人们做出了表率，很受人尊敬。百姓有纷争时，就请陈寔评判，他总是清楚详细地说明是非曲直，说得大家心服口服，没有谁事后埋怨他。人们感叹说：“宁愿被刑罚处治，也不愿被陈寔批评。”

有一年闹饥荒，有一个小偷夜入陈寔家里，躲在房梁上。陈寔暗中发现了，就起来穿好衣服，把子孙招呼过来，严肃训诫他们说：“人不可以不自我勉励。不善良的人未必本性就是恶的，但是不养成良好的习惯，就会做坏事，你们看房梁上的这位先生，就是一个活生生的例子。”小偷大惊，从房梁上跳下来，跪拜在地，诚恳认罪。陈寔慢慢给他讲道理说：“看你的长相，也不像个坏人，应当克制自己，做一个好人。你现在这样做大概是因为贫穷吧。”于是命令家人赠送二匹绢给小偷。自此之后，全县再也没有发生盗窃。

【感悟】

东汉的陈寔是一位道德君子，时人称其“荷天下重名”。据史书记载，很多大臣举荐陈寔位列三公，但他却不为所动，闭门悬车，在家养老。他死的时候，前来吊唁的有三万余人，为他戴孝的有数百人。

陈寔之所以为天下人所敬重，不在地位，而在德行。

从陈寔与梁上君子的对话中可以看出，他是一位宽仁的长者。陈寔之宽，不是无原则地放任偷盗，也不是纵容恶行，而是出于悲悯与仁厚之心。他宽宥了一个梁上君子，目的是挽救一个人，也淳化一个地方的乡俗民风。

蒋琬雅量容人

【经典】

东曹掾[1] 杨戏[2] 素性简略，琬[3] 与言论，时不应答。或欲构戏于琬，曰："公与戏语而不见应，戏之慢上，不亦甚乎！"琬曰："人心不同，各如其面；面从后言，古人之所诫也。戏欲赞吾是耶，则非其本心，欲反吾言，则显吾之非，是以默然，是戏之快也。"

又督农[4] 杨敏曾毁琬，曰："作事愦愦[5]，诚非及前人。"或以白琬，主者请推治[6] 敏。琬曰："吾实不如前人，无可推也。"主者重[7] 据听不推，则乞问其愦愦之状。琬曰："苟其不如，则事不当理，事不当理，则愦愦矣。复何问邪？"后敏坐事系狱[8]，众人犹惧其必死。琬心无适莫[9]，得免重罪。(《三国志》卷四十四，《蒋琬传》)

【注释】

[1] 东曹掾（yuàn）：东汉三公府属吏。主东曹，职掌二千石长吏选拔迁除。

[2] 杨戏：三国蜀汉官员。字义然，犍为武阳（今四川彭山县）人。

[3] 琬：蒋琬，三国蜀汉官员。字公琰，零陵湘乡（今属湖南）人。为诸葛亮所重，任丞相长史。诸葛亮死后，继亮执政，为大将军、录尚书事。

[4] 督农：督察农务的官。

[5] 愦愦（kuì）：糊涂。

[6] 推治：追究处理。

[7] 重：难。

[8] 坐事系狱：因为犯罪被关在牢里。

[9] 适莫：厚薄，亲疏。

【大意】

诸葛亮去世后，蒋琬主管蜀国的政事。有个叫杨戏的属官，素来待人简慢，蒋琬与他说话，他也常常不理会。有人便对蒋琬说："您和杨戏说话，他爱搭不理，他对您如此怠慢，太过分了！"蒋琬坦然一笑，说："人心各有不同，各如其面。表面服从，背后又说反对的话，这是古人都要引以为戒的。让杨戏当面说赞扬我的话，那不是他的本意；让他反对我，那就会在众人面前显出我的不是，所以，他只好不作声了。其实，这正是他为人的耿直之处。"

有一次，督农杨敏有意诋毁蒋琬，说蒋琬糊里糊涂，实在比不上前人。有人把这话告诉了蒋琬。司法官主张追究处理杨敏。蒋琬说："我确实不如前人，没什么好追究的。"司法官见蒋琬不同意治杨敏的罪，就说，那也要让杨敏说清楚，您到底哪里糊涂了。蒋琬说："如果说不如前人，那就是办事不合理，办事不合理便是糊涂，有什么好责问的呢？"后来杨敏犯了罪，被关在牢里。大家都担心，他得罪了蒋琬，必死无疑了。但蒋琬并不因为杨敏说过自己的坏话就有亲疏好恶，没有把过去的事放在心上，杨敏最终免于重罪。

【感悟】

据史书记载，诸葛亮对蒋琬的评价是"社稷之器，非百里之才"。临死前，诸葛亮密表刘禅，认为蒋琬可堪大用，自己死后，可将蜀国政事托付给他。蒋琬执政后，虽然在军事战略上并无太大建树，但在内治方面，众望渐服。

蒋琬表现出了容人的雅量，将他人的怠慢理解为为人耿直，将他人的诋毁看成对自己的提醒和规劝。

史家称赞他“方整有威重”，与他为人处事宽厚宽容有很大关系。

陆逊的长者之风

【经典】

会稽太守淳于式表逊[1] 枉取民人，愁扰所在。逊后诣都[2]，言次[3]，称式佳吏，权[4] 曰：“式白君而君荐之，何也?”逊对曰：“式意欲养民，是以白逊。若逊复毁式以乱圣听，不可长也。”权曰：“此诚长者之事，顾人不能为耳。”(《三国志》卷五十八，《陆逊传》)

【注释】

[1] 逊：陆逊，三国吴名将。字伯言，吴郡吴县华亭（今上海市松江区）人。孙策婿，善谋略，屡建战功，官至丞相。

[2] 诣都：到京师。都，指建业，今江苏南京。

[3] 言次：言谈之间。

[4] 权：孙权，三国吴主。字仲谋，吴郡富春（今浙江杭州市富阳区）人。

【大意】

陆逊和淳于式都是三国时期吴国的大官。淳于式曾经上书吴主孙权，说陆逊向百姓征收的各种费用太多，使百姓不得安生。

后来陆逊到了都城建业。有一次，孙权和陆逊谈到淳于式，陆逊极力称赞淳于式是一位好官，孙权不禁觉得奇怪，说："你知道淳于式向我告过你的状，你为什么还会推荐他呢？"陆逊回答说："淳于式告我，是因为他想减轻百姓的负担，让他们安居乐业。如果我反过来说他的坏话，扰乱您的视听，那就不对了。"

孙权听了陆逊的话，感叹道："这真是有长者风范啊！一般人做不到。"

【感悟】

《三国志》的作者陈寿评价陆逊"忠诚恳至，忧国亡身"，乃"社稷之臣"。陆逊不仅以出色的谋略成为那个英雄辈出的年代的代表性人物，而且其为人宽厚的长者之风，也颇为时人所重。

陆逊臧否他人，只对事不对人。即便是告过自己状的人，只要对方行事有利于社稷，他就不会考虑一己之得失，不会囿于一己之成见，公正处事，宽厚待人。

周顗大度宽厚

【经典】

周顗[1]字伯仁，安东将军浚之子也。少有重名，神采秀彻，虽时辈[2]亲狎，莫能媟[3]也。……顗从弟穆亦有美誉，欲陵折顗，顗陶然弗与之校，于是人士益宗附之。……顗性宽裕而友爱过人，弟嵩尝因酒瞋目谓顗曰："君才不及弟，何乃横得重名！"以所燃蜡烛投之。

顗神色无忤，徐曰："阿奴火攻，固出下策耳。"王导[4]甚重之，尝枕顗膝而指其腹曰："此中何所有也?"答曰："此中空洞无物，然足容卿辈数百人。"（《晋书》卷六十九，《周顗传》）

【注释】

[1] 周顗（yǐ）：字伯仁，晋汝南安成（今河南汝南东南）人。累迁尚书吏部郎、镇军将军长史等职。晋室南渡后，官至尚书左仆射。

[2] 时辈：当时的知名人士。

[3] 媟（xiè）：轻慢。

[4] 王导：东晋大臣。字茂弘。出身魏晋豪族琅琊王氏，魏晋风度的代表人物之一。晋室南渡后，官至丞相。

【大意】

周顗是安东将军周浚之子，才学过人，年轻的时候便声名远扬。周顗为人宽厚豁达，时人都非常尊敬他。

周顗的堂弟周穆也有很大的名气，想欺辱周顗，但周顗并不计较，人们对周顗愈加推崇。

有一次，弟弟周嵩借着酒劲，对周顗怒目而视，口出狂言："你的才学根本比不上我，怎么能无缘无故地得到这么高的名望!"然后就拿着点燃的蜡烛朝周顗扔过去。周顗面对弟弟的行为，没有一点不高兴的神情，还说："阿弟用火攻，用的是下策啊!"

大臣王导特别推重周顗，有一次头枕在周顗的膝上，指着周顗的肚子说："这里面装的是什么东西啊?"周顗答道："这里面空洞无物，但却能够容纳你们几百人。"

【感悟】

周顗是东晋大臣，字伯仁。"吾虽不杀伯仁，伯仁由我而死"的典故说的就是周颛。

周颛不但官做得大，官至尚书左仆射，而且是当时的名士。《世说新语》中记载了关于他的很多故事，“三日仆射”“唐突西施”“新亭对泣”“座上啸咏”等，都反映了他风流洒脱的风度。

无论是堂弟的羞辱，还是亲弟弟的无礼，在周颛那里，都是云淡风轻，反衬出周颛的宽厚友爱品德。周颛称得上“宰相肚里能撑船”的典范。

李世民不计前嫌用魏徵

【经典】

徵[1] 见秦王功高，阴劝太子[2] 早为计。太子败，王责谓曰：“尔阋[3] 吾兄弟，奈何？”答曰：“太子蚤[4] 从徵言，不死今日之祸。”王器其直，无恨意。即位，拜谏议大夫。……使还[5]，帝悦，日益亲，或引至卧内，访天下事。徵亦自以不世遇，乃展尽底蕴无所隐，凡二百余奏，无不剀切[6] 当帝心者。……帝亲问疾，屏左右，语终日乃还。……是夕，帝梦徵若平生，及旦，薨。帝临[7] 哭，为之恸，罢朝五日。……帝后临朝叹曰：“以铜为鉴，可正衣冠；以古为鉴，可知兴替；以人为鉴，可明得失。朕尝保此三鉴，内防己过。今魏徵逝，一鉴亡矣。……”（《新唐书》卷九十七，《魏徵传》）

【注释】

[1] 徵：魏徵，唐初政治家。字玄成，曾为太子李建成洗马。唐太宗即位，擢为谏议大夫，多次劝太宗以隋亡为鉴。封郑国公。

[2] 太子：指李渊长子李建成，在玄武门之变中被杀。

[3] 阋（xì）：争斗，争吵。

[4] 蚤：通“早”。

[5] 使还：唐太宗采纳魏徵的建议，并派魏徵“安喻河北”，魏徵归来。

[6] 剀（kǎi）切：切合事理，切实。

[7] 临（lìn）：吊丧哭泣。

【大意】

唐初，魏徵曾支持李世民的兄长太子李建成，反对李世民。他看到李世民功高，担心这会威胁到李建成的太子地位，就暗中劝李建成早做打算。在玄武门之变李建成失败被杀后，李世民责问魏徵说：“你让我们兄弟争斗，结果怎么样呢？”魏徵说：“如果太子早听我的建议，就不会死于今日之祸了。”虽然魏徵反对李世民，但李世民很器重他为人正直，并不恨他。

李世民即位后，魏徵被征为谏议大夫。唐太宗李世民采纳魏徵的建议，使河北得以安定后，就更信任魏徵。魏徵认为自己受到了世上少有的赏识宠遇，也就知无不言，言无不尽，先后向唐太宗陈谏二百多件事，都非常切合事理，也符合唐太宗的心思，对匡正唐太宗的决策起到了重要作用。

魏徵病重，唐太宗亲自探望，他屏退左右，和魏徵谈了一天。魏徵去世后，唐太宗为之吊丧，非常哀痛，罢朝五天。后来唐太宗上朝时感叹说：“人以铜为镜，可正衣冠；以古为镜，可知兴替；以人为镜，可明得失。我有这样三面镜子，就可以让自己少犯过错。如今，魏徵离世，我失去了一面镜子啊！”

【感悟】

在唐初的政坛上，既有唐太宗那样的明君，也有以魏徵等为代表的一大批名臣。《新唐书》《旧唐书》《贞观政要》《隋唐嘉话》等典籍中，记载了唐太宗、魏徵君臣间的很多故事。君明臣良，君宽臣谏，堪称唐初政坛生态的一大特点，也是唐朝兴盛的重要原因。

魏徵的犯颜直谏与唐太宗的宽容从谏，相得益彰，这也是唐初的盛世气象的一个表现。

中庸：过犹不及

导语

“中庸”是传统美德之一，孔子把它称作“至德”。在古人看来，中庸既是宇宙定理，也是社会法则；既是道德实践方法，也是道德修养境界；既是为人之德，也是人际相处之道。

孔子极为推崇中庸，首次将中庸标举为最完美的道德，认为达到中庸很难，它是一种稀缺的品格。以中庸为名的《中庸》一书，原为《礼记》中的一篇，后来，朱熹将此篇与《论语》《孟子》《大学》并列，称为“四书”。朱熹认为，《中庸》是儒家的重要经典，中庸之道是孔门心心相传的精髓。

古人认为，中庸的要义就是不偏不倚，无过无不及，过犹不及。孔子认为，古代的帝王舜是能够奉行中庸的人，他“执其两端，用其中于民”，体现了天子的至德和智慧。颜渊作为孔门的道德典范，也是实践中庸之道的榜样，拳拳服膺，须臾不离。

中庸看似简单，但却蕴含着极为深邃的义理，实践起来并不容易。孔子没有对中庸给出一个明确的定义，更不轻易许人以中庸之德。除了颜渊，包括子贡、曾参、子路、子夏、子张等人，孔子认为他们在道德上都各有偏颇，不及中道。由此，更可看出孔子感叹“民鲜久矣”的用意：实践中庸，是艰深的修养功夫。而王阳明慨叹中庸之难，也是看到了践行中庸的不易。

中庸讲的无过无不及，要求人们在实践中处理好经与权的关系。“嫂溺叔援”是《孟子》中的一个很有名的道德案例。儒家讲男女授受不亲，但孟子认为，如果拘泥地理解道德原则，不知权衡轻重，嫂子溺水了也不伸手救援，其行不但去中庸之德远矣，而且与禽兽无二。做到不偏不倚、恰到好处，就是中庸的智慧。

儒家推崇中庸，但特别提醒人们，不要把中庸与乡愿混同。儒家认为，那些不讲原则、八面玲珑、和稀泥、搞折中的好好先生，貌似中庸，实乃道德小人。在道德修养的境界上，中庸为至德，其次为狂狷之人。狂狷之人虽不及中庸的境界，但至少是有操守的。最下，乃为德之贼的乡愿小人。

在中国传统伦理文化中，中庸也是一种政治智慧。孔子认为从政应“宽猛相济”，不偏于一端，相互补充，政是以和。颜回从驾车术中看到了为政之道，一个好的驭手不穷其马力，一个出色的政治家不穷其民力。

名 言

人心惟危，道心惟微，惟精惟一，允执厥中。（《尚书·大禹谟》）

乐而不淫，哀而不伤。（《论语·八佾》）

过犹不及。（《论语·先进》）

中也者，天下之大本也；和也者，天下之达道也。致中和，天地位焉，万物育焉。（《礼记·中庸》）

君子中庸，小人反中庸。（《礼记·中庸》）

不偏之谓中，不易之谓庸。中者，天下之正道。庸者，天下之定理。（《二程集·河南程氏遗书》卷七）

中者，不偏不倚，无过不及之名。庸，平常也。（朱熹：《四书章句集注·中庸章句》）

君子之所以为中庸者，以其有君子之德，而又能随时以处中也。小人之所以反中庸者，以其有小人之心，而又无所忌惮也。（朱熹：《四书章句集注·中庸章句》）

舜用中于民

【经典】

子曰："舜其大知也与！舜好问而好察迩言[1]。隐恶而扬善。执其两端，用其中于民。其斯以为舜乎！"（《礼记·中庸》）

【注释】

[1] 迩言：浅近的话，或左右亲近之人的话。迩，近。

【大意】

孔子说："舜真是有大智慧的人啊！他喜欢问人问题，又善于分析别人浅近话语里的含义。隐藏人家的坏处，宣扬人家的好处。他掌握过与不及两端的意见，采纳适中的用于老百姓。这就是舜之所以为舜的地方吧！"

【感悟】

孔子祖述尧、舜，宪章文、武，也就是推崇奉行尧、舜之道，效法彰明文、武之礼。舜是儒家所推崇的人物，在他的身上，体现了儒家所推崇的各种美德：孝、以德化民、中庸等。

舜能够掌握两端的不同意见，最终采纳适宜的意见用于百姓，这就是执两用中。"执两"，是指把握事物的两端，一端是"过"，另一端是"不及"；"用中"，就是避免"过"与"不及"，以便达致"中"的理想。"执两用中"是达到中庸的重要方法，但并不是折中，而是适中，即恰到好处。

宽猛相济

【经典】

郑子产有疾，谓子大叔[1] 曰：“我死，子必为政。唯有德者能以宽服民，其次莫如猛[2]。夫火烈，民望而畏之，故鲜死焉；水懦弱，民狎[3] 而玩之，则多死焉，故宽难。”疾数月而卒。

大叔为政，不忍猛而宽。郑国多盗，取人[4] 于萑苻[5] 之泽。大叔悔之，曰：“吾早从夫子，不及此。”兴徒兵[6] 以攻萑苻之盗，尽杀之，盗少止。

仲尼曰：“善哉！政宽则民慢，慢则纠[7] 之以猛。猛则民残，残则施之以宽。宽以济猛，猛以济宽，政是以和。”（《左传·昭公二十年》）

【注释】

[1] 子大叔：子太叔，春秋时郑国执政。游氏，名吉，字太叔。郑定公八年（前 522 年）执政。

[2] 猛：严厉，威严。

[3] 狎（xiá）：轻忽，轻慢。

[4] 取（jù）人：聚集强盗。取，同“聚”。人，指强盗。

[5] 萑苻（huán fú）：湖泽的名称。

[6] 徒兵：步兵。

[7] 纠：矫正。

【大意】

郑国的子产生病了，他对子太叔说：“我死了以后，您肯定会执政。只有有德行的人，才能够用宽和的方法来使民众服从，德行次之的人不如用严厉的方法。火的特点是猛烈，百姓见到了就会很害怕，所以很少有人死在火里；水的特点是柔弱，百姓轻视而嬉戏，所以就有很多人死在水中，因此运用宽和的方法施政更难一些。”子产病了几个月后就去世了。

子太叔执政后，不忍心用严厉的方法对待民众，而是采用了宽和的方法施政。结果，郑国的盗贼很多，聚集在湖沼之地萑苻。子太叔很后悔，说：“要是我早听子产的话，就不会到这种地步了。”于是，他派兵去攻打萑苻的盗贼，把他们全部杀了，盗贼横行的状况才被遏制。

孔子说：“好啊！施政宽和，百姓就怠慢，百姓怠慢就用严厉措施来纠正；施政严厉，百姓就会受到伤害，百姓受到伤害就改用宽和的方法。用宽和来调节严厉，用严厉来调节宽和，政事因此而和谐。”

【感悟】

古人认为，作为一种道德智慧，中庸不仅是为人处世之道，也是社会治理之道。

宽与猛，是社会治理的两手。孔子主张“宽猛相济”，宽以济猛，猛以济宽，宽和猛不偏于任何一端，而是相辅相成，互为补充，慢则纠之以猛，残则施之以宽。这样才能治理好国家，即孔子所说的，“政是以和”。

过犹不及

【经典】

子贡问：“师[1] 与商[2] 也孰贤[3]？”子曰：“师也过，商也不及。”

曰："然则师愈与？"子曰："过犹不及。"(《论语·先进》)

【注释】

[1] 师：子张，孔子弟子。姓颛孙，名师，春秋末陈国人。

[2] 商：子夏。

[3] 贤：胜过，超过。

【大意】

子贡问孔子："颛孙师（子张）和卜商（子夏）谁更好一些？"孔子说："师呀，过了些；商呢，有些不及。"子贡说："那么，是不是师更好呢？"孔子说："在没有达到中这一点上，过和不及是一样的。"

【感悟】

孔子极为推崇中庸。他认为，对于时人来说，中庸是一种稀缺的品德，"民鲜久矣"。

与不轻易许人以仁一样，孔子不轻易地说一个人达到了中庸的境界。比如子路，勇武是其优点，但过勇，则是粗鲁；比如曾参，是孔门最诚笃之人，但稍显鲁钝。对于子张和子夏，孔子认为他们两人在气质上、道德上各有特点：子张聪颖有余，但缺点是不够踏实；子夏笃实谨慎，但难免拘谨狭隘。所以他说："师也过，商也不及。"

不过也无不及，达至中庸，恰到好处，这是艰深的实践功夫。

颜回择乎中庸

【经典】

子曰："回之为人也，择乎中庸，得一善，则拳拳服膺[1] 而弗失之矣。"子曰："天下国家可均[2] 也，爵禄可辞也，白刃可蹈也，中庸不可能也。"（《礼记·中庸》）

【注释】

[1] 拳拳服膺：牢牢记在心里。拳拳，忠谨恳切的样子。服膺，记在心里。

[2] 均：平均，公正。这里指国家的治理。

【大意】

孔子说："颜回这个人，选择了中庸之道，得到了中庸的道理，就牢牢地记在心里，严格地恪守而不违背它。"孔子说："天下国家可以公正地治理，官爵俸禄可以推辞不受，雪白利刃可以踩踏而过，但恪守中庸之道却很难做到。"

【感悟】

平治天下，推辞爵禄，足蹈白刃，这些都是常人难以做到的事情，但孔子认为，比之中庸，这些还不是最难的。

孔子一再强调中庸乃"至德"，是一种稀缺的品格，引导人们重视和钦敬中庸之道。中庸之道不易行，但并非不能企及，孔子认为颜回就是实践中庸之道的最好的例子。

驾车的中庸之道

【经典】

鲁定公[1] 问于颜回曰："子亦闻东野毕之善御乎?"对曰："善则善矣，虽然，其马将必佚。"定公色不悦，谓左右曰："君子固有诬人也。"颜回退，后三日，牧来诉之曰："东野毕之马佚，两骖曳两服[2] 入于厩。"公闻之，越席[3] 而起，促[4] 驾召颜回。回至，公曰："前日寡人问吾子[5] 以东野毕之御，而子曰：'善则善矣，其马将佚'，不识吾子奚以知之?"颜回对曰："以政知之。昔者帝舜巧于使民，造父[6] 巧于使马。舜不穷其民力，造父不穷其马力。是以舜无佚民，造父无佚马。今东野毕之御也，升马执辔，衔[7] 体正矣；步骤驰骋，朝礼毕矣；历险致远，马力尽矣，然而犹乃求马不已，臣以此知之。"公曰："善！诚若吾子之言也。吾子之言，其义大矣，愿少进乎!"颜回曰："臣闻之：鸟穷则啄，兽穷则攫[8]，人穷则诈，马穷则佚。自古及今，未有穷其下而能无危者也。"公悦，遂以告孔子，孔子对曰："夫其所以为颜回者，此之类也，岂足多哉?"(《孔子家语·颜回》)

【注释】

[1] 鲁定公：春秋时鲁国君。名宋。

[2] 两骖（cān）曳两服：两匹侧边的马拖着两匹中间的马。骖，驾车时位于两边的马。服，驾车时位于中间的马。

[3] 越席：离席。

[4] 促：急，紧急。

[5] 吾子：尊称对方，表示亲切。

[6] 造父：人名。古之善御者。

[7] 衔：马嚼子。放在马口中用以驾驭马。

[8] 攫（jué）：禽兽用爪抓取。

【大意】

有一次，鲁定公饶有兴致地问颜回道："先生，您听说过东野毕很擅长驾马吧？"

颜回回答说："他确实很擅长驾马，不过他的马将来必定会跑掉。"

鲁定公听了以后面露不悦之色。他心想，看见人家擅长驾马，就说人家驾的马会跑掉，是何居心？于是，鲁定公对着旁边的人说："原来君子也会说人坏话啊！"

颜回听了以后，默默地退了出去。

三天后，掌管畜牧的官员突然来向鲁定公报告说："东野毕驾的马不听指挥，挣脱缰绳跑了，车旁的两匹马拖着中间的两匹马，一起跑回马厩里了。"

鲁定公一听，离席而起，急忙唤人派车将颜回召来。

鲁定公向颜回请教道："之前，寡人问先生您东野毕擅长驾马的事，您说，他驾的马必定会跑掉。不知您是如何预先知道的呢？"

颜回回答说："我是推测出来的。以前，舜帝善于使用民力，造父擅长使用马力。但舜帝不穷尽民力，造父也不穷尽马力，因此在舜帝的时代，没有避世隐居或者逃走的人，而造父手下，也没有不听指挥逃走的马。再来看东野毕驾马，虽然他驾马技术很好，礼仪也没有什么差池，但马已经筋疲力尽了，他仍然驱驰不止，所以我推测他的马必定会跑掉。"

鲁定公说："您说得太好了。您的话含义深远，请您再接着说说。"

颜回说："臣曾听说过，鸟被逼急了就要啄人，兽被逼急了就用爪子乱抓，而人被逼得没办法时便要欺诈，马被逼过头了自然就会逃奔。把自己的手下逼到极处，自己必然处在危险的境地，这是自古至今的道理。"

鲁定公感到受益匪浅，便将此事告诉了孔子。孔子听后，微笑着说："这就是颜回之所以为颜回了，这类小事，难道还值得赞许吗？"

【感悟】

驾车与为政，似乎是毫无关系的两回事。但颜回看到了其中所隐含的共通道理：凡事过犹不及，物极必反。

一个好的御手不穷其马力，一个出色的政治家不穷其民力。

孔孟论狂狷与乡愿

【经典】

万章问曰："孔子在陈曰[1]：'盍归乎来！吾党之小子狂简，进取，不忘其初。'孔子在陈，何思鲁之狂士？"

孟子曰："孔子'不得中道而与之，必也狂狷乎！狂者进取，狷者有所不为也'[2]。孔子岂不欲中道哉？不可必得，故思其次也。"

"敢问何如斯可谓狂矣？"

曰："如琴张[3]、曾皙[4]、牧皮[5] 者，孔子之所谓狂矣。"

"何以谓之狂也？"

曰："其志嘐嘐[6] 然，曰：'古之人，古之人。'夷考[7] 其行，而不掩[8] 焉者也。狂者又不可得，欲得不屑不洁[9] 之士而与之，是猖也，是又其次也。孔子曰：‘过我门而不入我室，我不憾焉者，其惟乡原[10]乎！乡原，德之贼[11]也。’”

曰：“何如斯可谓之乡原矣？”

曰：“‘何以是嘐嘐也？言不顾行，行不顾言，则曰：“古之人，古之人。”行何为踽踽凉凉[12]？生斯世也，为斯世也，善斯可矣。’阉然[13]媚于世也者，是乡原也。”

万子曰：“一乡皆称原人焉，无所往而不为原人，孔子以为德之贼，何哉？”

曰：“非之无举[14]也，刺[15]之无刺也，同乎流俗，合乎污世，居之似忠信，行之似廉洁，众皆悦之，自以为是，而不可与入尧、舜之道，故曰‘德之贼’也。孔子曰：‘恶似而非者：恶莠，恐其乱苗也；恶佞，恐其乱义也；恶利口，恐其乱信也；恶郑声，恐其乱乐也；恶紫，恐其乱朱也；恶乡原，恐其乱德也。’君子反经[16]而已矣。经正，则庶民兴；庶民兴，斯无邪慝[17]矣。”（《孟子·尽心下》）

【注释】

[1] 孔子在陈曰：见《论语·公冶长》，与万章所引略有不同。

[2] “不得中道而与之”四句：见《孟子·尽心下》。

[3] 琴张：春秋人，不详。

[4] 曾皙：孔子弟子。名点，字皙，春秋末鲁国人。曾参之父。

[5] 牧皮：孔子弟子。春秋末鲁国人。

[6] 嘐嘐（xiāo）：形容志大而言夸。

[7] 夷考：考察。

[8] 掩：通“奄”，覆盖。

[9] 不洁：污秽。

[10] 乡原（yuàn）：指貌似忠厚，实与恶俗同流合污的人。也作

“乡愿”。

[11] 贼：害。

[12] 踽踽（jǔ）凉凉：踽踽，孤独的样子。凉凉，自甘寂寞的样子。

[13] 阉然：献媚讨好的样子。

[14] 举：说出来，列举出来。

[15] 刺：指责。

[16] 反经：返归正道。反，同“返”。经，正道，根本。

[17] 慝（tè）：恶念，邪恶。

【大意】

万章问：“孔子在陈国说：‘为何不回去呢！我的那些弟子志向远大而狂放，进取而不忘本。’孔子在陈国，为什么会思念鲁国的那些狂放之士呢？”

孟子回答说：“孔子说过，得不到言行合于中庸之道的人而与之相交，那就必然与狂者和狷者这两种人相交！狂者具有进取精神，狷者有所不为。孔子难道不想与言行合于中庸之道的人相交吗？但言行合于中庸之道的人未必能得到，所以只能求次一等的罢了。”

万章问：“请问什么样的人可以叫作狂者？”

孟子回答说：“如琴张、曾皙、牧皮这些人，就是孔子所说的狂者。”

万章问：“为什么说他们是狂者呢？”

孟子回答说：“他们志向很远大，言语很夸张，总是说‘古人呀！古人呀！’可是考察他们的行为时，却发现他们的行为与言语并不相符。如果不能与狂放之人交往，那就退而求其次，与耿介而洁身自好的人交往。这些洁身自好的人就是孔子所说的狷者，是比狂者又次一等的人。孔子说：‘知道我的学法然而没跟从我学习，但我并不感到遗憾的，就只有乡愿了吧！乡愿是危害道德的人。’”

万章问：“什么样的人可以称为乡愿呢？”

孟子回答说：“他们看起来志向远大又夸夸其谈，但他们言不顾行，行不顾言，嘴上也会称颂古人，但心里却说：古人为什么要这样落落寡合呢？他们四处讨好、八面玲珑，这样的人就是乡愿。”

万章问：“一乡的人都说他是老好人，他也表现得像个老好人，孔子却认为他是危害道德的人，这是为什么呢？”

孟子回答说：“这种人，你要说他有什么不对，又举不出例证来；你要指责他，却似乎无可指责。他只是同流合污，为人好像忠诚老实，行为好像清正廉洁，大家都很喜欢他，他自己也以为很不错，但实际上，他的所作所为却并不合于尧、舜之道，所以说他是危害道德的人。孔子说：‘我厌恶那些似是而非的东西：厌恶杂草，怕的是它搞乱禾苗；厌恶花言巧语，怕的是它搞乱正义；厌恶夸夸其谈，怕的是它搞乱信实；厌恶郑国的乐曲，怕的是它搞乱雅乐；厌恶紫色，怕的是它搞乱正宗的红色；厌恶乡愿，怕的是它搞乱道德。’君子的所作所为不过是为了让一切回到正道罢了。回到正道，老百姓就会振作起来；老百姓振作起来，也就没有邪恶了。”

【感悟】

儒家认为，狂狷与乡愿，是道德修养处在不同层级、不同境界的人。对此，孔子在《论语》中曾多次谈到，并表达了明确的立场。他说：“狂者进取，狷者有所不为也。”他痛斥貌似中庸的乡愿小人是“德之贼也”。

狂者志向高远，勇于进取；狷者洁身自好，不同流俗。他们都是有操守、有德行的人，但比之中庸之德，他们所有的只是退而求其次的品德。

至于乡愿，言不顾行，行不顾言，言行脱节，搞折中，和稀泥，不讲原则，做好好先生。他们八面玲珑，欺世盗名，看似达到了一定的道德境界，实乃道德小人，即“德之贼”。

孔子和孟子的议论，凸显了儒家对于中庸至德的推崇，也在警醒人们，如果达不到中庸的境界，至少也要做一个有操守的狂狷之人。最要紧的是，远离那些乡愿小人，并时刻警醒自己不要成为“德之贼”。

嫂溺叔援

【经典】

淳于髡[1] 曰：“男女授受不亲，礼与？”孟子曰：“礼也。”曰：“嫂溺[2]，则援之以手乎？”曰：“嫂溺不援，是豺狼也。男女授受不亲，礼也；嫂溺，援之以手者，权[3] 也。”（《孟子·离娄上》）

【注释】

[1] 淳于髡（kūn）：战国时齐国人。姓淳于，因受髡刑（剃去头发），而被称为“淳于髡”。以博学强记著称，是当时著名的辩士。

[2] 溺：落水，淹没。

[3] 权：本指秤锤，衡量轻重。由衡量轻重而引申为变通处理，即权宜、变通之义。

【大意】

淳于髡问孟子：“男女之间递接东西时不能相互接触到对方的手，

这是礼的规定吗？"

孟子回答说："是的。"

淳于髡又问："那么，假如嫂子落水了，小叔子能用手去拉她吗？"

孟子说："嫂子掉在水里而不去拉，这简直是豺狼！男女之间递接东西时不能触碰到对方的手，这是礼的规定；嫂子掉在水里，小叔子用手去拉她，这是权宜变通。"

【感悟】

坚持原则与灵活权变，一直是道德实践中比较难以处理的问题，也是中国传统伦理文化中经常讨论的问题之一，被称为经权之辨。

儒家礼法为经，特殊情境下突破礼法规定为权。

男女授受不亲，为经；嫂溺援手，为权。

古人认为，如果拘泥地理解道德原则，嫂溺不援，不但去中庸远矣，而且与禽兽无二。

孔门心法

【经典】

子程子[1] 曰："不偏之谓中，不易之谓庸。中者，天下之正道。庸者，天下之定理。"此篇乃孔门传授心法[2]，子思[3] 恐其久而差也，故笔之于书，以授孟子。其书始言一理，中散为万事，末复合为一理。放之则弥六合[4]，卷之则退藏于密。其味无穷，皆实学也。善读者玩索而有得焉，则终身用之，有不能尽者矣。（朱熹：《四书章句集注·中庸章句》）

【注释】

[1] 子程子：指北宋理学家程颢、程颐兄弟。程颢，字伯淳，人称明道先生。其弟程颐，字正叔，人称伊川先生。兄弟二人是北宋著名学者，理学奠基人，世称“二程”。句首“子”，意为先生，表达敬意。

[2] 心法：心心相传的教诲。

[3] 子思：战国初儒家学者。姓孔，名伋。孔子之孙。儒家思想重要传人，其思想与孟子之学合称“思孟学派”。

[4] 六合：指天地与东西南北四方。

【大意】

程颢、程颐说过：中庸是不偏不倚，无过无不及；它是天下的正道，是宇宙的定理。中庸之道是孔门心心相传的教诲。子思忧虑孔门心法失传，因此写了《中庸》一书，子思的弟子将此心法传授给了孟子。《中庸》开篇讲中庸的义理，中间讲中庸在社会生活中的种种表现，篇末再将中庸的种种表现复合于义理。儒家的中庸之道推广开可以行于天下，收起来则可以涵藏于内心。其中的道理玩味无穷，都是实实在在的学问。能够探索体悟到中庸之道的人，将会终身受用，用之不尽。

【感悟】

这段文字是宋代的朱熹在为《中庸》一书作注时，写在篇首的一段话。朱熹认为，《中庸》是儒家的重要经典，中庸之道是孔门心心相传的精髓。

从孔子一直到宋明理学，儒家对中庸的理解，基本上可以概括为不偏不倚，无过无不及。它既是宇宙的定理，也是社会治理法则；既是道德实践的方法，也是道德修养的境界；既是为人之德，也是人际相处之道。

古人认为，中庸极为深邃，真正领略其精髓要义并像颜回那样拳拳服膺、严格实行的人并不多，于是出现了很多貌似中庸、实则乡愿的小人之徒。孔子、孟子、朱熹都强调要深刻理解中庸，更要严格践行中庸之道，这是终身修养和实践的至德。

王阳明叹中庸之难

【经典】

门人[1] 在座，有动止甚矜持者。先生[2] 曰："人若矜持太过，终是有弊。"曰："矜持太过，如何有弊？"曰："人只有许多精神，若专在容貌上用功，则于中心照管不及者多矣。"有太直率者。先生曰："如今讲此学，却外面全不检束，又分心与事为二矣。"（王阳明：《传习录》下）

【注释】

［1］门人：弟子，学生。

［2］先生：指王阳明，明代理学家、教育家。字伯安，尝筑室于故乡会稽山阳明洞，世称"阳明先生"，倡心学。

【大意】

王阳明在讲学时，有一个弟子特别注意自己的言行，举止十分矜持。王阳明说：人若是太过矜持，一定是有弊端的。有弟子问：太过矜持，有何弊端？王阳明说：一个人的精神只有这么多，若是专注在容貌上用功夫，必然无暇顾及内心。还有一个弟子表现得比较直率。王阳明又说：人若是太过直率，毫不检束自己的行为，恐怕又把心和事分作两截，也一定是有弊端的。

【感悟】

人的矜持是一种修养的表现，但太过矜持，重形而失实，则难免耗费有限的精力，做无用功，容易顾此失彼。

人的直率也是一种修养的表现，但毫不检点，心就不在事上了，就做不成事。

凡事都要把握好适中的度，执两用中，无过无不及，才是最恰当的状态。中庸道理易懂，行之不易，可谓知易行难。

改过：见善则迁

导　语

“改过”是中国传统伦理文化中的重要内容，古人认为，“人非圣贤，孰能无过”，有过错不怕，重要的是过而能改，并把改过迁善看作道德修养的重要内容。

古人认为，从一个人面对自己过错的态度中，大致可以了解这个人的德行。犯错后，有人文过饰非，有人百般狡辩，有人则幡然悔悟，坦坦荡荡地承认，磊磊落落地承担，认认真真地改正。如颜回不迁怒于他人，子路闻过则喜，这些例子使得君子之过有了道德上的高度而令人仰视：不是因其有过，而是因其对待过错的态度。

正视自己的过错，是为了改正自己的过错。悔而不改，甚至是存心纵容，则会滑向恶行。所以孟子强调要知过速改，不要推诿，不要为自己寻找任何借口；王阳明告诫说，要悔而改之，否则还会滋生出新的过错。

古人历来重视改过自新，把它看成日新其德的重要内容。改过是一个人与自己的过错的抗衡，需要有直面过错的勇气和坚忍。周处可谓浪子改过的典范。

人皆有过，天子亦不能例外，因此中国传统伦理文化非常强调君主改过对于国家社会治理的重要意义。尧置敢谏之鼓，舜立诽谤之木，最大限度地听取不同的声音，改过迁善，福泽万民。

名　言

君子以见善则迁，有过则改。(《周易·益·象》)

人谁无过，过而能改，善莫大焉。(《左传·宣公二年》)

过则勿惮改。(《论语·学而》)

人之过也，各于其党。观过，斯知仁矣。(《论语·里仁》)

过而不改，是谓过矣。(《论语·卫灵公》)

惟以改过为能，不以无过为贵。(司马光:《资治通鉴》卷二百二十九,《唐纪四十五》)

所谓“知其不善则速改以从善”，曲折专以“速改”字上著力。(《朱子语类》卷二十一)

有过是一过，不肯认过又是一过。一认则两过都无，一不认则两过不免。(吕坤:《呻吟语·修身》)

“谏鼓”与“谤木”

【经典】

尧置敢谏之鼓[1]，舜立诽谤之木[2]，汤[3]有司直[4]之人，武王[5]立戒慎之鼗[6]，过若豪厘，而既已备之也。夫圣人之于善也，无小而不举；其于过也，无微而不改。尧、舜、禹、汤、文、武，皆坦然天下而南面焉。(《淮南子·主术训》)

【注释】

[1] 敢谏之鼓：传说尧设置一面“谏鼓”于庭，使民击鼓以进谏。

[2] 诽谤之木：传说舜在交通要道竖立木牌，即“谤木”，让人们在上面写谏言，表示自己时刻听从不同的意见。诽谤，此处指议论是非，指责过失。

[3] 汤：亦称“武汤”“成汤”，商朝的建立者。名履。

[4] 司直：官名。

[5] 武王：周武王，西周王朝的建立者。姓姬，名发。继承其父文王遗志，灭商，建立西周。

[6] 鼗（táo）：乐器名。有柄的小鼓，俗称拨浪鼓。

【大意】

古代传说中的圣王往往是能够听从不同意见、善于改正自己过失的人。尧在庭院中安了一面“谏鼓”，有不同意见的人可以击鼓进谏；舜在十字路口竖立了木牌，让老百姓把对自己的不满写在“谤木”上；商汤专门设置了“司直”的官职，主要职责是指陈自己的过失；周武王也设了一面类似于“谏鼓”的小鼓，欢迎大家批评自己。如此看来，哪怕很小的过失，也能够有防备的措施。有道德的人就是这样：不以善小而不为，不以恶小而护短。历史上的尧、舜、禹、汤、文、武，都是改正错误的典范。

【感悟】

“谏鼓”和“谤木”确实有之，《淮南子》《吕氏春秋》中都有记载。有学者说，现在的华表，就是由古代的“谤木”演变而来。圣王设立“谏鼓”和“谤木”，就是为了让老百姓指陈自己施政中的过失和不足，以便日新其德，福泽万民。

明代的政治家张居正说过，君主正视自己的过错，“亦不必置鼓立木，徒仿其迹”，只要能够“容受直言，不加谴责”，就可以了。张居正的本意是，“谏鼓”“谤木”只是一种形式，最根本的是要真正见善则迁，具有直面自己错误的勇气。

颜回不贰过

【经典】

有颜回者好学，不迁[1]怒，不贰[2]过。(《论语·雍也》)

【注释】

[1] 迁：移。

[2] 贰：再次。

【大意】

颜回是一个时刻注重提高自己道德修养的人，他自己犯的错误，不迁怒到他人身上；同样的错误，也绝不再犯。

【感悟】

谚云，人不能被同一块石头绊倒两次。但被同一块石头绊倒无数次的，也大有人在。

朱熹对“不迁怒，不贰过”的解释是：怒于甲者，不迁怒于乙；过于前者，不复过于后。看似简单，其实很难做到。无怪乎孔子慨叹，颜回死后，这样的人难得一见。

君子之过

【经典】

子贡曰：“君子之过也，如日月之食[1] 焉：过也，人皆见之；更也，人皆仰[2] 之。”(《论语 · 子张》)

【注释】

[1] 日月之食：日食和月食。

[2] 仰：仰望。

【大意】

孔子的弟子子贡说：“有德行的君子犯错误，如同日食和月食一样：他犯错误，如同日月的光华被侵蚀，大家都看得见；他改正错误，如同阴影散去，光华重新显现，大家都会仰望。”

【感悟】

此语出自孔子的弟子子贡之口，孟子对此颇为赞赏，并加以阐发。孟子认为，历史上像周公这样的圣人，也难免会有过失，但他能够改过，故毫不影响其圣人的美名。因此，真君子和伪君子的区别就在于，前者对待错误是“过则改之”，后者则不但是“过则顺之”，甚至强为之辩，文过饰非。

君子如常人，同样会犯错误。但君子之为君子，就在于他能够在错误中反思自己、提升自己：犯了错误，要坦坦荡荡，不掩饰；改正错误，要彻彻底底，不遗患。

没有人因为日食月食而否认日月的光辉，也没有人因为君子犯错误就怀疑君子的人格魅力。

真君子一定是闻过则喜、有过即改的人。

子路闻过则喜

【经典】

孟子曰：“子路，人告之以有过则喜。”(《孟子 · 公孙丑上》)

【大意】

孟子称赞子路：“仲由这个人，每当别人告诉他，他犯了什么错误的时候，他都表现出由衷的高兴。”

【感悟】

子路是孔子弟子，他勇武过人，性格耿直。他的缺点和他的优点一样鲜明：暴脾气、思考问题简单、说话直接。他是孔子最有性格的弟子，是受到孔子批评最多的弟子，也是孔子最喜欢的弟子之一。从孔子对子路的批评中可知，子路犯的错误一定不在少数。

孔子认可子路的一大优点，正是子路“闻过则喜”的品格。人们常遇到这样的人，当别人给他指出错误的时候，他或恼羞成怒，或开脱辩解，或表面接受但心里不以为然。可子路不是这样的人。当别人指出他所犯的错误时，他表现出谢意和喜悦。从子路的性格来看，他绝非标榜、作秀，也不是隐忍不发，而是由衷地感到喜悦，因为他知道，勇于承认自己的错误，并勇于改正错误，就离老师所说的“仁”又近了一步。

宋代学者周敦颐说，“仲由喜闻过，令名无穷焉”；程颐也说，子路闻过则喜，确可谓“百世之师”。

孟子论有过速改

【经典】

今有人日攘[1] 其邻之鸡者，或告之曰：“是非君子之道。”曰：“请损之，月攘一鸡，以待来年，然后已。”如知其非义，斯速已矣，何待来年？（《孟子·滕文公下》）

【注释】

[1] 攘（rǎng）：偷。

【大意】

有一个人每天都偷邻居一只鸡。有人劝他："偷人家东西，可不是君子该做的事情。"这个人回答说："这样吧，我减少偷鸡的次数，由每天偷一只鸡，改成每月偷一只鸡，这样下来，明年我就彻底不偷鸡了。"孟子听到这件事，感慨道：犯了错误就要赶快改正，为什么要等到来年呢？

【感悟】

由日攘一鸡到月攘一鸡，看似有了进步，但其实二者并无不同，因为其实质就一个字："盗"。

有过速改，何待来年？

周处改过除三害

【经典】

周处[1] 字子隐，义兴阳羡[2] 人也。父鲂，吴鄱阳太守。处少孤，未弱冠，膂力[3] 绝人，好驰骋田猎，不修细行，纵情肆欲，州曲患之。处自知为人所恶，乃慨然有改励之志，谓父老曰："今时和岁丰，何苦而不乐耶？"父老叹曰："三害未除，何乐之有！"处曰："何谓也？"答曰："南山白额猛兽，长桥下蛟，并子为三矣。"处曰："若此为患，吾能除之。”父老曰：“子若除之，则一郡之大庆，非徒去害而已。”处乃入山射杀猛兽，因投水搏蛟，蛟或沉或浮，行数十里，而处与之俱，经三日三夜，人谓死，皆相庆贺。处果杀蛟而反，闻乡里相庆，始知人患己之甚，乃入吴寻二陆[4]。时[5] 机不在，见云，具以情告，曰：“欲自修而年已蹉跎，恐将无及。”云曰：“古人贵朝闻夕改，君前涂尚可，且患志之不立，何忧名之不彰！”处遂励志好学，有文思，志存义烈，言必忠信克己。（《晋书》卷五十八，《周处传》）

【注释】

［1］周处：字子隐，西晋义兴阳羡（今江苏宜兴）人。相传少时横行乡里，被称为当地“三害”之一。

［2］义兴阳羡：古县名。治今江苏宜兴南。

［3］膂（lǚ）力：体力，筋力。

［4］二陆：指西晋文学家、名士陆机和陆云兄弟二人。兄陆机，字士衡，世称陆平原，文章以华美见称。弟陆云，字士龙。后陆机为司马颖所杀，陆云同时遇害。

［5］时：赶上。

【大意】

西晋人周处很小的时候就成了孤儿，到二十岁左右，已长成一个大力士。他喜欢打猎游玩，生活上不注重小节，总是自己想干什么就干什么，为害乡里。周处知道大家都讨厌他，也想改过自新。

在一次和大家闲谈的时候，他问乡里人：“今年的收成这么好，你们为什么还不高兴呢？”乡亲们说：“我们这里的三害还没除掉，怎么高兴得起来啊！”周处又问：“什么是三害啊？”乡亲们回答道：“山中的老虎，河里的巨蛟，再加上你周处，就是我们这里的三害。”周处说："原来你们是担心老虎和巨蛟啊，你们放心，我去除害。"乡亲们说："你若能除掉它们，那就不仅是帮我们除害了，还是全郡的大喜事啊！"于是周处就上山了。

他先是射杀了老虎，然后又下河与巨蛟搏斗。巨蛟有时浮出水面，有时又潜入水底，一直漂行了几十里，而周处在水中与它搏斗了三天三夜。当时，大家都以为周处已经葬身巨蛟之腹，于是奔走相告，开始庆贺。周处杀死巨蛟回来后，发现乡亲们都在庆祝他死了，终于知道人们多么厌恶他、憎恨他。

周处深受触动，就去向当时的名士"二陆"求教。他去的时候陆机没在家，只见到了陆云。周处一五一十地诉说了自己的苦闷，他说："我也想改过自新，但是蹉跎至今，大家对我的坏印象已经形成，只怕没法重新做人了。"陆云对他说："你说得不对。古人云：朝闻夕改。何况你还年轻，将来的路还长着呢。人不怕犯错误，怕的是没有改正错误的勇气和决心。如果你立志改过，又何必担心没有一个好名声呢！"

周处从此立志向善，不但在学业上有所成就，在道德上也得到了人们的称道。

【感悟】

据《晋书》记载，周处做官后，为人清正耿直，颇有政绩。少年周处的影子早已不复存在。常言道，浪子回头金不换。在历史上，周处可谓是浪子改过自新的典范。

周处的心理具有代表性：知错想改，但由于种种原因，就怕改不了。积恶名易，积善行难。冰冻三尺非一日之寒，长期形成的恶名，岂是一朝一夕改变得了的？这是人们犯错后的一种普遍心理，也是很多人无法自新的重要原因所在。

周处自新，在于其立志。人不怕有过错，就怕缺少改正过错的信心和决心。

周处自新，在于其行动。人不怕有过错，就怕得过且过，知错而不改。

周处自新，在于其反思。人不怕有过错，就怕缺乏直面过错的勇气。

王阳明论悔悟贵改

【经典】

侃[1] 多悔，先生曰："悔悟是去病之药，然以改之为贵。若留滞于中，则又因药发病。"（王阳明：《传习录》上）

【注释】

[1] 侃：薛侃，明代学者。字尚谦，潮州府揭阳（今属广东）人。王阳明的三大弟子之一，将阳明学传入岭南。

【大意】

薛侃做错了事，有悔恨之意。王阳明说："悔悟是去病的良药，但光有悔悟还不够，要以改正为贵。悔而不改，是将恶念留滞在心中，还会再做错事。"

【感悟】

在做错事的时候，大多数人都会心生悔意。有人悔而能改，去恶而从善；有人则有悔过之心，而无改正之行，过错仍是一颗恶的种子留在了心里。

故“悔改”，最可贵在“改”。清初的傅山曾说，“改”字，是学问人的第一精进功夫，人生不过是小的往大里改，短的往长里改，窄的往宽里改，躁的往静里改，轻的往重里改，虚的往实里改，摇荡的往坚固里改，龌龊的往光明里改。如此读书做事，只有益处，绝无害处。傅山讲得很透彻。

为学：学而不厌

导　语

“为学”是一个人进德修业的前提。古人认为，人并非生而知之，而是学而知之。为学的目的是增加学识，提升道德，而不是哗众取宠，追名逐利，故孔子推崇“古之学者为己”，批评“今之学者为人”。具有怎样的为学态度，如何为学，也是中国传统伦理文化中关于“德教”和“修身”的重要内容。

古人认为，为学贵在勤奋，推崇勤奋好学的品德，将其视为成就学业、事业的前提和保证，也是一个人崇德向善的良好德行。孔子学而不厌，韦编三绝，是学人之万世师表；匡衡凿壁偷光，终成大学问家；怀素秃笔成冢，练就一代“草圣”。悬梁刺股、囊萤映雪、负薪挂角、映月读书，这些中国人耳熟能详的励志苦读故事，千百年来激励人们勤奋好学、刻苦上进。

古人认为，为学贵在惜时，将时间比喻为逝者如斯的匆匆流水，是不可逆的生命过程，告诫人们：明日复明日，万事成蹉跎；少壮不努力，老大徒伤悲。三国时董遇治《老子》《左传》，以三余之日读书，都是珍惜时间、勤奋苦读的生动范例。

古人认为，为学贵在坚持，人生的不同阶段都需要学习。为学是一个人终生不辍的功夫，少而好学，如日出之阳；壮而好学，如日中之光；老而好学，如秉烛之明。为学考验的是一个人在学习过程中心不两用的专心程度，不能只是幻想鸿鹄将至而无所作为、一事无成；考验的是一个人对待学问的钻研精神和毅力，像孔子学琴那样坚持不懈，学无止境，终成大器。

古人认为，为学贵在方法，好方法是促使人专心治学、学有所成的路径。宋代，朱熹同陆九渊兄弟就为学进德之方进行研讨、辩论。朱熹以陆九渊之教人为太简，陆九渊以朱熹之教人为支离。双方观点交锋，无法弥合分歧，但留下了“鹅湖之会”的千古佳话。

名　言

学而时习之，不亦说乎？（《论语·学而》）

学而不思则罔，思而不学则殆。（《论语·为政》）

学而不厌，诲人不倦。（《论语·述而》）

古之学者为己，今之学者为人。（《论语·宪问》）

吾尝终日而思矣，不如须臾之所学也。（《荀子·劝学》）

玉不琢不成器，人不学不知道。（《礼记·学记》）

人一能之，己百之。人十能之，己千之。（《礼记·中庸》）

少壮不努力，老大徒伤悲。（《汉乐府·长歌行》）

非学无以广才，非志无以成学。（诸葛亮：《诫子书》）

三更灯火五更鸡，正是男儿读书时。黑发不知勤学早，白首方悔读书迟。（颜真卿：《劝学》）

少年辛苦终身事，莫向光阴惰寸功。（杜荀鹤：《题弟侄书堂》）

犬守夜，鸡司晨，苟不学，曷为人？（王应麟：《三字经》）

一寸光阴一寸金，寸金难买寸光阴。（《增广贤文》）

秉烛之明

【经典】

晋平公[1] 问于师旷[2] 曰："吾年七十，欲学恐已暮矣。"师旷曰："何不秉烛[3] 乎？"平公曰："安有为人臣而戏其君乎？"师旷曰："盲臣安敢戏其君乎？臣闻之：少而好学，如日出之阳；壮而好学，如日中之光；老而好学，如秉烛之明。秉烛之明，孰与昧行[4] 乎？"平公曰："善哉！"（刘向：《说苑·建本》）

【注释】

[1] 晋平公：春秋时晋国国君。名彪。

[2] 师旷：春秋时晋国乐师。字子野。目盲，精于音律，善奏琴。

[3] 秉烛：端着蜡烛。秉，执持。

[4] 昧行：在黑暗中行走。

【大意】

春秋时期，晋平公和乐师师旷两人谈论学习的事情。晋平公说："我现在已经七十岁了，这么大年龄再去学习，恐怕已经来不及了。"师旷说："那您为什么不端着蜡烛学习呢？"晋平公说："我和您说正经事呢，哪有为臣子的这样戏弄国君的？"师旷说："微臣哪里敢戏弄您呢？我听人说：少年好学，如同早上初升的太阳；中年好学，如同正午直射的阳光；老年好学，如同蜡烛的光亮。蜡烛的光亮虽然比不上日光，但总好过在黑暗中走路吧。"

【感悟】

少年时期人的精力最旺盛，是接受知识的最佳时期。如果在年轻的时候错失了学习的机会，虽说遗憾，但无论何时继续学习都犹未为晚。史载，荀子五十岁始游学于齐，公孙弘四十岁以后方读《春秋》，虽为晚学，但并不妨碍他们成为大儒。

学习是一个终身的过程。失之东隅，收之桑榆。秉烛夜行，犹胜于在黑暗中摸索。

孔子学琴

【经典】

孔子学鼓琴师襄子[1]，十日不进。师襄子曰："可以益[2]矣。"孔子曰："丘已习其曲矣，未得其数[3]也。"有间[4]，曰："已习其数，可以益矣。"孔子曰："丘未得其志也。"有间，曰："已习其志，可以益矣。"孔子曰："丘未得其为人也。"有间，有所穆然[5]深思焉，有所怡然[6]高望而远志焉。曰："丘得其为人，黯然[7]而黑，几然[8]而长，眼如望羊[9]，如王四国，非文王其谁能为此也！"师襄子辟席[10]再拜，曰："师盖云《文王操》也。"（《史记》卷四十七，《孔子世家》）

【注释】

[1] 师襄子：春秋时鲁国乐官。

[2] 益：进。指可以增加学习内容。

[3] 数：技法，要领。

［4］有间：过一段时间。

［5］穆然：深思的样子。

［6］怡然：和悦的样子。

［7］黯然：黝黑。

［8］几然：颀长。几，同“颀”。

［9］望羊：远望的样子。

［10］辟（bì）席：同“避席”，离开座位。

【大意】

孔子跟师襄子学鼓琴。苦苦练习了数日后，师襄子说：“弹得可以了。”孔子摇摇头说：“我只是掌握了这首曲子的技法，但还未得其要领。”

又练习了一段时间，师襄子说：“你已经掌握了曲子的要领，可以学习新曲子了。”孔子说：“不，我还未领会这首曲子的内涵。”仍苦练不辍。

又过了一段时间，师襄子认为孔子所弹琴曲已经有了内涵，但孔子仍认为还没有领悟到曲子的精髓，继续反复体会、钻研、揣摩。孔子默然沉思，直到文王的形象在琴曲中跃然而出，方欣喜怡然。

孔子说：“我看到了，那个人皮肤黝黑，体形颀长，眼光明亮悠远，像个统治四方的王者，此人若不是周文王还能有谁呢？”

孔子这种锲而不舍的精神，深深感动了师襄子。师襄子极其恭谨地避席而拜，说：“这就是老师所说的琴曲《文王操》啊！”

【感悟】

孔子学琴，最初是学习弹琴的技法，之后理解了琴曲的内涵，最后领悟到乐曲的精髓。这是一个循序渐进、逐步提高、精益求精的过程。而对于大多数人来说，也许为自己取得的小成绩而沾沾自喜，止步不前；也许中道而废，功亏一篑。

孔子是学而不厌、为学不已的典范。

韦编三绝

【经典】

孔子晚而喜《易》[1]，序、彖、系、象、说卦、文言。读《易》，韦编三绝[2]。曰："假我数年，若是，我于《易》则彬彬[3]矣。"（《史记》卷四十七，《孔子世家》）

【注释】

[1] 易：《周易》，上古卜筮之书。

[2] 韦编三绝：穿连竹简的牛皮绳多次断裂，形容一个人读书勤奋。韦，熟牛皮。三，表示多次。

[3] 彬彬：文质兼备。

【大意】

孔子晚年研究《周易》，对《易经》的部分做了解说，写了《彖》（上下）、《系辞》（上下）、《象》（上下）、《序卦》、《说卦》、《文言》、《杂卦》，共计十篇，被称为《十翼》。古代的文字都是写在竹简上，一片片竹简用牛皮绳穿起来。孔子在研读《周易》的时候，把穿竹简的牛皮绳都磨断了多次。他说："如果再给我一些时间，我对《周易》的文辞和义理都将领会得更深刻。"

【感悟】

关于才智，孔子说自己并非生而知之，只不过是好学罢了。他兼收并蓄，虚心求教，向师襄子学习鼓琴，向老聃问礼，入太庙每事问；他主张谦虚老实的学习态度，知之为知之，不知为不知；他十五岁就有志于学习，且终身学习不辍；他珍惜时光，面对逝者如斯、不舍昼夜的生命之流，发愤忘食，不知老之将至；他删《诗》《书》，作《春秋》，定礼乐，作《易传》，将传承古代文化作为自己的使命。孔子的一生，是学而不厌、诲人不倦的一生，孔子不愧为学人之万世师表。

弈秋诲二人弈

【经典】

弈秋[1]，通国之善弈者也。使弈秋诲二人弈。其一人专心致志，惟弈秋之为听。一人虽听之，一心以为有鸿鹄将至，思援弓缴[2]而射之。虽与之俱学，弗若之矣。为是其智弗若与？曰：非然也。（《孟子·告子上》）

【注释】

[1] 弈秋：古代对弈高手。名秋。

[2] 缴（zhuó）：系在箭上的生丝绳，射鸟用。

【大意】

弈秋是古代的对弈高手，他收了两个弟子，其中一个专心致志，全部心思都在听课上，另一个则心不在焉，总想着会不会突然飞过来一只大鸟，心里琢磨怎么用弓箭射鸟。两个人虽然都在学习，但学习的效果肯定不同。难道是他们的智商有什么不同吗？当然不是，只是因为他们用心的程度不同而已。

【感悟】

汉代的桓谭在《新论》中说过，让一个人同时左手画方、右手画圆，这是无论如何也做不到的。因为一心不能两用。

很多时候，学习的效果不在于智商的高下，而取决于是否专心致志。

凿壁偷光

【经典】

匡衡[1] 字稚圭，勤学而无烛，邻舍有烛而不逮[2]。衡乃穿壁引其光，以书映光而读之。邑人[3] 大姓文不识，家富多书，衡乃与其佣作而不求偿。主人怪问衡，衡曰："愿得主人书遍读之。"主人感叹，资给以书，遂成大学。(刘歆：《西京杂记》卷上)

【注释】

[1] 匡衡：西汉经学家。字稚圭，东海承（今山东枣庄东南）人。

[2] 逮：及，到。

[3] 邑人：乡里的人。

【大意】

匡衡是西汉人，他非常勤奋，夜里读书的时候苦于没有蜡烛，就把墙壁凿了一个小洞，借着邻居家的烛光来读书。乡里有一家人很有钱，藏书很多，匡衡就主动给他家做零工，而且不要工钱。主人很奇怪，问匡衡为何如此。匡衡说："我只想遍读您家里的藏书。"主人听罢，为他的勤奋所感动，就送给他很多书。如此勤奋苦读，匡衡终成西汉著名的大学问家。

【感悟】

中国历史上有不少寒门学子励志苦读而终成大器的故事。

古语有言，十年寒窗无人问，一举成名天下知。

"凿壁偷光"的故事中所蕴含的人穷志不穷，穷而发奋、苦学上进的精神，千百年来，激励了无数寒门学子。

少壮不努力，老大徒伤悲

【经典】

青青园中葵[1]，朝露待日晞[2]。阳春布德泽，万物生光辉。常恐秋节至，焜黄[3] 华叶衰。百川东到海，何时复西归？少壮不努力，老大徒伤悲。(《汉乐府·长歌行》)

【注释】

[1] 葵：植物名，即冬葵，我国古代重要蔬菜之一。

[2] 晞（xī）：晒。

[3] 焜（kūn）黄：颜色衰败的样子。

【大意】

清晨，园中青青的葵菜沾满了露水，期待着太阳的照耀，沐浴在阳光中。春天把希望洒向大地，万物生机勃勃，一派繁荣。可是到了秋天，华美的叶子也要枯黄衰落。百川东流奔向大海，何时才能掉头向西？人在年少时如果不努力，年老时就只能徒劳地伤感悔恨。

【感悟】

流水向东，逝者如斯，人生易老，青春不再，古人告诫今人，应该珍惜每一分每一秒，抓住青春年少、生机勃发的大好时光，刻苦学习，勤奋上进。

董遇三余读书

【经典】

人有从学者，遇[1]不肯教，而云“必当先读百遍”。言“读书百遍而义自见[2]”。从学者云：“苦渴无日。”遇言“当以三余”。或问三余之意，遇言“冬者岁之余，夜者日之余，阴雨者时之余也”。（《三国志》卷十三，《魏书·王肃传》注引《魏略》）

【注释】

[1] 遇：董遇，三国时魏国人。

[2] 见：同“现”。

【大意】

三国时魏国的董遇学识渊博。有人向他请教如何做学问，董遇不肯教，只是告诉求学者要先把书读上一百遍，书读百遍，自然就理解书中的内容了。求学者问，哪里有那么多时间读书呢？董遇说，何不把“三余”的时间用来读书？求学者对何为“三余”大惑不解，董遇解释道，所谓“三余”，就是“冬者”“夜者”“阴雨者”。原来，董遇做学问的秘诀就是利用一切闲暇时间来读书。

【感悟】

读书需要时间，时间从何而来？古人认为，时间是不愁不够用的，关键是要学会利用时间。汉代大儒董仲舒潜心做学问，三年不窥园；三国时董遇治《老子》《左传》，无一日闲暇。这些事例告诉人们，只要真正好学、立志勤学，读书的时间是完全能够挤出来的。

江泌映月读书

【经典】

泌[1] 少贫，昼日斫[2] 屧[3] 为业，夜读书随月光。光斜则握卷升屋，睡极堕地则更登。(《南史》卷七十三，《江泌传》)

【注释】

[1] 泌：江泌，南齐人。

[2] 斫（zhuó）：本义为大锄，引申为砍、斩。

[3] 屧（xiè）：同“屟”，古代鞋的木底。

【大意】

南朝人江泌少年时家境贫寒，他白天要靠给别人做木头鞋底为生，晚上才能借着月光读书。月光西斜，光亮照不到屋子里面，他就爬上屋顶；看书睡着了从屋顶上掉下来，他就再爬上去接着读书。

【感悟】

这又是一个励志苦读的故事。“燃荻为灯”“折蒲学书”“累日不爨”……这样的故事在历史上还有很多。

学习本身是一个艰苦的过程，勤奋好学既是一个人事业成功的先决条件，也是一个人意志品质的体现。在艰苦的条件下仍然能够坚持学习，不自暴自弃，不怨天尤人，则更能体现出一个人的意志品质。

怀素秃笔成冢

【经典】

怀素[1] 疏放，不拘细行，万缘[2] 皆缪[3]，心自得之。于是饮酒以养性，草书以畅志。时酒酣兴发，遇寺壁里墙、衣裳、器皿，靡不书之，贫无纸可书，尝于故里种芭蕉万余株，以供挥洒。书不足，乃漆一盘书之；又漆一方板，书至再三，盘板皆穿。（陆羽：《僧怀素传》，见《全唐文》卷四百三十三）

释怀素，字藏真，俗姓钱，长沙人，徙家京兆。……初励律法，晚精意于翰墨，追仿不辍，秃笔成冢。(《宣和书谱》卷十九)

【注释】

[1] 怀素：唐代书法家。僧人。精勤学书，以善“狂草”闻名。

[2] 万缘：一切因缘。佛教谓事物生发、变化和灭没的主要条件为因，辅助条件为缘。

[3] 缪：通“谬”，伪诈。

【大意】

怀素是唐代的大书法家。他性格豪放，不拘小节，不看重外物，而注重心性修养。饮酒、练字是当时的文人雅事，怀素就以此来涵养心性、顺遂心志。

怀素尤其喜爱书法，精勤学书，墙壁内外、衣服、器皿都被他用来练字。他家里穷苦，没有钱买纸，他就种了万余株芭蕉，用芭蕉叶当纸。对于勤奋的怀素来说，这些芭蕉叶也远远不够。于是他就又漆了一个盘子，还有一块质地坚硬的木板，然后在盘子上、木板上写字，写完了用湿布一擦，又可以重写。就这样写了擦、擦了写，天长日久，盘子、木板都被磨穿了。他用秃的笔也不计其数，一支一支越积越多，秃笔堆得像座小山，成了笔冢。

功夫不负有心人，勤学苦练的怀素终于成为著名的大书法家，尤其擅长草书，成为一代“草圣”。

【感悟】

勤则艺精。一笔一画，皆是功力所在。怀素之所以能够成为名垂青史、风格独具的草书大家，没有蕉叶书字、盘板皆穿、秃笔成冢的勤奋，难以达到如此高深的艺术境界。不独怀素，王羲之也有临池练字的传说。天赋固然重要，勤奋才最终铸就成功。

在任何领域，做任何一件事情，没有勤奋的精神，终将一事无成。正如韩愈在《进学解》中所说："业精于勤，荒于嬉"。

朱陆鹅湖之会

【经典】

孩提知爱长知钦，古圣相传只此心。大抵有基方筑室，未闻无址忽成岑[1]。留情传注翻蓁塞[2]，着意精微转陆沉。珍重友朋相切琢，须知至乐在于今。（陆九龄：《鹅湖示同志》）

墟墓兴哀宗庙钦，斯人千古不磨心。涓流积至沧溟水，拳石崇成泰华岑。易简工夫终久大，支离事业竟浮沉。欲知自下升高处，真伪先须辨只今。（陆九渊：《鹅湖和教授兄韵》）

德业流风夙所钦，别离三载更关心。偶携藜杖出寒谷，又枉篮舆度远岑。旧学商量加邃密，新知培养转深沉。只愁说到无言处，不信人间有古今。（朱熹：《鹅湖寺和陆子寿》）

【注释】

[1] 岑（cén）：小而高的山。

[2] 蓁（zhēn）塞：荆棘丛生。蓁，通"榛"，荆棘。

【大意】

南宋淳熙二年（1175 年），吕祖谦为了调和朱熹与陆氏兄弟之间的思想分歧，邀请朱熹和陆九渊、陆九龄等到信州（今江西上饶市西北）鹅湖寺相会，讨论学术问题，就为学进德方法展开辩论，史称“鹅湖之会”。

鹅湖之会上，朱陆双方各持己见，并赋诗明志。陆九龄赋诗认为，古圣人相传之道心，即人从孩提之时就具有的良善之本心。强调发明本心，确立自我主体是根本；如果忽视这个基础，而把精力放在古人的传注之学上，就会荆棘丛生，阻塞正道；刻意追求精微反而会被隐没，不会有什么好结果。

陆九渊之诗的大意是，人见墓墟则兴哀心，见宗庙则起敬心，皆出自然，若欲下学上达，发明此心、本心方是正途。尽管涓流可以汇成大江，小块的石头可以垒成高山，但如果把注意力放在点滴积累上而忽视立乎其大，做学问就会沉溺于支离事业。

三年后，朱熹写了一首诗，认为读书穷理可以培养新知，新知从旧学中来，旧学新知一脉相承。

【感悟】

朱熹与陆氏兄弟都是宋代名满天下的大学者。以朱熹为代表的一派，称为理学。以陆九渊为代表的一派，称为心学。理学与心学在哲学上见解各异，在为学进德方法上的主张也大不相同。

鹅湖之会，吕祖谦意在调和朱陆之间的分歧。在三天的讨论中，双方切磋学问，赋诗言志，但并未达成一致。朱熹认为，做学问应泛观博览，而后归之约。陆氏兄弟认为，应先立其大，发明本心，然后再去博览。朱以陆之教人为太简，陆以朱之教人为支离。

据《陆象山先生全集》中的记载，陆九渊吟出“易简工夫终久大，支离事业竟浮沉”一句时，朱熹已面露不悦。显然陆九渊认为，自己提倡的发明本心是博大悠久的易简功夫，而讥讽朱熹的即物穷理是方法上的繁复，是终究会沉沦的支离事业。据说，当最后两句“欲知自下升高处，真伪先须辨只今”一出口，朱熹的脸色变得非常难看。

虽然朱陆之间的学术观点无法弥合，但他们对为学进德之方的讨论，令后人深思，也留下了“鹅湖之会”的千古佳话。

《三字经》中的苦读郎

【经典】

头悬梁[1]，锥刺股[2]，彼不教，自勤苦。如囊萤[3]，如映雪[4]，家虽贫，学不辍。如负薪[5]，如挂角[6]，身虽劳，犹苦卓。(王应麟：《三字经》)

【注释】

[1] 头悬梁：东汉人孙敬读书的故事。史载，孙敬喜闭门读书，当睡意来袭之时，就用绳子把自己的头发吊在屋梁上，瞌睡时刚一低头，头皮就被扯得生疼，以此赶走睡意。

[2] 锥刺股：战国时期苏秦读书的故事。据《战国策》记载，苏秦发奋苦读。困了，就用锥子扎自己的大腿，鲜血一直流到脚上。痛楚赶走了睡意，他又接着读书。

[3] 囊萤：晋人车胤读书的故事。车胤在夏夜读书，没有油灯，便把萤火虫收集在一个袋子里，用萤火虫的光亮来照明。

[4] 映雪：晋人孙康读书的故事。孙康家贫，冬夜没有油灯，就借着雪地上反射的光亮来读书。

[5] 负薪：汉代人朱买臣读书的故事。朱买臣少年时以卖柴为生。

他一边背柴，一边读书。

[6] 挂角：隋末人李密读书的故事，李密小时候替人放牛，骑牛时，把书挂在牛角上，边走边看。

【大意】

孙敬头悬梁苦读，苏秦锥刺股发奋；车胤囊萤夜读，孙康映雪读书；朱买臣边背柴边读书，李密边放牛边读书。

【感悟】

这些故事是中国人耳熟能详的励志苦读的故事。古人将故事凝练为成语，写进《三字经》等蒙学读物，树立为后人勤奋苦读的人生样板，激励着一代代学子，通过寒窗苦读书写自己的命运。

自省：见贤思齐

导语

“自省”是中国传统伦理文化中一种重要的为学进德修养方法，是一个人为实现道德进步而对自己的反思、反省的过程和功夫。古人认为，一个人只有肯于自省、善于自省并坚持自省，才能在道德上不断进步。

自省体现的是一个人强烈的道德自律精神。它能使一个人充当自己的道德“判察官”，时刻判断自己有可能出现的各种过错，以便及时纠正错误，完善自身。捡拾两块天竺山的奇石，本无可厚非，但白居易会从中反思自己此举“伤清白”。甚至，即便没有任何过错，也要像曾子那样“三省吾身”，自问、自责在日常生活中的每一件事上是否都尽伦尽责，问心无愧，并把它看成一个人接近仁德的入门途径。

自省是修身的必要过程和方法。“孔子闻歌立教”的故事告诫人们，应当理性地选择生活，无论江湖上是澄澈如镜还是浊浪滔天，都要坚持自己的操守，不能随波逐流；“韦弦之佩”的故事旨在说明，人对自己要有清醒的认识，发现自己的缺点，并想办法改正自己的缺点，正如性急者佩韦自诫，性缓者佩弦自省；“刘备叹髀里肉生”的故事提醒人们，要对自己保持高度警惕，如同刘备为自己“髀里肉生”慨然流涕、不允许自己丧失生活的斗志一样，不允许自己在道德上有些许的滑落和沉沦；“王阳明论省察克治”警示世人，不但要对自己的恶行反思自责，而且要对自己的恶念省察克治，从根源上扫除廓清。

中国传统伦理文化注重个人的道德修养，强调自省自励，见贤思齐，不断取得道德上的进步。

名　言

与人不求备，检身若不及。（《尚书·伊训》）

吾日三省吾身：为人谋而不忠乎？与朋友交而不信乎？传不习乎？（《论语·学而》）

见贤思齐焉，见不贤而内自省也。（《论语·里仁》）

内省不疚，夫何忧何惧？（《论语·颜渊》）

君子检身，常若有过。（《亢仓子·训道篇》）

破山中贼易，破心中贼难。（王阳明：《传习录》上）

喜来时一点检，怒来时一点检，怠惰时一点检，放肆时一点检。（吕坤：《呻吟语·修身》）

暗室亏心，神目如电。（《增广贤文》）

平生只会说人短，何不回头把己量？（《增广贤文》）

孔子闻歌立教

【经典】

有孺子[1] 歌曰："沧浪[2] 之水清兮，可以濯[3] 我缨。沧浪之水浊兮，可以濯我足。"孔子曰："小子听之：清斯濯缨，浊斯濯足矣。自取之也。"（《孟子·离娄上》）

【注释】

[1] 孺子：小孩子。

[2] 沧浪（cāng láng）：二解。一解为青苍色，一解为古河名称。

[3] 濯（zhuó）：洗涤。

【大意】

河边嬉戏的孩子们在唱一首歌谣："清澈的沧浪河水啊，可以洗涤我的帽带。浑浊的沧浪河水啊，可以冲洗我的双脚。"孔子听到了，对弟子们说："你们听好了：水清濯帽缨，水浊洗双足。清浊自取。"

【感悟】

如果把社会生活比作江河，它，有时澄澈如镜，有时浊浪翻滚。

只有不反省的人，才会随波逐流。

人在世间，清浊自取。

清兮浊兮，要靠自己的反省、判断和选择。

曾子三省其身

【经典】

曾子曰："吾日三省吾身：为人谋而不忠[1]乎？与朋友交而不信乎？传[2]不习[3]乎？"（《论语·学而》）

【注释】

[1] 忠：尽己之谓忠，竭尽所能做事情。

[2] 传：受之于师。

[3] 习：熟之于己。

【大意】

孔子的弟子曾参在一天中要多次反省：为人谋事是否竭尽全力？和朋友交往是否做到诚信？老师传授的知识是否温习实践？

【感悟】

善于自省并肯于自省的人，方能及时发现自己的缺点和错误。

善于自省并肯于自省的人，方能于人伦日用之间提高自己的修养。

善于自省并肯于自省的人，方能做到有则改之，无则加勉，时刻对自己保持高度的警觉。

因此，自省既是一种修养方法，也是一种修养境界。故朱熹在《论语集注》中说："曾子以此三者日省其身……可谓得为学之本矣。"

韦弦之佩

【经典】

西门豹[1] 之性急，故佩韦[2] 以自缓；董安于[3] 之心缓，故佩弦[4] 以自急。(《韩非子·观行》)

【注释】

［1］西门豹：西门氏，名豹，战国时魏国人。魏文侯时任邺令，发展当地农业生产。

［2］韦：熟皮带子。

［3］董安于：又称“董阏于”，春秋末晋国人。晋卿赵鞅之心腹家臣。

［4］弦（xián）：弓弦。

【大意】

西门豹的性子很急，他身佩熟皮带子，以此提醒自己切勿急躁；董安于是个慢性子，他身佩弓弦，时刻提醒自己不要优柔寡断。

【感悟】

只要用心，每个人都能发现自己的缺点，也都能想办法改正自己的缺点。正如性急者以身佩熟皮带子自诫，性缓者以身佩弓弦自励。

古语云：“知人者智，自知者明。”自知方能自省。

刘备叹髀里肉生

【经典】

备住荆州[1]数年，尝于表[2]坐起至厕，见髀里肉生，慨然流涕。还坐，表怪问备，备曰："吾常身不离鞍，髀肉皆消。今不复骑，髀里肉生。日月若驰，老将至矣，而功业不建，是以悲耳。"（《三国志》卷三十二，《先主传第二》注引《九州春秋》）

【注释】

[1] 荆州：汉武帝所置十三刺史部之一。荆州在三国时位于三国接壤部，为兵家争夺之地。历史上有"刘备借荆州""大意失荆州"等典故。

[2] 表：刘表，东汉末年名士。字景升，山阳高平（今山东微山西北）人。汉室宗亲，荆州牧。

【大意】

汉末，刘备屡败于北方，投奔荆州牧刘表，称为兄弟。刘表虽表面上礼遇刘备，但暗地里却时刻提防他。一天，刘表宴请刘备，席间刘备如厕时看到自己大腿上长出的肉，不禁唏嘘感叹流涕。回到房间，刘表问刘备为何如此伤感，刘备说："我常年身不离鞍，大腿上没有一点肉。现在久处晏安，大腿上都长出肉来了。唉！时光飞逝，老之将至，想想自己一点作为都没有，故而伤感啊！"

【感悟】

很多时候，人的雄心壮志会被日复一日的安稳生活冲刷得不见踪影，进取心也会沉湎在物质享乐中不能自拔。长此以往，不仅安于现状，也放弃了对生活的思考和追问，消弭了拼搏的斗志。刘备忧心的，正是在物质生活优渥的环境中消磨了志向，“老将至矣，而功业不建”。感慨“髀里肉生”，是刘备的自省自励。

白居易的反省诗

【经典】

三年为刺史，饮冰复食檗[1]。唯向天竺山[2]，取得两片石。此抵有千金，无乃伤清白。[白居易：《三年为刺史（二首之二）》，见《全唐诗》卷四百三十一]

【注释】

[1] 檗（bò）：同“蘗”，黄蘗，落叶乔木。

[2] 天竺山：山名。位于杭州西、灵隐寺南。

【大意】

在杭州做了三年的刺史，一直过着清苦的日子。如果说行为有什么瑕疵的话，那就是从天竺山捡回两块石头了。纵使这石头价值千金，又怎么抵得上做人的清白！

【感悟】

到山上游玩，兴之所至，捡拾两块奇石，此事说小也小，但说大也大，因为对两块石头的喜爱损伤的是自身的清白，还有可能滋生出更多的贪欲。

人的贪欲往往始于某种爱好、嗜好，如不加省察克治，最终将欲壑难填。

王阳明论省察克治

【经典】

省察克治之功，则无时而可间，如去盗贼，须有个扫除廓清[1]之意。无事时，将好色、好货、好名等私，逐一追究，搜寻出来，定要拔去病根，永不复起，方始为快。常如猫之捕鼠，一眼看着，一耳听着，才有一念萌动，即与克去，斩钉截铁，不可姑容[2]，与他方便，不可窝藏，不可放他出路，方是真实用功，方能扫除廓清。（王阳明：《传习录》上）

【注释】

［1］廓清：肃清。

［2］姑容：姑息，纵容。

【大意】

人的自省功夫，就像抓盗贼一样，要在心里有肃清盗贼的意念。在没有苗头的时候，就要把自己好美色、好财货、好名声等私病，全部搜寻出来，找到病根，彻底拔去，永不复发。就如同猫抓老鼠一样，眼睛盯着老鼠的动向，耳朵听着老鼠的动静，一旦老鼠出洞，绝对不给它一点活路；人的自省也是一样的，一旦发现自己的恶念萌动，即刻根除，斩钉截铁，只有这样，才叫真正的修养功夫，才可扫除肃清恶念。

【感悟】

王阳明认为，一念发动即是行，恶念即是恶，恶念萌动必然导致恶行，因此不仅要如秋风扫落叶一样无情扫荡，而且要肃清余孽，斩草除根。

在王阳明看来，自省防范的是恶念，他认为，“破山中贼易，破心中贼难”，恶念就是“心中贼”。恶念正是恶行的发端，自省是要自觉自励，从根子上杜绝恶念恶行的发生。

为官者的昼思夜想

【经典】

士君子常自点检，昼思夜想，不得一时闲，却思想个甚事？果为天下国家乎，抑[1] 为身家妻子乎？……士君子高官重禄，上借[2] 之以名分，下奉之以尊荣，为汝乎，不为汝乎？（吕坤：《呻吟语·修身》）

【注释】

[1] 抑：或者。

[2] 借：给予。

【大意】

士君子要常自我反省，白天思夜里想，一刻也不可放松。要想些什么事情呢？要想想自己是为天下国家辛苦操劳呢，还是只为自己的妻子儿女打算？士君子享受高官厚禄，君主赐予其名誉和地位，下属对其百般尊敬，要想想是为了什么呢？

【感悟】

吕坤讲，要昼思夜想，为官究竟是为了什么？他所说的自省，讲的是自省居官之德，即封建士大夫忠于天下国家的品德操守，士君子要懂得摆正天下国家与自己私利的关系。

修身：修身以为基

导 语

“修身”是一个人在道德上的自我磨炼、自我提高的活动，它既是完善个人的需要，也是培育良好社会风尚的重要方面。中国传统伦理文化认为，培养良好的道德品质既要靠外在的道德教育，也要靠主体内在的道德修养，即注重修身。

中国自古就有重视修身的传统。商汤《盘铭》“日新”，强调日新其德，才能成为道德上的新民；周公旦告诫成王需“无逸”，才可避免殷纣的前车之鉴。孔子、孟子、荀子汲取了前人关于修身的思想资源，使儒家的修身理论进一步系统化、理论化、完备化，至战国时期儒家经典《大学》中的“八条目”，已明确提出“修身为本”的主张。除儒家外，道家、墨家、法家等均提出了各具特色的修养论。

古人认为，一个人道德品质的高下更取决于个人主观努力和后天环境的熏染。故墨子见染丝而叹，告诫人们要慎重交友；孟子比较西施与丑人，强调人的善端只是道德资质，更重要的是后天的修身功夫。

古人认为，道德修养是一个系统工程，其中包括：

存养的功夫。儒家强调要像爱护“牛山之木”一样，爱护和扩充先天的善性，使之不流失也不丧失；道家则强调既养身也养心，如得道之人女偊那样，去除机心的桎梏，摒弃物质的负累，放弃名利的侵害，消弭生死的界限。

挑战自我的功夫。古人认为，道德修养是一个人基于对完美道德人格的渴望而进行的选择，贵在坚持但却永无止境，因此修身万万不可画地自限。

克治欲念的功夫。杨秉的“三不惑”说明，在修身过程中会遇到许多考验，它们如同一道道关隘，考验人们的道德定力。吕坤认为，人的欲望本身无所谓善恶，但人如何对待欲望，却是一个善恶问题。能否把持住自己的欲望，是否节制自己的私欲，是分辨君子与小人、圣人与凡人的道德试金石。魏源认为，人的修身“日在歧途两界之中”，是一个漫长而艰苦的过程，是以善念克治恶念的灵魂之旅。

名　言

君子终日乾乾，夕惕若，厉，无咎。（《周易·乾》）

见善如不及，见不善如探汤。（《论语·季氏》）

博学而笃志，切问而近思。（《论语·子张》）

大德必得其位，必得其禄，必得其名，必得其寿。（《礼记·中庸》）

君子，不可以不修身。（《礼记·中庸》）

身修而后家齐，家齐而后国治，国治而后天下平。自天子以至于庶人，壹是皆以修身为本。（《礼记·大学》）

人之性也，善恶混，修其善则为善人，修其恶则为恶人。（扬雄：《法言·修身》）

正心以为本，修身以为基。（司马光：《交趾献奇兽赋》）

才者，德之资也；德者，才之帅也。（司马光：《资治通鉴》卷一，《周纪一》）

修其心、治其身，而后可以为政于天下。（王安石：《洪范传》）

种树者必培其根，种德者必养其心。（王阳明：《传习录》上）

天下无难处之事，只消两个如之何；天下无难处之人，只要三个必自反。（《增广贤文》）

《盘铭》“日新”

【经典】

汤之《盘[1] 铭[2]》曰：“苟[3] 日新[4]，日日新，又日新。”（《礼记·大学》）

【注释】

[1] 盘：古代的盥洗之器，青铜制。

[2] 铭：铸在青铜器上的文字，以示警诫。

[3] 苟：如果，假如。

[4] 日新：一天天地更新。

【大意】

商汤盥洗之器上铸着这样的文字：“一个人如果能够日新其德，就会在道德上不断取得进步。”

【感悟】

为了激励和警示自己，商汤铸铭以“日新”明志。

古人很强调对自己身心的洗涤，如《礼记·儒行》言“澡身而浴德”，指荡涤尘垢，沐浴于德。宋代的杨万里说，一个人头垢则思沐，足垢则思濯，为什么心灵的污垢却听之任之、不想清洗呢？

因此，人要不断地沐浴其身以去垢，也要不断地洗濯其心以去恶，以达到道德的日新。

日新是道德修养的目标，更是一个不间断的修养过程。人的道德修养永无止境，唯其如此，才可以成为一个道德上的“新民”。

周公告诫成王无逸

【经典】

周公[1] 曰：“呜呼！君子所其无逸。先知稼穑[2] 之艰难，乃逸，则知小人[3] 之依。……”……周公曰：“呜呼！继自今嗣王，则其无淫[4] 于观、于逸、于游、于田，以万民惟正之供。”（《尚书·无逸》）

【注释】

［1］周公：西周初重要政治家。姓姬，名旦。周文王之子，周武王之弟。周武王死后，以摄政王之职辅佐周成王，东征平定管蔡之乱，提出德治思想。

［2］稼穑：泛指农业劳动。播种为稼，收获为穑。

［3］小人：小民。

［4］淫：沉溺。

【大意】

周武王死后，年幼的周成王即位。周公担心周成王会沉溺于享乐，专门写了这篇《无逸》，告诫周成王殷鉴不远，要体会民生之苦，知道稼穑之艰难，不能沉溺在观赏、游玩、田猎的享乐中。

【感悟】

古人认为，一人有庆，兆民赖之。在中国古代社会，推行德治的重要条件，是为政者个人要有良好的道德品质，因此道德修养对于为政者来说是事关治国理政的要事。君仁，则天下莫不仁；君正，则天下莫不正。君仁、君正，要体现在知百姓民生之艰难，不能贪图安逸享乐。

孔子批评弟子画地自限

【经典】

冉求[1] 曰："非不说[2] 子之道也，力不足也。"子曰："力不足者，中道而废。今女画[3]。"（《论语·雍也》）

【注释】

[1] 冉求：孔子弟子。冉氏，名求，字子有，春秋末鲁国人。鲁国贵族季氏的家臣。

[2] 说：同"悦"。

[3] 画：画地自限。

【大意】

在讨论修身问题时，冉求说："老师，并不是我不赞同您的观点，只是我达不到您说的修养目标。"孔子说："所说的达不到，是指中途而废；而你，根本连做都没做，怎么就知道达不到呢？你这是画地自限，不求进取。说到底，不是达不到，而是不想达到啊！"

【感悟】

道德修养是终身之功，需要日积月累，而非一蹴而就。孟子曾以打井为喻，“掘井九轫而不及泉，犹为弃井也”。行百里者半九十。修养贵在坚持。

道德修养是个人的主动追求，“我欲仁，斯仁至矣”。你是什么样的人，在于你想成为什么样的人。

为自己在道德进步上不努力寻找任何借口，都是孔子所说的画地自限。

墨子叹染丝

【经典】

子墨子[1] 言[2] 见染丝者而叹，曰：“染于苍[3] 则苍，染于黄则黄，所入者变，其色亦变，五入[4] 必[5]，而已则为五色矣。故染不可不慎也！”（《墨子·所染》）

【注释】

[1] 墨子：春秋战国之际思想家、政治家，墨家创始人。名翟，宋国人。

[2] 言：据孙诒让《墨子间诂》，“言”字疑衍。

[3] 苍：青色。

[4] 五入：古代染丝的工艺。

[5] 必：同“毕”。

【大意】

一次，墨子来到染丝的作坊，看到了染丝的过程，感叹道：“染上青色，丝就变成了青色；染上黄色，丝就变成了黄色。所用的染料不同，丝的颜色就会有不同的变化，经过了五入的工艺后，丝就会变成各种颜色。可见，染色是一件大事，不可不慎重啊！”

【感悟】

墨子叹染丝，实际是在感慨环境对一个人道德养成的重要影响。他认为人的道德如同丝一样，为善成恶皆在于后天的熏染，在于所处的道德环境，特别是结交什么样的朋友。如果一个人结交了益友，则“家日益，身日安，名日荣”；如果一个人结交了损友，则“家日损，身日危，名日辱”。

女偊的修养之道

【经典】

南伯子葵[1]问乎女偊[2]曰：“子之年长矣，面色若孺子，何也？”曰：“吾闻道矣。”南伯子葵曰：“道可得学邪？”曰：“恶[3]！恶可！……吾犹守而告之，参[4]日而后能外天下；已外天下矣，吾又守之，七日而后能外物；已外物矣，吾又守之，九日而后能外生；已外生矣，而后能朝彻[5]；朝彻，而后能见独[6]；见独，而后能无古今；无古今，而后能入于不死不生。”（《庄子·大宗师》）

【注释】

[1] 南伯子葵：《庄子》中的人物，亦作“南伯子綦”。

[2] 女偊（yǔ）：古代的得道者。一说为妇人。

[3] 恶（wū）：叹词，表示惊讶。

[4] 参（sān）：同“叁”。

[5] 朝（zhāo）彻：清明澄澈。

[6] 见独：见到卓然独立的大道。

【大意】

女偊是古代的得道之人，传说她保养得非常好。一次，南伯子葵问她：“您年龄也不小了，为什么面色看起来和小孩子一样，如此年轻？”女偊说：“因为我是修道之人。”南伯子葵问：“道是可以学的吗？”女偊说：“不是的，道不是学来的，而是修养而来的。我给你说说吧。按照道家的修养方法，三天之后就能够忘记社会上的一切利害纷争；再过七天就能够忘记自身之外的一切存在；再过九天连自我也忘记了；忘记了自我，人就到了一个清明澄澈的境界中，就可以看见独来独往、无始无终的宇宙大道；此时，就能够进入无古无今的状态，并进一步达到不生不死、无生无死的最高境界。”

【感悟】

女偊的修养之道，既养生也养心。

按照道家的观点，人要去除机心的桎梏，摒弃物质的负累，放弃名利的侵害，甚至人要忘记自我的存在。只有这样，宇宙大道才会显露出来，如同清晨那清明澄澈的平旦之气。至此，修养的方法成为修养的境界：空间上无隔阻，时间上同古今，生与死道通为一。

道家的修养之道，强调的是不让物质欲望钳制住身心。

孟子巧喻论修养

【经典】

西子[1] 蒙不洁[2]，则人皆掩鼻而过之。虽有恶人[3]，齐[4] 戒沐浴，则可以祀上帝[5]。(《孟子·离娄下》)

【注释】

[1] 西子：古代美女西施。

[2] 不洁：污秽。

[3] 恶人：貌丑之人。

[4] 齐：同“斋”，斋戒。

[5] 上帝：天帝。

【大意】

美女西施如果沾染上污秽之物，人人看见她都会掩鼻匆匆而过。一个人长得特别丑陋，但如果斋戒沐浴，洁净其身，也可以祭祀上帝。

【感悟】

人有先天的妍媸，这是人的自然禀赋。但先天的资质再好，哪怕如西施那样天生丽质，如果沾染上污秽之物，又有谁愿意多看她一眼？

与人的自然资质一样，人也有道德上的资质，这就是儒家所说的人性。孟子言性善，强调的是成善的可能性。人如果自恃资质优良而放弃后天的道德修养，任由本性流失和物欲蒙蔽，则善端丧失殆尽而近于禽兽。

因此，孟子的性善论在给人以道德自信的同时，也在时刻提醒人们：善端固然重要，后天的修身更为重要。

牛山之木

【经典】

牛山[1] 之木尝美矣。以其郊[2] 于大国也，斧斤伐之，可以为美乎？是其日夜之所息，雨露之所润，非无萌蘖[3] 之生焉，牛羊又从而牧之，是以若彼濯濯[4] 也。人见其濯濯也，以为未尝有材焉，此岂山之性也哉？虽存乎人者，岂无仁义之心哉？其所以放其良心[5] 者，亦犹斧斤之于木也，旦旦[6] 而伐之，可以为美乎？(《孟子·告子上》)

【注释】

[1] 牛山：齐国东南的山。位于今淄博市临淄南。

[2] 郊：郊区，邑外谓之郊。

[3] 萌蘖（niè）：树木的新芽。

[4] 濯濯（zhuó）：山无草木光秃的样子。

[5] 良心：儒家认为，良心是人先天具有的本然之善心。

[6] 旦旦：日日。

【大意】

齐国国都临淄的郊区有一座山，叫牛山。牛山上本来长满了茂密的树木，但由于靠近国都，因此树木遭到大肆砍伐。人们不但砍伐树木，还在山上放牧牛羊，草木茂密的牛山很快变得光秃秃。人们看到了光秃秃的牛山，以为它原本就寸草不生，其实，人们哪里知道牛山上曾经长满了茂密的草木呢？人也是如此。人之良心本善，但由于人不注重对先天善性的保持和扩充，对善良的幼芽大肆破坏，与光秃秃的牛山又有什么区别？

【感悟】

孟子从性善论出发，认为人性本善，就如同山上原本丰美茂密的草木。但先天的善性只是善端，即善的萌芽，只有对它呵护、保持和扩充，才可以长成道德的参天大树。

斧斤伐之，牛羊牧之，牛山日渐荒芜；人之良善的幼芽遭到破坏，人的善心就如同牛山一样，如果不加以爱护，天天去毁损它，日复一日，必然变得荒芜贫瘠。

儒家的“存心”“养气”“求其放心”，都是强调对先天善性的扩充、存养和爱护，都是修身的功夫，就如远离斧斤之伐和牛羊之牧一样，目的是防止人心善端的遗失和物欲的蒙蔽。

杨秉的“三不惑”

【经典】

秉[1] 性不饮酒，又早丧夫人，遂不复娶，所在以淳白[2] 称。尝从容言曰：“我有三不惑：酒、色、财也。”（《后汉书》卷五十四，《杨秉传》）

【注释】

[1] 秉：杨秉，东汉大臣。字叔节，弘农华阴（今属陕西）人。

东汉杨震之子。

[2] 淳白：品格高洁。

【大意】

杨秉是东汉名臣杨震之子。少承父业，博通经书。曾任豫、荆、徐、兖四州刺史及侍中、尚书等显职。他不喜饮酒，也不近女色，夫人早丧，但不再续娶。他从容坦荡地说："我有三不惑：不惑于美酒，不惑于女色，不惑于钱财。"

【感悟】

人在修养过程中会遇到许多考验，手中握有一定权力的官员比之于普通人遇到的方方面面的诱惑自然更多一些。这些诱惑如同一道道关隘，考验着人们道德修养上的定力。洁身自爱的人顺利过关，而有的人则在美酒、女色、钱财的诱惑下迷失了自己。

据史书记载，杨秉为官以廉洁著称，他不喜饮酒，可谓不惑于酒；妻丧不复娶，可谓不惑于色；下属送钱百万，闭门不受，可谓不惑于财。正因为有此"三不惑"，杨秉才可从容面对自己，评价自己。

吕坤论欲望与修身

【经典】

不见可欲[1] 时，人人都是君子；一见可欲，不是滑了脚跟，便是摆动念头。……把持[2] 则为贤者，两忘[3] 则为圣人。（吕坤：《呻吟语·存心》）

【注释】

[1] 可欲：可以引起欲望之物。

[2] 把持：把握住。

[3] 两忘：忘记外物，忘记自己。

【大意】

在看不到可以引起欲望之物时，每个人都是君子；一旦受到名利的诱惑，不是立场不稳，就是滋生恶念。能够把持住自己的人，就是贤德之人；能够做到物我两忘的人，则是圣人。

【感悟】

孔子说："富与贵，是人之所欲……贫与贱，是人之所恶。"但孔子强调，"不义而富且贵，于我如浮云"。孟子注重人的善端，但认为人如果按照欲望的牵引，则随时有近于禽兽的倾向。荀子认为，人之生而具有的饥而欲食、寒而欲暖、劳而欲息、好利而恶害的本性更接近于动物性，因此强调善是人为得来的。

古人认为，欲望人人都有，诱惑无处不在，关键是要把持住欲望。如何对待欲望，是区分君子与小人、圣人与凡人的道德试金石。

魏源论修养之不易

【经典】

一念之中，有屡[1] 舜而屡跖[2] 者，有俄[3] 人而俄禽者。一日之

中，有人多而禽少者，有跖多而舜少者。日在歧途两界之中。(魏源：《默觚[4] 上 · 学篇一》)

【注释】

[1] 屡：多次。

[2] 跖（zhí）：亦称“盗跖”，春秋战国之际人。

[3] 俄：不久，旋即。

[4] 觚（gū）：木简。

【大意】

一念中，有人多次经历了从善到恶又从恶向善的过程，一会儿表现出了人的一面，一会儿又表现出了禽兽的一面。一天中，有的人，人性体现得多一些，兽性体现得少一些；有的人，则丑陋的东西表现得多一些，而良善的东西表现得少一些。每天，人都徘徊在善恶的歧途上。

【感悟】

这段话选自清代著名学者魏源《默觚》一书，旨在说明修养的不容易。

人的道德修养实在是一个复杂、曲折的过程，绝非顺风顺水一蹴而就，而是以善念克治恶念的艰苦过程。一念中，充满了是非、善恶的纠结与抗衡；一天中，充满了人性和兽性的争夺与厮杀。良善战胜了邪恶，此即人；兽性压倒了人性，则没入禽兽一类。

一个有道德的人，永远行走在提升修养境界的路途上。

慎独：不自欺

导 语

“慎独”既是中国传统伦理文化所倡导的独特的修养方法，也是一种至高的修养境界。古人眼中的“慎独”，是指一个人在独处的时候，依然要自我约束，小心谨慎，不越轨，不逾矩，不为非，表里如一。

作为一种修养方法，慎独要求一个人依据自己所认同的道德观念，对自身的道德约束不因条件、场合的变化而有所改变。要做到居室如见宾，入虚如有人，谨慎行为，不愧屋漏；要遵循自己心中的大道，任何时候都走正路而不走旁门左道，行不由径，坦荡磊落；要做到不欺人亦不自欺，操守端正，举止有度，如蘧伯玉之不欺暗室；要像杨震那样，如同对待朗朗乾坤一样对待暮夜，时刻感觉到暗夜中天理、神明的严格监督，绝不苟且。总之，在古人看来，慎独是自律的准则，是心灵的规矩。

作为一种修养境界，慎独强调的是人对道德的高度自觉精神，强调人和道德的不可分离。中国古人特别是儒家认为，道德是人之为人的根据所在。如孟子认为，人若没有道德，便可归入禽兽一类；《中庸》强调道德与人“不可须臾离”。只有做到慎独，道德才真正是自主自律的。本篇所选取的“项仲仙饮马投钱”“徐积买肉”两个故事都属此类，它们所展示的也是慎独精神。

名　言

相在尔室，尚不愧于屋漏。(《诗经·大雅·抑》)

战战兢兢，如临深渊，如履薄冰。(《诗经·小雅·小旻》)

道也者，不可须臾离也，可离非道也。是故君子戒慎乎其所不睹，恐惧乎其所不闻。莫见乎隐，莫显乎微。故君子慎其独也。(《礼记·中庸》)

不愧屋漏为无忝，存心养性为匪懈。(张载：《西铭》)

慎独即不自欺。(《陆九渊集》卷三十四，《语录上》)

坐密室如通衢，驭寸心如六马，可以免过。(张镃：《仕学规范》卷十三，《行己》)

不要人夸好颜色，只留清气满乾坤。(王冕：《墨梅》)

万事劝人休瞒昧，举头三尺有神明。(《增广贤文》)

不愧屋漏

【经典】

相[1] 在尔[2] 室，尚[3] 不愧于屋漏[4]。(《诗经·大雅·抑》)

【注释】

[1] 相：视，看。

[2] 尔：你。

[3] 尚：当。

[4] 屋漏：古代室内西北角设置小帐之处，指隐秘的、不为外人所知的地方。

【大意】

一个人在屋子里独处的时候，也要如同他人在场的时候，重隐慎独，不愧于屋漏。

【感悟】

有道德的人当慎隐、慎独，居室如见宾，入虚如有人。有人在场和无人监督时一样，暗室独处和光天化日时一样，对自身的道德约束不因条件的变化而有所改变，心地坦荡，始终如一，这是人具有道德高度自觉的体现。

澹台灭明行不由径

【经典】

子游为武城宰[1]。子曰：“女得人焉尔乎?”曰：“有澹台灭明[2]者，行不由径[3]，非公事，未尝至于偃[4] 之室也。”(《论语·雍也》)

【注释】

[1] 武城宰：鲁国小城邑武城的行政长官。

[2] 澹台灭明：孔子弟子。澹台氏，名灭明，字子羽，春秋末鲁国武城人。

[3] 径：小路。

[4] 偃：子游的自称。

【大意】

孔子的弟子子游做了武城的行政长官。孔子问他：“你发现武城道德高尚的人了吗?”子游回答说：“有一个叫澹台灭明的人，做事坦荡，规规矩矩，非因公事从来不私下来我屋里。”

【感悟】

行不由径的人，不会走错路；非公不入的人，不会走邪路，他心里的道德准则是不能突破的。

正道才是阳关大道。

蘧伯玉不欺暗室

【经典】

灵公与夫人夜坐，闻车声辚辚[1]，至阙[2]而止，过阙复有声。公问夫人曰："知此谓谁?"夫人曰："此蘧伯玉[3]也。"公曰："何以知之?"夫人曰："妾闻礼，下公门，式路马，所以广敬也。夫忠臣与孝子，不为昭昭信节，不为冥冥堕行。蘧伯玉，卫之贤大夫也，仁而有智，敬于事上，此其人必不以暗昧废礼，是以知之。"公使视之，果伯玉也。(刘向:《列女传·卫灵夫人》)

【注释】

[1] 辚辚：象声词，车行声。

[2] 阙：古代宫殿前面的建筑，通常左右各一，中间空缺为道路，故名"阙"。

[3] 蘧（qú）伯玉：春秋时卫国大夫。名瑗。

【大意】

一天，卫灵公正与夫人夜坐闲聊，忽然听到远处车声辚辚，可车声到宫门时却戛然而止，过了宫门，车声又响起来，越来越远。

卫灵公问夫人："你知道刚才过去的人是谁吗?"夫人说："应该是蘧伯玉。"

卫灵公问："你怎么知道是他呢?"夫人说："按照礼的规定，经过国君宫室的大门应该下车，见到国君驾车的马要抚轼，以示敬上。有道德的君子、孝子不会在大庭广众之下信誓旦旦，不会在没有人能看到的地方就胡作非为。蘧伯玉是我们卫国的贤大夫，仁而有智，尽职守礼，这样的君子，一定不会因为暗夜而废礼。”

卫灵公派人出去看个究竟，果然不出夫人所料，此人正是蘧伯玉。

【感悟】

在众目睽睽之下，能够约束自己的行为，举止有度，行为检点，这是容易做到的；但是如蘧伯玉一样，在大家看不到的时候，依然能谨慎对待自己的一举一动，不改操守，这就不是人人都能做到了。

慎独如一，才是真正的道德君子，不欺人，不欺己，不欺心。

杨震暮夜拒金

【经典】

杨震字伯起，弘农华阴[1] 人也。……震少好学，受《欧阳尚书》于太常桓郁，明经博览，无不穷究。诸儒为之语曰：“关西孔子杨伯起。”……大将军邓骘闻其贤而辟之，举茂才[2]，四迁荆州刺史、东莱太守。当之郡，道经昌邑，故所举荆州茂才王密为昌邑令，谒见，至夜怀金十斤以遗震。震曰：“故人知君，君不知故人，何也?”密曰：“暮夜无知者。”震曰：“天知，神知，我知，子知。何谓无知!”密愧而出。后转涿郡太守，性公廉，不受私谒[3]。子孙常蔬食步行，故旧长者或欲令为开产业，震不肯，曰：“使后世称为清白吏子孙，以此遗之，不亦厚乎!”（《后汉书》卷五十四，《杨震传》）

【注释】

［1］华阴：地名。今属陕西。

［2］茂才：秀才。东汉时为避光武帝刘秀名讳，改“秀才”为“茂才”。

［3］私谒：因私事而请托。

【大意】

东汉名臣杨震，字伯起，是华阴人。杨震从小就爱好读书，博览群书，深究义理，人称“关西孔子”。当时，大将军邓骘听说杨震的才学和为人，就举荐他做了秀才。杨震做官后，多次升迁，官至荆州刺史、东莱太守。

一次，杨震在赴任途中经过昌邑县，他曾经推举过的昌邑县令王密深夜前来拜访。为感谢杨震的提携，王密要送给杨震十斤金子。杨震说：“老朋友了解你，你却不了解老朋友的为人。”王密说：“现在是夜里，没有人会知道这件事。”杨震道：“天知，神知，我知，你知。怎么说没有人知道此事？”听到此话，王密羞愧地告辞了。

后来，杨震又任涿郡太守。他清正廉洁，从不因私接受别人的请托。他对子孙家教很严，家里人生活俭朴，粗茶淡饭，安步当车。有人劝杨震趁自己有权的时候为家里人谋点利益，他不肯，说：“让后人称道这是清白官员的子孙，才是留下来的最丰厚的遗产。”

【感悟】

慎独就是要防止在众人的眼皮底下不敢做、羞于做的事情，却在暗地里大行其道。因此《呻吟语》中说，“暮夜无知”四个字实在是百恶的总根源。

真的是“暮夜无知”吗？“天知，神知，我知，你知。”

曾子说："十目所视，十手所指，其严乎！"心存自律的准则，就会时刻感受到洞悉一切的目光如芒刺在背，使暗夜中的恶念无处遁形。

项仲仙饮马投钱

【经典】

安陵清者[1]有项仲仙，饮马[2]渭水，每投三钱。（徐坚：《初学记》卷六，引《三辅决录》）

【注释】

[1] 清者：品格方正的人。

[2] 饮（yìn）马：让马喝水。

【大意】

安陵有一个人叫项仲仙，此人品格高洁。据说，他每次在渭水饮马，都要往河里投三文钱。

【感悟】

中国历史上还有一个与此类似的故事，说的是太原人郝子廉，每次到井里打水，均往井中投一文钱。

投钱河中，渭水不知，他人也不知，项仲仙图的是心安理得。

人，只有慎独如此，才能做到孔子所说的"从心所欲，不逾矩"。

徐积买肉

【经典】

（徐积）为母置膳，先过一卖肉家，将买之，遂向市中买他物。而归途有便道，稍近，且亦有卖肉家，将买之。因自念："吾已有所许，而忽他之，将无欺其初心乎？"卒迂道就故所卖肉家。（黄宗羲：《宋元学案·安定学案》）

【大意】

徐积是宋代的一个儒生。一日，他上街给母亲买肉。他先过一家肉铺，但因为还要到集市上买其他东西，于是决定回来再买这家肉铺的肉。买完其他东西返回家时走了另一条近路，路上也有肉铺，准备掏钱买。转念一想："我在来的路上已经许诺买那家肉铺的肉了，现在变卦，难道不是欺骗自己的初心吗？"于是，他绕道回去，买了原来那家肉铺的肉。

【感悟】

徐积是北宋大学者胡瑗的弟子，此人行为非常自律，"徐积买肉"就是例证之一。现在读"徐积买肉"的故事，难免有人会认为徐积的行为迂腐。

但以徐积的立场来看，既已心许，之后又心有旁骛，转而他之，是违背初心之举，是不对的。古人称道的，正是徐积的"无欺其初心"，这不是迂腐，而是修养境界。

报恩：涌泉相报

导 语

“报恩”在中国人的观念中，是做人的一种基本道德。中国有一句古语，“滴水之恩，涌泉相报”，说的正是知恩图报的道理。

中国传统伦理文化注重倡导传扬知恩图报、好人有好报的观念和行为。施恩的人并非为了图报，但受恩的人一定要知恩图报，施恩的人也会有好报。这样的施恩、报恩的道德运行机制，对维系社会生活的美好、温馨、和谐，发挥着积极作用。当年漂母救济穷困的少年韩信，并不是企望有什么回报，而韩信得到的不仅仅是果腹的物质食粮，更是激励他的精神动力。

中国传统伦理文化强调施恩者不以获得回报为目的，但主张受恩者对给自己以帮助、关爱的人，尤其是在自己身处困境时他人所给予的恩德，要永志不忘，给予回报，即“投我以木桃，报之以琼瑶”“人敬我一尺，我还人一丈”。忘恩负义的行为，自古遭人唾弃，为社会公序良俗所不齿。

知恩图报是人的基本道德，是人之为人的“资格”。哪怕是动物，如果它知恩图报，也令人感慨。

在中国传统伦理文化中，知恩图报几乎贯穿于所有的伦理关系。

孝敬父母，是对养育之恩的报答；公忠爱国，是对桑梓之恩的报答；亲邻友朋，是对扶助之恩的报答。梁启超曾说，中国人的一切道德无不以报恩为动机。

报德与报怨密切相关。传统道德提倡以德报德，唾弃以怨报德；提倡以直报怨，反对以德报怨。

名 言

投我以木桃，报之以琼瑶。（《诗经·卫风·木瓜》）

人之有德于我也，不可忘也；吾有德于人也，不可不忘也。（《战国策》卷二十五，《魏策四·信陵君杀晋鄙》）

利施者福报，怨往者祸来。（刘向：《说苑·复恩》）

施德者贵不德，受恩者尚必报。（刘向：《说苑·复恩》）

落其实者思其树，饮其流者怀其源。［庾信：《徵调曲（其六）》］

恩欲报，怨欲忘，报怨短，报恩长。（李毓秀：《弟子规》）

施惠勿念，受恩莫忘。（《增广贤文》）

孔子论以德报德

【经典】

或曰："以德报怨，何如？"子曰："何以报德？以直[1]报怨，以德报德。"（《论语·宪问》）

【注释】

[1] 直：正直。

【大意】

有一次，孔子的弟子问孔子："用恩惠来回报怨恨，您赞同吗？"孔子说："如果用恩惠来回报怨恨，那么，用什么来回报恩惠呢？我的观点是：用正直来回报怨恨，用恩惠来回报恩惠。"

【感悟】

在人际交往中，难免会产生两种结果：怨恨对方和感恩对方，即"报怨"和"报德"。

如何报怨？以怨报怨不可取，以德报怨同样不可取；以直报怨，则是可取的交往原则，做人做事要有操守、有立场，公允正直。

如何报德？以怨报德遭人唾弃，以德报德是值得赞赏的人生态度。人要知感恩、懂回报，也要让友善和爱心在人群中广为传递。

隋侯之珠

【经典】

隋侯[1] 见大蛇伤断，以药傅之，后蛇于江中衔大珠以报之，因曰隋侯之珠，盖明月珠也。(《淮南子·览冥训》高诱注)

【注释】

[1] 隋侯：隋国，古代国名。隋侯，姬姓的诸侯。

【大意】

隋国的国君看见路上有一条大蛇，因受伤而断为两截，隋侯就给受伤的蛇敷上药物，包扎起来。后来，伤愈的大蛇为了报答隋侯的救命之恩，从江中衔来一颗明珠送给他。这颗明珠光华璀璨，举世无双，人们都把它叫作“隋侯之珠”。

【感悟】

这是东汉高诱在注解《淮南子》时所讲的一个故事，故事中所说的“明月珠”，在历史上与和氏璧齐名。《史记》中有“随和之宝”的说法，“随”即“隋侯珠”，“和”即“和氏璧”；《庄子·让王》有“以随侯之珠，弹千仞之雀”之语；《淮南子》以“隋侯之珠”“和氏之璧”并称。晶莹璀璨的隋侯之珠，寄寓中国人对报恩美德的赞美与推崇。

豫让报智伯

【经典】

豫让[1]者，晋人也，故尝事范氏[2]及中行氏[3]，而无所知名。去而事智伯[4]，智伯甚尊宠之。及智伯伐赵襄子[5]，赵襄子与韩、魏合谋灭智伯，灭智伯之后而三分其地。赵襄子最怨智伯，漆其头以为饮器[6]。豫让遁逃山中，曰："嗟乎！士为知己者死，女为说己者容。今智伯知我，我必为报仇而死，以报智伯，则吾魂魄不愧矣。"乃变名姓为刑人[7]，入宫涂厕[8]，中挟匕首，欲以刺襄子。襄子如厕，心动，执问涂厕之刑人，则豫让，内持刀兵，曰："欲为智伯报仇！"左右欲诛之。襄子曰："彼义人也，吾谨避之耳。且智伯亡无后，而其臣欲为报仇，此天下之贤人也。"卒醳[9]去之。

居顷之，豫让又漆身为厉[10]，吞炭为哑，使形状不可知，行乞于市。其妻不识也。行见其友，其友识之，曰："汝非豫让邪？"曰："我是也。"其友为泣曰："以子之才，委质而臣事襄子，襄子必近幸子。近幸子，乃为所欲，顾不易邪？何乃残身苦形，欲以求报襄子，不亦难乎！"豫让曰："既已委质臣事人，而求杀之，是怀二心以事其君也。且吾所为者极难耳！然所以为此者，将以愧天下后世之为人臣怀二心以事其君者也。"

既去，顷之，襄子当出，豫让伏于所当过之桥下。襄子至桥，马惊，襄子曰："此必是豫让也。"使人问之，果豫让也。于是襄子乃数豫让曰："子不尝事范、中行氏乎？智伯尽灭之，而子不为报仇，而反委质臣于智伯。智伯亦已死矣，而子独何以为之报仇之深也？"豫让曰："臣事范、中行氏，范、中行氏皆众人遇我，我故众人报之。至于智伯，国士遇我，我故国士报之。”襄子喟然叹息而泣曰：“嗟乎豫子！子之为智伯，名既成矣，而寡人赦子，亦已足矣。子其自为计，寡人不复释子！”使兵围之。豫让曰：“臣闻明主不掩人之美，而忠臣有死名之义。前君已宽赦臣，天下莫不称君之贤。今日之事，臣固伏诛，然愿请君之衣而击之，焉以致报仇之意，则虽死不恨。非所敢望也，敢布腹心！”于是襄子大义之，乃使使[11]持衣与豫让。豫让拔剑三跃而击之，曰：“吾可以下报智伯矣！”遂伏剑自杀。死之日，赵国志士闻之，皆为涕泣。(《史记》卷八十六，《刺客列传》)

【注释】

[1] 豫让：春秋战国之际晋国人。初事范氏、中行氏，后来做智伯的家臣。智伯死后，他立志为智伯报仇。

[2] 范氏：晋六卿之一，食邑于范地，后来就用封地来称呼他的后人。

[3] 中行（háng）氏：春秋时晋国六卿之一。

[4] 智伯：一名荀瑶，亦作“智伯瑶”。春秋战国之际晋国六卿之一。曾与赵、韩、魏瓜分范氏、中行氏的封地。后来与韩、魏联合伐赵，反而为赵襄子所灭，其封地被三家瓜分，这就是历史上著名的“三家分晋”的故事。

[5] 赵襄子：赵无恤，春秋末晋国大夫。与韩、魏合谋，灭掉智伯，三分其地。

[6] 饮器：两种解释。一是饮酒的器具，二是溺器。这里认为是酒器。赵襄子杀智伯后，为表达自己的仇恨，将智伯的头颅做成盛酒的容器。

[7] 刑人：受过刑的人。古代多以刑人为奴隶。

[8] 涂厕：打扫厕所。

[9] 醳（shì）：通“释”，释放。

[10] 厉（lài）：通“癞”，恶疮病。

[11] 使使：前一个“使”为动词，派。后一个“使”为名词，侍从。

【大意】

豫让是春秋战国之际晋国人，曾给晋国的范氏、中行氏做事，但都没有得到重用。后来，他投靠了晋国的六卿之一智伯，深得器重。

智伯联合韩、魏两家攻打赵襄子，但赵襄子暗中串通韩、魏两家，反过来把智伯灭掉了，三家瓜分了智伯的封地。虽然已杀了智伯，但因为宿怨很深，赵襄子就把对智伯的仇恨发泄在他的尸体上，把他的头颅做成盛酒的容器。

战败后逃到深山里的豫让听说此事，发誓道：“唉，士为知己者死，女为悦己者容。智伯如此器重我，我一定要为他报仇，以死报答智伯对我的知遇之恩，这样我的内心才不会感到愧对智伯！”

为了刺杀赵襄子，豫让更名改姓，装作犯人，混入赵襄子的府中，做打扫厕所的杂役。他怀揣匕首，伺机刺杀赵襄子。一次，赵襄子如厕，直觉告诉他，这个打扫厕所的杂役有问题，于是就叫人把杂役抓起来。果然，这个人就是豫让。豫让手持匕首，大声说：“我就是要杀掉你给智伯报仇！”左右要杀了豫让，但赵襄子说：“这是一个有情有义的人。别杀他了，我防着他就是了。智伯无后，豫让想给智伯报仇，情有可原。可见豫让也是一个义士贤人。”于是就叫人把豫让放了。

过了一段时间，豫让还是不能放弃给智伯报仇的念头。为使赵襄子认不出他，他以漆涂身，使身上长满了恶疮，又吞下火炭灼烧声带，使自己的声音暗哑。如此乔装改扮后，从形貌、声音上没人认得出他来。他沿街乞讨，他的妻子都没认出他。他去见老朋友，朋友辨认了半晌，道：“你难道是豫让？”豫让说：“是我。”朋友见他如此惨状，哭道："你这是何苦？以你的才智，去给赵襄子做事，他一定会重用你，你再找机会刺杀他难道不是易如反掌？你这样糟蹋自己来刺杀赵襄子，岂不是很难？"豫让说："你说的不对。我若是给赵襄子做家臣再去刺杀他，这便是不忠了。我难以做到。"

又过了一段时间，赵襄子外出。豫让埋伏在赵襄子必经的桥下。赵襄子等人行至桥上，坐骑突然受惊，赵襄子说："一定又是豫让。"一问，果然是豫让又来行刺。于是赵襄子对豫让说："豫让，你最初不是给范氏、中行氏做事吗？他们都被智伯杀了，你怎么不给他们报仇，反而投靠智伯呢？现在智伯被我杀了，你为什么不给我做事，反倒念念不忘杀我给智伯报仇呢？"

豫让答道："当年我给范氏、中行氏做事，他们对我如对普通人一样，我自然也像对普通人那样对他们了，犯不上给他们报仇。而智伯，对我像对国士一样，我自然也要像对国士一样对他了。只有杀你才可以报答他对我的恩情。"

赵襄子流泪感叹道："豫让啊豫让，你的行为已经成就你报答智伯的美名了，我对你的宽容，也已经做到仁至义尽了。我虽敬重你，但不会放你的！"说完，派兵包围了豫让，抓住了他。

豫让说："我听人说，有德之君要成人之美，有德之臣要死得其所。您之前赦免了我，天下人莫不称道您的德行。今天我被您抓住，我情愿伏法。但死之前我还有一个不情之请，恳请您把您的衣服给我，让我挥剑斩破它，也算了却我报仇的心愿，死也瞑目了！"

赵襄子被豫让感动了，就让侍从把自己的衣服给了豫让。豫让跃身而起，挥剑刺之，说："我终于可以报答智伯的知遇之恩了！"然后伏剑自刎。

豫让以死报答智伯知遇之恩的事迹在赵国传开，有志之士听了，无不为之感动哭泣。

【感悟】

司马迁在《史记·刺客列传》里记录了几位刺客的事迹，豫让就是其中之一。

豫让为了行刺赵襄子，历尽艰辛，舍生忘死。支撑他的念头只有一个：报知遇之恩。这个念头在他的心里挥之不去，甚至成为他活下去的唯一理由，成为他的生命信念。

豫让当年令赵国人“皆为涕泣”的壮举，从文献上看，完全始于报恩之心，如他所说，“士为知己者死”，因为智伯器重他，尊重他，礼遇他，他便以死相报，无怨无悔。

今天，在河北邢台、在山西太原，都有一个叫豫让桥的地方。当年豫让刺杀赵襄子的地方已很难确知，但豫让的故事却一直流传下来。

韩信报漂母

【经典】

信[1] 钓于城下，诸母漂[2]，有一母见信饥，饭[3] 信，竟漂数十日。信喜，谓漂母曰：“吾必有以重报母。”母怒曰：“大丈夫不能自食，吾哀王孙[4] 而进食，岂望报乎！”……信至国，召所从食漂母，赐千金。(《史记》卷九十二，《淮阴侯列传》)

【注释】

[1] 信：韩信。

[2] 漂（piǎo）：用水冲洗。

[3] 饭：给饭吃。

[4] 王孙：古代贵族子弟的通称。

【大意】

淮阴侯韩信年轻的时候穷困潦倒，经常吃不上饭。有一次，韩信在城下钓鱼，河里有很多妇女在漂洗衣物，有一个漂母见韩信忍饥挨饿，就拿饭给韩信吃，这个漂母在那里洗了几十天衣物，韩信就吃了几十天她给的饭。韩信非常高兴，对漂母说："将来我发达了，一定要重重地报答您。"漂母听后大怒，说："男子汉大丈夫竟然不能自食其力，我是可怜你，才给你饭吃的，哪里是企望你的报答!"后来，韩信被封楚王，回到楚国的时候，召见了当年给他饭吃的漂母，赐给她千金。

【感悟】

帮助他人不是居高临下的赏赐，而是对被救助者的同情和激励；知恩图报不是飞黄腾达后的炫耀，而是感恩危难中伸向自己的援手。

漂母的饭，恩情无价。

结草衔环

【经典】

初，魏武子[1]有嬖妾，无子。武子疾，命颗[2]曰："必嫁是!"疾病[3]，则曰："必以为殉!"及卒，颗嫁之，曰："疾病则乱，吾从其治也。"及辅氏之役[4]，颗见老人结草[5]以亢[6]杜回。杜回踬[7]而颠，故获之。夜梦之曰："余，而所嫁妇人之父也。尔用先人之治命，

余是以报。”（《左传·宣公十五年》）

宝[8] 年九岁时，至华阴山北，见一黄雀为鸱枭所搏，坠于树下，为蝼蚁所困。宝取之以归，置巾箱中，唯食黄花，百余日毛羽成，乃飞去。其夜有黄衣童子向宝再拜曰：“我西王母使者，君仁爱救拯，实感成济。”以白环四枚与宝：“令君子孙洁白，位登三事[9]，当如此环矣。”（《后汉书》卷五十四，《杨震传》注引《续齐谐记》）

【注释】

[1] 魏武子：魏犨（chōu），春秋时晋国人。

[2] 颗：魏颗，魏武子之子。

[3] 疾病：病危。

[4] 辅氏之役：春秋时期，秦桓公伐晋，在辅氏之地，魏颗率晋国的军队大败秦军，俘获秦国的大力士杜回。

[5] 结草：将草打成结。

[6] 亢：同“抗”，抗击。

[7] 踬（zhì）：被绊倒。

[8] 宝：杨宝，东汉人，东汉名臣杨震的父亲。

[9] 三事：古代官名，即三事大夫，指常伯、常任、准人，西周时期设置。另一说指司徒、司马、司空三个官职。

【大意】

春秋时期，晋国的魏武子非常宠幸一个爱妾，她没有儿子。魏武子生病，吩咐儿子魏颗说：“我死后，就让她嫁人吧！”后来，魏武子病危，又对儿子魏颗说：“我死后，一定让她给我殉葬。”魏武子死后，魏颗做主让父亲的这个爱妾嫁人了。有人问原因，他说：“让她殉葬是我父亲病危时说的话，那时候我父亲已经神志不清了，我还是听从他神志清醒时说的话，所以就让她嫁人了。”在与秦军大战的辅氏之役中，魏颗看到一个老人把草打成结，用来阻拦秦军大力士杜回。杜回被绊倒，做了魏颗的俘虏。到了夜里，魏颗梦到这个老人对自己说：“我就是你当年做主嫁掉的女人的父亲，你听从你父亲清醒时说的话，我的女儿得以活命，我就是前来报答你的恩情的。”

东汉名臣杨震的父亲名叫杨宝。杨宝九岁那年，有一次到华阴山北边去游玩时，看到一只黄雀被一只鸱鹰攻击，受伤后坠落在树下，被一群蝼蚁包围着。杨宝救下黄雀，把它带回家去，放在自己装头巾的小箱子里，精心饲养。一百多天后，黄雀伤愈，告别杨宝飞走了。夜里，杨宝梦到一个黄衣童子对自己说：“我本是王母娘娘的童子。您仁爱相救，我特来报答。”说完，送给杨宝四枚白玉环，对他说：“您的子孙会像这白玉环一样高洁清白，一定会身居高位。”

【感悟】

这两个故事合在一起，就是成语“结草衔环”的由来，它们有共同的关键词：与人为善、施以援手、知恩图报。

在中国历史上，类似于“结草衔环”的故事有很多。魏晋南北朝时期的志怪小说、唐五代的笔记小说以及唐宋的传奇故事，用种种“灵异故事”，来表现施恩、报恩的德行。

马有垂缰之义，狗有湿草之恩

【经典】

苻坚[1]为慕容冲所袭，坚驰骑马[2]，堕而落涧。追兵几及，计无

由出。马即踟蹰临涧，垂缰与坚。坚不能及，马又跪而受焉。坚援[3]之，得登岸而走庐江。（刘敬叔：《异苑》卷三）

晋太和中，广陵人杨生者畜[4]一犬，怜惜甚至，常以自随。后生饮醉，卧于荒草之中。时方冬燎原，风势极盛，犬乃周匝嗥吠，生都不觉。犬乃就水自濡，还即卧于草上。如此数四，周旋跬步，草皆沾湿，火至免焚。（李昉等：《太平广记》卷四百三十七）

【注释】

[1] 苻坚：十六国时期前秦国君。一名文玉，字永固。

[2] 騧（guā）马：黑嘴的黄马。

[3] 援：抓住。

[4] 畜（xù）：饲养。

【大意】

十六国时期，前秦的国君苻坚有一次被慕容冲的部队袭击，苻坚骑着自己的爱马狂奔，从马上掉下来摔到山涧里。眼看追兵就要追上了，他实在没有什么办法从山涧里爬上来。苻坚的爱马一直徘徊在山涧边，在这危急关头，爱马把缰绳垂到山涧里。但苻坚够不着，爱马又跪在山涧边上，让苻坚抓住缰绳，从山涧里爬上来。爬上来后，苻坚策马向庐江方向跑走了，顺利脱险。

晋代太和年间，广陵人杨生养了一条狗。杨生非常喜爱这条狗，经常把它带在自己的身边。一次，杨生喝醉了酒，睡倒在荒草之中。当时正是冬天，原野上燃起了大火，火借风势，越烧越大。杨生的爱犬不停地在周围嗥叫着，企图叫醒杨生，可是酒醉的杨生睡得很沉。眼看大火就要烧到杨生的身边，情急之下，爱犬跑到水沟边，把自己沾湿了，然后在杨生身边的草地上打滚。这样来回很多次，杨生四周的草都被爱犬弄湿了。大火烧到这里，可杨生却安然无恙。

【感悟】

这两个故事，在历史上为人们所津津乐道。古代蒙学读本《明贤集》收入了这两个故事，用动物的行为来教育小孩从小养成知恩图报的品德，并把它们凝练成一句脍炙人口的名言：马有垂缰之义，狗有湿草之恩。

关于动物救主，古人更乐于挖掘其中的道德意蕴，赋予动物行为道德含义，用“义驹”“义犬”来称呼它们。

在古人的观念中，知恩图报是一种最基本的品德，动物尚且如此，何况人呢？

鸦反哺羊跪乳

【经典】

鸦有反哺[1] 之孝，羊知跪乳[2] 之恩。(《增广贤文》)

【注释】

[1] 反哺 (bǔ)：哺，喂食。《本草纲目 · 禽部》：“慈乌，此鸟初生，母哺六十日，长则反哺六十日，可谓慈孝矣。”

[2] 跪乳：跪着吃奶。

【大意】

小乌鸦出去觅食，回来给没有捕食能力的老乌鸦喂食；小羊羔在吃母羊奶的时候，双膝跪在地上。

【感悟】

孔子的弟子曾问他，为什么要给父母守丧三年呢？孔子说，这其实是一个最简单不过的道理，“子生三年，然后免于父母之怀”，你在父母的怀抱里待了三年，因此你就要给父母守丧三年。这是对父母养育之恩最基本的报答。

感恩，回报，万物同理。

鸦反哺羊跪乳，确实是动物行为的一个事实存在。生物学家证明，不独羊羔，其他哺乳动物也有跪乳的行为。

生物学家说，这是动物在进化过程中，为了种群的延续，经过自然选择后保留下来的生物习性。

中国古人认为，这是动物情感的天然流露，与人类一样，动物也知道感恩，知道报答。在动物的身上，人类看到了自己。

锁麟囊

【经典】

春秋亭外风雨暴，
何处悲声破寂寥。
隔帘只见一花轿，
想必是新婚渡鹊桥。
吉日良辰当欢笑，
为什么鲛珠化泪抛？

此时却又明白了，
世上何尝尽富豪。
也有饥寒悲怀抱，
也有失意痛哭嚎啕。
轿内的人儿弹别调，
必有隐情在心潮。

耳听得悲声惨心中如捣，
同遇人为什么这样嚎啕？
莫不是夫郎丑难谐女貌？
莫不是强婚配鸦占鸾巢？
叫梅香你把那好言相告，
问那厢因何故痛哭无聊？

梅香说话好颠倒，
蠢才只会乱解嘲。
怜贫济困是人道，
哪有个袖手旁观在壁上瞧！

蠢才问话太潦草，
难免怀疑在心梢。
你不该人前逞骄傲，
不该词费又滔滔。
休要噪，且站了，
薛良与我再去问一遭。

听薛良一语来相告，
满腹骄矜顿雪消。
人情冷暖凭天造，
何曾移动它半分毫。
我正不足她正少，
她为饥寒我为娇。
分我一只珊瑚宝，
安她半世凤凰巢。
忙把梅香我低声叫，
莫把姓名你信口哓。

这都是神话凭空造，
自把珠玉夸富豪。
麟儿哪有神送到，
积德才生玉树苗。
小小囊儿何足道，
救她饥渴胜琼瑶。(《春秋亭》一折薛湘灵的唱段)

这才是人生难预料，
不想团圆在今朝。
回首繁华如梦渺，
残生一线付惊涛。
柳暗花明休啼笑，
善果心花可自豪。
种福得福如此报，
愧我当初赠木桃。(《大团圆》一折薛湘灵的唱段)

【大意】

《锁麟囊》是京剧“四大名旦”之一程砚秋先生的代表作，是程派的经典剧目。锁麟囊是剧中的关键道具。古代山东一带的风俗，女儿出嫁上轿前，母亲要送一个绣有麒麟的荷包，里面装有珠宝首饰，作为女儿的嫁妆，祈盼女儿婚后早得贵子。这个荷包锦袋就叫作“锁麟囊”。全剧分为《选妆奁》《春秋亭》《朱楼》《大团圆》等折。

富家女薛湘灵自幼受母宠爱，出嫁时获母陪嫁锁麟囊一个，内装奇珍异宝多件。成婚当日，途中恰遇大雨，花轿避雨春秋亭。同在亭内避雨的一乘简陋小轿里，传出阵阵哭声。湘灵差人打听，始知贫家女赵氏也在当日出嫁，见湘灵排场，自怜卑贱，悲从中来，故而啼哭。湘灵遂隔帘让丫鬟以锁麟囊慷慨相赠，不留姓名。雨住，两乘花轿各自赶路。

六年后，薛湘灵因水灾与家人离散，流落他乡，衣食无着。无奈之下，只好入卢府为仆。一日，湘灵带小少爷玩耍时，于花园东角朱楼上见到当年自己赠人的锁麟囊。原来，卢府女主人赵氏即是当年获赠锁麟囊的贫家女。最终在赵氏的帮助下，湘灵一家得以团圆，两人结拜为异姓姐妹。

这里节选的是《春秋亭》和《大团圆》两折中脍炙人口的唱段。

【感悟】

扶危济困，怜弱惜贫，是中华民族的传统美德。同样，感念救助者的恩情，知恩图报，也是中国人所推崇的美德之一。

“锁麟囊”的故事一波三折，结局是令人欢喜的大团圆：离散的亲人得以团聚，多年前的施恩善行得到了善报。

“种福得福如此报，愧我当初赠木桃。”滴水之恩，涌泉相报。这就是古人朴素的价值观：好人有好报。

气节：时穷节乃见

导 语

中国传统伦理文化特别重视讲“气节”，推崇有气节、有德操的人，大丈夫、义士、节士，等等，即是指这样的人。

古人认为，气节是择善固守，是坚持道义原则。伯夷、叔齐恪守自己的仁义之道，对不仁不义之人、之事绝不苟且，周不义，就不食周粟，不惜饿死于首阳山。屈原独立不迁、横而不流，不与奸佞同流合污，毅然投身汨罗江。

古人认为，气节是穷不失义，是困顿不改其节。齐贫士不受嗟来之食，陶渊明不为五斗米折腰，他们在困厄之中保持自己的道德操守，自尊自重，维护人格的尊严；他们在逆境之中不屈服，在困难面前不低头，宁折不弯。在节士看来，生命固然重要，但人的气节重于生命。

古人认为，气节是达不离道，是富贵不易其心。富贵顺达之时，不同流合污，不沉迷安乐，不为富贵利禄牺牲自尊。李白以才学得唐玄宗的赏识，荣耀一时。但当身份显赫要以对权贵的卑躬屈膝为代价时，李白选择了“且放白鹿青崖间”。

古人认为，气节是威武不屈，是舍生赴死。苏武在匈奴的威逼下以死明志，不辱使命，牧羊十九载，汉节不离手。汉节，是他作为大汉子民的身份象征，更是他坚守气节的精神支撑。文天祥身陷囹圄，宁死不屈，坚守民族气节，丹心一片彪炳青史。

自古以来，那些富贵不能淫、贫贱不能移、威武不能屈的大丈夫、义士、节士受到人们的敬仰，而变节之人被人们唾弃。在中国几千年的历史长河中，涌现出了无数可歌可泣、大节大义的人物，他们所表现出来的浩然之气、天地正气，是民族精神的重要内容。

名 言

岁寒，然后知松柏之后凋也。（《论语·子罕》）

我善养吾浩然之气。（《孟子·公孙丑上》）

权利不能倾也，群众不能移也，天下不能荡也。生乎由是，死乎由是，夫是之谓德操。（《荀子·劝学》）

石可破也，而不可夺坚；丹可磨也，而不可夺赤。（《吕氏春秋·诚廉》）

不为穷变节，不为贱易志。（桓宽：《盐铁论·地广》）

芝兰生于深林，不以无人而不芳；君子修道立德，不谓穷困而改节。（《孔子家语·在厄》）

宁可玉碎，不能瓦全。（《北齐书》卷四十一，《元景安列传》）

天地英雄气，千秋尚凛然。（刘禹锡：《蜀先主庙》）

时穷节乃见，一一垂丹青。（文天祥：《正气歌》）

宁可枝头抱香死，何曾吹落北风中。（郑思肖：《画菊》）

千锤万凿出深山，烈火焚烧若等闲。粉骨碎身全不怕，要留清白在人间。（于谦：《石灰吟》）

咬定青山不放松，立根原在破岩中。千磨万击还坚劲，任尔东西南北风。（郑燮：《竹石》）

廉官可酌贪泉水，志士不受嗟来食。（《增广贤文》）

伯夷叔齐不食周粟

【经典】

伯夷、叔齐，孤竹君之二子也。父欲立叔齐，及父卒，叔齐让伯夷。伯夷曰："父命也。"遂逃去。叔齐亦不肯立而逃之。国人立其中子。于是伯夷、叔齐闻西伯昌善养老，盍往归焉。及至，西伯卒，武王载木主[1]，号为文王，东伐纣。伯夷、叔齐叩马而谏曰："父死不葬，爰及干戈，可谓孝乎？以臣弑君，可谓仁乎？"左右欲兵之。太公曰："此义人也。"扶而去之。武王已平殷乱，天下宗周，而伯夷、叔齐耻之，义不食周粟，隐于首阳山[2]，采薇[3] 而食之。及饿且死，作歌。其辞曰："登彼西山[4] 兮，采其薇矣。以暴易暴兮，不知其非矣。神农、虞、夏忽焉没兮，我安适归矣？"遂饿死于首阳山。（《史记》卷六十一，《伯夷列传》）

【注释】

[1] 木主：神主，为死者立的木制牌位。

[2] 首阳山：一说为雷首山，亦称首山，在今山西永济市西南。

[3] 薇：一种野菜。茎叶似小豆，蔓生，可生食。

[4] 西山：首阳山。

【大意】

伯夷是商末孤竹国君的长子。孤竹国君生前想让次子叔齐继位，待其死后，叔齐认为应当由哥哥伯夷继位，于是让位于伯夷。伯夷认为这样做有违父命，便出逃了，而叔齐也不肯即位，和伯夷一样出逃了。

后来二人听说西伯姬昌善待老人，他们想，何不去投奔他呢？等他们到了的时候，姬昌已死，其子武王追尊姬昌为文王，载着文王的牌位，兴兵伐纣。伯夷、叔齐认为这样做不仁不义，坚决反对武王伐纣。他们拦住武王的马，说："父死不葬，这是不孝；以臣弑君，这是不仁。"武王身边的人要伤害他们，姜太公拦住了，说他们是仁义之人，扶他们离开了。

武王克商后，周得了天下，伯夷、叔齐以食周粟为耻，逃隐于首阳山，采集野菜而食。他们唱道："登上那首阳山啊，采薇充饥。周人以暴易暴啊，还不知错在自己。圣人之时已然隐没，我们的归宿在哪里？"后来他们饿死于首阳山。

【感悟】

孔子对伯夷、叔齐二人的评价是"古之贤人"；孟子称赞伯夷是"圣之清者"，即清正守节之人；司马迁为二人作传，并置于七十二列传之首；在唐代，韩愈专门写了一篇《伯夷颂》，称颂伯夷的人格气节。历史上，歌颂夷、齐二人的作品很多。人们之所以对二人推崇备至，在于敬佩他们坚守气节。

举世混浊我独清

【经典】

屈原至于江滨，被发行吟泽畔。颜色憔悴，形容枯槁。渔父见而问之曰："子非三闾大夫[1]欤？何故而至此？"屈原曰："举世混浊而我独清，众人皆醉而我独醒，是以见放。”渔父曰：“夫圣人者，不凝滞[2] 于物而能与世推移。举世混浊，何不随其流而扬其波？众人皆醉，何不餔其糟[3] 而啜其醨[4]？何故怀瑾握瑜[5] 而自令见放为[6]？”屈原曰：“吾闻之，新沐者必弹冠，新浴者必振衣，人又谁能以身之察察[7]，受物之汶汶[8] 者乎！宁赴常流[9] 而葬乎江鱼腹中耳，又安能以皓皓之白而蒙世俗之温蠖[10] 乎！”乃作《怀沙》[11] 之赋……于是怀石遂自沈汨罗[12] 以死。(《史记》卷八十四，《屈原贾生列传》)

【注释】

[1] 三闾大夫：官名。战国楚置。掌管昭、屈、景三姓贵族事务的官。

[2] 凝滞：受阻而停留不进。

[3] 餔（bū）其糟：餔，吃。糟，酒糟。

[4] 啜（chuò）其醨（lí）：啜，喝。醨，薄酒。

[5] 怀瑾握瑜：坚持美好的品格。瑾、瑜，均为晶莹纯洁的美玉。

[6] 为：疑问句末助词。

[7] 察察：洁白的样子，高洁。

[8] 汶汶（mén）：污浊的样子。

[9] 赴常流：投江。常流，江水。

[10] 温蠖（huò）：昏愦。

[11]《怀沙》：屈原《楚辞·九章》篇名。《史记》谓此篇乃屈原的绝笔。

[12] 汨（mì）罗：汨罗江，流经湖南东北入洞庭湖。

【大意】

楚顷襄王听信谗言，将屈原放逐到江滨。屈原忧愤难抑，面色憔悴，形容枯槁，在江滨披发行吟。渔父见到他，问他："你不是三闾大夫吗？怎么到这里来了？"屈原回答说："举世混浊而我独清，众人皆醉而我独醒，我被流放到这里了。"渔父劝慰他说："既然举世混浊，何不随波逐流？既然众人皆醉，何不一起吃糟饮酒？为什么非得怀瑾握瑜、持节不渝，弄得自己被流放呢？"屈原回答说："我听人家说，沐浴洁身的人必定要弹冠振衣，怎么可能自身高洁却忍受外物的污浊呢？我宁可葬身清流，也不愿意以皓皓之白蒙世俗之污秽！"

屈原愤而作《怀沙》，最后投汨罗江而死。

【感悟】

屈原被放逐在外，仍然眷念楚国，心系怀王，胸怀存君兴国之志。纵然奸佞当道，壮志难酬，屈原始终坚守自己的清白，独清独醒，气节不移。

在屈原所处时代的浪潮里，有的人随波逐流，甚至同流合污；但屈原选择了坚守自己的气节，宁为玉碎，舍生取义。

宁死不吃嗟来之食

【经典】

齐大饥[1]，黔敖为食于路[2]，以待饿者而食之。有饿者蒙袂[3]接履[4]，贸贸然[5]来。黔敖左奉[6]食，右执饮，曰："嗟[7]！来食！"饿者扬其目而视之，曰："予唯不食嗟来之食[8]，以至于此也。"从而谢焉，终不食而死。(刘向：《新序·节士》)

【注释】

[1] 齐大饥：齐国闹饥荒。

[2] 黔敖为食于路：黔敖在路上准备了食物。黔敖，史书未详。

[3] 蒙袂（mèi）：用衣袖掩面。袂，衣袖。

[4] 接屦：拖拉着鞋。接，“辑”的借字。

[5] 贸贸然：因饥饿而目光黯淡的样子。

[6] 奉：通“捧”。

[7] 嗟：吆喝声，犹“喂”。

[8] 嗟来之食：呼喝着让人吃东西，指带有侮辱性的施舍。

【大意】

齐国有一年闹大饥荒，有个叫黔敖的人在路边摆上饭食给饥民吃。有一人用衣袖遮着脸，拖拉着鞋，目光暗淡，有气无力地走过来。黔敖一手拿饭一手拿汤，叫道：“喂，来吃吧！”那人抬起头来，直视黔敖说：“我正是不肯吃嗟来之食，才饿成这个样子的。”他拒绝吃黔敖施舍的饭食，被饿死了。

【感悟】

穷困潦倒之际，饥肠辘辘之时，食物就是救命的丹药。此时此刻，依然能坚守人格的尊严，不食嗟来之食的人，便是有气节之人。

“廉官可酌贪泉水，志士不受嗟来食”，这是中国人的古训，告诫人们在任何情境中都要维护尊严，固守气节，坚守德操。

苏武牧羊

【经典】

天汉[1]元年，且鞮侯单于[2]初立，恐汉袭之，乃曰："汉天子我丈人行也。"尽归汉使路充国等。武帝嘉其义，乃遣武[3]以中郎将[4]使持节[5]送匈奴使留在汉者，因厚赂单于，答其善意。武与副中郎将张胜及假吏常惠等募士斥候[6]百余人俱。既至匈奴，置币遗单于。单于益骄，非汉所望也。……单于使卫律[7]召武受辞，武谓惠等："屈节辱命，虽生，何面目以归汉！"引佩刀自刺。卫律惊，自抱持武，驰召毉。凿地为坎，置煴火[8]，覆武其上，蹈其背以出血。武气绝，半日复息。……律知武终不可胁，白单于。单于愈益欲降之，乃幽武置大窖中，绝不饮食。天雨雪，武卧啮雪与旃毛[9]并咽之，数日不死，匈奴以为神。乃徙武北海[10]上无人处，使牧羝，羝乳乃得归[11]。别其官属常惠等，各置他所。

武既至海上，廪食不至，掘野鼠去[12]草实而食之。杖汉节牧羊[13]，卧起操持，节旄尽落[14]。(《汉书》卷五十四，《苏武传》)

【注释】

[1] 天汉：汉武帝年号（前 100—前 97 年）。

[2] 且鞮（jū dī）侯单于：匈奴首领，天汉元年（前 100 年）即位。匈奴是当时散居于漠北一带广大地区的游牧民族。

[3] 武：苏武，西汉大臣。字子卿，杜陵（今陕西西安东南）人。天汉元年任中郎将，奉命出使匈奴，被拘长达十九年，备受折磨而持节不亏。

[4] 中郎将：官名。西汉时统领皇帝侍卫的官员，后特设使匈奴中郎将。

[5] 节：符节，多为竹制，上饰牦牛尾饰物，称节旄（máo）。

[6] 斥候：侦察敌情的士兵。

[7] 卫律：匈奴人。先世降汉为胡骑。武帝时经协律都尉李延年推荐出使匈奴，后李延年被逮，因惧连坐，降匈奴。

[8] 煴（yūn）火：没有火焰的微火。

[9] 旃（zhān）毛：毡毛。旃，通“毡”。

[10] 北海：今贝加尔湖。

[11] 羝（dī）乳乃得归：羝，公羊。羝乳乃得归，意思是说需等到公羊生仔才放苏武归。

[12] 去（jǔ）：通“弆”，收藏。

[13] 杖汉节牧羊：拄着汉朝符节牧羊。

[14] 节旄尽落：节上的饰旄都脱落了。

【大意】

汉武帝天汉元年，匈奴首领且鞮侯单于即位，担心汉袭击匈奴，释放了以前他们扣留的汉朝使节路充国等人。汉武帝为回应他的善意，派苏武以中郎将的身份把留在汉朝的匈奴人送回去，同时还给单于准备了厚礼。苏武与张胜、常惠等一百多人一同前往。到匈奴后，把钱币拿出来送给单于。但单于却更加骄横，完全不是汉所希望的那样。

单于派卫律来召降苏武。苏武对常惠等人说：“如果丧失气节，有辱使命，虽然可以活命，但还有何面目回汉！”说着拔出佩刀自刺。卫律大惊，亲自抱着苏武跑去找医生。他们在地上挖一土坎，下面放置微火，让苏武伏在上面，踩他的背让他出血。苏武昏死，半天才苏醒。

后来单于派人来劝苏武投降。卫律知道苏武不会为威逼所动，就告诉了单于。单于听后更想收降苏武，于是把他幽禁在一个大地窖中，不给他吃喝，想以此消磨他的意志，迫使他投降。正好天降大雪，苏武就啃着毡毛和着雪一起咽下去，几天过去了，苏武竟然没有死。匈奴人觉得很神奇，又把苏武迁到北海一带没有人居住的地方，让他放牧公羊，说要等公羊生仔才能让他回来。苏武带去的属官常惠等都被分别安置在不同的地方。

苏武到了北海，没有食物，就挖野鼠窝里藏的草籽充饥。苏武每天拄着汉朝节杖放牧，不论白天黑夜，睡卧劳作，汉节始终不离手，节杖上的饰旄都脱落了。

【感悟】

在贝加尔湖畔的冰天雪地里，苏武牧羊十九年。饥餐露宿，日复一日，年复一年，遥望家乡，心怀故国。支撑他坚持下去的，就是他手中那根象征他作为一个大汉使臣的汉节。

苏武秉持的是汉朝给他的符节，更是威武不屈、不辱使命的气节。

陶渊明不为五斗米折腰

【经典】

陶潜[1] 字元亮，大司马侃之曾孙也。……潜少怀高尚，博学善属文，颖脱不羁，任真[2] 自得，为乡邻之所贵。……以亲老家贫，起为州祭酒[3]，不堪吏职，少日自解归。州召主簿[4]，不就，躬耕自资，遂抱羸疾[5]。复为镇军、建威参军[6]，谓亲朋曰：“聊欲弦歌，以为三径之资可乎[7]？”执事者闻之，以为彭泽[8]令。……素简贵，不私事上官。郡遣督邮[9]至县，吏白[10]应束带见之。潜叹曰：“吾不能为五斗米折腰，拳拳事乡里小人邪！”义熙[11]二年，解印去县，乃赋《归去来》[12]。（《晋书》卷九十四，《陶潜传》）

【注释】

[1] 陶潜：陶渊明，东晋诗人、文学家。字元亮，私谥靖节。曾任江州祭酒、镇军参军、彭泽令等，后去职归隐，绝意仕途。著有《桃花源记》等作品。

[2] 任真：听任自然。

[3] 祭酒：学官名。主管国子学或太学。

[4] 主簿：官名。在汉代，中央及郡县官署均置此官，典领文书，办理事务。魏晋以后，渐为统兵开府大臣幕府中的重要僚属，参与机要，总领府事。

[5] 羸疾：类似风痹的病。

[6] 镇军、建威参军：镇军将军（刘裕）和建威将军（刘敬宣）的参军。

[7] 聊欲弦歌，以为三径之资可乎：姑且做官以养家糊口，行吗？聊，姑且。弦歌，指做官。三径，指归隐后的住所。

[8] 彭泽：县名。属今江西省九江市。

[9] 督邮：官名。汉代郡府的属吏，职掌督送邮书，并代表太守督察县乡，宣达教令，兼司狱讼捕亡等事，职任甚重。

[10] 白：告知。

[11] 义熙：晋安帝年号（405—418年）。

[12]《归去来》：《归去来兮辞》，辞赋篇名。陶渊明的重要作品。

【大意】

陶渊明是东汉名吏陶侃的曾孙。陶渊明年少时便志向高远，才华出众，性情放达，为时人所称道。

因为父母年老体弱，家境贫寒，作为读书人，陶渊明不得已去做了江州祭酒，没想到这样一个吏职也免不了逢迎应对，他无法忍受，很快就主动离职了。后来江州又招主簿一职，他坚决不肯去了。一介书生，宁愿种田养家。不幸的是，他偏偏又得了风痹症，难以耕田。陶渊明只得再一次从事吏职，去做了参军。他对亲戚朋友说：“为了养家糊口，姑且做官，也是没办法的事。”管事的官员听说了他的这个想法，就让他做了彭泽令。

陶渊明平时非常俭朴自重，不肯私下里与上级交往。郡守派督邮到县里来，县里的各级吏属衙役都得束好衣冠，以示庄重。陶渊明对这种奴颜婢膝、讨上司欢心的做法很反感，感叹说：“我不能为了五斗米折腰，以拳拳之心侍奉这些小人！”之后，陶渊明解任离职，赋《归去来兮辞》。

【感悟】

陶渊明在《归去来兮辞》中坦言：“余家贫，耕植不足以自给。幼稚盈室，瓶无储粟。”家境清贫，难以自给，小儿待哺，家无余粮。身处如此窘境，陶渊明仍然风高骨硬，宁折不弯，不为五斗米折腰。

陶渊明病弱饥寒的身躯内蕴藏着一种气节、一种风骨。

李白高风傲王侯

【经典】

天宝[1]初，南入会稽，与吴筠[2]善，筠被召，故白[3]亦至长安。往见贺知章[4]，知章见其文，叹曰："子，谪仙人[5]也！"言于玄宗，召见金銮殿，论当世事，奏颂一篇。帝赐食，亲为调羹，有诏供奉翰林[6]。白犹与饮徒醉于市。帝坐沈香子亭，意有所感，欲得白为乐章[7]，召入，而白已醉，左右以水颒[8]面，稍解，授笔成文，婉丽精切，无留思[9]。帝爱其才，数宴见。白尝侍帝，醉，使高力士[10]脱靴。力士素贵，耻之，擿[11]其诗以激杨贵妃，帝欲官白，妃辄沮止。白自知不为亲近所容，益骜放不自修，与知章、李適之、汝阳王琎、崔宗之、苏晋、张旭、焦遂为"酒八仙人"。恳求还山，帝赐金放还。(《新唐书》卷二百二，《李白传》)

【注释】

[1] 天宝：唐玄宗年号（742—755年）。

[2] 吴筠：唐代道教学者。字贞节，华阴（今属陕西）人。陶弘景的四传弟子。

[3] 白：李白，唐代著名诗人。字太白，号青莲居士。

[4] 贺知章：唐代诗人。字季真，自号四明狂客。

[5] 谪仙人：旧时称誉才学优异的人，如谪降人世的神仙。后专指李白。谪，降职，流放。

[6] 供奉翰林：担任翰林之职，在皇帝左右供职。供奉，官名。指在皇帝左右供职者。翰林，官名。唐玄宗初置翰林待诏，为文学侍

从之官。

[7] 乐章：指能配乐的诗词。

[8] 頮（huì）："靧"的本字，洗脸。

[9] 无留思：形容其快捷，一挥而就。留，停止，迟滞。

[10] 高力士：玄宗时宦官。本姓冯。深得唐玄宗与杨贵妃的宠信。

[11] 擿（tī）：挑剔，揭发。

【大意】

李白和吴筠是好朋友。唐玄宗天宝初年，吴筠被召，李白和他一起到了长安。到长安后，李白去见了当时的著名诗人贺知章，贺知章读了李白的诗文后，感叹道："你简直是谪降人世的神仙啊！"

唐玄宗听说李白的文采后，在金銮殿召见他，谈论时事，李白写下颂诗，玄宗赐给他食物，亲自为他调羹汤，让他担任翰林的官职，侍奉左右。李白仍旧和朋友醉酒尽兴。有一次，玄宗在游赏之时意有所感，想让李白作诗以便唱和，把李白召来的时候，李白已经醉了，左右用水给他洗脸，酒醉稍解，他便一挥而就，诗作婉丽精切，颇得玄宗赏识。玄宗非常欣赏李白的才华，经常在闲暇时召见他。

有一次，李白随侍玄宗，酒醉后便让当时的宦官高力士给他脱靴。平日里高力士恃宠矜贵，飞扬跋扈，为李白脱靴令他愤恨不已，于是他便在李白的诗中挑毛病，激怒杨贵妃。玄宗想给李白加官，杨贵妃哭着阻止。

李白知道自己不为权贵所容，更加狂放不羁，与贺知章、李適之、汝阳王李琎、崔宗之、苏晋、张旭、焦遂为"酒八仙人"。李白向玄宗恳求还山，玄宗赐金放还。

【感悟】

贺知章评李白为谪仙人，李卓吾说李白亦天上星，亦地上英。如此英才，虽得唐玄宗赏识，但为权贵不容。要么为功名利禄而曲意逢迎，要么达不失道而风高标举。李白的回答是："安能摧眉折腰事权贵，使我不得开心颜！"

文天祥的正气歌

【经典】

元张弘範[1] 兵济潮阳，天祥[2] 方饭五坡岭[3]，弘範兵突至，众不及战，天祥仓皇出走，千户[4] 王惟义执之。天祥吞脑子[5]，不死。……至潮阳，见弘範，左右强之拜，天祥不屈，弘範释其缚，以客礼见之。天祥固请死，弘範不许，与俱入厓山[6]，使为书招张世杰[7]。天祥曰："吾不能捍[8] 父母，乃教人叛父母，可乎？"强之，天祥遂书所过零丁洋[9] 诗与之。其末云："人生自古谁无死，留取丹心照汗青。"弘範笑而置之。厓山破，元军置酒大会，弘範曰："国亡，丞相忠孝尽矣，能以事宋者事元，将不失为宰相也。"天祥涕泣曰："国亡不能救，死有罪，肯逃其死而二其心乎？"弘範义之，遣使归之京师。道经吉州，不食八日，犹生，乃复食。

十月，至京师，馆人供帐[10] 甚盛，天祥不寝处，坐达旦。丞相博啰见之于枢密院[11]，天祥不屈，仰首言曰："天下事有兴有废，自古帝王将相，灭亡诛戮，何代无之，天祥今日忠于宋氏，以至于此，愿早求死。"博啰曰："自古以来，人臣有以宗社土地与人而复逃者乎？[12]”天祥曰：“非也，予前使于巴延军中，被留不得归。已而贼臣献国，国亡矣，吾职当死。所不死者，以度宗[13]二子在浙东，老母在广故也。”博啰曰：“德祐[14]非尔君耶？弃嗣君而立二王[15]，忠乎？”天祥曰：“德祐吾君也，不幸失国，当此之时，社稷为重，君为轻，吾别立君，为宗庙社稷计也。从怀、愍[16]而北者非忠，从元帝为忠；从徽、钦而北者非忠，从高宗[17]为忠。”博啰语塞，徐曰：“汝立二王，何济于事？”天祥曰：“国家不幸丧亡，吾立君以存社稷，存一日则尽臣子一日之责。人臣事君，如子事父母，父母有疾，虽甚不可为，岂有不下药之理？尽吾心焉不可为，则天命也。今日天祥有死而已，何必多言！”博啰怒，囚之。

天祥于狱中作《正气歌》以见志。……世祖[18]召天祥谓之曰：“汝何愿？”天祥曰：“天祥受宋恩，为宰相，安事二姓？愿赐一死足矣。”世祖犹未忍，遽麾[19]之退。言者力赞从天祥之请，从之。俄有诏止之，天祥死矣。天祥临刑殊从容，谓吏卒曰：“吾事毕矣。”南向拜而死，年四十七。其衣带中有赞曰：“孔曰成仁，孟曰取义，惟其义尽，所以仁至。读圣贤书，所学何事，而今而后，庶几无愧。”（朱轼：《历代名臣传·文天祥》）

【注释】

[1] 张弘範：元大将。字仲畴，易州定兴（今属河北）人。元世祖至元十五年（1278 年），任蒙古汉军都元帅，俘文天祥于五坡岭。

[2] 天祥：文天祥，南宋大臣、文学家。元军占临安（今浙江杭州）后，文天祥南下福建、广东坚持抗元，被俘，坚贞不屈。所著《过零丁洋》《正气歌》为世人所传诵。

[3] 五坡岭：地名。在今广东海丰北。

[4] 千户：官名。金初设置，为世袭军职，隶属于万户，元代

相沿。

[5] 脑子：一种药物，有毒。

[6] 厓（yá）山：亦称“崖山”“厓门山”。在今广东江门市新会区南。

[7] 张世杰：南宋抗元将领。范阳（今河北涿州）人。与元将张弘範在海上决战，兵败突围，遇台风，舟覆溺死。

[8] 捍：保卫，护卫。

[9] 零丁洋：一作“伶仃洋”。在今广东珠江口外、内伶仃岛和外伶仃岛之间。

[10] 供帐：陈设供宴会用的帷帐、用具、饮食等物。

[11] 枢密院：官署名。主要掌管军事、边防。

[12] 此句隐讽文天祥德祐二年（1276 年）受命前往元军议和一事。

[13] 度宗：南宋皇帝赵禥（qí）。

[14] 德祐：南宋恭帝赵㬎（xiǎn）的年号（1275—1276 年）。

[15] 二王：指赵㬎的兄弟赵昰（xià）、赵昺（bǐng），恭帝降元后，先后被拥立为帝。

[16] 怀、愍：怀，西晋怀帝司马炽。愍，西晋愍帝司马邺（yè）。建兴四年（316 年），前赵刘曜攻占长安，愍帝死，司马睿即位，是为东晋元帝。

[17] 高宗：指宋高宗赵构。北宋徽宗赵佶、钦宗赵桓被金人俘获，高宗即位建立南宋。

[18] 世祖：指元世祖忽必烈。

[19] 麾：通“挥”。

【大意】

文天祥是南宋大臣，在南宋国都已被攻破、皇帝已经降元之时，他另立国君，坚持抗元。1278 年，元将张弘範进军潮阳，当时文天祥正在五坡岭吃饭，元军突至，将士来不及应战，文天祥仓皇出走，落入千户王惟义之手。文天祥吞毒未死。

元兵把文天祥带到潮阳见张弘範，左右之人强迫文天祥跪拜，他不肯屈膝，张弘範为他松了绑，以接待宾客的礼节与他相见。文天祥坚决请求一死，张弘範不许，他带文天祥一起进厓山，让文天祥写信招降另一位抗元将领张世杰。文天祥说："我不能保护自己的父母，却让别人背叛他们的父母，这可能吗?"张弘範强迫他，他便写下《过零丁洋》这首诗给张弘範，诗的末句是："人生自古谁无死，留取丹心照汗青。"

攻破厓山后，元军摆酒庆功，张弘範又劝文天祥说："国家已亡，您已尽了忠孝，您像为宋效力那样为元效力，一样可以当宰相。"文天祥哭着说："国亡而不能救，我有罪当死，我能逃避死罪而改变对国家的忠心吗?"张弘範赞赏他的忠义，派人把他送回元朝的京师。途中经过吉州时，文天祥绝食八天，还是没有死，才又恢复进食。

十月，文天祥到达京师，元人给他置备了生活所需的各种器具、物品，生活很舒适，文天祥却不肯睡觉，一直坐到天亮。元丞相博啰在枢密院见文天祥，文天祥不肯下跪，仰着头说："国家总是有兴有废，自古帝王将相，国亡之后遭杀戮，哪一个朝代没有？我文天祥忠于宋而至于此，愿求早日一死。"

博啰说："自古以来，有臣子把宗社土地给了别人，然后又反悔逃走的吗?"

文天祥说："不是这样的，我以前出使于巴延军中，被扣留无法回去。不久贼臣献国，国家已亡，我理当以死尽忠。我不死，是因为度宗尚有二子在浙东，老母在广东啊。"

博啰说："难道德祐不是你的君主吗？你弃正统继位的皇帝却拥立

二王，这能叫作忠吗？”

文天祥说：“德祐是我的君主，但我们不幸失国，当此之时，社稷为重，君为轻，我别立新君，是为宗庙社稷考虑。西晋灭亡之时，跟从为前赵所俘的怀、愍二帝非忠，拥立东晋元帝为忠；北宋亡之时，拥立为金所俘的徽、钦二帝非忠，拥立南宋高宗为忠。”

文天祥义正词严，令博啰一时语塞。过了一会儿，博啰说：“你立二王抗元，又有什么用呢？”

文天祥说：“国家不幸亡国，我另立国君以保存社稷，社稷存在一天我便尽一天臣子的责任。臣子侍奉国君，就像子女侍奉父母；父母有重病，虽已无法救治，但岂有不用药的道理？我尽了心但还是无法挽救，便是天命了。今天我文天祥只有一死而已，何必多说？”

博啰大怒，把文天祥囚禁了起来。文天祥在狱中写了《正气歌》，以表明自己的心志。

元世祖把文天祥召来问他：“你有什么愿望？”文天祥说：“我受宋的恩惠，做宋的宰相，怎么能再为别人效力？只愿赐我一死就满足了。”元世祖还是不忍心，让他退下。周围的人都劝元世祖接受文天祥的请求处死他，元世祖同意了。不久元世祖又后悔了，下诏停止执行，但已经晚了，文天祥已慨然赴死。

文天祥临刑时非常从容，对吏卒说：“我的事做完了。”他向南遥拜后慷慨赴死，终年四十七岁。在文天祥的衣带中，他写有这样一段话：“孔子说杀身成仁，孟子说舍生取义，唯其事事能依义而行，也就能达到仁。读圣贤的书，所学的就是这个，从此以后，差不多可以无愧于心了。”

【感悟】

国家已亡，忠心已尽，自己身陷囹圄，文天祥如果肯以事宋之心事元，依然可以高官显爵。

“时穷节乃见，一一垂丹青”，这是文天祥《正气歌》中的句子，更是他在生死关头的选择，是他坚守气节的写照。

在国家的大义面前，文天祥不苟且，不退缩，以自己坚定不移、矢志不渝的行为，谱写了一曲彪炳青史的气节之歌。文天祥是杀身成仁、舍生取义的典范，真正做到了义尽而仁至。

自强：自胜者强

导 语

古人认为，一个人只有自强，才可以成就事业。在中华民族几千年的历史进程中，自强不息的精神对中国人产生了深刻的影响，成为民族精神的重要组成部分。

自强要求刚健进取、发奋努力、永不言败。“夸父追日”“精卫衔木填海”“刑天挥舞干戚”，这些故事表现了中华民族自强不息的悠久历史传统。

自强要求敢于担当、自觉担当。“担当处，都要个自强不息之心”，尽伦、尽职、尽责。冉雍自强，成为孔门弟子中事功、德行均可圈可点的人物；毛遂自荐，脱颖而出，成功解救了危机中的赵国，给了自己建功立业的机会。

自强要求胜人先胜己，自强先自胜。曹操心怀老骥伏枥之志，自励烈士暮年仍当壮心不已；蒲松龄穷困不屈志，把自强的心志写到《聊斋志异》里，终成一代伟大的文学家。

名　言

天行健，君子以自强不息。（《周易·乾·象》）

无平不陂，无往不复。（《周易·泰》）

周虽旧邦，其命维新。（《诗经·大雅·文王》）

靡不有初，鲜克有终。（《诗经·大雅·荡》）

自胜者强。（《老子》第三十三章）

不怨天，不尤人。（《论语·宪问》）

生于忧患，而死于安乐也。（《孟子·告子下》）

路漫漫其修远兮，吾将上下而求索。（屈原：《离骚》）

正己而不求于人则无怨。上不怨天，下不尤人。（《礼记·中庸》）

反听之谓聪，内视之谓明，自胜之谓强。（《史记》卷六十八，《商君列传》）

千淘万漉虽辛苦，吹尽狂沙始到金。[刘禹锡：《浪淘沙九首（其八）》]

为天地立心，为生民立命，为往圣继绝学，为万世开太平。（黄宗羲：《宋元学案·横渠学案》）

将相本无种，男儿当自强。（汪洙：《神童诗·劝学》）

白日不到处，青春恰自来。苔花如米小，也学牡丹开。（袁枚：《苔》）

笋因落箨（tuò，笋壳）方成竹，鱼为奔波始化龙。（《增广贤文》）

精卫和刑天的传说

【经典】

精卫[1] 衔微木，将以填沧海。刑天[2] 舞干戚[3]，猛志固常在。[陶渊明：《读山海经（其十）》]

【注释】

[1] 精卫：神话传说中的鸟名。相传为炎帝的女儿，名女娃。游东海时淹死，遂化为精卫鸟，衔西山木石以填东海。

[2] 刑天：也作“形天”，神话传说中的人物。《山海经》说他与天帝争权，失败后被天帝斩首，但他不屈服，以双乳为目，以肚脐为口，仍然坚持与天帝作战。

[3] 干戚：盾牌和大斧。干，盾牌。戚，大斧。

【大意】

这四句诗选自陶渊明《读山海经》十三首中的第十首。精卫鸟衔西山之木石填东海，永不停歇；刑天挥舞干戚对抗天帝，自强不息。

【感悟】

鸟用嘴衔来的西山之木石，也许永远填不平滔滔的东海；被斩首的刑天，也许永远斗不过至高的天帝。但精卫和刑天那种永不放弃、猛志常在的精神，象征和寄寓了中华民族自强不息的民族品格。

夸父追日

【经典】

夸父[1] 不量力，欲追日影，逐之于隅谷之际。渴欲得饮，赴饮河、渭。河、渭不足，将走北饮大泽。未至，道[2] 渴而死。弃其杖，尸膏肉所浸，生邓林[3]。(《列子·汤问》)

【注释】

[1] 夸父：神话传说中的人物。一说为神兽之名。

[2] 道：半路上。

[3] 邓林：神话传说中的树林。

【大意】

远古传说中，有一个人名曰夸父。他跑得飞快，不信自己追不上太阳。他从白天追到日落。在追赶太阳的路上，他感到口渴，想要喝水，就去黄河、渭水喝水。黄河、渭水的水不够他喝，他又去北方的大湖喝水。还没有赶到大湖，就在半路上渴死了。他遗弃的手杖，在他身体的浸润下，化成一片绵延数千里的茂密树林。

【感悟】

“夸父追日”的故事最早见于《山海经》。夸父虽然最终半路上口渴而死，但夸父一往无前的自信和豪气，正是中华民族坚韧不拔、自强不息精神的深刻反映。

孔子勉励弟子自信自强

【经典】

子谓仲弓[1]曰："犁牛[2]之子骍[3]且角[4]，虽欲勿用，山川[5]其舍诸？"（《论语·雍也》）

【注释】

[1] 仲弓：孔子弟子。姓冉，名雍，字仲弓。

[2] 犁牛：杂色牛。古代祭祀用的牛挑选很严格，对毛色和长相都有要求，并且要单独饲养，不能用杂色牛。

[3] 骍（xīng）：赤色的马，也泛指祭祀用的赤色的牺牲。

[4] 角：头角周正。

[5] 山川：山川之神。

【大意】

据说，孔子弟子冉雍的父亲是一个出身卑贱而且品行不好的人，冉雍常常为自己有这样一个父亲而苦恼。孔子鼓励他说："杂色牛产下的小犊，只要它毛色纯正，头角周正，就算不想用它来祭祀，山川之神难道会舍弃它吗？"

【感悟】

孔子重视人后天的努力，他认为，对于冉雍来说，无论是事业还是道德，都完全可由自己选择，由自己成全。

冉雍在孔子的教诲下终成大器，不但有治理国家之才，而且德行高洁。

毛遂自荐

【经典】

秦之围邯郸，赵使平原君[1] 求救，合从[2] 于楚，约与食客门下有勇力文武备具者二十人偕[3]。平原君曰："使文能取胜，则善矣。文不能取胜，则歃血[4] 于华屋之下，必得定从而还。士不外索，取于食客门下足矣。"得十九人，余无可取者，无以满二十人。门下有毛遂者，前，自赞于平原君曰："遂闻君将合从于楚，约与食客门下二十人偕，不外索。今少一人，愿君即以遂备员而行矣。"平原君曰："先生处胜之门下几年于此矣？"毛遂曰："三年于此矣。"平原君曰："夫贤士之处世也，譬若锥之处囊中，其末立见。今先生处胜之门下三年于此矣，左右未有所称诵，胜未有所闻，是先生无所有也。先生不能，先生留。"毛遂曰："臣乃今日请处囊中耳。使遂蚤得处囊中，乃颖脱而出，非特其末见而已。"平原君竟与毛遂偕。十九人相与目笑之而未废也。

毛遂比至楚，与十九人论议，十九人皆服。平原君与楚合从，言其利害，日出而言之，日中不决。十九人谓毛遂曰："先生上。"毛遂按剑历阶而上，谓平原君曰："从之利害，两言而决耳。今日出而言从，日中不决，何也？"楚王谓平原君曰："客何为者也？"平原君曰："是胜之舍人也。"楚王叱曰："胡不下！吾乃与而君言，汝何为者也！"毛遂按剑而前曰："王之所以叱遂者，以楚国之众也。今十步之内，王不得恃楚国之众也，王之命县于遂手。吾君在前，叱者何也？……楚王曰："唯唯，诚若先生之言，谨奉社稷而以从。"毛遂曰："从定乎？"楚王曰："定矣。"毛遂谓楚王之左右曰："取鸡狗马之血来。"毛遂奉铜盘而跪进之楚王曰："王当歃血而定从，次者吾君，次者遂。"遂定从于殿上。……

平原君已定从而归，归至于赵，曰：“胜不敢复相士。胜相士多者千人，寡者百数，自以为不失天下之士，今乃于毛先生而失之也。毛先生一至楚，而使赵重于九鼎大吕[5]。毛先生以三寸之舌，强于百万之师。胜不敢复相士。”遂以为上客。(《史记》卷七十六，《平原君虞卿列传》)

【注释】

[1] 平原君：赵胜，战国时赵国公子。任赵相，养门客数千人，与齐国的孟尝君、魏国的信陵君、楚国的春申君合称“战国四公子”。

[2] 合从：合纵，战国时期齐、楚、燕等国联合对抗秦国。

[3] 偕：一同。

[4] 歃血：饮血，口里含血。古代订立盟约时表示信誓的一种仪式。

[5] 九鼎大吕：国家的宝器。九鼎，传说中夏禹铸九鼎，象征九州，三代时奉为传国之宝。大吕，周代宗庙的大钟。

【大意】

战国时，秦军主将白起率军大胜赵军，包围了赵国都城邯郸。大敌当前，赵国的形势万分危急。平原君赵胜奉赵王之命，去楚国求兵解围，商议合纵大计。平原君在他所养的门客中，要挑选二十个文武双全的人和他一起前往楚国。经过仔细挑选，最后还缺一人。

这时门下有一个叫毛遂的人走上前来，向平原君自我推荐说：“听说公子要去楚国签订合纵盟约，约定与门客二十人一同前往，现在还少一人，希望公子就以毛遂凑足人数吧！”

平原君说：“先生来我赵胜门下几年了？”

毛遂说：“三年了。”

平原君说："有才能的人在这个世界上，就好比锥子处在囊中一样，锥子尖立刻就会显现出来。您在我门下已经三年了，没听到过左右对您的称道，可能是因为先生没有什么才能的缘故吧。所以先生您不能一道前往楚国，请留下吧！"

毛遂说："我不过今天才请求进入囊中罢了。我如果早就处在囊中的话，就会如锥子那样，整个锋芒都会露出来，不仅是露出锥子尖而已。"

平原君沉吟片刻，决定带毛遂一道前往。那十九人眼光中充满嘲笑，但却没有说出来。

到了楚国，楚王只接见平原君一人。两人坐在殿上，从早晨谈到中午，还没有结果。这时，同来的人都鼓励毛遂去改变局面，因为在来楚国的路上，他们已经为毛遂的才能所折服。只见毛遂大步跨上台阶，大声喊着："合纵的利害，三言两语就说完了，这么简单明白的道理，怎么从早晨谈到现在，还是议而不决？"

楚王非常恼火，问平原君："此人是谁？"

平原君答道："此人名叫毛遂，是我的门客。"

楚王喝道："赶快下去！我和你主人说话，你来干吗？"

毛遂见楚王发怒，不但不退下，反而又走上几个台阶。他手按宝剑，说："您之所以呵斥我，是因为在您楚国的地盘，仗着你们人多势众罢了。但如今十步之内，大王性命在我手中！"

楚王见毛遂如此勇敢，就没有再呵斥他，让他把话讲完。毛遂给楚王分析天下的形势，认为以楚国的实力，不必害怕秦国，合纵之策有利于楚国。毛遂的一番话，说得楚王心悦诚服。毛遂让楚王的左右取来鸡狗马血，歃血为盟，当下就确定了合纵的策略。

回到赵国后，平原君说："我以为已把天下贤才网罗到自己门下，通过毛遂这件事，我觉得自己差远了。毛先生一至楚，楚王就再不敢小看赵国。毛先生的三寸之舌，其威力强于百万军队啊！”从此将毛遂奉为上宾。

【感悟】

要成为囊中之锥显露锋芒，既靠机遇，也靠自己不甘人后的奋斗努力，毛遂自荐，“请处囊中”，勇于为国担当，也是某种意义上的自强不息。

老骥伏枥

【经典】

神龟虽寿，犹有竟[1] 时。螣蛇[2] 乘雾，终为土灰。老骥伏枥[3]，志在千里。烈士[4] 暮年，壮心不已。盈缩之期，不但在天。养怡之福，可得永年。幸甚至哉，歌以咏志。（曹操：《步出夏门行·龟虽寿》）

【注释】

［1］竟：本义为奏乐完毕，引申为完结、尽。

［2］螣（téng）蛇：传说中龙的一种，可乘云雾飞行。

［3］枥：马槽，养马的地方。

［4］烈士：刚烈之士，也指有志于建功立业的人。

【大意】

神龟的寿命虽然十分长久，但也有完结的时候。螣蛇虽然能乘云驾雾，但终究也会化为灰烬。年老的千里马虽然伏卧在马棚里，但仍然有志于一日驰骋千里。刚烈之士到了晚年，奋发的雄心仍然不会停息。人的寿命长短，不只是由上天决定的。只要好好养护，也可以益寿延年。乐观自强的人生是幸运的，就用歌唱来表达自己的志向吧。

【感悟】

一匹好马，虽然老了卧槽不出，但它的志向仍然是驰骋千里；一位英雄，尽管已到暮年，但他的雄心壮志却是不会泯灭的。这高亢激越的诗句，千百年来激励着无数英雄志士自强不息、奋斗不已。

男儿当自强

【经典】

自小多才学，平生志气高。别人怀宝剑，我有笔如刀。朝为田舍郎，暮登天子堂。将相本无种，男儿当自强。（汪洙：《神童诗·劝学》）

【大意】

一个人，从小就要刻苦努力，博学多才，一辈子要树立远大志向。别人身怀宝剑，我有锋利如刀的文笔。早晨还是农家儿郎，傍晚就登上了天子的殿堂。王侯将相并不是天生如此，好男儿应当立志自强。

【感悟】

《神童诗》是中国古代著名的蒙学读物。北宋汪洙撰。初仅五十六首，并非全为汪洙所作。后增补至数千首，皆杂采他人作品续成。《神童诗》既是教授小孩诗文的启蒙教材，又是对小孩进行品德教育的道德读物。

《神童诗》中有很多励志图强的诗句，教育孩童刻苦学习，志存高远，例如其中的《劝学》《状元》《四喜》等篇。

吕坤论担当与自强

【经典】

人人自责自尽[1]，不直四海无争，弥宇宙间皆太和之气[2] 矣。担当处，都要个自强不息之心；受用处，都要个有余不尽之意。(吕坤：《呻吟语·应务》)

【注释】

[1] 自尽：竭尽心力，尽到自己的本分。

[2] 太和之气：和顺、和谐的气氛。

【大意】

如果每个人都能做到自我监督，尽到自己的本分，那么不仅四海之内没有纷争，就是宇宙之内也将充满和谐。一个人，对于自己所应承担的，要自强不息地去担当；对于自己所能享受的，要适可而止，留有余地。

【感悟】

吕坤曾说，世道、人心、民生、国计，这是读书人的四大责任。

若没有自强不息的精神，一个人就无法尽伦、尽职、尽责。必须有担当，才能努力奋进、自强不息。

蒲松龄的《自勉联》

【经典】

有志者，事竟成，破釜沉舟[1]，百二秦关[2]终属楚；苦心人，天不负，卧薪尝胆[3]，三千越甲可吞吴。（蒲松龄：《自勉联》）

【注释】

[1] 破釜沉舟：打破饭锅，沉掉渡船。形容有进无退，夺取胜利的决心。语出《史记·项羽本纪》。

[2] 百二秦关：指函谷关或潼关以西的秦国领地。

[3] 卧薪尝胆：每天睡在柴草上，品尝苦胆的滋味。比喻刻苦自励，发奋自强。语出《史记·越王句践世家》。

【大意】

这副对联，说的是“破釜沉舟”和“卧薪尝胆”的故事。

秦末，项羽率楚军与秦军作战，以解巨鹿之围。作战前，为了鼓舞士气，决一死战，项羽下令把渡河的船凿穿沉入河里，把做饭用的锅砸个粉碎。楚军士兵见主帅的决心这么大，就谁也不打算再活着回去。在战斗中，他们拼死把秦军打得大败。这一仗不但解了巨鹿之围，而且把秦军打得再也振作不起来，秦朝从此走向灭亡。

春秋时期，吴国和越国发生了战争。越国被吴国打败，越王句践被吴王夫差俘虏。后来，夫差释放了句践，让他回到了越国国都会稽。句践在坐卧的地方吊了一个苦胆，每天吃饭时都尝尝苦胆。夜里睡在柴草上。十年生聚，十年教训，终于在公元前 473 年打败夫差，灭掉吴国，一雪前耻。

在这副对联中，蒲松龄以项羽和句践的故事自勉，来说明一个人只要自强不息，有破釜沉舟、卧薪尝胆的勇气和坚忍，终可成就一番事业。

【感悟】

这副对联对仗工整，磅礴大气，教人自强，催人发奋。

作者是清代的蒲松龄，一位一辈子穷困不屈的教书先生，一位因一部《聊斋志异》而留名文学史的聊斋先生。蒲松龄是“有志者，事竟成”的典范。

君子：比德于玉

导 语

中国传统伦理文化特别重视、推崇“君子”。君子一词，通常与小人相对。

君子一词的含义比较广泛，仅就道德意义而言，包含着道德人格、道德境界、道德修养等多种内涵，既是道德认识也是道德实践，既是人的行为也是人格，既是一种很高的道德境界也是做人的基本原则。

在《论语》一书中，君子是出现频率最高的词语之一，孔子将“仁、智、勇”称为君子之道，言君子有“三戒”“三畏”“九思”，对君子之德做出了诸种规定。

中国传统伦理文化对君子之德、君子之风的推崇深深地影响了中国人的观念，人们在一切美好事物的身上赋予了“君子”的人格属性。如在自然界中，玉之温润缜密、瑕不掩瑜、光润清越，在中国人看来，都与君子德性密切相关；莲之出淤泥而不染，梅之高洁傲岸，兰之幽雅空灵，竹之虚心刚直，菊之清傲不屈，在中国人看来，都是君子人格和操守的完美体现。孔子的浑厚平和，孟子的浩然之气，虽气质不同，但无非君子人格。人们还把对君子的渴望，诉诸遥远的君子国，在道德的君子国里实现人们对君子之风的向往。

名 言

言念君子，温其如玉。(《诗经·秦风·小戎》)

君子安而不忘危，存而不忘亡，治而不忘乱。是以身安而国家可保也。(《周易·系辞下》)

君子无终食之间违仁。造次必于是，颠沛必于是。(《论语·里仁》)

文质彬彬，然后君子。(《论语·雍也》)

君子和而不同，小人同而不和。(《论语·子路》)

君子之交淡若水，小人之交甘若醴；君子淡以亲，小人甘以绝。(《庄子·山木》)

君子无故，玉不去身。(《礼记·玉藻》)

君子尊德性而道问学，致广大而尽精微，极高明而道中庸。(《礼记·中庸》)

君子比德于玉。(《礼记·聘义》)

自处超然，处人蔼然，得意欿然，失意泰然。(《增广贤文》)

君子之道

【经典】

君子道者三，我无能焉：仁者不忧，知者不惑，勇者不惧。(《论语·宪问》)

【大意】

君子要具备仁、智、勇三种德行，我自己是做不到的。仁，使君子尊德乐义，精神上充实而满足，故而无忧；智，使君子知善知恶，有明辨是非的能力，故而不惑；勇，使君子为所当为，有责任和担当，故而不惧。

【感悟】

孔子主要是从德行层面看待君子。君子知恶知善，去恶向善，内心世界一定充实而愉悦；君子坦坦荡荡，为所当为；君子不愧于天，不愧于人，不愧于心。

所谓君子，一定是坦荡的人、智慧的人、勇敢的人。

君子有“三戒”

【经典】

君子有三戒：少之时，血气[1] 未定，戒之在色；及其壮也，血气

方刚，戒之在斗；及其老也，血气既衰，戒之在得[2]。(《论语·季氏》)

【注释】

[1] 血气：中国古人认为，血阴而气阳，血气构成人的形体。

[2] 得：贪心。

【大意】

君子有三件事必须警惕戒备：少年的时候，血气不稳定，要力戒沉溺女色；壮年的时候，血气旺盛，要力戒好勇斗狠；老年的时候，血气衰弱，要力戒贪得无厌。

【感悟】

在道德修养中，君子一如常人。

综观人生的整个过程，每个阶段都有最薄弱的方面，比如少年时容易放纵，壮年时容易好斗，老年时容易贪心。

这是人们在道德修养中会遇到的共性问题，君子同样不例外，也要引以为戒。

孔子还讲过，君子有“三畏”：畏天命、畏大人、畏圣人之言；君子有“九思”：视思明、听思聪、色思温、貌思恭、言思忠、事思敬、疑思问、忿思难，见得思义。

君子有此“三戒”“三畏”“九思”，终生都会处在自勉自励的状态中，不敢放纵自己。

比德于玉

【经典】

子贡问于孔子曰："敢问君子贵玉而贱碈[1] 者何也？为玉之寡而碈之多与？"孔子曰："非为碈之多故贱之也，玉之寡故贵之也。夫昔者，君子比德于玉焉：温润而泽，仁也。缜密以栗[2]，知也。廉而不刿[3]，义也。垂之如队[4]，礼也。叩之，其声清越以长，其终诎然[5]，乐也。瑕[6] 不掩瑜，瑜不掩瑕，忠也。孚尹旁达[7]，信也。气如白虹，天也。精神见于山川，地也。珪璋[8] 特达，德也。天下莫不贵者，道也。《诗》云：'言念君子，温其如玉。'故君子贵之也。"（《礼记·聘义》）

【注释】

[1] 碈（mín）：同"珉"，似玉的石头。

[2] 栗：坚硬，结实。

[3] 刿：刺伤，割伤。

[4] 队（zhuì）："坠"的古字。

[5] 诎（qū）然：声音戛然而止。

[6] 瑕：玉的疵点。

[7] 孚尹旁达：玉采显露，没有隐匿。

[8] 珪璋：美玉。

【大意】

子贡问孔子："为什么有道德的人以玉为贵而以碈为贱？是因为玉

产出少而碣产出多吗?”孔子说:“并非因为产量的多少。这是因为自古以来就有一个传统,君子用玉和德二者相比照:玉温润而有光泽,象征君子的仁德。玉纹理缜密而坚硬,象征君子的智慧。玉有棱角但不伤人,象征君子的义。玉垂坠有序,象征君子的谦卑有礼。玉的声音清越悠长,尾音戛然而止,象征君子的音乐修养。玉瑕不掩瑜,瑜不掩瑕,象征君子忠正的品格。玉采显露,象征君子的诚信。玉的气息如白虹,象征天的德行。玉的精气如山川,象征地的博大。圭璋美玉无所不达,如德行天下。天下人皆以为贵,如道所共由。《诗经》中说:‘君子如玉。’因此有道德的人比德于玉,以玉为贵。”

【感悟】

中国有着悠久的玉文化。在古人看来,玉并非单纯的饰品,而是精神品位与道德情操的象征。因此古人认为,“君子无故,玉不去身”,君子必佩玉。

在古人看来,玉的多种特性与人的诸种德性相匹配、相关联,玉之美与人之德交相辉映,玉的内涵与人的精神世界息息相关。

以玉的特性与人的德性相比附,虽然只是象征性的,但却代表着古人的基本看法:美德似美玉,值得珍惜。

花之君子

【经典】

予独爱莲之出淤泥而不染,濯清涟[1] 而不妖,中通外直,不蔓不枝,香远益清,亭亭净植,可远观而不可亵玩[2] 焉。予谓菊,花之隐

逸者也；牡丹，花之富贵者也；莲，花之君子者也。（周敦颐：《爱莲说》）

【注释】

［1］清涟：水清澈而有微波。

［2］亵（xiè）玩：玩弄。

【大意】

我爱莲从淤泥里生长出来，却不受淤泥的沾染；在清水中洗涤，却不显得妖媚。它的茎内空外直，不生枝蔓，不长枝节，香气远播，更显得清香四溢。它在水中亭亭玉立，人们只可从远处观赏，却不可在近前玩弄。如果说，菊是花中的隐士，牡丹是花中的显贵，那么，莲则是花中的君子。

【感悟】

古人常常以自然物来承载自己的道德理想。周敦颐爱莲，其实爱的是君子的道德人格：君子像莲一样挺直身体，不攀附，不谄媚，不为污浊的环境所沾染，不与恶势力同流合污；即使身处污泥之中，依然高洁绽放，散发着独有的芬芳。

梅、兰、竹、菊四君子

【经典】

墙角数枝梅，凌[1] 寒独自开。遥知不是雪，为有暗香来。（王安

石：《梅花》）

身在千山顶上头，突岩深缝妙香稠。非无脚下浮云闹，来不相知去不留。（郑燮：《题画兰》）

露涤[2] 铅粉节，风摇青玉枝。依依似君子，无地不相宜。（刘禹锡：《庭竹》）

花开不并百花丛，独立疏篱趣未穷。宁可枝头抱香死，何曾吹落北风中。（郑思肖：《画菊》）

【注释】

[1] 凌：迎着，冒着。

[2] 涤：荡涤。

【大意】

这四首诗分别描绘的是梅、兰、竹、菊。

凌寒独开的梅，幽雅空灵的兰，不同流俗的竹，清傲不屈的菊，它们坚韧、幽雅、刚直、高洁，被称为“花中四君子”。

【感悟】

梅、兰、竹、菊是中国古人书画、歌咏的重要题材。人们喜欢赋予花草树木人格的象征意义。梅之高洁傲岸，兰之幽雅空灵，竹之虚心刚直，菊之清傲不屈，在它们的身上，体现了中国人对君子人格操守的高度赞誉和向往。

孔孟的道德气质

【经典】

浩然之气[1]，孔子非无……孟子是浩然之气，孔子是浑然之气[2]。浑然是浩然底归宿，浩然是浑然底作用。（吕坤：《呻吟语·圣贤》）

【注释】

［1］浩然之气：正大刚直的气质。

［2］浑然之气：中正平和的气质。

【大意】

孔子并非没有浩然之气。如果说孔孟的气质有什么不同，那就是，孟子体现的是正大刚直的浩然气质，而孔子体现的是中正平和的浑厚气质。中正平和是浩然之气的必然归宿，浩然之气是中正平和的表现形式。

【感悟】

程颐说过，孟子有些英气，孔子则有一种温润含蓄的气象；就如吕坤所说的，孟子具有浩然之气，孔子具有浑然之气。

程颐说，英气是害事的，故孟子亚圣；吕坤也说，惜也，孟子未能达到浑然之气。

其实，孔孟的不同只是气质的不同而已，二者都是君子人格、圣贤气象。

君子国

【经典】

话说唐、多二人把匾看了，随即进城。只见人烟辏集，作买作卖，接连不断。衣冠言谈，都与中原一样。唐敖见言语可通，因向一位老翁问其何以“好让不争”之故。谁知老翁听了，一毫不懂。又问国以“君子”为名是何缘故，老翁亦回不知。一连问了几个，都是如此。多九公道：“据老夫看来，他这国名以及‘好让不争’四字，大约都是邻邦替他取的，所以他们都回不知。方才我们一路看来，那些‘耕者让畔，行者让路’光景，已是不争之意。而且士庶人等，无论富贵贫贱，举止言谈，莫不恭而有礼，也不愧‘君子’二字。”唐敖道：“话虽如此，仍须慢慢观玩，方能得其详细。”

说话间来到闹市。只见有一隶卒在那里买物，手中拿着货物道：“老兄，如此高货，却讨恁般贱价，教小弟买去，如何能安！务求将价加增，方好遵教。若再过谦，那是有意不肯赏光交易了。”唐敖听了，因暗暗说道：“九公：凡买物，只有卖者讨价，买者还价。今卖者虽讨过价，那买者并不还价，却要添价。此等言谈，倒也罕闻。据此看来，那‘好让不争’四字，竟有几分意思了。”只听卖货人答道：“既承照顾，敢不仰体！但适才妄讨大价，已觉厚颜；不意老兄反说货高价贱，岂不更教小弟惭愧？况敝货并非言无二价，其中颇有虚头。俗云：‘漫天要价，就地还钱。’今老兄不但不减，反要加增，如此克己，只好请到别家交易，小弟实难遵命。”唐敖道：“‘漫天要价，就地还钱’，原是买物之人向来俗谈；至‘并非言无二价，其中颇有虚头’，亦是买者之话。不意今皆出于卖者之口，倒也有趣。”只听隶卒又说道：“老兄以高货讨贱价，反说小弟克己，岂不失了‘忠恕之道’？凡事总要彼此无欺，方为公允。试问那个腹中无算盘，小弟又安能受人之愚哩。”谈之许久，卖货人执意不增。隶卒赌气，照数付价，拿了一半货物。刚要举步，卖货人那里肯依，只说“价多货少”，拦住不放。路旁走过两个老翁，作好作歹，从公评定，令隶卒照价拿了八折货物，这才交易而去。唐、多二人不觉暗暗点头。

走未数步，市中有个小军，也在那里买物。小军道：“刚才请教贵价若干，老兄执意吝教，命我酌量付给。及至遵命付价，老兄又怪过多。其实小弟所付业已刻减。若说过多，不独太偏，竟是‘违心之论’了。”卖货人道：“小弟不敢言价，听兄自付者，因敝货既欠新鲜，而且平常，不如别家之美。若论价值，只照老兄所付减半，已属过分，何敢谬领大价！”唐敖道：“‘货色平常’，原是买者之话；‘付价刻减’，本系卖者之话。那知此处却句句相反，另是一种风气。”只听小军又道：“老兄说那里话来！小弟于买卖虽系外行，至货之好丑，安有不知。以丑为好，亦愚不至此。第以高货只取半价，不但欺人过甚，亦失公平交易之道了。”卖货人道：“老兄如真心照顾，只照前价减半，最为公平。若说价少，小弟也不敢辩，惟有请向别处再把价钱谈谈，才知我家并非相欺哩。”小军说之至再，见他执意不卖，只得照前减半付价，将货略略选择，拿了就走。卖货人忙拦住道：“老兄为何只将下等货物选去？难道留下好的给小弟自用么？我看老兄如此讨巧，就是走遍天下，也难交易成功的。”小军发急道：“小弟因老兄定要减价，只得委曲从命，略将次等货物拿去，于心庶可稍安。不意老兄又要责备。且小弟所买之物，必须次等，方能合用；至于上等，虽承美意，其实倒不适用了。”卖货人道：“老兄既要低货方能合用，这也不妨。但低货自有低价，何能付大价而买丑货呢？”小军听了，也不答言，拿了货物，只管要走。那过路人看见，都说小军欺人不公。小军难违众论，只得将上等货物、下等货物，各携一半而去。

二人看罢，又朝前进，只见那边又一个农人买物。原来物已买妥，将银付过，携了货物要去。那卖货的接过银子仔细一看，用戥子[1] 秤了一秤，连忙上前道："老兄慢走。银子平水都错了。此地向来买卖都是大市中等银色，今老兄既将上等银子付我，自应将色扣去。刚才小弟秤了一秤，不但银水未扣，而且戥头过高。此等平色小事，老兄有余之家，原不在此；但小弟受之无因，请照例扣去。"农人道："些须银色小事，何必锱铢较量。既有多余，容小弟他日奉买宝货，再来扣除，也是一样。"说罢，又要走。卖货人拦住道："这如何使得！去岁有位老兄照顾小弟，也将多余银子存在我处，曾言后来买物再算。谁知至今不见。各处寻他，无处归还。岂非欠了来生债么？今老兄又要如此。倘一去不来，到了来生，小弟变驴变马归还先前那位老兄，业已尽够一忙，那里还有工夫再还老兄。岂非下一世又要变驴变马归结老兄？据小弟愚见，与其日后买物再算，何不就在今日？况多余若干，日子久了，倒恐难记。"彼此推让许久，农人只得将货拿了两样，作抵此银而去。卖货人仍口口声声只说"银多货少，过于偏枯"。奈农人业已去远，无可如何。忽见有个乞丐走过，卖货人自言自语道："这个花子只怕就是讨人便宜的后身，所以今生有这报应。"一面说着，即将多余平色，用戥秤出，尽付乞丐而去。

唐敖道："如此看来，这几个交易光景，岂非'好让不争'一幅行乐图么？我们还打听甚么！且到前面再去畅游。如此美地，领略领略风景，广广识见，也是好的。"（李汝珍：《镜花缘》第十一回）

【注释】

［1］戥（děng）子：一种小型的秤，用来称贵重物品。

【大意】

这是清人李汝珍的小说《镜花缘》中所讲的“君子国”的故事。唐敖等人游历海外，来到了君子国。这个国家中的人全都是“好让不争”的君子。在君子国的集市上，他们见识了几宗具有“君子”风范的买卖。

【感悟】

在古老的《山海经》中，就有关于君子国“好让不争”的记载。

君子国是否在历史上存在过？君子国的人们是否真的如所描绘的那样，具有令后人感到不可思议的谦谦君子之风？

这个道德的君子国是小说虚构的。但这种虚构，表现的是对于君子之德的赞美、倾慕与期盼。

家教：教之以义方

导 语

中国传统伦理文化强调治国必先齐家，由此形成了注重“家教”的优良传统。

中国古代的家教主要是指家庭的道德教育。古人认为，家庭成员的良好道德品质是良好家风的基础，良好家风又是良好社会风气的基础，故“家齐而后国治，国治而后天下平”的理念深入人心。

家教与其他教育形式的显著不同，在于它建立在血缘亲情的基础之上。因此，家教首先面临的一个问题是：如何理解对孩子的爱？早在战国时期，触龙试图解答这个问题：“父母之爱子，则为之计深远。”对子女的教育要立足于让子女对国家有所贡献，为他们做长远打算，这是他们安身立命之本。

家长是孩子的第一任德育教师。古人重视家教，并非只是说教，更是体现在家长具体而微的细节中，体现在家长身体力行的表率作用中，体现在家长春风化雨的渗透浸润中。孟母三迁断织，教育出一位名垂千古的伟大思想家；陶母以身作则，教育出一位清正廉洁的官员；寇準母亲严责顽劣的幼子，培养出为官清正的一代名相。

古人注重忠孝和诗书传家，在中国历史上形成了蔚为大观的家训文化，其中包括各种家训、家书、家诫、家规、治家格言等。家训文化的很多名篇、名句、名人故事，家喻户晓，深入人心，社会教化作用十分显著。比如，诸葛亮的《诫子书》中的句子，成为很多中国人修身养性的座右铭；颜之推的《颜氏家训》，被称为家训之祖；包拯训诫子弟的家书，与他“包青天”的称号一样，代代传诵；郑板桥对孩子的教诲叮咛，也如他的书画，令人赞赏不已。

名 言

积善之家，必有余庆；积不善之家，必有余殃。(《周易·坤·文言》)

正家而天下定矣。(《周易·家人·彖》)

爱子，教之以义方，弗纳于邪。(《左传·隐公三年》)

天下之本在国，国之本在家。(《孟子·离娄上》)

父母之爱子，则为之计深远。(《战国策》卷二十一，《赵策四·赵太后新用事》)

家齐而后国治，国治而后天下平。(《礼记·大学》)

人家之兴替，在义理不在富贵。(《陆九渊集》卷十二，《与刘伯协二》)

养不教，父之过，教不严，师之惰。(王应麟：《三字经》)

传家二字耕与读，防家二字盗与奸，倾家二字淫与赌，守家二字勤与俭。(《增广贤文》)

富若不教子，钱谷必消亡；贵若不教子，衣冠受不长。(《增广贤文》)

至乐无如读书，至要莫如教子。(金缨：《格言联璧·齐家类》)

触龙说赵太后

【经典】

赵太后[1] 新用事，秦急攻之。赵氏求救于齐。齐曰："必以长安君[2] 为质，兵乃出。"太后不肯，大臣强谏。太后明谓左右："有复言令长安君为质者，老妇必唾其面！"

左师触龙[3] 言愿见太后。太后盛气而胥[4] 之。入而徐趋，至而自谢，曰："老臣病足，曾不能疾走，不得见久矣。窃自恕，而恐太后玉体之有所郄[5] 也，故愿望见太后。"太后曰："老妇恃辇而行。"曰："日食饮得无衰乎？"曰："恃粥耳。"曰："老臣今者殊不欲食，乃自强步，日三四里，少益耆食，和于身也。"太后曰："老妇不能。"太后之色少解[6]。

左师公曰："老臣贱息[7] 舒祺最少，不肖。而臣衰，窃爱怜之。愿令得补黑衣[8] 之数，以卫王宫，没死[9] 以闻。"太后曰："敬诺。年几何矣？"对曰："十五岁矣。虽少，愿及未填沟壑[10] 而托之。"太后曰："丈夫亦爱怜其少子乎？"对曰："甚于妇人。"太后笑曰："妇人异甚。"对曰："老臣窃以为媪之爱燕后[11] 贤于长安君。"曰："君过矣，不若长安君之甚。"

左师公曰："父母之爱子，则为之计深远。媪之送燕后也，持其踵为之泣，念悲其远也，亦哀之矣。已行，非弗思也，祭祀必祝之，祝曰：'必勿使反[12]！'岂非计久长，有子孙相继为王也哉？"太后曰："然。"

左师公曰："今三世以前，至于赵之为赵[13]，赵主之子孙侯者，其继有在者乎？"曰："无有。"曰："微独赵，诸侯有在者乎？"曰：

“老妇不闻也。”“此其近者祸及身，远者及其子孙。岂人主之子孙则必不善哉？位尊而无功，奉厚而无劳，而挟重器[14] 多也。今媪尊长安君之位，而封之以膏腴之地，多予之重器，而不及今令有功于国。一旦山陵崩[15]，长安君何以自托于赵？老臣以媪为长安君计短也，故以为其爱不若燕后。”太后曰：“诺。恣君之所使之。”于是，为长安君约[16] 车百乘，质于齐，齐兵乃出。(《战国策》卷二十一，《赵策四·赵太后新用事》)

【注释】

[1] 赵太后：战国赵武灵王之子赵惠文王的王后，孝成王的母亲。当时惠文王刚刚去世，孝成王尚年幼，故太后主事。

[2] 长安君：赵太后的小儿子。长安君是他的封号。

[3] 左师触龙：官左师而名触龙的人。

[4] 胥：通“须”，等待。

[5] 郄（xì）：病痛，不舒服。

[6] 色少解：脸色稍有缓和。

[7] 息：子女，这里指儿子。

[8] 黑衣：战国时赵国宫廷卫士的代称，因当时赵国宫中卫士都穿黑衣。

[9] 没（mò）死：冒犯死罪，以示谦谨。

[10] 填沟壑：填尸于沟壑之中。“死”的婉辞。

[11] 燕后：赵太后之女，远嫁燕国为后。

[12] 必勿使反：反，通“返”。古诸侯嫁女，非被废弃或亡国，不得返回母国，故有此祝愿。

[13] 赵之为赵：赵于战国初年建国。

[14] 重器：诸侯象征其特权地位的钟鼎之类。

［15］山陵崩：太后死去的委婉说法。

［16］约：准备，备办。

【大意】

战国后期，赵惠文王去世，其子年幼，就由王后赵太后主持政事。赵太后主政不久，秦国发兵攻打赵国，赵太后不得不向齐国求援。齐国出兵的条件是让赵太后最宠爱的小儿子长安君到齐国做人质。赵太后舍不得儿子，没答应齐国的条件。大臣们一再劝谏太后，太后仍是不肯。她甚至说："谁再提让长安君去做人质的事，别怪我向他脸上吐唾沫。"

左师触龙求见太后。太后知道他也是来劝谏自己的，满怀怒气地见了他。触龙没有一见面就游说太后，而是关心地问起太后的日常起居。太后对他的态度稍有缓和。

触龙说："舒祺是我最小的儿子，没什么出息。可是我老了，又偏爱他，想让他当一名王宫的守卫，请您允许。"

太后说："就照你说的办。他多大了？"

触龙回答："十五岁了。虽然他年纪还小，但我希望能在我去世之前替他安排好。"

太后说："你们男人也疼爱幼子吗？"

触龙说："男人疼爱幼子远胜过女人呢。"

太后笑着说："还是女人对幼子更疼爱些。"

触龙说："我认为太后您爱女儿燕后胜过爱幼子长安君。"

太后说："你错了，我爱女儿远不及爱长安君。"

触龙说："父母爱孩子，总是为他们的将来打算。您送燕后出嫁时，哭着拉着她不肯放手。但她远嫁之后，您每每祈祷，希望她不要被送回来。这其实就是为她做长远打算，希望她不要被废弃，她的子孙可以相继为王。”

太后说：“是这样的。”

触龙接着说：“往前上溯三代，赵国君主子孙封侯的，现在他们的后代还有为王为侯的吗?”

太后说：“没有了。”

触龙又说：“不只是赵国，您看其他诸侯国有吗?”

太后说：“也没有。”

触龙说：“不是国君们的子孙没出息，而是做父母的没有为孩子们做长远的打算啊。地位尊贵但没有为国家建功立业，拿着优厚的俸禄却不付出辛劳，凭什么一直就为王为侯呢？就拿您来说，您的儿子长安君位高权重，封地广大，但当国家需要他的时候，您却不让他为国家做贡献。您想想，有朝一日，您百年之后，长安君无尺寸之功，凭什么在赵国立足呢？所以我说，您只看到了眼前，却没有为长安君的将来打算，您爱他不如爱女儿多。”

太后说：“我明白了。就按你的意见，让长安君出使齐国吧。”

于是，长安君去齐国做了人质，齐国也就出了兵。

【感悟】

爱子是人之本能。但什么才是真正的爱，又如何爱？触龙和赵太后关于如何为人父母的对话，蕴含着爱子、教子的深刻道理。

是让儿女享一时安乐，还是为其前途做长远打算？是致力于让他们衣食无忧，还是培养他们的品德和才能，让他们对国家有所贡献?

“父母之爱子，则为之计深远。”唯有以深远计，才是真正的爱、深沉的爱。

孟母择邻断织

【经典】

邹[1] 孟轲[2] 之母也，号孟母。其舍近墓。孟子之少也，嬉游为墓间之事[3]，踊跃筑埋。孟母曰："此非吾所以居处子[4]！"乃去，舍市傍[5]。其嬉戏为贾人炫卖[6] 之事。孟母又曰："此非吾所以居处子也！"复徙，舍学宫[7] 之傍。其嬉游乃设俎豆[8]，揖让进退。孟母曰："真可以居吾子矣！"遂居之。……孟子之少也，既学而归，孟母方绩[9]，问曰："学何所至[10]矣？"孟子曰："自若也[11]。"孟母以刀断其织。孟子惧而问其故，孟母曰："子之废学，若吾断斯织也！……"孟子惧，旦夕勤学不息，师事子思，遂成天下之名儒。君子谓孟母知为人母之道矣。(刘向：《列女传·邹孟轲母》)

【注释】

[1] 邹：古国名。传为颛顼后裔挟所建立，曹姓，有今山东费县、邹城、滕州、济宁、金乡等市县地。

[2] 孟轲：孟子，战国时思想家、政治家、教育家。名轲，字子舆，邹（今山东邹城东南）人。《孟子》一书是儒家的重要经典。

[3] 墓间之事：丧葬之事。

[4] 此非吾所以居处子：这不是我要让儿子居住的地方。居处，安置。

[5] 舍市傍：居住在集市的旁边。舍，居住。傍，通"旁"。

[6] 炫卖：吆喝，叫卖。

[7] 学宫：学校。

[8] 俎（zǔ）豆：两种祭祀、宴饮用的礼器。

[9] 绩：捻麻成线，这里泛指纺织。

[10] 学何所至：学到什么地方，有无长进。

[11] 自若也：和原先一样，没啥长进。

【大意】

孟母是古代著名思想家孟子的母亲。孟子小的时候，他们家住在墓地附近。孟子就学着玩筑土为坟的游戏。孟母说："我不能让孩子生活在这样的环境中。"孟母把家搬到集市旁边。孟子耳濡目染，玩起了商人吆喝做买卖的游戏。孟母又说："我不能让孩子生活在这样的环境中。"于是他们又搬走了。这一次，他们搬到了学校旁边。孟子玩游戏的时候，学的都是祭祀和礼仪之事。孟母高兴地说："还是这里的环境好。"他们在这里住了下来。

一次，孟子放学回家，孟母正在织布，她问孟子："学业有什么长进吗？"孟子说："没啥长进。"孟母听罢，拿起刀就把没织完的布割断了。孟子吃了一惊，问母亲为什么这样做，孟母说："你荒废学业，就如同我割断这布一样。"孟子害怕了，从此日夜勤学不止。后来，他拜子思的门人为师，终成名扬天下的大儒者。有仁德的人都说，孟母家教有方，很懂得为母之道。

【感悟】

"孟母择邻断织"的故事在中国家喻户晓，古代著名蒙学读物《三字经》中的"昔孟母，择邻处。子不学，断机杼"，即是指此。

孟母对孟子的教育，不仅关注孟子的学业，也关注他的游乐嬉戏；不仅关注家庭环境的影响，也关注社会环境的影响；不仅关注孩子进步了多少，也关注孩子是否有持久进步的动力。

孟母“知为人母之道”，启示天下父母，应当对孩子的成长给予全面的关注。

诸葛亮诫子

【经典】

夫[1] 君子之行，静以修身，俭以养德。非澹泊无以明志，非宁静无以致远。夫学须静也，才须学也，非学无以广才，非志无以成学。淫慢[2] 则不能励精，险躁则不能治性。年与时驰，意与日去，遂成枯落[3]，多不接世[4]，悲守穷庐，将复何及！（诸葛亮：《诫子书》）

【注释】

[1] 夫：发语词，无实在意义。

[2] 淫慢：过度享乐与怠惰。

[3] 枯落：无所作为，没有成就。

[4] 接世：接触社会，承担事务，对社会有所贡献。

【大意】

诸葛亮是三国时期蜀汉的政治家、军事家。他在给家人的书信中告诫儿子，要崇尚君子之行，宁静心灵以修身，俭朴惜物以养德。他说，一个人若不超脱名利的束缚，就不能使自己树立志向；一个人若不心境平和，就不能让自己走得更远。学习要靠宁静平和的心态，才干要靠刻苦勤奋地学习，若不学习便不能增长才干，若不宁静便无法学到知识。放纵怠惰就不能振奋精神，轻率浮躁就不能陶冶心性。一个人若不努力，年华会随着光阴流逝，意志会随着岁月消磨，最终就会像枯枝落叶一般凋零。这样的人不会对社会有所贡献，只能困守在自己的穷家破屋里，徒有悲伤，悔之晚矣！

【感悟】

诸葛亮的名字家喻户晓，“空城计”“借东风”“七擒孟获”等历史记载和民间传说，使他成为中国人心中智慧和谋略的化身。诸葛亮的智慧不仅表现为出色的政治军事才干，也体现在他的家教思想中。他以自己的人生经验告诫孩子：静以修身，俭以养德；淡泊明志，宁静致远；学以广才，志以成学。

陶母言传身教

【经典】

陶侃母湛氏[1]，豫章新淦人也。初，侃父丹娉为妾，生侃，而陶氏贫贱，湛氏每纺绩[2]资给之，使交结胜己。侃少为寻阳[3]县吏，尝监鱼梁[4]，以一坩鲊[5]遗母。湛氏封鲊及书，责侃曰：“尔为吏，以官物遗我，非惟不能益吾，乃以增吾忧矣。”鄱阳孝廉范逵寓宿于侃，时大雪，湛氏乃彻[6]所卧新荐[7]，自剉[8]给其马，又密截发卖与邻人，供肴馔。逵闻之，叹息曰：“非此母不生此子！”（《晋书》卷九十六，《列女传·陶侃母湛氏》）

【注释】

[1] 陶侃母湛（zhàn）氏：东晋名妇。豫章新淦（今江西新干

县）人。

［2］纺绩：纺麻织布。

［3］寻阳：古县名。今江西九江西。

［4］鱼梁：一种捕鱼设施。用土石横截水流，留缺口，在缺口处放一个竹篓，鱼游进去后就出不来了。

［5］一坩（gān）鲊（zhǎ）：一罐加工的腌鱼。坩，盛物的陶器、缸罐之类。鲊，经过加工的鱼类制品，如腌鱼、糟鱼等。

［6］彻：撤除，撤去。

［7］荐：垫席，褥子。这里指垫在床下的新草垫。

［8］剉（cuò）：铡切，斩剁。

【大意】

陶侃是东晋时期勤政为民的好官。他之所以为世人所称道，与他母亲对他的教育是分不开的。

陶侃的母亲湛氏是豫章新淦人，是陶侃父亲的小妾。陶家贫穷，陶母纺麻织布，贴补家用，让陶侃结交才德胜于自己的朋友。陶侃年轻时做监管鱼塘的小吏，有一次给母亲送去一罐腌鱼。他母亲把腌鱼封好交给来人带回去，并且回信责备陶侃说：“你做官，拿公家的东西送给我，这不是孝敬我，反而让我为你担心。”

鄱阳范逵一向很有名望，被举荐为孝廉，有一次，他到陶侃家留宿。当时，天下着大雪，范逵车马仆从很多，需要草料喂马。陶侃的母亲就把床铺上的新草垫撤下，亲自把草铡碎了喂马，又偷偷地把自己的长头发剪下来卖给邻人，给范逵一行人提供饭菜。范逵听说后，感慨道：“不是这样的母亲，生养不出陶侃这样的好儿子啊！”

【感悟】

有其母才有其子。母亲的言传身教是孩子最好的道德样板。一罐不起眼的腌鱼，是要陶侃懂得廉与贪的道理；倾尽所有招待朋友，是要陶侃懂得怎样对待他人。家教不是光讲大道理，更重要的是家长日常生活中良好言行的潜移默化。

颜之推教子读书有为

【经典】

自古明王圣帝，犹须勤学，况凡庶乎！此事遍于经史，吾亦不能郑重[1]，聊举近世切要，以启寤汝尔。士大夫子弟，数岁已上，莫不被教，多者或至《礼》《传》，少者不失《诗》《论》。及至冠婚，体性稍定；因此天机，倍须训诱。有志尚者，遂能磨砺，以就素业[2]，无履立者，自兹堕[3]慢，便为凡人。人生在世，会当有业：农民则计量耕稼，商贾则讨论货贿，工巧则致精器用，伎艺则沈思法术，武夫则惯习弓马，文士则讲议经书。多见士大夫耻涉农商，差务工伎，射则不能穿札[4]，笔则才记姓名，饱食醉酒，忽忽无事，以此销日，以此终年。或因家世余绪，得一阶半级，便是为足，全忘修学；及有吉凶大事，议论得失，蒙然张口，如坐云雾；公私宴集，谈古赋诗，塞默低头，欠伸而已。有识傍观，代其入地。何惜数年勤学，长受一生愧辱哉！（颜之推：《颜氏家训·勉学》）

【注释】

[1] 郑重：频繁。

［2］素业：清高的事业，旧指儒学。

［3］堕：通“惰”，懈怠。

［4］札：铠甲上用皮革或金属做的叶片。

【大意】

这是《颜氏家训·勉学》中的第一段。颜之推说，自古以来的那些圣明帝王，尚须勤奋学习，何况普通百姓呢！这类事在经书史书中随处可见，我也不想多说，姑且说说近世之事，来开导和启发你们。现在士大夫的子弟，长到几岁后，没有不接受教育的。学得多的，已经学了“三礼”、《左传》；学得少的，也学了《诗经》《论语》。人要等到成年，体性才初定；因此，要趁早进行训育诱导。有志向的人，能经受磨炼，成就事业，而那些没有操守的，放纵散漫，就成了平庸的人。

人生在世，就应该做事：农民要勤劳耕作，商人要谈论买卖，工匠要对自己所做的器物精益求精，艺人要深入研习各种技艺，武士要熟悉骑马射箭，文人要谈论经书。常见士大夫耻于从事农业、商业，又缺乏手工业方面的本事，射箭连铠甲上的叶片也穿不透，动笔仅能写出自己的名字，整天酒足饭饱，无所事事，以此消磨时光，了结一生。还有人因祖上的荫庇，得到一官半职，便自我满足，完全荒废了学业；一旦遇到大事，议论得失时，就只能张口结舌，茫然无知，如堕云雾中一般；在各种公私宴会的场合，别人谈古论今，吟诗作对，他就只能低头无语，只有打呵欠的本事。有见识的旁观者，都替他感到羞愧，恨不能钻到地下去。为什么舍不得勤学几年，以致一生都要忍受愧辱呢！

【感悟】

《颜氏家训》堪称中国家训之祖，被称为“篇篇药石，言言龟鉴”。

“人不学，不知义。”学习不仅是获得知识的必由之路，也是提升修养的为仁之方，是个人的安身立命之本。如果饱食终日，碌碌无为，荒废学业，不务正业，以此终年，终究成为一个庸人，一生都会感到愧辱。“勉学”是《颜氏家训》中的重要内容，也是中国人家庭教育中的重要内容。

寇凖母亲严苛教子

【经典】

莱公[1] 少时，不修小节，颇爱飞鹰走狗。太夫人性严，尝不胜怒，举秤锤投之，伤足流血，由是折节[2] 从学。及贵，母已亡，扪足痕辄哭。

寇莱公既贵，因得月俸置堂上，有老妪泣曰：“太夫人捐馆[3] 时，家贫，欲一匹绢作衣衾，不可得，不及见公之今日也。”公闻之大恸，故居家俭素，所卧青帏[4] 二十年不易。（周勋初：《宋人轶事汇编·寇凖》）

【注释】

［1］莱公：寇凖，北宋政治家。字平仲，华州下邽（今陕西渭南北）人。力主抗辽，促使宋真宗亲自督战，与辽国订立澶渊之盟。封莱国公。

[2] 折节：改变平日的志节行为。

[3] 捐馆：捐弃所居之馆舍，死亡的讳辞。

[4] 帏：帏帐。

【大意】

寇準年少时贪玩，不爱读书。母亲对他管教很严。有一次，寇準惹了祸，母亲气得用秤锤打他，秤锤打到他的脚，流血不止。母亲的暴怒终于让寇準清醒了，从此以后，他改掉了顽劣的习性，刻苦读书。等寇準官居高位时，母亲已经去世了。他抚摸着脚上的伤疤，想到母亲的教诲，悲伤不已。

寇準当官后，他把月俸放在厅堂里。有一位老妇人看到，哭着说："老夫人去世的时候，家里很穷，想用一匹绢来做装殓的衣服都没有，您母亲若还在世，看到您这么有出息，那该多好！"寇準听了，哀恸不已。自此以后，他生活非常俭朴，所用帏帐二十年都没有换。

【感悟】

中国有"慈母多败儿"的古训。"寇準母亲严苛教子"的故事传为千古美谈，绝不是因为她出重手责打孩子，而是因为一个严母的慈心：爱之深，责之切。

传说寇準的母亲临终前曾亲手绘《寒窗课子图》，让邻人在合适的时候转交给寇準。后来寇準为相，大宴同僚，邻人将图送给他，上题："孤灯课读苦含辛，望尔修身为万民。勤俭家风慈母训，他年富贵莫忘贫。"寇準再三拜读，泪如泉涌，立即罢宴。此后，他以母训自勉，成就一代名相之清誉。

包公教子为官清廉

【经典】

拯[1]性峭直[2]，恶吏苛刻，务敦厚，虽甚嫉恶，而未尝不推以忠恕也。与人不苟合，不伪辞色悦人，平居无私书[3]，故人、亲党皆绝之。虽贵，衣服、器用、饮食如布衣时。尝曰："后世子孙仕宦，有犯赃者，不得放归本家，死不得葬大茔[4]中。不从吾志，非吾子若孙也。"（《宋史》卷三百一十六，《包拯传》）

【注释】

[1] 拯：包拯，北宋大臣。字希仁，庐州合肥（今属安徽）人。为官刚正，执法严峻，是中国古代清官的典型。

[2] 峭直：严峻刚直。

[3] 私书：私善，偏爱。书，通"淑"。

[4] 茔（yíng）：墓地。

【大意】

包拯性格严峻刚直，痛恨官吏苛刻，为人敦厚，疾恶如仇，又能行忠恕之道。他与人交往绝不会没有原则地附和，不用虚假的言辞神色讨好他人，公正待人，没有偏私，不拉帮结派，不结党营私。虽然地位显赫，但他的衣服、器用、饮食都和做平民百姓时没有什么两样。

包拯对子女的要求也非常严格，他告诫后代：若是做官，一定要清正廉洁，绝不允许伤天害理，贪赃枉法；否则，就要被赶出家门，死后不得葬入祖坟。不遵从他的志向的，就不是他的子孙。

【感悟】

包拯为官公正清廉，执法严明，铁面无私，百姓尊称为“包青天”，被他惩治的贪官污吏不计其数。正是因为憎恨贪官污吏为害百姓，他才严格要求自己的子弟。他自述家训，严格家教，警示后世子孙，如果为官绝不能贪赃枉法。

郑板桥教子恤贫莫张扬

【经典】

吾[1] 儿六岁，年最小，其同学长者当称为某先生，次亦称为某兄，不得直呼其名。纸笔墨砚，吾家所有，宜不时散给诸众同学。每见贫家之子，寡妇之儿，求十数钱，买川连纸钉仿字簿，而十日不得者，当察其故而无意中与之。至阴雨不能即归，辄留饭；薄暮，以旧鞋与穿而去。彼父母之爱子，虽无佳好衣服，必制新鞋袜来上学堂，一遭泥泞，复制为难矣。(郑燮：《郑板桥集·家书·潍县寄舍弟墨第三书》)

【注释】

[1] 吾：此为郑板桥在家书中的自称。

【大意】

我儿刚刚六岁，年纪最小，对同学中年长者要称为某某先生，稍长一些的要称为某兄，不能直呼其名。我们家里的纸笔墨砚，要经常分给同学们用。穷人家的子弟、寡妇家的孩子，没钱买写字本的，要不经意地送给他们，不能张扬。赶上下雨天，要留他们在家里吃饭；到了傍晚，让他们换上我们家里的旧鞋回去。穷人家的孩子虽然没有漂亮的衣服，但也一定是穿了新鞋袜来上学的，下雨泥泞，弄脏后就很难再和新的一样了。

【感悟】

郑板桥是清代造诣很高的文人学士，其书画风格独特，为“扬州八怪”之一。他注重家庭教育，一如中国传统家庭中的慈父，谆谆教诲，细细叮咛。

郑板桥注意在细节上教育孩子。在帮助穷人家的孩子时，他叮嘱要“无意中与之”，做好事不能刻意，不可张扬，更不能居高临下地施舍。这番细节上的叮嘱，充分体现了他的慈爱和仁心。

夫妇：与子偕老

导 语

中国传统伦理文化将“夫妇”之道，视为人伦之始，夫妇关系受到高度重视，是中国古代“三纲”“五伦”的重要内容。

《周易》有云：“有男女然后有夫妇。”古人形容夫妇间的情感，有“一日不见，如三月兮”的思念，有“天地合，乃敢与君绝”的盟誓……这样卿卿我我的儿女情长，体现了中国传统伦理文化中所蕴含的重视夫妇的彼此忠贞、相濡以沫、相互砥砺、互敬互爱的观念。

夫妇应彼此忠贞。在中国古代，男子处于强势地位，在男尊女卑、男主女从的观念下，女子很自然地会从一而终，而男子忠于婚姻则是一种美德，“糟糠之妻不下堂”成为被人称颂的美谈。中国古代有很多赞美夫妇忠贞的诗词小说。牛郎织女虽天各一方，但什么也不能阻断他们奔向对方的脚步；即便世事变迁，只要忠贞不渝，离散的徐德言夫妇终会破镜重圆；纵使阴阳相隔，相爱的两人也会如梁山伯与祝英台一样，化蝶纷飞，永不分离。

夫妇应相濡以沫。夫妇之爱是剪烛西窗的雨夜情话，是平凡而琐屑的柴米油盐酱醋茶。有时，夫妇要共同面对生活的艰辛，就如同元稹的妻子，金钗换酒、野菜充饥。在艰难中不离不弃，相互扶持，更见夫妇的患难真情。

夫妇应相互砥砺。理想的夫妇关系更像是志同道合的朋友。他们彼此成就对方之美德，而不助长其恶行。在对方将要滑入泥潭的时候施以援手，就像乐羊子妻那样，对丈夫的错误毫不留情。

夫妇应互敬互爱。敬，是对对方人格的崇拜和仰视，有敬才有爱。郤缺夫妇相敬如宾的故事历来为人们所乐道。在夫妇关系中，敬不仅仅是女子的美德，更应该是夫妻双方对彼此人格的尊重。

名　言

一阴一阳之谓道。（《周易·系辞上》）

窈窕淑女，君子好逑。（《诗经·周南·关雎》）

执子之手，与子偕老。（《诗经·邶风·击鼓》）

妻子好合，如鼓琴瑟。（《诗经·小雅·常棣》）

男女居室，人之大伦也。（《孟子·万章上》）

君子之道，造端乎夫妇。（《礼记·中庸》）

昏礼者，将合二姓之好，上以事宗庙，而下以继后世也，故君子重之。（《礼记·昏义》）

贫贱之知不可忘，糟糠之妻不下堂。（《后汉书》卷二十六，《宋弘传》）

在天愿作比翼鸟，在地愿为连理枝。天长地久有时尽，此恨绵绵无绝期。（白居易：《长恨歌》）

身无彩凤双飞翼，心有灵犀一点通。［李商隐：《无题（其一）》］

问世间，情是何物，直教生死相许？（元好问：《摸鱼儿·雁丘词》）

情不知所起，一往而深，生者可以死，死可以生。（汤显祖：《牡丹亭》）

百世修来同船渡，千世修来共枕眠。（《增广贤文》）

牛郎织女七夕会

【经典】

七月七日，为牵牛[1] 织女[2] 聚会之夜。是夕，人家妇女结彩缕，穿七孔针[3]。或以金银鍮石[4] 为针，陈瓜果于庭中以乞巧，有喜子[5] 网于瓜上，则以为符应。(宗懔:《荆楚岁时记》)

【注释】

[1] 牵牛：牵牛星，亦为古代传说人物，后世称作牛郎。

[2] 织女：织女星，亦为古代传说人物。《史记·天官书》认为织女是天帝的孙女。

[3] 七孔针：针孔很细的针。汉代风俗，农历七月七日夜女子将彩线穿入细针乞巧。

[4] 鍮（tōu）石：黄铜。

[5] 喜子：蜘蛛的一种。

【大意】

农历七月七日夜，是牛郎织女相会之时。这天晚上，家家户户的女子将彩线穿入七孔针，有的人家用金、银、铜制作七孔针，将时令瓜果摆放在院子里，向织女星祈求女子心灵手巧。如果有蜘蛛在瓜果上结网，就被认为是织女降临，乞巧灵验了。

【感悟】

“牛郎织女七夕会”的故事源自中国古代星象文化。在《诗经》和

《史记》中，牵牛和织女是天上的星宿。后来，牵牛星、织女星被拟人化，变成牛郎织女的爱情故事，衍生出“鹊桥相会”“七夕乞巧”等民间传说。也有人说，农历七月七日是中国的“情人节”。

在汉乐府、唐诗宋词、历代笔记小说中，牛郎与织女是一对夫妇，他们被隔断在银河两岸，饱受离别之苦，盼望一年一度七夕相会。在这个妇孺皆知的民间故事中，寄托着中国人关于爱情婚姻的愿景与惆怅：没有什么能阻隔有情人，“两情若是久长时，又岂在朝朝暮暮”。

青青子衿

【经典】

青青子[1]衿[2]，悠悠[3]我心。纵我不往，子宁[4]不嗣音[5]？青青子佩，悠悠我思。纵我不往，子宁不来？挑兮达兮[6]，在城阙[7]兮。一日不见，如三月兮。（《诗经·郑风·子衿》）

【注释】

[1] 子：古代对男子的尊称。

[2] 衿（jīn）：同“襟”，古代衣服的交领。古代学子的交领多为青色。

[3] 悠悠：此指忧思深长不断。

[4] 宁：难道。

[5] 嗣（sì）音：继续传递音信，回信。嗣，继续。

[6] 挑（tāo）兮达（tà）兮：来来往往。挑达，往来貌。兮，语气词，相当于现代汉语“啊”。

[7] 城阙：城门楼。

【大意】

思念你青色的交领，伤怀我悠悠的心境。纵使我不曾去会你，难道你就不能回信？思念你青色的佩带，感伤我悠悠的情怀。纵使我不曾去会你，难道你就不能主动前来？来来往往地张望你，在这高高的城楼之上。一天见不到你，那难挨的感觉好像已有三个月那么长。

【感悟】

有为《诗经》作注的经学家认为这是一首政治讽喻诗，但更多的人认为这是一首美丽的爱情诗。

一个女孩对心上人的思念难以释怀，幽怨、期盼之情交织缠绕，矜持让她羞于主动表达，但心底的渴望却如奔涌的岩浆，炽烈而煎熬，一日不见，如隔三月。

相敬如宾

【经典】

臼季[1]使，过冀[2]，见冀缺[3]耨[4]，其妻馌[5]之，敬，相待如宾。(《左传·僖公三十三年》)

【注释】

[1] 臼（jiù）季：春秋时晋国人。

[2] 冀：晋国封邑。

[3] 冀缺：郤缺，春秋时晋国大夫。以其父芮封于冀（今山西河津北），称“冀缺”。

[4] 耨（nòu）：本义是除草的工具，似锄头，这里指除草。

[5] 馌（yè）：给在田间劳作的人送饭。

【大意】

臼季有一次出行经过冀地的时候，看见一个农夫在田里除草，正巧赶上农夫的妻子到田间送饭，只见农夫的妻子恭恭敬敬地把饭菜端给这个农夫，两人相敬如宾。这个农夫就是郤缺。臼季回来对晋侯说：“能让自己的妻子对自己如此恭敬，这个人一定是有德行的人。”建议晋侯起用郤缺。果然，后来郤缺率军大败狄人。

【感悟】

农夫是贤德之人，他敬重妻子，也赢得了妻子的敬重。古语有言，妻贤夫祸少。这个妻子给予丈夫的尊重和支持既是丈夫成功的动力，也是这个家庭幸福的源泉。家和万事兴，郤缺被晋侯重用，缘起于夫妻相敬如宾。

山无陵

【经典】

上邪[1]！我欲与君相知[2]，长命[3]无绝衰。山无陵[4]，江水为竭，冬雷震震，夏雨雪，天地合，乃敢[5]与君绝！（《汉乐府·上邪》）

【注释】

[1] 上邪（yé）：犹言“天啊”，即指天为誓之意。上，指上天。邪，语气词。

[2] 相知：相爱。

[3] 命：令，使。

[4] 陵：山峰。

[5] 乃敢：才敢。“敢”字是委婉的用语。

【大意】

上天啊！我愿与心上人相亲相爱，让我们的爱情永不绝衰。除非高山夷为平地，除非江河湖海全都枯竭，除非冬天打雷、夏天飘雪，除非天地合在一起，我才敢与心上人分离。

【感悟】

古人的爱情表白多是含蓄的，但也不乏奔放和热烈的。山无陵，天地合，乃敢与君绝，这是怎样的炽烈与坚决。

爱情的誓言，是对爱人、对爱情的承诺。虽然也会有“山盟虽在，锦书难托”的痛楚，但给心爱之人的誓言，总是真挚的，海枯石烂，地老天荒。

宋弘不易糟糠之妻

【经典】

时帝[1] 姊湖阳公主新寡，帝与共论朝臣，微观其意。主曰：“宋公威容德器，群臣莫及。”帝曰：“方且图之。”后弘被引见，帝令主坐屏风后，因谓弘曰：“谚言贵易交，富易妻，人情乎？”弘曰：“臣闻贫贱之知不可忘，糟糠之妻不下堂。”帝顾谓主曰：“事不谐[2]矣。”（《后汉书》卷二十六，《宋弘传》）

【注释】

［1］帝：指东汉光武帝刘秀。

［2］谐：成。

【大意】

宋弘是东汉人，曾官拜太中大夫、大司空，封宣平侯。宋弘为人品性方正，很有操守。当时，光武帝刘秀的姐姐湖阳公主刚刚成为寡妇，刘秀很想在朝臣中找个合适的人让姐姐再嫁。私下里，湖阳公主说：“我看满朝的文武中，只有宋弘这个人品貌超群，无人能及。”刘秀听出姐姐的弦外之音，就对她说：“你放心，我会促成你和宋弘的好事。”一天，宋弘到朝堂之上觐见刘秀，刘秀让姐姐坐在屏风后，言谈中，刘秀说：“常言道，人发达了就换朋友，富贵了就换老婆，这恐怕也是人之常情吧！”宋弘正色道：“我倒是听说，贫贱之交不可忘，糟糠之妻不下堂。”听到此话，刘秀回头对姐姐说：“我答应你的事情办不成了。”

【感悟】

共苦易，同甘难。很多伴侣共同牵手走过了人生的沟沟坎坎，但在生活境遇好转后，却恩断义绝，曲终人散。

因此，“贫贱之知不可忘，糟糠之妻不下堂”就更为人们所赞赏。仅此一句，充分展现了宋弘的“威容德器”，确实品德高贵。

乐羊子妻勉夫励志

【经典】

河南乐羊子之妻者，不知何氏之女也。羊子尝行路，得遗金一饼，还以与妻。妻曰："妾闻志士不饮盗泉之水[1]，廉者不受嗟来之食，况拾遗求利，以污其行乎！"羊子大惭，乃捐[2]金于野，而远寻师学。一年来归，妻跪问其故，羊子曰："久行怀思，无它异也。"妻乃引刀趋机而言曰："此织生自蚕茧，成于机杼[3]。一丝而累，以至于寸，累寸不已，遂成丈匹。今若断斯织也，则捐失成功，稽废时月。夫子积学，当'日知其所亡[4]'，以就懿[5]德；若中道而归，何异断斯织乎？"羊子感其言，复还终业，遂七年不返。（《后汉书》卷八十四，《列女传・乐羊子妻》）

【注释】

[1] 盗泉之水：古泉名。故址在今山东泗水县东北。旧常以"盗泉之水"比喻用不正当手段得来的财物。

[2] 捐：扔。

[3] 机杼：织布机的转轴和梭子，借指织布机。机以转轴，杼以投纬。

[4] 日知其所亡（wú）：每天知道自己还有哪些东西没学会。语见《论语・子张》。

[5] 懿：美好。

【大意】

东汉河南有一个人叫乐羊子，其妻不知是谁的女儿。一次，乐羊子在路上看到一块金子，就捡起来，回家后交给妻子。妻子非常生气，责备他说："我听说有志气的人不喝盗泉之水，品行端正的人不吃嗟来之食，何况捡到人家丢失的东西，据为己有，这是使自己的品行有了污点啊！"乐羊子听到妻子的这番话，羞愧难当，就把这块捡来的金子扔到野地上，出远门拜师求学去了。

一年后，乐羊子回家了，妻子跪在地上问他为什么中断学业回家。乐羊子说："没什么特别的原因，离家的时间太久了，很想家，就回来了。"听到此话，妻子拿着一把刀，来到织布机前，说："我织的这块布，最初出自蚕茧，它是我在织布机上，一寸一寸地日积月累，最后织成丈余长的布匹。现在我要是用刀把它弄断，就会前功尽弃，我积年累月的时间都荒废了。你在外求学，应时刻牢记《论语》中所说的'日知其所亡'，反省自己在哪方面还有欠缺，以成就自己的学问和道德；像你这样中途辍学，与我把辛苦织成的这匹布弄断有什么区别呢？"

乐羊子认为妻子所说非常有道理，于是继续去完成自己的学业，七年中再也没有中途回过家。

【感悟】

故事中的乐羊子妻树立了一个为人贤妻的形象：勉夫励志，劝夫上进。

"乐羊子妻勉夫励志"的故事包含着古人对于理想夫妻关系的理解，即在生活上相濡以沫，在道德上相互砥砺。

卿卿我我

【经典】

王安丰[1]妇常卿[2]安丰。安丰曰："妇人卿婿，于礼为不敬，后勿复尔。"妇曰："亲卿爱卿，是以卿卿；我不卿卿，谁当卿卿？"遂恒听之。（刘义庆：《世说新语·惑溺》）

【注释】

[1] 王安丰：王戎，"竹林七贤"之一。字濬冲，西晋琅邪临沂（今山东临沂北）人。曾任尚书令、司徒，封安丰侯。

[2] 卿：称呼某某为卿。卿，古代君对臣、长辈对晚辈的称谓，相当于"你"。"卿卿"两字连用，为夫妇间的爱称。

【大意】

西晋人王戎是当时的名士，他的妻子常常用"卿"来称呼他。王戎说："妻子用卿来称呼丈夫，于礼节不合，你以后不要这样称呼了。"他的妻子说："我亲你爱你，因此才用卿来称呼你；我不用卿来称呼你，谁该用卿来称呼你呢？"王戎听罢，也就由她了。

【感悟】

魏晋风度是中国传统文化中一道独特的风景。彼时，名士们行为高标，传统的礼法约束较少，从越名教任自然，到遵从名教就是自然，这样率性放达、不拘礼节的生活方式风行一时。如此风气之下，夫妇之间恪守的礼法自然会有所突破。

于传统礼法而言，妻子称呼丈夫为“卿”缺少敬意，不合规矩。王戎的妻子不但呼王戎为“卿”，而且认为这是亲和爱的表达，为“卿卿”正名，留下了卿卿我我的伉俪佳话。

破镜重圆

【经典】

初，杨素[1] 用事隋朝……有美姬，本陈[2] 太子舍人徐德言妻，即陈主叔宝之妹，才色冠代，在陈封乐昌公主。初与德言夫妻情义甚厚，迨[3] 陈氏将亡，德言垂泣谓妻曰：“今国破家亡，必不相保。以子才色，必入帝王贵人家。我若死，幸无相忘。若生，亦可不复相见矣。虽然，共为一信[4]。”乃击破一镜，各收其半。德言曰：“子若入贵人家，幸将此镜合于正月望日市中货[5] 之。若存，当留志之，可卜生死。”及灭陈，其妻果为隋军所没[6]，隋文以赐素，深为素所宠嬖[7]，为营别院，恣其所欲。陈氏后令阉奴[8] 望日赍[9] 破镜诣市，务令高价。果值德言。德言随价便酬，引奴归家，垂泣以告其故，并取己片镜合之，及寄其妻，题诗云：“镜与人俱去，镜归人不归。无复姮娥[10] 影，空余明月辉。”陈氏得镜见诗，悲怆流涕，因不能饮食。素怪其惨悴[11]，而问其故。具以事告。素憯然[12] 为之改容，使召德言，还其妻，并衣衾悉与之。（韦述：《两京新记》卷三）

【注释】

[1] 杨素：隋大臣。字处道，弘农华阴（今属陕西）人。

[2] 陈：南朝最后一个朝代，为隋所灭。

[3] 迨（dài）：等到。

[4] 信：信物。

[5] 货：卖。

[6] 没（mò）：收掳。

[7] 宠嬖（bì）：宠爱。

[8] 阉奴：宦官。

[9] 赍：送。

[10] 姮（héng）娥：嫦娥。

[11] 惨悴：惨淡憔悴。

[12] 憯（cǎn）然：同“惨然”。

【大意】

南朝时，陈太子舍人徐德言的妻子是陈后主的妹妹，她非常美丽，风华绝代，被封为乐昌公主。徐德言和乐昌公主恩恩爱爱，情深意笃。可惜好景不长，陈政权在隋军的进攻下风雨飘摇。

眼看国家就要灭亡了，徐德言流着泪对妻子乐昌公主说：“国破家亡之际，个人是很难保全的。你长得这么漂亮，恐怕不被掳入帝王之家，就会落入权贵之手。如果我在战乱中死了，希望你不要忘了我。如果我得以苟活，我们却再无相见的可能了。即便如此，我们还是留一个信物吧。”于是，徐德言打破了一面铜镜，夫妻二人各藏一半。徐德言说：“如果你有幸进入王侯之家，明年正月十五那天，你就到集市上卖镜子。如果我侥幸活着，我一定前去和你相认。”

陈被灭之后，乐昌公主果然为隋军所掳，被献给杨坚。因为杨素在灭陈的时候献了很多计谋，为隋统一天下立下了汗马功劳，杨坚就把乐昌公主赏赐给他。乐昌公主国色天香，深得杨素喜爱，杨素专门给她建造了宅院，满足她的所有要求。

和徐德言约定的日子到了，在正月十五这天，乐昌公主派一个宦官带着半面铜镜，高价在集市上出售。徐德言历经千辛万苦，也在这天赶到集市。看到有人高价叫卖半面铜镜，徐德言连忙付了钱，又把卖镜之人带到家里，哭着向他讲述了铜镜的故事，并拿出自己珍藏的另半面铜镜。铜镜重新合在一起，可是，当年镜中的美人却在侯门之中不能相见。睹物思人，徐德言在镜上写了一首诗："镜与人俱去，镜归人不归。无复姮娥影，空余明月辉。"

宦官回到府中，把这一切告诉了乐昌公主。乐昌公主见到合在一起的铜镜以及徐德言的题诗，想到与丈夫咫尺天涯，不禁悲从中来，整日以泪洗面，茶饭不思。杨素看到她如此憔悴，就问她是怎么回事。乐昌公主以实相告。杨素听后为之动容，为他们夫妻的真情所感动，就让乐昌公主出府，使他们夫妻得以团聚，还送给乐昌公主很多东西，成就了一段"破镜重圆"的千古佳话。

【感悟】

"破镜重圆"的故事，寄托着古人赋予婚姻的美好寓意。忠贞，可以让爱情失而复得，让离散的夫妇得以团圆。

元稹的悼亡诗

【经典】

谢公[1] 最小偏怜女，自嫁黔娄[2] 百事乖[3]。顾我无衣搜荩箧[4]，泥[5] 他沽酒拔金钗。野蔬充膳甘长藿[6]，落叶添薪仰古槐。今日俸钱过十万，与君营奠[7] 复营斋[8]。

昔日戏言身后意，今朝皆到眼前来。衣裳已施行看尽，针线犹存未忍开。尚想旧情怜婢仆，也曾因梦送钱财。诚知此恨人人有，贫贱夫妻百事哀。

闲坐悲君亦自悲，百年都是几多时！邓攸[9]无子寻知命，潘岳[10]悼亡犹费词。同穴窅冥[11]何所望？他生缘会更难期！惟将终夜长开眼，报答平生未展眉[12]。（元稹：《遣悲怀》三首）

【注释】

［1］谢公：谢安，东晋大臣。字石安，陈郡阳夏（今河南太康）人。孝武帝时，位至宰相。谢安的侄女谢道韫是一位才女。一次，天下大雪，谢安让子侄们作诗应景，有侄儿说：“撒盐空中差可拟。”道韫脱口而出：“未若柳絮因风起。”谢安非常喜欢这个侄女。后来人们把才女称为“咏絮之才”。

［2］黔娄：战国时齐国隐士。家甚贫，但德行高洁，其妻和他一样安贫守贱。后以“黔娄”作为贫士的代称。

［3］乖：不顺。

［4］荩箧（jìn qiè）：竹草编的箱子。

［5］泥：软求，缠磨。

［6］藿（huò）：豆叶。

［7］营奠：准备祭品。

［8］营斋：准备斋饭。

［9］邓攸：西晋官员。字伯道，平阳襄陵（今山西临汾东南）人。永嘉战乱中，带着儿子和侄子逃亡。在不能两全的情况下，他舍子保侄，后终无子。

［10］潘岳：西晋文学家。字安仁，荥阳中牟（今属河南）人。其妻死，作《悼亡诗》三首，为世人所传诵。

[11] 窅（yǎo）冥：幽远难见。

[12] 展眉：眉头舒展。

【大意】

元稹的妻子韦丛出身名门，她嫁给元稹时，元稹还是一介寒士。等后来元稹身居高位之时，韦丛早已亡故，再也享受不到这荣华富贵。每念及此，元稹伤感莫名，为亡妻写了很多悼亡诗。在《遣悲怀》三首中，元稹说：

夫人啊，您有咏絮之才，却屈身下嫁给我这个贫士。自从嫁给我后，没过上一天好日子。你看到我没衣服穿，就翻箱倒柜地找；我没钱买酒，你就拔下头上的金钗去换酒。家里穷得只能用野菜充饥，但你却吃得非常香。没有柴烧，你就用槐树叶做柴薪。夫人啊，如今我已经享受厚禄，可你却不能与我共享富贵，我只能给你多多准备祭品，以此来寄托我的哀思了。

夫人啊，以前我们戏言的所谓身后之事，如今就发生在我眼前。为了避免睹物思人，我把你平日穿的衣服都送人了，你平时用的针线我也封存起来了。看到你的仆人，我对她平添了一份怜惜。想你没过上好日子，我甚至做梦给你送钱。天人永隔是人人都不能逃避的痛苦，但对于一同经历过贫贱的夫妻来说，更是让人感到彻骨的悲凉。

夫人啊，我坐在这里为你伤悲，其实也为我自己伤悲。人生百年，也只是白驹过隙。邓攸心地善良，但终身无子，这难道不是命运的安排？潘岳的《悼亡诗》举世传诵，对于死者来说，又有什么意义呢？我想与你同穴而葬，可是我们真的能在幽远深暗的地下相见吗？我想与你来世再做夫妻，可是真的有来世的姻缘吗？这些都是指望不上的。我只有以对你日日夜夜的思念，来报答此生我对你的亏欠了！

【感悟】

“曾经沧海难为水，除却巫山不是云”，这脍炙人口的诗句，也是元稹为悼念亡妻而作。妻子死后，元稹睹物思人，触景生情，写下了大量悼亡诗。字里行间，浸透着丧妻的伤痛和人生的悲凉。

剪烛西窗

【经典】

君[1] 问归期未有期，巴山[2] 夜雨涨秋池。何当[3] 共剪西窗烛，却话巴山夜雨时。(李商隐:《夜雨寄北》)

【注释】

[1] 君：你，指作者的妻子。

[2] 巴山：四川有大巴山、小巴山，这里代指四川。

[3] 何当：什么时候。

【大意】

李商隐曾在四川为官，夜里下雨的时候，写了这首诗寄给在北方的妻子：你问我几时回家，可是我的归期还没定下来呢。四川这地方秋雨绵绵，院子里的水池已经积满了雨水。等到回家之时，和你一起剪烛西窗，我们再倾诉今夜秋雨中的细密思念吧。

【感悟】

剪烛挑灯，是古代家庭生活中常见的场景。窗下共剪烛花，是古人表达夫妻恩爱的方式。

夫妻间的爱情，总是朴实无华的。夫妻间的情话，鲜有热烈的海誓山盟，恰如窗外的夜雨，细细绵绵，润入心田。

梁山伯与祝英台

【经典】

英台，上虞[1] 祝氏女，伪为男装游学，与会稽[2] 梁山伯者同肄业[3]。山伯，字处仁。祝先归。二年，山伯访之，方知其为女子，怅然如有所失。告其父母求聘，而祝已字[4] 马氏子矣。山伯后为鄞[5]令，病死，葬鄮城西。祝适[6] 马氏，舟过墓所，风涛不能进。问知有山伯墓，祝登号恸，地忽自裂，陷祝氏，遂并埋焉。晋丞相谢安奏表其墓曰“义妇冢[7] ”。(张读：《宣室志》)

【注释】

[1] 上虞（yú）：地名。在今浙江绍兴东。

[2] 会（kuài）稽：地名。在今浙江绍兴。

[3] 肄（yì）业：修习学业。后也指在学校学习而未毕业。

[4] 字：女子许嫁。

[5] 鄞（yín）：地名。在今浙江宁波。

[6] 适：女子嫁人。

[7] 冢：坟墓。

【大意】

东晋时，浙江上虞祝家有一女儿，名叫祝英台。祝英台女扮男装游学。求学中，遇到会稽来的同学梁山伯。两人同窗，以师兄弟相称，感情甚笃，但梁山伯始终不知祝英台是女儿身。学业未完，祝英台便返回家乡。

后来，梁山伯到上虞拜访祝英台，此时他才知道，同窗好友竟是女孩。他向祝英台的父母提亲，但此时祝英台已许配给马家的公子。梁山伯黯然离去。后来，梁山伯到了鄞地做县令，因相思过度，抑郁成疾而过世。

祝英台出嫁那天，途经梁山伯的坟墓时，天气突变，狂风大作，迎亲的船只无法前进。打听后知梁山伯葬在附近。祝英台下船到梁山伯的墓前祭拜，悲恸不已。突然，梁山伯的坟墓裂开，祝英台陷入坟墓之中，坟墓又徐徐合上，两人从此合葬在一起。东晋的丞相谢安曾旌表此事，为二人的墓地题字，叫作“义妇冢”。

【感悟】

“梁祝”的故事家喻户晓。它与“孟姜女”“白蛇传”“牛郎织女”一起并称为中国古代四大民间传说。在唐人的笔记小说中，这个发生在晋代的故事，虽有志怪的色彩，但也有一定的史实成分。在流传的过程中，最初的史实被演绎为如诉如泣的爱情故事，加入了人们的艺术想象，到了后来，这个故事便有了“化蝶”的结尾。

中国音乐人创作的小提琴协奏曲《梁祝》，让这个爱情故事享誉世界，梁、祝被称为“东方的罗密欧与朱丽叶”。

朋友：言而有信

导 语

中国传统伦理文化将“朋友”关系作为社会生活中重要的伦理关系之一，与父子、君臣、夫妇、长幼一起，称作“五伦”。

古人认为，只有志同道合者才能成为真正的朋友，道不同，难以为友。正因如此，才有管宁割席的严苛与极端，才有高山流水的知音绝唱，才有雇主与雇工之间的杵臼之交。

关于如何交友，交什么样的朋友，古人有过很多论述。

孔子说，有益友，有损友。交什么样的朋友，在一定意义上意味着你选择了怎样的人生。真正的益友，道义相砥，共同进步，一定是让自己在事业和道德上都有所提升的人。而那些损友，只能是酒肉朋友，见利则聚，利尽则散，不思进取，不但不能使自己进步，反而会使自己沾染恶习，甚至堕落。孔子一再告诫人们，要以文会友，以友辅仁，勿友不如己者。

古人认为，与朋友交，言而有信。有信誉、守信用、重然诺，这是古人对朋友的基本要求，即“朋友有信”。朋友间的信，不在于口头的承诺，不凭借文书的约定，而是心灵之约，甚至是生命的托付。縠臣与郈成子心意相通，一个是无言的托付，一个是实实在在的守诺，他们的约定，是君子之托。范式与张劭重义守约，一个笃信对方能来赴约，一个如约千里而至，一顿饭，承载着朋友间的基本信任。

古人认为，真正的友情，不仅仅是彼此的欣赏，更需要彼此的体谅、包容与提携。“千古一朋鲍叔牙”的故事展示了朋友之交的另一种典范。“荀巨伯冒死护友”的故事，讲的是患难见真情，在危难之际向朋友施以援手。

近代思想家谭嗣同，对中国古代的伦理道德进行了全方位的猛烈批判，但他对“五伦”中的“朋友”，不但没有批判，反而大加赞赏，认为古人对朋友的论述，是最没有弊端的。

名　言

方以类聚，物以群分。（《周易·系辞上》）

同声相应，同气相求。（《周易·乾·文言》）

嘤其鸣矣，求其友声。（《诗经·小雅·伐木》）

有朋自远方来，不亦乐乎？（《论语·学而》）

与朋友交，言而有信。（《论语·学而》）

德不孤，必有邻。（《论语·里仁》）

君子以文会友，以友辅仁。（《论语·颜渊》）

益者三友，损者三友。（《论语·季氏》）

独学而无友，则孤陋而寡闻。（《礼记·学记》）

同门曰朋，同志曰友。（《白虎通·三纲六纪》）

交得其人，千里同好，固于胶漆，坚于金石。（欧阳询：《艺文类聚》卷二十一，《人部五·交友》）

志合者，不以山海为远。（葛洪：《抱朴子·外篇·博喻》）

以势交者，势倾则绝；以利交者，利穷则散。（王通：《中说·礼乐篇》）

海内存知己，天涯若比邻。（王勃：《送杜少府之任蜀州》）

相知无远近，万里尚为邻。（张九龄：《送韦城李少府》）

同心而共济，终始如一。此君子之朋也。（欧阳修：《朋党论》）

恩德相结者，谓之知己；腹心相照者，谓之知心。（冯梦龙：《警世通言·俞伯牙摔琴谢知音》）

择交者不败。（张英：《聪训斋语》）

千古一朋鲍叔牙

【经典】

管仲夷吾者，颍上人也。少时常与鲍叔牙[1]游，鲍叔知其贤。……管仲曰："吾始困时，尝与鲍叔贾，分财利多自与，鲍叔不以我为贪，知我贫也。吾尝为鲍叔谋事而更穷困，鲍叔不以我为愚，知时有利不利也。吾尝三仕三见逐于君，鲍叔不以我为不肖，知我不遭时也。吾尝三战三走，鲍叔不以我为怯，知我有老母也。公子纠[2]败，召忽死之[3]，吾幽囚受辱，鲍叔不以我为无耻，知我不羞小节而耻功名不显于天下也。生我者父母，知我者鲍子也。"

鲍叔既进管仲，以身下之[4]。(《史记》卷六十二，《管晏列传》)

【注释】

[1] 鲍叔牙：春秋时齐国大夫。以知人著称。

[2] 公子纠：齐襄公弟。与公子小白争位，被杀。

[3] 召（shào）忽死之：召忽自杀。召忽，齐国大夫。与管仲同侍公子纠。

[4] 以身下之：自己甘居下位。

【大意】

管仲是我国春秋时期杰出的政治家和思想家，帮助齐桓公成就霸业。他能有如此成就，与他的朋友鲍叔牙的信任和提携是分不开的。

管仲与鲍叔牙早年曾经合伙做生意，挣了钱，管仲总是多拿一些。鲍叔牙并不认为这是因为管仲贪心，而是因为管仲贫困。管仲为鲍叔牙出主意办事没办好，鲍叔牙也不计较。管仲三次做官，三次被国君赶走，鲍叔牙没有瞧不起他，他觉得管仲很有才学，只不过时机未到。管仲曾经三次在战场上败逃，鲍叔牙不认为管仲胆怯，而是因为他家有老母。

后来鲍叔牙成了公子小白的谋士，公子小白就是后来的齐桓公。管仲则辅佐另一个公子，名叫纠，公子纠在与公子小白的斗争中失败了。与管仲一起辅佐公子纠的召忽自杀了，管仲没有选择自杀，被齐桓公抓起来了。鲍叔牙并不因为朋友被关在狱中而觉得丢脸，他了解管仲，知道管仲是一个不拘小节，而以功名不显为耻的人。他向齐桓公推荐了管仲，对齐桓公说："管仲是有大志向的人。"齐桓公让管仲做了丞相，地位比鲍叔牙还高。管仲辅佐齐桓公成就了大业。

人们都说鲍叔牙真够朋友，管仲也很感激他。管仲感慨地说："生我者父母，知我者鲍子也。"

【感悟】

管鲍之交说的是朋友之间关系的另一种典范。

管仲有些小自私，但鲍叔牙认为管仲只是贫困而不是品质有问题；管仲给鲍叔牙办事经常办砸了，但鲍叔牙并不因此认为管仲能力不行；管仲打仗逃跑，鲍叔牙体谅他家有老母而不认为他胆怯；公子纠失败，管仲没有以死报主，受到天下人的嘲弄，但鲍叔牙并不认为管仲胆怯怕死，而是钦佩他虽不拘小节，但心怀大志。不仅如此，鲍叔牙还向齐桓公力荐管仲，自己甘愿位居管仲之下。

所以司马迁说，对于管仲和鲍叔牙的友谊，应该赞美鲍叔牙而不是管仲。管鲍成为朋友之交的千古典范，在他们的朋友关系中，鲍叔牙的惜才、体谅、理解、包容、提携，更值得称道。

管仲也没有辜负鲍叔牙的友情，知恩、报恩，感叹"生我者父母，知我者鲍子也”。

管宁割席

【经典】

管宁、华歆共园中锄菜，见地有片金，管挥锄与瓦石不异，华捉而掷去之。又尝同席读书，有乘轩冕过门者，宁读如故，歆废书出看。宁割席分坐，曰：“子非吾友也！”（刘义庆：《世说新语·德行》）

【大意】

管宁和华歆是三国时人，都是当时的名士。两人同窗读书。有一次，他们一起在园子里松土锄地，锄着锄着，从泥土里刨出来一块金子，管宁就像没看见一样，依然挥动着锄头，华歆则把金子捡起来，而后扔掉了。还有一次，两人正一同读书，门外有一辆很华丽的马车经过，管宁仍然坐在那里读书，就像没听见一样，华歆却放下书本，跑到外面观看。通过这两件事，管宁觉得华歆与自己不是一路人，于是，他就把两人同坐的草席割断，分开两人的座位，对华歆说：“你不是我的朋友。”

【感悟】

两人同窗，又同为三国名士，但管宁与华歆两人的人生志向并不相同，一个淡泊名利，一个立志入仕为官。

管宁淡泊，避居辽东三十余年。魏文帝征他为太中大夫，他不做。后来魏明帝征他为光禄勋，他也固辞不就。而华歆入世，曾任豫章太守、尚书令，追随过孙策，又归曹操。助曹丕胁迫汉献帝禅让，魏文帝时官至司徒。

管宁与华歆，有着截然不同的志趣。管宁视黄金与瓦块无异，而华歆认为黄金是黄金，瓦块是瓦块。虽然他们都不爱金子，没有把金子捡回家去，但在管宁眼里，华歆把金子捡起来看了看，他的德行显然就不够纯粹了。

管宁专心读书，华歆跑出去看华丽的马车。虽然也许不过是性格的原因，但在管宁心里，华歆看的是热闹，却暴露了羡慕荣华富贵的本性。

在择友的问题上，管宁十分严格，志趣迥异，即果断绝交，恪守“道不同不相为谋”。

朋友之托

【经典】

郈成子[1] 为鲁聘[2] 于晋，过卫，右宰穀臣[3] 止而觞之[4]，陈乐而不乐[5]，酒酣而送之以璧。顾反[6]，过而弗辞，其仆曰：“向[7] 者右宰穀臣之觞吾子也甚欢，今侯[8] 渫过[9] 而弗辞？”郈成子曰：“夫止而觞我，与我欢也；陈乐而不乐，告我忧也；酒酣而送我以璧，寄之我也。若由是观之，卫其有乱乎！”倍[10] 卫三十里，闻宁喜[11] 之难作，右宰穀臣死之。还车而临，三举[12] 而归。至，使人迎其妻子，隔宅而异之，分禄而食之，其子长而反其璧。孔子闻之，曰：“夫智可以微谋，仁可以托财者，其郈成子之谓乎！”（《吕氏春秋·观表》）

【注释】

[1] 郈（hòu）成子：鲁国大夫。名瘠。

[2] 聘：出使，春秋时国与国之间派使节通好。

[3] 右宰穀臣：卫国大夫。右宰，官名。

[4] 止而觞之：留住并设宴招待。觞，向人敬酒。

[5] 陈乐而不乐：安排了乐队而不演奏。

[6] 顾反：回返，由晋国返回。

[7] 向：往日，从前。

[8] 侯：何，为什么。

[9] 渫（xiè）过：重过。

[10] 倍：通“背”，离开。

[11] 宁喜：宁悼子，卫大夫宁惠子的儿子。宁惠子曾参与逐出卫献公，临死之时，对宁喜说，他后悔了。公元前 547 年，宁喜杀卫侯剽而纳献公，史称“宁喜之难”。后来，卫大夫公孙免余杀宁喜及右宰穀臣。详见《左传 · 襄公二十六年》《左传 · 襄公二十七年》中的记载。

[12] 三举：三次，也喻再三，多次。

【大意】

郈成子是鲁国的大夫，他受鲁君之命出使晋国，路过卫国，卫大夫右宰穀臣特意请郈成子稍事逗留，设宴招待他，席间，穀臣备置了乐队，但却没有让乐队演奏乐曲，畅饮后，送给郈成子一块玉璧。

郈成子从晋国返回时再次路过卫国，但却没有去向穀臣告辞，他的仆人问他：“前些日子，右宰穀臣设宴招待您，你们在一起很开心，现在返回为什么不去辞别呢？”郈成子说：“他设宴留我，是同我欢聚；

可是摆着乐队不演奏，是在暗示我他有忧虑的事情；畅饮后送玉璧给我，表明他有重要事情要托付给我。从这些事来看，恐怕卫国要出乱子了。”

郈成子刚离开卫国三十里，就听到卫国发生“宁喜之难”，右宰穀臣也遭到不测。于是，郈成子又转回卫国到穀臣家吊丧，哭悼后才离开。

回到鲁国后，他派人把穀臣的妻子、儿子接来，把自己的住宅分隔开，安顿他们居住，用自己的俸禄养活他们。过了几年，穀臣的儿子长大成人后，郈成子就把原来穀臣送给他的玉璧还给了穀臣的儿子。

孔子听说了这件事之后，评论说：“智慧之人足以见微知著，仁爱之人足以托付财产，说的就是郈成子这样的人吧！”

【感悟】

曾子说过，能够托六尺之孤的人，可谓君子。

右宰穀臣知道国难即将发生，但又不便明说，因此以隐晦的方式将自己的家人托付给郈成子。没有语言嘱托，没有文书约定，只是出于对朋友的信任。郈成子不仅仅体会到了友人难言的忧虑，接受了友人无言的嘱托，更能够在朋友去世后，不负重托，履行心心相许的诺言。

孔子论友

【经典】

孔子曰：“益者三友，损者三友。友直，友谅[1]，友多闻，益矣。

友便辟[2]，友善柔[3]，友便佞[4]，损矣。”（《论语·季氏》）

【注释】

[1] 谅：诚信。

[2] 便（pián）辟：逢迎谄媚。

[3] 善柔：善于阿谀奉承。

[4] 便佞（nìng）：花言巧语。

【大意】

孔子说：“有益的朋友有三种，有害的朋友有三种。同正直的人交朋友，同诚信的人交朋友，同见多识广的人交朋友，便有益处。同逢迎谄媚的人交朋友，同阿谀奉承的人交朋友，同花言巧语的人交朋友，便有害了。”

【感悟】

人有益友，也有损友。与益友相交，道义相砥，共同进步；与损友相交，患则相倾，利则相攘，利尽交绝。

珍惜益友，不交损友。

高山流水觅知音

【经典】

伯牙[1] 鼓琴，钟子期听之。方鼓琴而志在太山[2]，钟子期曰：“善哉乎鼓琴！巍巍乎若太山。”少选[3] 之间，而志在流水[4]，钟子期又曰："善哉乎鼓琴！汤汤[5] 乎若流水。"钟子期死，伯牙破琴绝弦，终身不复鼓琴，以为世无足复为鼓琴者。(《吕氏春秋·本味》)

【注释】

[1] 伯牙：春秋时琴师。相传《高山流水》是他演奏过的作品。

[2] 志在太山：志向在登高山。太山，大山。

[3] 少选：须臾之间，一会儿。

[4] 志在流水：志向像流水一样常进而不懈。

[5] 汤汤（shāng）：水势浩大流急的样子。

【大意】

俞伯牙是春秋时人，善弹琴。一次，他出使楚国，在汉阳江口，一边观赏月一边弹琴。他发现有人正偷偷地欣赏他的琴声。这个人，就是樵夫钟子期。

俞伯牙和钟子期一起谈论琴理，非常投缘。俞伯牙说，我来弹琴，你来听听我想表达的是什么。俞伯牙通过琴声来表现山的高大，钟子期说，如此巍峨的高山啊。俞伯牙又在音乐中表现水的奔涌，钟子期说，如此浩大的水势啊。俞伯牙非常高兴，认为钟子期是自己的知音。钟子期去世后，俞伯牙悲痛欲绝，把琴摔得粉碎，因为此后世间再也没有人懂得他的琴声了。

【感悟】

高山流水觅知音，知音难寻，真正的朋友难得。懂得自己的人格外珍贵，要更加珍视。

杵臼之交

【经典】

公沙穆[1] 来游太学[2]，无资粮，乃变服客佣，为祐[3] 赁[4] 舂[5]。祐与语，大惊，遂共定交于杵臼[6] 之间。(《后汉书》卷六十四，《吴祐传》)

【注释】

[1] 公沙穆：东汉人。家贫，习《韩诗》《公羊春秋》，初举孝廉，任职缯县，后迁辽东属国都尉。

[2] 太学：中国古代的大学，其名始于西周。汉武帝时设五经博士，为西汉太学建立之始。

[3] 祐：吴祐，东汉大臣。字季英，陈留长垣（今河南长垣东北）人。初举孝廉，迁胶东侯相、齐相。

[4] 赁：租借，雇用。

[5] 舂：把稻谷放入臼中，用杵捣去壳。

[6] 杵臼：杵，舂米的木棒。臼，舂米的石器。

【大意】

公沙穆是东汉学者。当初，他家里很贫穷。为了到太学求学，他来到当时的京都洛阳，但身上的钱已经用光了，别说求学，吃饭都成问题。他只好脱下学者穿的袍服，换上短衣，四处给人打短工。

吴祐到集市上找人为他家舂米，刚好看中了公沙穆，就雇用了他。

在吴祐家里，公沙穆一边舂米，一边和吴祐闲聊。还没聊几句，吴祐便发现公沙穆出口不凡，这使他非常吃惊。吴祐没有想到一个雇来的短工竟有如此学识，非常敬佩他，两个人在舂米时结成了朋友。从此，便留下杵臼之交的典故。

【感悟】

友情是同道者的一见如故。心灵相通，志趣相投，志同道合，即便身份地位悬殊，也会相知相惜，成为真正的朋友。

除了杵臼之交，中国历史上流传的友情佳话，还有忘年之交、刎颈之交、车笠之交、布衣之交等，其中内含的都是以心相交、交友进德的深刻意蕴。

荀巨伯冒死护友

【经典】

荀巨伯[1] 远看友人疾，值胡贼攻郡。友人语巨伯曰："吾今死矣，子可去！"巨伯曰："远来相视，子令吾去，败义以求生，岂荀巨伯所行邪？"贼既至，谓巨伯曰："大军至，一郡尽空，汝何男子，而敢独止[2]？"巨伯曰："友人有疾，不忍委之，宁以我身代友人命。"贼相谓曰："我辈无义之人，而入有义之国。"遂班军而还，一郡并获全。（刘义庆：《世说新语・德行》）

【注释】

[1] 荀巨伯：东汉桓帝时义士。

[2] 独止：独自留下。

【大意】

荀巨伯是东汉的一名义士。有一次，他去远方探访一位生病的朋友。在朋友家时，刚好胡人的军队攻打过来，城里的人都逃走了。朋友怕连累荀巨伯，劝他离开，对他说："你别管我了，赶快走吧。"荀巨伯觉得不能为了自己活命而抛弃病中的朋友，坚决不肯离开。他说："我远道而来，就是为了看望你，现在你让我离开，败坏信义以求活命，难道是我荀巨伯所为吗？"

当胡人的军队攻入城里时，其他人都逃走了，只有荀巨伯没有走，胡人觉得很奇怪，便问他："人家都跑了，你竟敢独自留在这里，你怎么有这么大的胆量？"荀巨伯说："我留下来是为了照顾朋友，我不忍心让生病的朋友一个人留下来，自己逃跑。"他恳求胡人放了自己的朋友，他说："我宁愿用自己的生命去换朋友的一条活路。"胡人听了，对荀巨伯很是敬佩，赞叹道："这个地方的人真讲仁义啊！如此看来，我们是无义之人了。"于是胡人撤军而回，整个郡城因此而得以保全。

【感悟】

岁寒知松柏，患难见真情。在面对危难时，荀巨伯不愿败义以求生，舍命救朋友，诠释了有义之国的有义之士对朋友的真心真情。

范式与张劭的两年之约

【经典】

范式[1] 字巨卿，山阳金乡人也，一名汜。少游太学，为诸生[2]，与汝南张劭为友。劭字元伯。二人并告归乡里。式谓元伯曰："后二年当还，将过拜尊亲[3]，见孺子焉。"乃共克[4] 期日。后期方至，元伯具以白母，请设馔[5] 以候之。母曰："二年之别，千里结言，尔何相信之审[6] 邪？"对曰："巨卿信士，必不乖违[7]。"母曰："若然，当为尔酝酒。"至其日，巨卿果到，升堂拜饮，尽欢而别。（《后汉书》卷八十一，《范式传》）

【注释】

[1] 范式：东汉义士。字巨卿，曾任荆州刺史、泸江太守。

[2] 诸生：古称入学而未获功名的普通学员为诸生。

[3] 尊亲：指父母长辈。

[4] 克：约定。

[5] 设馔：准备酒食。

[6] 审：确实。

[7] 乖违：背信，失约。

【大意】

范式是山东人，张劭是汝南人，他们一起在太学学习，是好朋友。在离开太学回乡时，范式对张劭说："两年后我去你家拜见你的父母，看望你的儿女。"于是他们一起约定了日期。两年后，当约定的日期快到时，张劭把这件事告诉母亲，请母亲准备酒菜招待范式。母亲说："分别已经两年，相隔千里，你就那么相信他会来吗?"张劭回答："范式是守信的人，绝不会违约。"母亲说："如果这样，那我就为你酿酒。"到了约定的那天，范式果然到了。大家一起饮酒，尽欢而别。

【感悟】

"与朋友交而无信乎?"范式有信，无论时间多久，他都不会忘记自己的约定；无论相隔多远，他都会千里赴约。张劭同样有信，既然有约在先，就必当准备酒食，恭候故人。

古人认为，朋友有信；交友之道，就在一个信字上。

师生：尊师重教

导 语

中国自古十分重视教育，具有尊师重教的优良传统。古人把“师生”关系视为极其重要的人伦关系，荀子将天、地、君、亲、师五者并列，认为隆君师与事天地、尊祖宗同是礼之根本。《白虎通》认为师生之道既有君臣间的尊卑，又有父子间的亲情，同时还有朋友间的友情。总体上看，中国古人所理解的师生关系是：老师传道、授业、解惑，学生尊师重教、从师向学，二者既是师生关系，同时教学相长，亦师亦友。

孔子是我国古代著名的教育家，也是第一位私学老师，他打破了学在官府的贵族教育垄断，使教育面向普通民众。他不仅留下了非常宝贵的教育思想，总结出迄今为止仍然具有启发意义的教育教学方法，而且他与学生之间的师生之情也感人至深。韩愈的《师说》是论述师生关系、师生之道的名篇。韩愈认为，“道之所存，师之所存也”。从个人成长的角度看，每个人都可能会有各种各样的疑惑，有了疑惑就需要老师的指点，老师的教导是求学之人成长和进步的阶梯。因此，为师者诲人不倦，求学者则要好学上进，尊师重教。朱熹重兴白鹿洞书院，执教讲学，确立了学规，树立了淳正的学风，开创了近千年来的书院教育传统。

尊师的传统要求即便贵为天子，也要敬重老师，自古就有“恩师”的说法。汉明帝身为皇帝，但在老师面前仍旧以学生之礼事之，对自己的老师尊重有加。杨时身为高官，垂手侍立，“程门立雪”的故事世代相传。史可法与老师道义相砥，继承老师的遗志，照顾老师的家人，将老师为国尽忠的精神发扬光大。文字训诂学大师段玉裁，耄耋之年听到老师的名字时，仍旧会垂手拱立，终身感念老师的恩情。

“三人行，必有我师焉”。古人不仅尊重自己的授业恩师，而且将那些对自己有所教益的人尊称为师，执弟子礼，虚心求教。李相拜小吏为“一字师”，留下了尊师重教的千古美谈。

名　言

高山仰止，景行行止。（《诗经·小雅·车舝》）

三人行，必有我师焉。择其善者而从之，其不善者而改之。（《论语·述而》）

国将兴，必贵师而重傅。（《荀子·大略》）

事师之犹事父也。（《吕氏春秋·劝学》）

师也者，教之以事而喻诸德者也。（《礼记·文王世子》）

桃李不言，下自成蹊。（《史记》卷一百九，《李将军列传》）

师者，人之模范也。（扬雄：《法言·学行》）

经师易求，人师难得。（《周书》卷四十五，《儒林列传》）

师者，所以传道、受业、解惑也。（韩愈：《师说》）

善之本在教，教之本在师。（李觏：《广潜书》）

一日为师，终身为父。（《增广贤文》）

师道既尊，学风自善。（康有为：《在浙之演说》）

弟子眼中的孔子

【经典】

颜渊喟然叹曰："仰之弥高，钻之弥坚。瞻之在前，忽焉在后。夫子循循然善诱人，博我以文，约我以礼，欲罢不能。既竭吾才，如有所立卓尔。虽欲从之，末由[1] 也已。"（《论语·子罕》）

叔孙武叔[2] 语大夫于朝曰："子贡贤于仲尼。"子服景伯[3] 以告子贡。子贡曰："譬之宫墙，赐之墙也及肩，窥见室家之好。夫子之墙数仞，不得其门而入，不见宗庙之美，百官之富。得其门者或寡矣。夫子之云，不亦宜乎！"（《论语·子张》）

叔孙武叔毁仲尼。子贡曰："无以为也！仲尼不可毁也。他人之贤者，丘陵也，犹可逾也；仲尼，日月也，无得而逾焉。人虽欲自绝，其何伤于日月乎？多见其不知量也。"（《论语·子张》）

陈子禽谓子贡曰："子为恭也，仲尼岂贤于子乎？"子贡曰："君子一言以为知，一言以为不知，言不可不慎也。夫子之不可及也，犹天之不可阶而升也。夫子之得邦家者，所谓立之斯立，道之斯行，绥之斯来，动之斯和。其生也荣，其死也哀，如之何其可及也？"（《论语·子张》）

【注释】

[1] 末由：找不到路径。末，无。由，途径，办法。

[2] 叔孙武叔：鲁国大夫。名州仇，"三桓"之一。

[3] 子服景伯：鲁国大夫。

【大意】

颜渊感叹说："夫子的道德、学问，越仰望越觉得崇高，越钻研越觉得深刻。眼看着它在前面，忽然又到后面去了。老师就是这样循循善诱，用广博的文献来充实我，用一定的礼节来约束我，使我想停都停不下来。我已尽了自己最大的努力，但前方却像是有一个高大的目标树立在那里，即使想追随，也不知道该用什么办法。"

叔孙武叔在朝廷上对大夫们说："子贡比仲尼更贤能。"子服景伯把这一番话告诉了子贡。子贡说："以围墙为喻，我家的围墙只有齐肩高，隔墙你便能看见里面的房舍。老师家的围墙却有几仞高，如果找不到门进去，你就看不见里面宗庙的富丽堂皇、房屋的绚丽多彩。能够找到门进去的人并不多。叔孙武叔这样说，不也是很自然吗？"

叔孙武叔诋毁孔子。子贡说："不要这样吧！夫子是诋毁不了的，其他人的贤良，像丘陵一样，还可以超越；夫子却像日月，无法超越。虽然有人要自绝于日月，但对日月又有什么损伤？只能表明他自不量力而已。"

陈子禽对子贡说："你是谦虚吧，孔子哪里比你强？"子贡说："君子说一句话就可以表现出是否明智，所以说话不可以不谨慎。夫子高不可及，如同天不能搭阶梯爬上去一样。他如果有机会治理国家，可以说，以礼立人，人无不立；以道导人，人无不从；安抚百姓，百姓即来归服；动员百姓，百姓就齐心协力。这样的人，生有其尊荣，死令人哀痛，岂是我可以企及的呢？"

【感悟】

孔子是中国历史上第一位使教育大众化的教育家，有学者认为孔子是第一位以教育为职业的"教授老儒"。他有教无类，诲人不倦，打破了学在官府的教育垄断；他因材施教，循循善诱，启发学生积极思考；他述而且作，整理古代典籍，致力于文化传承创新。

这四则故事出自《论语》，是孔子的两个学生颜渊和子贡对老师的评价。在学生眼中，孔子的道德、学问仰之弥高，钻之弥坚，光比日月，高山仰止。学生对老师的敬仰之情，浓浓的师生情谊，溢于言表。

汉明帝尊师

【经典】

上[1] 自为太子，受《尚书》于桓荣[2]，及即帝位，犹尊荣以师礼。尝幸[3] 太常府[4]，令荣坐东面[5]，设几杖[6]，会百官及荣门生数百人，上亲自执业[7]，诸生或避位发难[8]，上谦曰："太师在是。"既罢，悉以太官[9] 供具赐太常家。荣每疾病，帝辄遣使者存问，太官、太医相望于道。及笃[10]，上疏谢恩，让还爵土[11]。帝幸其家问起居，入街，下车，拥经而前，抚荣垂涕，赐以床茵[12]、帷帐、刀剑、衣被，良久乃去。自是诸侯、将军、大夫问疾者，不敢复乘车到门，皆拜床下。荣卒，帝亲自变服临丧送葬，赐冢茔于首山之阳。(司马光：《资治通鉴》卷四十四，《汉纪三十六》)

【注释】

[1] 上：指汉明帝刘庄，汉光武帝刘秀第四子。

[2] 桓荣：东汉大臣。字春卿，沛郡龙亢县（今安徽怀远县龙亢镇）人。汉明帝做太子时的老师。

[3] 幸：指帝王驾临。

［4］太常府：桓荣家。桓荣曾任太常。

［5］坐东面：坐于西而面向东。古时主位在东，宾位在西。

［6］几杖：倚几和手杖。几杖均为老人用物，古时以赐几杖为敬老之礼。

［7］执业：持书诵习。业，古代夹书册的木板，引申指书籍。这里的意思是行弟子礼。

［8］发难：发问，问难。

［9］太官：掌管皇帝饮食、宴会的官员。

［10］笃：重，病重。

［11］爵土：爵位和封地。

［12］床茵：床垫。

【大意】

汉明帝刘庄做太子时，桓荣是他的老师。明帝即位后，很尊重桓荣，以师礼事之。

汉明帝曾经亲自到太常府去，让桓荣面东而坐，并且特意为桓荣摆设了倚几和手杖，以示敬重。汉明帝召集朝中官员以及桓荣教过的学生数百人，他本人也拿着经书，聆听老师的指教。这些官员和学生中有人向明帝发问，明帝谦虚地说：“老师在这里呢。”事后，明帝将御用的食具都赐予桓荣。

每次桓荣生病，汉明帝都会派人慰问，送食物的太官和治病的太医在路上前后相望，往来不断。桓荣病重，上疏向汉明帝谢恩，请求奉还皇帝赏赐给他的爵位和封地。汉明帝亲自登门看望老师，到了街口便下车步行，以示尊敬。进门后，明帝抱着经书走到老师跟前，拉着老师枯瘦的手，默默垂泪，又赐给桓荣床垫、帷帐、刀剑、衣被等用品，很久才离开。当朝皇帝对桓荣如此，官员们去看望桓荣时，都不敢再乘车直抵桓荣家门，而是下车步行，到桓荣床前行礼跪拜。桓荣去世时，汉明帝改换丧服，亲自吊唁送葬，在首山南麓赐给桓荣一块墓地。

【感悟】

荀子有言："国将兴，必贵师而重傅……国将衰，必贱师而轻傅。"

人不学不知道，天子亦有老师。在中国古代社会，皇帝身处众人之上，位于九五之尊，其行为举措具有极强的示范意义，对社会风气具有强烈的导向作用。汉明帝事师以礼，对老师恭敬谦卑，礼敬有加，尊师重教的言行自然会影响其他人。

师　说

【经典】

古之学者必有师。师者，所以传道、受[1] 业、解惑也。人非生而知之者，孰能无惑？惑而不从师，其为惑也终不解矣。生乎吾前，其闻道也固先乎吾，吾从而师之[2]；生乎吾后，其闻道也亦先乎吾，吾从而师之。吾师道也，夫庸[3] 知其年之先后生于吾乎？是故无贵无贱，无长无少，道之所存，师之所存也。

嗟乎！师道之不传也久矣！欲人之无惑也难矣！古之圣人，其出人也远矣，犹且从师而问焉；今之众人，其下圣人也亦远矣，而耻学于师。是故圣益圣，愚益愚。圣人之所以为圣，愚人之所以为愚，其皆出于此乎！

爱其子，择师而教之；于其身也，则耻师焉，惑矣。彼童子之师，授之书而习其句读[4] 者，非吾所谓传其道、解其惑者也。句读之不知，惑之不解，或师焉，或不焉，小学而大遗，吾未见其明也。

巫医[5]、乐师、百工[6] 之人，不耻相师。士大夫之族，曰“师”、曰“弟子”云者，则群聚而笑之。问之，则曰：“彼与彼年相若也，道相似也。位卑则足羞，官盛则近谀。”呜呼！师道之不复可知矣！巫医、乐师、百工之人，君子不齿，今其智乃反不能及，其可怪也欤！

圣人无常师。孔子师郯子、苌弘、师襄、老聃。郯子之徒，其贤不及孔子。孔子曰：“三人行，则必有我师[7]。”是故弟子不必不如师，师不必贤于弟子，闻道有先后，术业有专攻，如是而已。

李氏子蟠[8]，年十七，好古文，六艺[9] 经传皆通习之，不拘于时，学于余。余嘉其能行古道，作《师说》以贻之。（韩愈：《师说》）

【注释】

[1] 受：通“授”，教授。

[2] 师之：以之为师。

[3] 庸：岂，表示反问的语气。

[4] 句读（dòu）：也叫句逗。句为句末的停顿，读指句中的语气停顿。习其句读是指学习标点、读通文章。

[5] 巫医：古代用祝祷鬼神等迷信方法或兼用药物为人医治疾病的人。

[6] 百工：泛指手工业者。

[7] “三人行”句：出自《论语·述而》：“子曰：‘三人行，必有我师焉。择其善者而从之，其不善者而改之。’”

[8] 李氏子蟠（pán）：李蟠，唐进士。

[9] 六艺：六部儒家经典，亦称“六经”，即《诗》《书》《礼》《乐》《易》《春秋》。

【大意】

古代求学的人一定有老师。老师，是传授道理、教授学业、解答疑问的人。人不是生下来就懂得道理的，谁能没有疑惑？有了疑惑，如果不跟从老师学习，疑惑就不能得到解答。比我出生得早，懂得道理本来就早于我的人，我应该跟从他，把他当作老师；比我出生得晚，如果他懂得道理早于我，我也应该跟从他，把他当作老师。我是学习道理，哪管他比我出生得早还是比我出生得晚呢？因此，无论地位高低，无论年纪大小，道理存在的地方，就是老师存在的地方。

唉！古代从师的风尚已经很久不流传了！想要人没有疑惑也难啊！古代的圣人，他们超出一般人很多，尚且跟从老师请教疑问；现在的一般人，他们的才智比圣人低很多，却耻于向老师学习。因此，圣人就更加圣明，愚人就更加愚昧。圣人之所以成为圣人，愚人之所以成为愚人，大概都是由于这个原因吧！

人们爱他们的孩子，就选择老师来教他；对于他们自己呢，却耻于跟从老师学习，真是糊涂啊！孩子们的那些老师，是教他们读书、断句的，不是我所说的传授道理、解答困惑的。不通晓句读，向老师学习，不解决疑惑，却不向老师学习，小的方面倒要学习，大的方面反而放弃不学，我没看出那种人是明智的。

巫医、乐师和各种工匠，不以互相学习为耻。士大夫之流，听到称“老师”、称“弟子”的，就聚在一起讥笑人家。问他们原因，他们就说：“他和他年龄差不多，道德、学问也差不多，以地位低的人为师，就感到羞耻，以地位高的人为师就近乎阿谀。”唉！古代那种跟从老师学习的风尚不能恢复，从这些人的话里就可以知道了。这些人对巫医、乐师和各种工匠不屑一提，但他们的见识竟反而比不上巫医、乐师和各种工匠，真是令人奇怪啊！

圣人没有固定的老师。孔子曾以郯子、苌弘、师襄、老聃为师。郯子之流，他们的贤能都比不上孔子。孔子说：“三人行，则必有我师。”因此，学生不一定不如老师，老师不一定比学生贤能，听到的道理有早有晚，学问、技艺各有专长，如此而已。

李家的孩子李蟠十七岁，喜欢古文，六经的经文和传文都学习了，不受时俗的拘束，向我学习。我赞许他能够遵行古人从师的风尚，写这篇《师说》送给他。

【感悟】

韩愈说：“师者，所以传道、受业、解惑也。”老师是知识的传授者、文化的传承者，更是人生困惑的解答者，向老师学习，既要学习一般的知识，更要学习立身处世的人生大道理。

一个人有真诚的尊师向学之心，才有可能在学问上、事业上、道德上不断提升。

李相敬拜“一字师”

【经典】

李相[1] 读《春秋》，误呼叔孙婼[2] （敕略[3] ）为婼（敕晷[4] ）。日读一卷，有小吏侍侧，常有不怿[5] 之色。公怪问曰：“尔常读此书耶？”曰：“然。”“胡为闻我读至此而数色沮[6] 耶？”吏再拜言曰：“缘某师授，误呼文字；今闻相公呼婼（敕略）为婼（敕晷），方悟耳。”公曰：“不然。吾未之师也，自检《释文》而读，必误在我，非在尔也。”因以《释文》示之。小吏因委曲言之。公大惭愧，命小吏受北面之礼[7]，号为“一字师”。(王定保:《唐摭言》卷五,《切磋》)

【注释】

[1] 李相：五代人。

[2] 叔孙婼（chuò）：春秋时人，事见《左传·昭公七年》。

[3] 敕略：此为反切，即古代的注音，取第一个字即反切上字的声母与第二个字即反切下字的韵母和声调相拼。按“敕略”二字的古音，“婼”当读 chuò。

[4] 敕晷：此亦为反切，当读 chuǐ。“婼”有二音，一读 chuò，一读 ruò，并无 chuǐ 音。故李相读“婼”（chuò）为 chuǐ，实误。

[5] 不怿（yì）：不愉快。

[6] 数（shuò）色沮：屡次表情沮丧。

[7] 北面之礼：古代尊人为师的礼节。老师面向南坐，学生面向北行礼。

【大意】

李相是五代时人。他每天都读《春秋》，但他却把叔孙婼（chuò）读成了叔孙 chuǐ。他读书的时候，旁边有一位小吏侍候。每每听他读到这里，小吏便皱眉头。

李相觉得奇怪，问他：“你也经常读这部书吗？”小吏说：“是的。”李相又问：“那你为什么听我读到这里就不高兴呢？”小吏向李相行了一个礼，恭敬地说：“因为我的老师教我时，把这个字读成‘chuò’；现在听到您把它读成‘chuǐ’，我才知道我的老师教错了。”

李相说：“不一定。我读这部书并没有老师教我，是自己查着《释文》来读的，错的必定是我，不是你。”

李相把《释文》拿出来。小吏委婉地指出了他的错误。李相非常惭愧，让小吏面朝南坐下，向他行了敬师之礼，称他为“一字师”。

【感悟】

“弟子不必不如师，师不必贤于弟子”，哪怕只是“一字师”，古人也要以师礼相待。

尺有所短，寸有所长。一个人不可能是所有领域的专家。即便是自己熟知的领域，也不可能事事皆知。

只有向每一位在某一方面贤于自己的人学习，尊重每一位对自己有所教益的老师，虚心向学，不耻下问，人才有可能在学问上和道德上不断进步。

程门立雪

【经典】

时河南程颢与弟颐讲孔孟绝学[1]于熙、丰[2]之际，河、洛之士翕然[3]师之。时[4]调官不赴，以师礼见颢于颍昌，相得甚欢。其归也，颢目送之曰：“吾道南矣。”四年而颢死。时闻之，设位哭寝门，而以书赴告同学者。至是，又见程颐于洛，时盖年四十矣。一日见颐，颐偶瞑坐，时与游酢[5]侍立不去，颐既觉，则门外雪深一尺矣。(《宋史》卷四百二十八，《杨时传》)

【注释】

[1] 绝学：失传的学问。按理学家的观点，孔孟道统自汉魏以后

因佛教和道教流行而中断，故称“绝学”，由理学家重续道统。

[2] 熙、丰：熙宁、元丰，均为宋神宗年号，分别为 1068—1077 年、1078—1085 年。

[3] 翕（xī）然：一致的样子。

[4] 时：杨时，北宋学者。字中立，南剑州将乐（今属福建）人。官至龙图阁直学士，世称“龟山先生”。

[5] 游酢（zuò）：北宋学者。字定夫，建阳（今福建南平市建阳区）人。程门四大弟子之一，世称“廌（zhì）山先生”。

【大意】

杨时是宋代著名理学家程颢与程颐兄弟二人的学生。二程在神宗年间讲授孔子、孟子的学说，在中原一带有很高的名望，很多学子都拜他们为师。

杨时受调去南方为官，在赴任前，他按照对待老师的礼节在颍昌拜见了程颢，和老师程颢一起探讨学问，谈得非常投机。杨时走时，程颢目送他离去，说：“我的学说可以由他传播到南方去了。”

四年后，程颢去世。杨时听说后，在内室为程颢摆下灵位哭吊，同时写信告知各位同学者。之后，杨时又去洛阳拜见程颐。有一天杨时与游酢二人去看望程颐，程颐正坐着小睡。怕惊动老师，他和游酢静悄悄地侍立等待。到程颐醒来时，门外的雪已有一尺深了。

【感悟】

“程门立雪”是中国古代最为经典的尊师重教故事之一。此时的杨时，已官居高位，人到中年。

漫天白雪纷纷扬扬，弟子为了不打扰老师休息，侍立静候老师小睡醒来，雪深盈尺，等待多时。杨时身份已不同，且不再年轻，但尊敬老师的态度没有改变，这是发自内心的敬意。

朱熹重兴白鹿洞书院

【经典】

昔朱子[1]知南康军[2]，史称其恳恻[3]爱民如子。兴利除害，惟恐不及。尤以厚人伦、美教化为首务。数诣[4]郡学，引进士子，与之讲论。访白鹿书院遗址，奏复其旧，每休沐[5]，辄一至。诲诱不倦，风教大行。夫朱子南康之政，何利不兴，何害不除，而尤必谆谆以兴学为事者，盖以学术之明，伦理之修，下关风俗，上裨朝廷。近者，效行于一方一时；远者，功及于天下后世。自朱子兴鹿洞以后，宋季以及有明，气节儒林，推江右独盛。（蔡世远：《蔡文勤公书牍·与满中丞书》）

【注释】

[1] 朱子：朱熹，南宋著名思想家。字元晦，号晦庵，别称紫阳，谥号文，理学的集大成者。

[2] 知南康军：任南康军知军。军，宋代地方行政区划名。

[3] 恳恻：诚恳。

[4] 诣：往，到。

[5] 休沐：休息沐浴。

【大意】

朱熹在江西南康做官的时候，爱民如子，兴利除弊，特别注重人伦教化。他曾多次去本郡的学府，和士子们一起谈论学问。

南康的白鹿洞，自唐以来就陆续有人在那里办书院，到朱熹生活的年代，已经萧条了。朱熹专门探访了白鹿洞的遗址，上疏请求恢复白鹿洞书院。每到休息的时候，他便去白鹿洞书院讲学。他学识渊博，诲人不倦，在他的带动下，白鹿洞书院学习氛围浓厚，学风淳正。

朱熹之所以在政事之余尤为注重兴学，是因为学术昌明、伦理修睦，一方面有助于风俗教化，另一方面有助于宗庙社稷，于近，影响一时一地；于远，功及天下后世。朱熹重兴白鹿洞书院后，宋末以及明代，论及儒林气节，江西首屈一指。

【感悟】

白鹿书院，也叫白鹿洞书院，在庐山五老峰东南麓，是宋代四大著名书院之一，朱熹、陆九渊都曾在这里讲学。

朱熹是理学的集大成者，也是一位德高望重的地方官员，更是一位致力于传道、授业、解惑的教育家。他不仅教书育人，以自己的道德、学问营造了白鹿洞书院良好的学风，而且注重人伦教化，注重兴办教育，他所撰的《白鹿洞书院揭示》至今仍然置于书院正堂。

白鹿洞书院自朱熹重建后，数百年间弦歌不辍，开启了近千年书院的教育传统。

史可法狱中探恩师

【经典】

左忠毅公[1]视学[2]京畿，一日，风雪严寒，从数骑出，微行，入古寺。庑下[3]一生伏案卧，文方成草。公阅毕，即解貂覆生[4]，为掩户[5]。叩之寺僧，则史公可法[6]也。及试，吏呼名至史公，公瞿然[7]注视，呈卷，即面署第一。召入，使拜夫人，曰："吾诸儿碌碌，他日继吾志事，惟此生耳。"

及左公下厂狱[8]，史朝夕狱门外。逆阉[9]防伺甚严，虽家仆不得近。久之，闻左公被炮烙[10]，旦夕且死。持五十金，涕泣谋于禁卒，卒感焉。一日，使史更敝衣草屦[11]，背筐，手长镵[12]，为除不洁者，引入。微指左公处，则席地倚墙而坐，面额焦烂不可辨，左膝以下，筋骨尽脱矣。史前跪，抱公膝而呜咽。公辨其声而目不可开，乃奋臂以指拨眦[13]，目光如炬，怒曰："庸奴！此何地也？而汝来前！国家之事糜烂至此。老夫已矣，汝复轻身而昧大义，天下事谁可支拄者？不速去，无俟奸人构陷，吾今即扑杀汝！"因摸地上刑械，作投击势。史噤不敢发声，趋而出。后常流涕述其事，以语人曰："吾师肺肝皆铁石所铸造也！"

崇祯末……史公以凤庐道[14]奉檄守御。每有警，辄数月不就寝，使将士更休，而自坐幄幕外。择健卒十人，令二人蹲踞而背倚之，漏鼓移，则番代[15]。每寒夜起立，振衣裳，甲上冰霜迸落，铿然有声。或劝以少休，公曰："吾上恐负朝廷，下恐愧吾师也。"史公治兵，往来桐城，必躬造左公第，候太公、太母起居，拜夫人于堂上。（方苞：《方望溪集·左忠毅公逸事》）

【注释】

[1] 左忠毅公：左光斗，明代官员。字遗直，号浮丘，安庆桐城（今属安徽）人。官至左佥都御史。上疏弹劾太监魏忠贤，被陷害，受酷刑死于狱中。后谥忠毅。

[2] 视学：皇帝派官员到国学对学子进行考试。

[3] 庑（wǔ）下：廊屋之下。

[4] 解貂覆生：脱下貂皮大衣盖在书生的身上。

[5] 户：屋门。

[6] 史公可法：史可法，明代官员。字宪之，号道邻，河南祥符（今开封）人。后镇守扬州，抵御清兵，最终城破被俘，宁死不屈，从容就义。

[7] 瞿（jù）然：瞪目惊视的样子。

[8] 厂狱：明代特务机关的监狱。厂，明成祖时设立的由太监掌管的特务机关。

[9] 逆阉：指把持朝政、祸国殃民的太监魏忠贤。

[10] 炮烙（páo luò）：商纣时使用的一种酷刑。用炭烧铜柱使热，让犯人爬行其上，最终跌落火中致死。后人也把烧灼之刑称为“炮烙”。

[11] 屦（jù）：用麻、葛等制成的单底鞋。

[12] 镵（chán）：一种铁制的掘土工具。

[13] 眦（zì）：眼眶。

[14] 凤庐道：凤阳、庐州（今安徽合肥）道员。

[15] 番代：轮流更代。

【大意】

左光斗是明末大臣，他主持京畿地区学子的考试。一天，大雪纷飞，天寒地冻，他和几个随从微服出行，在一座古寺中，见到一名书生在廊屋下伏案睡着了，文章刚刚写成草稿。左光斗拿起来看了一遍，心中暗自称许，解下自己身上穿的貂皮大衣盖在书生身上，出门时又替书生关好了房门。他特意去问寺院的僧人这名书生是谁，僧人告诉他，这是史可法。

考试的时候，考官叫到史可法的名字，左光斗听到后，认出了他。考官呈上考卷，左光斗在上面批了第一名。后来，他又召史可法到自己家里来，让他拜见自己的夫人，对夫人说："我们的几个孩子都很平庸，将来能继承我的志向的，就是这个学生了。"

后来，左光斗因为弹劾魏忠贤被捕入狱。史可法每天都焦急地在狱门外徘徊，想进去看看自己的老师。但是魏忠贤的阉党防卫严密，任何人都无法接近左光斗。

过了一段时间，史可法听说左光斗受了炮烙之刑，将不久于人世。他就拿了五十两黄金，哭泣着请狱卒想想办法。有一天，狱卒让史可法换上破衣草鞋，背一个垃圾筐，拿一把铲子，装成打扫垃圾的人，混进监狱里。

当时左光斗靠墙席地而坐，脸上被烫伤，血肉模糊，面容难辨，左膝以下被打得筋骨脱落。史可法跪在左光斗面前，抱着老师的腿痛哭不止。左光斗听出是史可法的声音，但无法睁开眼睛，于是努力抬起手，用手指拨开自己的眼睛，目光如炬，生气地对史可法说："你怎么这么愚蠢！这是什么地方？你怎么到这里来？国家糜烂至此，我已经老了，你再不保重自己，不深明大义，谁能成为国家支柱？你还不快走，不用等奸党设计陷害你，现在我就把你打死！"他一边说，一边摸索着地上的刑械，装作要用它来打史可法的样子。史可法不敢出声，快步走了出去。他后来常常一边流泪一边说这件事："老师的心志，像铁石那样坚强。"

崇祯末年，史可法以凤庐道员的身份执行守卫任务。每当军情紧急，他就好几个月不睡，让将士们轮番休息，自己则坐在军帐外面。他选了十名健壮的士兵，两人一组，并排蹲坐，他倚靠着士兵的背。每隔一段时间换一组士兵，但他从不休息。夜里寒冷，每次站立起来，铠甲上结的冰霜迸落，铿然作响。有人劝他休息一下，他说："我不能休息，对上我怕辜负朝廷的重托，对下我怕愧对老师的期望。”

史可法每次经过老师的家乡桐城，一定要到老师家里拜访，伺候老师父母的起居，敬拜师母。

【感悟】

作为老师，左光斗对史可法期望甚殷，爱护备至。甚至在狱中，受到酷刑最需要照顾的时候，为了学生的安全，他不惜以死相逼，把学生赶走。

作为学生，史可法对左光斗敬重有加，不负重托。在老师蒙冤入狱时，他冒险去狱中探望。在老师不幸遇难后，他照顾老师的家人。更重要的是，他始终不忘老师的殷切期望，把为国家尽忠作为自己的神圣职责。

段玉裁终身念师恩

【经典】

玉裁[1] 于周、秦、两汉书，无所不读……积数十年精力，专说《说文》[2]，著《说文解字注》三十卷……玉裁少震[3] 四岁，谦，专执弟子礼，虽耄，或称震，必垂手拱立，朔望必庄诵震手札一通。卒后，王念孙[4] 谓其弟子长洲[5] 陈奂曰：“若膺死，天下遂无读书人矣！”(《清史稿》卷四百八十一，《儒林传二》)

【注释】

[1] 玉裁：段玉裁，清代文字训诂学家、经学家。字若膺，号懋

堂，江苏金坛（今属常州）人。师承戴震，系清代乾嘉学派代表人物。

[2]《说文》：《说文解字》，文字学书。东汉许慎撰，是我国第一部系统分析字形和考究字源的字书，是后代研究汉字、编辑字书最重要的根据，也是世界最古的字书之一。

[3] 震：戴震，清代思想家。字东原，安徽休宁人。认为宋明理学“以理杀人”，在经学、文字学方面很有建树，对整个清代学术界影响很大。段玉裁、王念孙都是他的学生。

[4] 王念孙：清代音韵训诂家。字怀祖，号石臞（qú），江苏高邮人。乾隆间进士，师承戴震，系清代乾嘉学派代表人物。

[5] 长洲：旧县名。今江苏苏州境内。

【大意】

段玉裁是清代著名学者戴震的学生，学习非常努力，读书无数，从周代直到两汉的书，无所不读。十多年的专心研读使他学力深厚，很有学问。他专门研究我国的第一部字书《说文解字》，撰写了《说文解字注》三十一卷，这是一部很有价值的文字训诂学的重要著作。

段玉裁的学问好，名声远扬，但他对老师依然尊敬如故。段玉裁只比他的老师戴震小四岁，但作为学生，他从来都很谦恭，严格恪守师生之礼。即使老了，当有人提到老师戴震的名字时，他仍会肃然起立，以示尊敬。每到初一、十五，他都会把老师的亲笔信重读一遍，回味老师的教诲。段玉裁去世后，他的同窗王念孙对其弟子陈奂说：“再没有像段玉裁这样的学生了！”

【感悟】

段玉裁是清代乾嘉学派的代表人物之一，大学问家。他在文字训诂方面取得了重要的学术成就，其所撰《说文解字注》是中国古代文字训诂学研究的重要著作，被后辈学人尊称为“段注”，至今仍有重要的学术影响。

无论自己的学术成就有多高，无论自己的资历有多老，无论自己的年纪有多大，段玉裁对老师的尊敬都一如既往，垂手拱立，执弟子礼，恭敬谦卑，终身不忘师恩，是古代读书人的尊师楷模。无怪乎他的同窗王念孙说，段玉裁死，天下遂无读书人矣。

公私：天下为公

导语

“公私”关系是中国传统伦理文化中的核心议题，“义利之辨”和“理欲之辨”最终都归结为“公私之辨”。“公”“私”是中国传统伦理文化中的一对重要范畴。对二者关系的看法形成公私观，涉及公与私以及义与利、理与欲之间的辩证关系，亦涉及忠、义等基本的道德规范。

古人认为，人皆有私欲、私利，这是古人探讨公私之辨的一个前提。如孔子说“富与贵，是人之所欲”，荀子讲即使尧、舜也不能去除百姓的好利之心，韩非讲人有“自环”之私心。像东汉官员第五伦那样奉公尽忠的人，也仍有“私心”。既然人的私心无法根除，那么如何对待公私关系，特别是在公与私发生矛盾、冲突的时候如何取舍，就成为中国传统伦理文化关注和讨论的重要议题，“仓颉造字论公私”形象地反映了中国汉字中蕴含的公私之辨。

尚公是中国传统伦理文化在公私问题上的基本价值取向，中国传统伦理文化具有尚公的悠久传统。儒家、墨家、法家都从维护社会整体利益的高度，强调要以社会整体利益为重，儒家更是提倡天下为公。尧为天下人奔波劳苦，公心可嘉；墨子摩顶放踵，爱利天下。他们以天下社稷为重的思想和行为历来受到推崇。

古人认为，在公与私相抵触的时候，有道德的君子选择先公后私直至公而忘私，而自私自利的“小人”则是私欲以为上、私利以为上。古人认为，为人处世要出以公心，“管仲与封人”说的是无论在何种情况下都不能以私废公；“外举不避仇，内举不避子”说的是举荐人才时的公心；“赤桑镇包公赔情”说的是当亲情与国家利益冲突之时，秉公执法的两难和公而忘私的可贵。

名言

夙夜在公。(《诗经·召南·采蘩》)

苟利社稷，死生以之。(《左传·昭公四年》)

背私谓之公。(《韩非子·五蠹》)

治天下也，必先公。公则天下平矣。(《吕氏春秋·贵公》)

天无私覆也，地无私载也，日月无私烛也，四时无私行也。(《吕氏春秋·去私》)

大道之行也，天下为公。(《礼记·礼运》)

公正无私，一言而万民齐。(《淮南子·修务训》)

兼覆无私谓之公，反公为私。(贾谊：《新书·道术》)

国耳忘家，公耳忘私，利不苟就，害不苟去，唯义所在。(《汉书》卷四十八，《贾谊传》)

匈奴不灭，无以家为也。(《汉书》卷五十五，《霍去病传》)

有公心，必有公道。(杨泉：《物理论》)

大贤秉高鉴，公烛无私光。(孟郊：《上达奚舍人》)

一心可以丧邦，一心可以兴邦，只在公私之间尔。(《二程集·河南程氏遗书》卷十一)

不以一毫私意自蔽，不以一毫私欲自累。(朱熹：《四书章句集注·中庸章句》)

君子小人趣向不同，公私之间而已。(朱熹：《四书章句集注·论语集注·里仁第四》)

以至公无私之心，行正大光明之事。(吕坤：《呻吟语·应务》)

公者重，私者轻矣，权衡之所自定也。（王夫之：《读通鉴论》卷十四，《安帝一四》）

人人好公，则天下太平；人人营私，则天下大乱。（刘鹗：《老残游记》）

仓颉造字论公私

【经典】

古者苍颉[1]之作书[2]也，自环[3]者谓之私，背[4]私谓之公。公私之相背也，乃苍颉固以[5]知之矣。(《韩非子·五蠹》)

【注释】

[1] 苍颉（jié）：也作“仓颉”，传为黄帝史官，汉字的创造者。

[2] 作书：造字。

[3] 环：围绕。

[4] 背：背离。

[5] 以：已。

【大意】

仓颉在造字的时候，把“私”字写成“厶”，如同一个为己的“环”，意思是凡事为自己着想、从自己出发去考虑和处理问题的行为，叫作“私”；而把“公”写成上“八”下“厶”，意思是从“私”的反面出发去考虑和处理问题的行为，叫作“公”。由此可见，公与私是两种相背离的行为，这是仓颉造字时就已经明白的道理。

【感悟】

汉字讲究形、音、义的内在联系，训诂学家注重从字形的构成中，去阐释文字的字源意义及蕴含的义理。如“德”字，古字为“悳”，字形为上“直”下“心”，字义为“外得于人，内得于己”。“伦”字，

"从人仑声"，字义为"辈"。韩非从字形的构成上去说明何谓"公"、何谓"私"，确实有一定的道理。

"公"与"私"之间的差别在于是否有一条"为己之环"：自私的人，时刻想到的是自己；而能够抛弃一己之私的人，方是具有公心的人。

"公"与"私"之间的差别还在于能否背私立公。孔子言富与贵乃人之所欲，荀子讲即使是尧、舜也不能去除百姓的好利之心，但他们都认为，人之为人，要分辨公私，不能以利害义、以私背公。

尧为社稷不为私

【经典】

尧之有天下也，非贪万民之富而安人主之位也，以为百姓力征，强凌[1]弱，众暴[2]寡，于是尧乃身服节俭之行，而明相爱之仁，以和辑[3]之。是故茅茨[4]不翦[5]，采椽不斫，大路[6]不画，越[7]席不缘[8]，大羹不和[9]，粢[10]食不毇[11]，巡狩行教，勤劳天下，周流五岳[12]。岂其奉养不足乐哉？举天下而以为社稷[13]，非有利焉。（《淮南子·主术训》）

【注释】

[1] 凌：侵犯，欺凌。

[2] 暴：损害。

[3] 辑：和睦。

[4] 茅茨（cí）：用茅草盖的屋顶。茨，屋顶。

[5] 翦（jiǎn）：同“剪”。

[6] 路：车。

[7] 越（huó）：通“括”，结，束。

[8] 缘：镶边。

[9] 和：调和五味。

[10] 粢（zī）：粗米。

[11] 毇（huǐ）：舂米使之精细。

[12] 五岳：中国五大名山的总称，即东岳泰山、南岳衡山、西岳华山、北岳恒山、中岳嵩山。

[13] 社稷：古代人们认为非土不立，非谷不食，因此帝王、诸侯要祭祀土神（社）和谷神（稷）。后用“社稷”作为国家的代称。

【大意】

远古时期，尧拥有天下，他不是贪求天下万民的财富，利用君位来享受安乐。当时，连年战争，以强凌弱、以多欺少，社会混乱，民生困苦。为了救民于水火，尧帝带头躬行节俭，向民众昭示仁爱之心，告诉人们和睦相处之道。为了实现造福天下万民的目的，他住的房子茅草盖顶、不加修剪，柞木为梁、不加雕饰；他坐的车子没有任何装饰，他用的草席不加任何修饰；他吃的食物五味不调，非常粗陋；他巡视天下只为推行教化，他不辞劳苦，奔波于五岳山川。他做这些难道是因为嫌自己得到的奉养不够吗？当然不是，尧之所以如此，为的是天下社稷，而非个人私利。

【感悟】

远古时期，首领采取推举制，推举有德行、有能力的人担当此职。自古以来人们就口口相传：尧很节俭，他的衣食住行都是最粗陋的；

舜和农人渔民一样，耕历山，渔雷泽；禹奔波劳苦，腓无胈，胫无毛。尧、舜、禹之所以为人们所称道崇敬，是因为他们勤苦若此，公心可嘉。《大学》有言："有德此有人，有人此有土。"

管仲公心拒封人

【经典】

管仲束缚[1]，自鲁之齐，道而饥渴，过绮乌[2]封人[3]而乞食。乌封人跪而食之，甚敬。封人因窃谓仲曰："适[4]幸，及齐不死而用齐，将何报我？"曰："如子之言，我且贤之用，能之使，劳之论，我何以报子？"封人怨之。(《韩非子·外储说左下》)

【注释】

[1] 束缚：捆绑。春秋时期，齐桓公小白未即位时，流亡在莒(今山东莒县)，他的哥哥公子纠在鲁国避难。管仲帮助公子纠争夺君位，并曾箭射小白的带钩。齐桓公即位后，就派人把管仲从鲁国押解到齐国来。

[2] 绮乌：鲁国地名。

[3] 封人：官名。镇守边邑封疆的地方官吏。

[4] 适：如果。

【大意】

管仲被押解着从鲁国到齐国去，半道上又饥又渴，路过绮乌这个地方时，就到封人那里去讨饭吃。封人跪着喂管仲吃东西，对他非常恭敬，并偷偷地对他说："如果您到了齐国侥幸不被处死，还受到齐国的重用，您将怎么报答我呢？"管仲说："如果我真像您说的那样受到重用，我当然是任贤使能，论功行赏，我又怎么能报答您呢？"封人听了管仲的话，心里非常怨恨他。

【感悟】

封人对管仲的照顾和敬重，绝非以国家社稷利益为计，而是一种"投机"，纯粹是一己私心在作祟。

管仲的公心则表现在：自己无论处于什么样的境地，都不能因私废公。

外举不避仇，内举不避子

【经典】

晋平公问于祁黄羊[1]曰："南阳无令，其谁可而为之？"祁黄羊对曰："解狐[2]可。"平公曰："解狐非子之仇邪？"对曰："君问可，非问臣之仇也。"平公曰："善。"遂用之，国人称善焉。居有间，平公又问祁黄羊曰："国无尉[3]，其谁可而为之？"对曰："午[4]可。"平公曰："午非子之子邪？"对曰："君问可，非问臣之子也。"平公曰："善。"又遂用之，国人称善焉。孔子闻之曰："善哉！祁黄羊之论也。外举不避仇，内举不避子。祁黄羊可谓公矣。"（《吕氏春秋·去私》）

【注释】

[1] 祁黄羊：祁奚，春秋时晋国大夫。字黄羊，食邑于祁（今山

西祁县东南)。

[2] 解（xiè）狐：春秋时晋国大夫。

[3] 尉：官名，如国尉、都尉等。

[4] 午：祁午，祁黄羊的儿子。

【大意】

祁黄羊是春秋时晋国大夫。一次，晋平公问他："南阳缺一个行政长官，你看谁合适呢？"

祁黄羊说："我看解狐合适。"

晋平公问："你推荐解狐？他不是你的仇人吗？"

祁黄羊回答道："您问我的是谁适合做南阳令，不是问我的仇人。"

晋平公说："那好，就让解狐去做南阳令。"解狐到任后，其政绩得到了人们的认可。

过了一段时间，晋平公又问祁黄羊："现在国家缺少尉官，你看谁合适呢？"

祁黄羊说："我推荐祁午。"

晋平公问："祁午？他不是你的儿子吗？"

祁黄羊回答道："您问我的是谁适合做尉官，不是问我的儿子。"

晋平公说："那好，就让祁午去做尉官。"祁午到任后，其政绩也得到了人们的认可。

孔子闻听此事，说："祁黄羊的举荐人才之论确实很有见地。这就叫'外举不避仇，内举不避子'。由此可见，祁黄羊是一个有公心的人。"

【感悟】

祁黄羊之公心，在于对事不对人。他首先考虑的是这个人能否胜任公职，而不考虑这个人与自己的私人关系。在举荐和选拔人才的时候，只有完全出于公心的人，才能像祁黄羊一样，任人唯贤，而不是任人唯亲。

墨子摩顶放踵

【经典】

墨子兼爱[1]，摩顶放踵[2]，利天下，为之。(《孟子·尽心上》)

【注释】

[1] 兼爱：墨家的思想主张。墨家认为，天下大乱的原因是人与人之间不相爱，因此提倡要爱一切人。

[2] 摩顶放踵：从头顶到脚跟都磨伤了。顶，头顶。踵，脚跟。放，至。

【大意】

为了实现墨家所倡导的兼爱的社会理想，墨家学派的创始人墨子摩顶放踵，奔走天下，为的是兴天下之利，除天下之害。

【感悟】

墨子所创立的墨家学派，是春秋战国之际的显学。墨子出于爱利天下的公心，以济世救民为己任，给当时的社会治理开出了一剂“兼相爱、交相利”的道德药方。

第五伦的“私心”

【经典】

伦[1] 奉公尽节，言事无所依违。诸子或时谏止，辄叱遣之，吏人奏记及便宜[2] 者，亦并封上，其无私若此。……或问伦曰：“公有私乎?”对曰：“昔人有与吾千里马者，吾虽不受，每三公[3] 有所选举，心不能忘，而亦终不用也。吾兄子常病，一夜十往，退而安寝；吾子有疾，虽不省视而竟夕不眠。若是者，岂可谓无私乎?”(《后汉书》卷四十一，《第五伦传》)

【注释】

[1] 伦：第五伦，东汉官员。字伯鱼，京兆长陵（今陕西咸阳东北）人，复姓第五。为官以奉公著称。

[2] 便宜：斟酌处理。

[3] 三公：中国古代共同负责军政事务的三个职位。起于周代的司徒、司马、司空（另一说指太师、太傅、太保三职），东汉时期太尉、司徒、司空合称“三公”。

【大意】

东汉官员第五伦一心奉公，尽守节操，给皇帝上书论说政事时，从不违心阿附。他的儿子们经常劝他不要这样，他都予以训斥；吏员的上奏以及可由他斟酌处理之事，他都封好上报。第五伦就是这样公正无私。有人问第五伦：“您有私心吗?”他回答道：“先前有人送我一匹千里马，我虽未接受，但每次三公选拔举荐官员时，我心里都无法忘记此事，但始终没有任用此人。我哥哥的儿子常常生病，我一夜前去看望十次，回来后能安然入睡；我的儿子生病，虽然没去看望，却整夜难眠。如此看来，怎么可以说我没有私心呢？”

【感悟】

第五伦的可贵之处不在于无私，而在于能够坦言自己也有出自人之常情的“私心”，并处理好公与私的关系，克制私欲，尽己为公。

赤桑镇包公赔情

【经典】

包拯：
恨包勉他为官贪赃罔上，
在长亭铜铡下丧命身亡。
命王朝下书信合肥县往，
嫂娘亲闻凶信定要悲伤。
闷忧忧坐馆驿心中惆怅，
嫂娘亲为此事来到赤桑。

吴妙贞：
见包拯怒火满胸膛，
骂声忘恩负义郎。
我命包勉长亭往，
与你饯行表衷肠。

谁知道你把那良心丧，
害死我儿在异乡。
有何脸面你活在世上？
快与我儿把命偿。

包拯：
嫂娘年迈如霜降，
远路奔波到赤桑。
包勉他初任萧山县，
贪赃枉法似虎狼。
小弟居官法执掌，
岂能做事负君王？
叔侄之情何曾忘，
怎奈这王法条……

吴妙贞：
你丧尽天良！
国法今在你手掌，
从轻发落又何妨？

包拯：
弟也曾前思后又想，
徇私舞弊犯王章。

吴妙贞：
手摸胸膛想一想，

我是包勉他的娘。

包拯：
还望嫂娘你多体谅，
按律严惩法制伸张。

吴妙贞：
你休要花言巧语讲，
恩将仇报负心肠。
想当年嫂嫂将你来抱养，
衣食照料似亲娘。
你与那包勉俱一样，
长大成人习文章。
龙虎之年开科场，
高榜得中伴君王。
到如今做高官你国法执掌，
你不该铡死包勉丧尽天良。
我越思越想气往上撞，
你是个人面兽心肠。

包拯：
劝嫂娘息雷霆弟有话讲，
且落座细听我表述衷肠。
自幼儿蒙嫂娘训教抚养，
金石言永不忘铭记心旁。
前辈的忠良臣人人敬仰，

哪有个徇私情卖法贪赃？
到如今我坐开封国法执掌，
杀赃官除恶霸伸雪冤枉。
未正人先正己人己一样，
责己宽责人严怎算得国家栋梁？
小包勉犯王法岂能轻放？
弟若徇私上欺君下压民败坏纪纲我难对嫂娘。

吴妙贞：
听包拯一席话暗自思想，
他忠心秉正公而忘私方算得盖世的忠良。
恨我儿他不该贪赃罔上，
按律条铡包勉理所应当。
怎奈我失却了终身靠养，
倒不如我碰死在赤桑。

包拯：
见嫂娘只哭得泪如雨降，
纵然是铁面人也要心伤。
劝嫂娘息雷霆你从宽着想，
劝嫂娘休流泪你免悲伤。
养老送终弟承担，
百年之后弟就是你戴孝的儿郎。
今日事望嫂娘将弟宽放，
我还要去陈州赈济灾荒。

吴妙贞：
小包拯他把那赔情话讲，
句句话感肺腑动人心肠。
为黎民不徇私忠良榜样，
万不该责怪他我悔恨非常。
叫王朝你与我把酒斟上，
表一表为嫂我这一片心肠。
此一番去陈州去把粮放，
休把我吴妙贞挂在心旁。
饮罢了杯中酒起身前往，
为百姓公废私理所应当。

包拯：
嫂娘亲她把那真情话讲，
肺腑言感天地荡气回肠。
明是非主正义贤良高尚，
劝包拯爱黎民永作忠良。
深施礼谢嫂娘恩高义广，
小弟我放粮回孝敬嫂娘。（京剧《赤桑镇》）

【大意】

这是京剧《赤桑镇》中的著名唱段。包拯年幼失去父母，由嫂子吴妙贞抚养成人。吴妙贞的儿子即包拯的侄子叫包勉，任萧山县令，贪赃枉法，包拯秉公将其捉拿铡死。吴妙贞赶到赤桑镇，哭闹不休，责骂包拯忘恩负义。包拯向嫂子既诚恳赔情，也晓以大义，并承诺为嫂子养老送终。吴妙贞最终理解了包公秉公执法、不徇私情、公而忘私的行为，叔嫂和睦如初。

【感悟】

“赤桑镇包公赔情”是传统民间故事，也是不少剧种的传统剧目，长演不衰，虽不见于正史记载，但千百年来被人们津津乐道，传扬至今。

人们对包拯的形象是高度认同的：清正廉洁、铁面无私、盖世忠良。对包拯的爱戴，反映了中国人推崇明君贤相、企盼“包青天”的传统道德观。

“未正人先正己人己一样，责己宽责人严怎算得国家栋梁”“为百姓公废私理所应当”，掷地有声，荡气回肠。

义利：见利思义

导 语

“义利”之辨，是中国传统伦理文化中的基本议题之一。几千年来，古人在这个问题上提出了很多主张，也有很多争论，但占主导地位的始终是君子重义、先义后利、见利思义、以义制利的观点。

古人认为，“义与利者，人之所两有”，二者宜各得其所。人既有求利之心，也有好义之心。“利以养其体，义以养其心”，二者均无法去除，都为人的生活所必需。若必在义与利之间进行二选一的抉择，只能是在“义胜利”与“利克义”之间用道德加以制衡。选择前者，是为君子；选择后者，沦为小人。以义制利，社会便安定祥和；唯利是图，社会便动荡混乱。

在这种义利观的影响下，我国古代留下了许多明辨义利的美德故事。本篇选取了“曾子不受邑”“渔父仗义救伍员”“雷义还金”“裴度拾金不昧”“陈谏议偿直取马”“许衡义不苟取”等故事。这些故事的主人公有一个共同的特点，就是在义利选择的问题上，都坚守道义原则，反对以利害义。

对于儒家重义轻利的主流观点，历史上也不乏批评之声，如先秦墨子主张“尚利”，“兴天下之利”是墨家学派的重要主张。再如明清之际启蒙思潮“正其谊以谋其利，明其道而计其功”的主张，直指汉儒及宋明理学的义利观，认为空谈道德、轻薄事功的学说空疏无用。

中国古代的义利观总体上是重义轻利的价值导向，崇尚道义，鄙视见利忘义之举，痛恨利欲熏心之徒。“君子喻于义，小人喻于利”“不义而富且贵，于我如浮云”“德者本也，财者末也”“君子爱财，取之有道”等观点深入人心。

名言

君子喻于义，小人喻于利。（《论语・里仁》）

不义而富且贵，于我如浮云。（《论语・述而》）

见利思义。（《论语・宪问》）

见得思义。（《论语・季氏》）

君子义以为上。（《论语・阳货》）

兴天下之利，除天下之害。（《墨子・兼爱下》）

先义而后利者荣，先利而后义者辱。（《荀子・荣辱》）

临财毋苟得，临难毋苟免。（《礼记・曲礼上》）

德者本也，财者末也。（《礼记・大学》）

利以养其体，义以养其心。（董仲舒：《春秋繁露・身之养重于义》）

义与利，只是个公与私也。（《二程集・河南程氏遗书》卷十七）

义者，天理之所宜；利者，人情之所欲。（朱熹：《四书章句集注・论语集注・里仁第四》）

君子爱财，取之有道。（《增广贤文》）

曾子不受邑

【经典】

曾子衣弊衣以耕。鲁君使人往致邑[1]焉，曰："请以此修[2]衣。"曾子不受。反，复往，又不受。使者曰："先生非求于人，人则献之，奚为不受？"曾子曰："臣闻之，受人者畏人，予人者骄人。纵君有赐，不我骄也，我能勿畏乎？"终不受。孔子闻之，曰："参之言，足以全其节也。"（刘向：《说苑·立节》）

【注释】

［1］致邑：赐赠封地。致，赐给，给予。邑，国君赐给卿大夫的封地。

［2］修：修饰。

【大意】

有一天，曾子穿着破旧的衣裳在地里耕种。鲁国国君派来使者，对曾子说："国君要给你赏赐封地，请用封地的收入买些好衣服穿吧。"曾子没有接受。国君反复派使者来，曾子一再拒绝，不肯接受。

使者劝曾子道："又不是先生有求于国君，完全是国君自己愿意送您封地，您为什么不肯接受呢？"曾子说："我听说过，接受了人家赠送的东西，就会有所畏惧，怕得罪人家；给人家东西的人，总免不了有些傲慢。纵然鲁君赠送我封地，没有对我表现出骄色，我也得处处小心，就怕得罪他呢！"

就这样，曾子一直没有接受封地。孔子听说这件事后，赞扬曾子说："曾子说的话，能够保全他的节操了。"

【感悟】

孟子说过，如果有人没有理由地送你东西，那他一定是想收买你。鲁国国君送封地给曾子，似乎没有收买之意，也没有流露出"骄人"之色，这反而让曾子更加自律，保持节操，不谋私利。

利，当不当取，如何取，关键要看是否符合义的标准。

古人认为，合义之利，一座城池不为大，受之坦然；反之，一棵草芥不堪其重，寝食难安。

渔父仗义救伍员

【经典】

五员[1]亡，荆急求之……至江上，欲涉，见一丈人，刺[2]小船，方将渔，从而请焉。丈人度之，绝[3]江。问其名族[4]，则不肯告。解其剑以予丈人，曰："此千金之剑也，愿献之丈人。"丈人不肯受，曰："荆国之法，得五员者，爵执圭[5]，禄万檐[6]，金千镒。昔者子胥过，吾犹不取，今我何以子之千金剑为乎？"五员过于吴，使人求之江上，则不能得也。每食必祭之，祝曰："江上之丈人，天地至大矣，至众矣，将奚不有为也而无以为，为矣而无以为之。名不可得而闻，身不可得而见，其惟江上之丈人乎！"（《吕氏春秋·异宝》）

【注释】

[1] 五员：伍员，春秋时吴国大夫。名员，字子胥。楚平王七年

（前522年），其父伍奢被杀后，伍子胥逃到吴国。

[2] 刺：用篙撑。

[3] 绝：横渡。

[4] 族：姓。

[5] 爵执圭：赐予执圭的爵位。爵，封爵。执圭，亦作“执珪”，爵位名。

[6] 檐（dàn）：通“担”，一百斤。

【大意】

伍子胥的父亲伍奢是楚国大夫，因直言而为楚平王所杀，伍子胥也遭到楚国的追捕，逃往吴国。伍子胥到了江边，江水滔滔。他看到有一位老人，正撑着小船打鱼，于是请老人把他摆渡过江。

过江后，伍子胥问老人的姓名，老人不肯说。伍子胥为了表达自己的感激之情，就把身上的佩剑解下来送给老人，说：“这是价值千金的宝剑，我愿意把它献给您，以表示我的感激之情。”老人不肯接受，说：“按楚国的法律，抓到伍子胥的，可以获封执圭的爵位，享受万担的俸禄，得到黄金千镒的赏赐。我见到伍子胥从这里经过，并没有捉他去领赏，我接受你的千金宝剑做什么呢？”

伍子胥到了吴国后，派人到江边去找那位老人，但遍寻不见。他每次吃饭的时候都会思念那位老人，为老人祈祷祝福。

【感悟】

伍子胥的故事家喻户晓，不但有司马迁为其在正史立传，更有很多民间的故事传说，描写他一夜须白、乔装过关的逃亡之路。

伍子胥亡命奔吴，顺利出逃，得益于很多人的帮助，如东皋公、皇甫讷、浣纱女、江上老人。他们每个人对伍子胥的身份都心知肚明，也知道他身价不菲，但都不为楚国的厚赏重利所动，义以为上，真心帮助伍子胥。

荀子论义利两有

【经典】

义与利者，人之所两有也。虽尧、舜不能去民之欲利，然而能使其欲利不克[1] 其好义也。虽桀、纣亦不能去民之好义，然而能使其好义不胜其欲利也。故义胜利者为治世，利克义者为乱世。上[2] 重义则义克利，上重利则利克义。(《荀子·大略》)

【注释】

［1］克：胜。
［2］上：统治者。

【大意】

追求道义之心和追求利益之心，这是人人具有的两方面。纵然是上古的明君尧和舜，也不能够去掉百姓对利益的追求，但能够使他们喜好利益不胜过喜好道义。纵然是上古的暴君桀和纣，也不能够去掉百姓对道义的追求，但能够使他们喜好道义不胜过喜好利益。所以，喜好道义胜过喜好利益的，是治世；喜好利益胜过喜好道义的，是乱世。统治者重视道义，百姓的喜好道义之心就会胜过喜好利益之心；统治者重视利益，百姓的喜好利益之心就会胜过喜好道义之心。

【感悟】

义与利既然是“两有”，那么这就意味着人的好义之心和好利之心都无法去除。人们要做的，是在求义与求利之间寻找恰当的平衡，不空谈道义，更不沉溺物欲。一个健全的社会，应使二者各不偏废，人们有饭吃，有衣穿，知廉耻，懂礼义。

雷义还金

【经典】

雷义[1] 字仲公，豫章鄱阳人也。初为郡功曹[2]，尝擢举善人，不伐其功。义尝济人死罪，罪者后以金二斤谢之，义不受，金主伺义不在，默投金于承尘[3] 上。后葺理屋宇，乃得之，金主已死，无所复还，义乃以付县曹[4]。(《后汉书》卷八十一，《雷义传》)

【注释】

[1] 雷义：东汉义士。字仲公，豫章鄱阳（今江西鄱阳县一带）人。

[2] 功曹：官名。汉代郡守、县令下有功曹史，简称“功曹”，除掌人事外，并得与闻郡县的政务。

[3] 承尘：唐代以前没有天花板，房梁横木之上用遮布挡灰，名曰“承尘”。

[4] 县曹：官府。

【大意】

雷义是东汉豫章郡鄱阳县人。初在豫章郡做掌管人事的官，推荐提拔过很多有才能、有德行的人，但从不以此夸耀自己的功劳。他还帮助一个已经被判处死刑的人免除了死罪。那人出狱后，拿二斤金子到雷义家里来酬谢。雷义无论如何都不肯接受。金主趁雷义不在房间的工夫，悄悄把金子放在房梁的遮布上面，雷义毫不知情。过了很多年，雷义家里的房屋大修，他才发现了金子。此时金主已死，无法把金子归还给金主了。虽然此事没人知道，但雷义还是把金子上交给了县府公库。

【感悟】

雷义是东汉义士，历史上类似于“雷义还金”的故事有不少。不是自己该得的，无论馈赠是轻是重，都断然回绝，诚如孟子所说，非其义也，一介不取。

裴度拾金不昧

【经典】

（裴度）游香山佛寺，徘徊廊庑之下。忽有一素衣妇人，致一缇緭[1] 于僧伽[2] 和尚栏楯[3] 之上，祈祝良久，复取筊[4] 掷之，叩头瞻拜而去。少顷，度[5] 方见其所致，意彼遗忘，既不可追，然料其必再至，因为收取。踌躇至暮，妇人竟不至，度不得已，携之归所止。诘旦[6]，复携就彼。时寺门始辟，俄睹向者素衣疾趋而至，逡巡抚膺惋叹，若有非横[7]。度从而讯之。妇人曰："新妇阿父无罪被系，昨告人，假得玉带二、犀带一，直千余缗，以遗津要。不幸遗失于此。今老父不测之祸无所逃矣！"度怃然，复细诘其物色，因而授之。妇人拜泣，请留其一。度不顾而去。（王定保：《唐摭言》卷四，《节操》）

【注释】

[1] 缇緆（xí）：浅绛色的包袱。缇，浅绛色。緆，包裹、覆盖东西的织物。

[2] 僧伽：佛教对出家修行者的称呼。

[3] 栏楯（shǔn）：栏杆。楯，栏杆上的横木。

[4] 筊（jiǎo）：通"珓"（jiào），即杯珓，迷信者占吉凶之具，用形似蚌壳的竹、木两片，掷于地，观其俯仰，以占吉凶。

[5] 度：裴度，唐大臣。字中立，河东闻喜（今山西闻喜东北）人。宪宗时宰相，力主削除藩镇，曾督师平定藩镇叛乱。封晋国公，世称"裴晋公"。

[6] 诘（jié）旦：第二天早晨。诘，犹"翌"。

[7] 非横：不测之祸，非常之祸。

【大意】

裴度是唐朝大臣，担任过唐宪宗时的宰相。他在未做官时，有一次到香山佛寺游览，见一位穿白色衣服的妇人把一个包袱放在佛像前的栏杆上，祈祷许久，抽签占卜，磕头瞻拜，然后起身离去。

那位妇人走后，裴度看到了她遗忘的包袱，但是她已走远了。裴度想，她若想起把包袱忘在这里了，肯定会回来，于是收起包袱，原地等候，一直等到晚上，那位妇人也没有回来，裴度只好把包袱带回住所。

第二天清晨，裴度拿着包袱去等那位妇人。佛寺开门后不久，裴度就看见了昨天那位妇人，她走到佛像前，似乎在找什么，边找边长吁短叹。裴度上前问她出了什么事。妇人说："我父亲无罪被官府抓去下了狱，昨天求人借得两条玉带、一条犀带，价值不菲，准备拿去求人。可东西竟然被我在这里弄丢了，这可怎么办啊？老父亲是逃不过这场不测之祸了。"裴度详细询问她包袱里都有什么，是什么样的，一一核实后就把包袱还给了她。妇人哭着拜谢，请裴度留下一件值钱的东西。裴度连看都没看，就告辞离开了。

【感悟】

裴度是晚唐重臣，有人认为他可与魏徵媲美，也有人说他与郭子仪齐名。他历仕宪、穆、敬、文四朝，官声显赫，人望极盛。"裴度拾金不昧"的故事，在民间流传甚广。除了唐末五代笔记小说《唐摭言》辑录之外，元杂剧《裴度还带》、"三言二拍"中也有以裴度的事迹为蓝本的故事。

裴度不苟得、不妄取、不贪不义之财的德行，受到后人的称道。

陈谏议偿直取马

【经典】

太尉陈尧咨[1]为翰林学士日，有恶马不可驭，蹄啮伤人多矣。一日，父谏议[2]入厩，不见是马，因诘圉人[3]。乃曰："内翰[4]卖之商人矣。"谏议遽[5]谓翰林曰："汝为贵臣，左右尚不能制，旅人[6]安能蓄此？是移祸于人也。"亟命取马而偿其直，戒终老养焉。其长厚远

类古人。(吴曾:《能改斋漫录》卷十二)

【注释】

[1] 陈尧咨:宋朝翰林学士。字嘉谟,举进士第一,卒后加赠太尉官衔。

[2] 谏议:指陈尧咨的父亲陈省华,字善则。

[3] 圉(yǔ)人:养马的人。

[4] 内翰:唐宋翰林学士的别称。

[5] 遽:马上,赶快。

[6] 旅人:这里指长途贩卖的商人。

【大意】

宋朝陈尧咨做翰林学士的时候,家里有一匹烈马,性情暴躁,难以驾驭,伤了很多人。有一天早上,陈尧咨的父亲走进马厩,没看到那匹马,于是问马夫,说:"那匹马怎么不见了?"马夫说:"被翰林学士卖给商人了。"陈父马上叫来儿子,说:"我们家没人能管住那匹马,别人又怎么能驾驭得了它呢?你是朝中重臣,怎么能把祸害转移给别人呢!"于是赶紧命人去追商人,取回马,把卖马的钱退给商人。陈父还叮嘱仆人,要把那匹马养到老死,不准再卖出去。时人称赞他有古代仁人厚道之风。

【感悟】

在有些人眼里,这自然是迂腐之人的迂腐之举。

但在陈谏议看来,卖出去的不仅是一匹恶马,还相当于嫁祸于他人,是不道义的,这是厚道的人不能干的事。

许衡义不苟取

【经典】

许衡[1] 字仲平，怀之河内人也。……尝暑中过河阳，渴甚，道有梨，众争取啖之，衡独危坐[2] 树下自若[3]。或[4] 问之，曰："非其有而取之，不可也。"人曰："世乱，此无主。"曰："梨无主，吾心独无主乎？"（《元史》卷一百五十八，《许衡传》）

【注释】

[1] 许衡：宋元之际学者。字仲平，号鲁斋，河内（今河南沁阳）人。

[2] 危坐：端坐。

[3] 自若：安然如常，毫不动心。

[4] 或：有人，某人。

【大意】

许衡是宋元之际的学者，也是元初有名的官员。有一次，他与人结伴同行，路过河阳时，正值酷暑，口渴极了。忽然，人们看到道旁有一棵梨树，结满了梨子，众人都争着摘梨来解渴，只有许衡安然端坐于树下，毫不动心。有人问他为什么不吃，他说："不是自己的东西是不可以拿的。"有人说："现在世道很乱，谁知道这梨的主人在哪里啊？这梨是无主的。"许衡回答说："梨无主，我的心难道也无'主'吗？"

【感悟】

路边似乎无主的梨子，被路人摘来解渴，看起来算不得什么道德问题。但偏偏许衡扪心自问："梨无主，吾心独无主乎？"

许衡心中的"主"，就是面对利益选择时对义的准则的苛守。如何选择，无关利益"量"的大小，无须权衡与计算，没有例外与权变，只是出自对义本身的敬重。

许衡跟一个梨子较劲，绝不是迂腐。

颜元的义利观

【经典】

以义为利，圣贤平正道理也。尧、舜"利用"，《尚书》明与"正德""厚生"并为三事。……《易》之言"利"更多。《孟子》极驳"利"字，恶夫掊[1]克聚敛者耳。其实，义中之利，君子所贵也。后儒[2]乃云"正其谊不谋其利"，过矣！宋人[3]喜道之，以文其空疏无用之学。予尝矫其偏，改云："正其谊以谋其利，明其道而计其功。"（颜元：《四书正误》卷一）

【注释】

[1] 掊（póu）：聚敛、搜刮钱财。

[2] 后儒：指董仲舒。因其生活在春秋战国之后的汉代，故称后儒。董仲舒提出了"正其谊不谋其利，明其道不计其功"的观点。

[3] 宋人：指以程、朱为代表的道学家。

【大意】

义与利并不矛盾，此即“以义为利”，这是圣贤们认为的基本道理。尧、舜提倡“利用”，《尚书》把“利用”“正德”“厚生”并称为三件重要的事。《周易》中谈到利就更多了。孟子驳斥“利”，并不是不要利，而是抨击搜刮财富的行为。其实合乎道义的利益，是君子所看重的。后来儒者说“正其谊不谋其利”，说得过头了！宋儒很喜欢宣扬这句话，以文饰他们空洞无用的学问和思想。我曾经矫正这句话的偏颇，把它改为：“正其谊以谋其利，明其道而计其功。”

【感悟】

颜元生活的明清之际，古老的中国社会发生大动荡。此时思想界的一个重大变化，就是宋明理学受到质疑和批判。汉代大儒董仲舒“正其谊不谋其利，明其道不计其功”的观点，为后世理学家们所津津乐道。对此，颜元很不认同。颜元说过一句很著名的话：“无事袖手谈心性，临危一死报君王。”颜元认为，宋求和于辽，臣服于金，最终为元所灭。究其根本，是空谈道德、轻薄事功的世风葬送了那个时代。对此，空疏无用的理学和空谈心性的理学家难辞其咎。他认为，“正其谊不谋其利，明其道不计其功”的义利观已然过时，适应那个时代的，应该是“正其谊以谋其利，明其道而计其功”。

理欲：以道制欲

导 语

“理欲”关系是中国传统伦理文化中的一个重要议题，又被称为理欲之辨。

理欲关系首先要回答的是如何看待欲望。在中国历史上，各家各派对待欲望的看法不尽相同，总体上看，有禁欲说、纵欲说、寡欲说和节欲说四种。佛家认为欲望是苦海，主张禁欲主义。以杨朱为代表的纵欲主义反对节制欲望，主张尽情享乐。道家承认人有欲望，但反对欲望太盛，主张寡欲。儒家认为，人有饮食男女等基本欲望，但人之为人，应该用道德理性去控制和把握欲望。儒家的观点被称为导欲、节欲说，是理欲关系问题上的一种主流观点。

孔子说：“富与贵，是人之所欲。”荀子认为，无论圣凡，饥而欲食、寒而欲衣等是生而具有的本能。《礼记》中有“饮食男女，人之大欲存焉”的话。即便是强调“去人欲，存天理”的理学家们，所反对的也只是“人欲”，即过分的、不当的欲望，而并非一概反对“人之欲”，认为欲望本无可厚非，但若沉溺在欲望的泥潭中不能自拔，则无异于禽兽。荀子的欲望观，清晰地表达了儒家的节欲主张。

如何用道德理性实现对欲望的控制和把握？历史上有很多深刻的论述和颇具道德深意的故事。在“晏子不受邶殿”的故事中，晏子认为贪心是祸，纵欲是祸，不仅表达了中国古人的理欲观，也表达了中国古人的处世智慧。“一食三叹说贪欲”的故事，讲的是欲望过盛终将自毁名节，知止知足才能立身长久的道理。“自胜之谓强”的故事告诉人们，用理性去控制欲望，是一场自己对自己的较量。“欲不可纵但可节”的故事，认为人的道德理性就如同高超的驭手，总是能够把欲望的马车掌控在自己手中。“石介拒享口腹之欲”的故事说的是古人于一餐美食上省察克治，警惕欲望的洪流一点点将自己吞没。“厚于味者薄于德”“唐太宗节制奢欲”两则故事，主要是从治国理政的层面，论述君王的欲望对于政治的重要意义。对于为政者来说，能否节制自己的欲望不仅关乎为政者的个人修养，而且关乎社稷安危，关乎长治久安。

名　言

不役耳目，百度惟贞。玩人丧德，玩物丧志。（《尚书·旅獒》）

罪莫大于可欲，祸莫大于不知足，咎莫大于欲得。故知足之足，常足。（《老子》第四十六章）

以欲从人则可，以人从欲鲜济。（《左传·僖公二十年》）

从心所欲，不逾矩。（《论语·为政》）

鹪鹩巢于深林，不过一枝。偃鼠饮河，不过满腹。（《庄子·逍遥游》）

养心莫善于寡欲。（《孟子·尽心下》）

敖不可长，欲不可从，志不可满，乐不可极。（《礼记·曲礼上》）

饮食男女，人之大欲存焉。（《礼记·礼运》）

非澹泊无以明志，非宁静无以致远。（诸葛亮：《诫子书》）

乐不可极，极乐成哀；欲不可纵，纵欲成灾。（吴兢：《贞观政要·刑法》）

以道制欲，则乐而不厌；以欲忘道，则惑而不乐。（《陆九渊集》卷二十二，《杂说》）

迷于利欲者，如醉酒之人，人不堪其丑，而已不觉也。（薛瑄：《读书录》卷八）

贪欲者，众恶之本；寡欲者，众善之基。（《王廷相集·慎言·见闻篇》）

厚于味者薄于德

【经典】

管仲觞桓公。日暮矣，桓公乐之而征[1]烛。管仲曰："臣卜其昼，未卜其夜[2]。君可以出矣。"公不说，曰："仲父年老矣，寡人与仲父为乐将几之[3]？请夜之[4]。"管仲曰："君过矣。夫厚于味者薄于德，沈于乐者反于忧。壮而怠则失时，老而解[5]则无名。臣乃今将为君勉之，若何其沈于酒也？"（《吕氏春秋·达郁》）

【注释】

[1] 征：索取，求取。

[2] 臣卜其昼，未卜其夜：白天宴请您我占卜过，至于晚上宴请您，我未占卜过。

[3] 将几之：还能有几次。之，虚词，无意义。

[4] 夜之：夜里继续饮酒。

[5] 解：通"懈"，懈怠。

【大意】

管仲宴请齐桓公。天黑了，齐桓公意犹未尽，他让管仲点上蜡烛，想和管仲继续宴饮。管仲说："白天宴请您我占卜过，至于晚上宴请您，我还未占卜。咱们还是结束吧！"齐桓公听管仲这么说，很不高兴，说："仲父您年事已高，我跟您一起享乐还能有几次呢？咱们接着喝酒。"

管仲说："您错了。贪图美味的人道德上就会卑微，沉迷于享乐的人最终会忧伤。壮年时懈怠就会失去时机，年老时懈怠则无善终之名。我现在要劝勉您，您怎么可以沉湎于饮酒作乐呢？"

【感悟】

这则故事出自《吕氏春秋·达郁》。所谓"达郁"，意为广开言路，使郁积的民怨、民意得以纾解。全篇的主旨是如何做一位明君。

齐桓公能够成就春秋霸业，与管仲的辅佐是分不开的。管仲不但帮助齐桓公建立了九合诸侯、一匡天下的伟业，更重要的是，管仲时刻用自己的政治理念劝诫齐桓公，防止他沉溺于无节制的酒色享乐之中，警惕君德之失。

"厚于味者薄于德，沈于乐者反于忧。"管仲的借题发挥，并非小题大做。

晏子不受邶殿

【经典】

与晏子邶殿[1]，其鄙六十[2]，弗受。子尾曰："富，人之所欲也，何独弗欲？"对曰："庆氏[3]之邑足欲，故亡。吾邑不足欲也，益之以邶殿，乃足欲。足欲，亡无日[4]矣。在外，不得宰[5]吾一邑。不受邶殿，非恶富也，恐失富也。且夫富，如布帛之有幅[6]焉。为之制度，使无迁[7]也。夫民，生厚[8]而用利[9]，于是乎正德以幅[10]之，使无黜嫚[11]，谓之幅利。利过则为败。吾不敢贪多，所谓幅也。"（《左传·襄公二十八年》）

【注释】

[1] 邶（bèi）殿：古邑名。春秋时齐别都。在今山东昌邑市西。

[2] 其鄙六十：邶殿边鄙六十邑。

[3] 庆氏：庆封，春秋时齐国大夫。字子家，又字季。

[4] 亡无日：离被迫逃亡的日子也就不远了。

[5] 宰：主宰。

[6] 幅：布帛一定的宽度。

[7] 迁：变更，变易。

[8] 生厚：生活丰厚。

[9] 用利：器物财货富足。

[10] 幅：这里引申为限制之义。

[11] 黜嫚：黜，不足。嫚，借为“漫”，放纵。

【大意】

晏子是春秋时齐国大夫。齐景公赐给他邶殿边鄙六十邑，但晏子不肯接受。子尾说：“人人都希望富有，为什么给您城邑您不要呢？”晏子回答说：“庆氏的封地够多了吧，足以满足他的欲望，结果怎么样？他最后逃亡了。我的城邑原不多，再加上这六十邑，也可以说满足欲望了。但如果满足了欲望，离逃亡就没有几天了。逃亡在外，连一处封地都没有了。我不接受邶殿，不是讨厌富有，而是害怕失去富有。富有就像布帛一样，有一定的宽度，要限制它的宽度，让它没有变数，从而长久地保持。百姓总是希望生活丰厚、器用富足，因此就要端正道德，加以限制，让它既不要不够，也不要过分，这叫作限制私利。私利过了头就会败坏。我不敢贪多，就是所说的限制。”

【感悟】

为富的欲望不能消灭，更不可放纵，只能适可而止，将其限制在合理的幅度内。

晏子的智慧和德行在于，他承认希望更富有，但他同时认为，每个人富贵的总量是一定的，就像布帛一样，是有“幅”的，过于满足欲望，必招致灾祸。只有正德以“幅”，将自己的欲望节制在一定的幅度内，才可以生计无虞。

一食三叹说贪欲

【经典】

梗阳[1] 人有狱[2]，将不胜，请纳赂于魏献子[3]，献子将许之，阎没[4] 谓叔宽[5] 曰：“与子谏乎！吾主以不贿[6] 闻于诸侯，今以梗阳之贿殃[7] 之，不可。”二人朝而不退。献子将食，问谁在庭，曰：“阎明、叔褒在。”召之，使佐食[8]。比已食，三叹。既饱，献子问焉，曰：“人有言曰：唯食可以忘忧。吾子一食之间而三叹，何也?”同辞对曰：“吾小人也，贪。馈之始至[9]，惧其不足，故叹。中食而自咎也，曰：岂主之食而有不足？是以再叹。主之既已食，愿以小人之腹，为君子之心，属餍[10] 而已，是以三叹。”献子曰：“善。”乃辞梗阳人。(《国语 · 晋语九》)

【注释】

[1] 梗（gěng）阳：魏献子封邑。

[2] 狱：官司，诉讼。

[3] 魏献子：魏舒，春秋时晋国正卿。魏绛之子。

[4] 阎没：阎明，春秋时晋国大夫。

[5] 叔宽：叔褒，春秋时晋国大夫。

[6] 不贿：不受贿，不贪财。

[7] 殃：使受损害。

[8] 佐食：陪着进餐。

[9] 馈（kuì）之始至：饭菜刚刚送来。馈，食物。

[10] 属餍（zhǔ yàn）：恰好吃饱，不撑肚子。属，恰好。餍，饱。

【大意】

春秋时期，魏献子的封邑梗阳有个人要打官司，因为怕打不赢，便给魏献子送礼，求他帮忙，魏献子准备答应这件事，晋国大夫阎没对叔宽说："咱们一块儿去进谏吧！我们的正卿以不受贿赂闻名于诸侯，现在若因收取贿赂而玷污名声，那可不行。"

两个人朝见魏献子后，一直没有退下。魏献子要用膳了，问谁在庭院里，回答说："阎没和叔宽在。"魏献子便招呼他们进来，邀他们一块儿吃饭。吃饭的过程中，这两个人竟三次叹气。饭后，魏献子问道："人们常说，只有吃饭时可以忘掉忧愁。你们吃一顿饭，叹了三次气，为什么呢？"阎没、叔宽一同回答说："我们都是小人，贪心。当饭菜刚端上来时，怕不够吃，所以叹了一次气。吃到一半时，我们又暗暗责怪自己，难道正卿的饭食还会不够吃吗？于是，又叹了一次气。看到您吃完饭，刚好吃饱就不再吃了，我们希望自己的胃口也能像您的君子之心那样，吃饱了就知足，才又第三次叹了气。"

魏献子听了，立刻明白了二人的苦心，说："你们讲得不错。"随即就拒绝了那个梗阳人。

【感悟】

庄子说："鹪鹩巢于深林，不过一枝；偃鼠饮河，不过满腹。"古语道：虽有良田万顷，日食仅为斗升；虽有广厦千间，夜眠不过七尺。

道理虽然显而易见，但人心不足却常常蒙蔽了人们的心智。

阎没、叔宽一食三叹贪心不足，巧妙进谏，终于使一向以不受贿闻名于诸侯的魏献子猛醒过来：如果不知足，贪心终将自毁名节；只有知止知足，才能立身长久。

自胜之谓强

【经典】

子夏见曾子，曾子曰："何肥也?"对曰："战胜，故肥也。"曾子曰："何谓也?"子夏曰："吾入见先王之义则荣之，出见富贵之乐又荣之，两者战于胸中，未知胜负，故臞[1]。今先王之义胜，故肥。"是以志之难也，不在胜人，在自胜也。故曰："自胜之谓强。"（《韩非子·喻老》）

【注释】

[1] 臞：同"癯"，体瘦。

【大意】

子夏见到曾参，曾参问他："你最近怎么胖了?"

子夏回答说："战胜了，所以就胖了。"

曾参很奇怪地问他："这是什么意思啊?"

子夏说："我在书斋里学到先王的仁义道德，十分崇慕，走到大街上又看到荣华富贵，也是十分羡慕，两种想法在心中斗争，相持不下，不知胜负，我吃不香睡不下，所以就消瘦了。现在仁义道德战胜了，我就胖了。”

因此，人的意志，最难战胜的不是别人，而是自己。所以说：“自胜之谓强。”

【感悟】

既崇慕道义，又艳羡富贵，这是常人之情，也是常人之纠结。即便如子夏之贤，也不能免俗。

所谓强者，并不是没有常人欲望的超人。强者之强，是在“两者战于胸中”的纠结里，用理性控制了欲望，用道义战胜了恶念。他的对手，不是别人，恰恰是自己。

因此韩非说：“自胜之谓强。”

荀子论欲望

【经典】

性者，天之就也；情者，性之质也；欲者，情之应[1] 也。以所欲为可得而求之，情之所必不免也。以为可而道之，知所必出也。故虽为守门[2]，欲不可去，性之具也。虽为天子，欲不可尽。欲虽不可尽，可以近尽也；欲虽不可去，求可节也。所欲虽不可尽，求者犹近尽；欲虽不可去，所求不得，虑者[3] 欲节求也。道者，进则近尽，退则节求，天下莫之若也。(《荀子·正名》)

【注释】

[1] 应：感应。

[2] 守门：看门人，古时认为是低贱的人。

[3] 虑者：有思想的人。

【大意】

人的本性是天生的，人有情感、有欲望也是自然的。追求欲望的满足是人之常情，知道节制自己的欲望是一个人理智的体现。再低贱的人，也有欲望。贵如天子，欲望也不能完全满足。欲望不可能完全满足，但可以尽量满足；欲望不可能去除，但可以节制。有修养的人，能够使欲望接近于满足，也能够节制自己的欲望。这样的人，是一个强者，天下没有人能战胜他。

【感悟】

孔子说过一句很平实的话："富与贵，是人之所欲也。"人不可能无欲，人的基本欲望如果得不到满足，人就无法生存。但同样重要的是，人之为人，不可能尽欲，更不能纵欲，人只能节欲，把自己的欲望节制在合理的限度内，在一定程度上满足它，但不穷奢极欲。

欲不可纵但可节

【经典】

夫欲至无极[1]，以寻难穷之物，虽有贤圣之姿[2]，鲜不衰败。故修身、治国也，要莫大于节欲。《传》曰："欲不可纵[3]。"历观有家有国，其得之也，莫不阶于俭约[4]；其失之也，莫不由于奢侈。俭者节欲，奢者放情。放情者危，节欲者安。(《群书治要》卷四十七，《政要

论·节欲》）

【注释】

［1］夫欲至无极：欲望最无止境。至，最。

［2］姿：素质。

［3］欲不可纵：出自《礼记·曲礼上》。

［4］阶于俭约：以俭约为得到家庭和国家的阶梯。

【大意】

欲望如果不加以节制，到了无以复加的境地，即便是圣人贤者，也很难有不衰落失败的。因此，修身、治国的根本，没有比节制欲望更重要的了。《礼记》中说："欲不可纵。"纵观历史，无论是一个家庭，还是一个国家，都是成在俭约，毁在奢侈。因为俭约的人节制欲望，奢侈的人放纵情欲。节制，意味着安全；放纵，意味着危险。

【感悟】

在理欲关系的问题上，承认欲望，同时主张导欲、节欲，强调人的道德理性对欲望的控制和把握，是儒家的一贯主张，从先秦到宋明，在理欲观上基本是一致的。

人的欲望是没有止境的，一个欲望满足了，更多新的欲望就会产生，无穷无尽。人的道德理性就如同高超的驭手，总是能够把欲望的马车掌控在自己手中。若任由人的欲望无限膨胀而不加以约束和节制，只能是欲壑难填，最终车毁人亡。

唐太宗节制奢欲

【经典】

贞观四年，诏发卒修洛阳宫乾阳殿[1] 以备巡幸，玄素[2] 上书谏曰：“微臣窃思秦始皇之为君也，借周室之余、六国之盛，将贻之万叶[3]，及其子而亡，良[4] 由逞嗜奔欲[5]，逆天害人者也。是知天下不可以力胜，神祇不可以亲恃，惟当弘俭约，薄赋敛，慎终如始，可以永固。方今承百王之末，属凋弊之余，必欲节之以礼制，陛下宜以身为先。……臣闻阿房[6] 成，秦人散；章华[7] 就，楚众离；及乾阳毕功，隋人解体。且以陛下今时功力，何如隋日？役疮痍[8] 之人，袭亡隋之弊，以此言之，恐甚于炀帝。深愿陛下思之，无为由余[9] 所笑，则天下幸甚。”……太宗叹曰：“我不思量，遂至于此。”顾谓房玄龄曰：“洛阳土中，朝贡道均，朕故修营，意在便于百姓。今玄素上表，实亦可依，后必事理须行，露坐亦复何苦，所有作役，宜即停之。然以卑干尊，古来不易，非其忠直，安能若此？”（《旧唐书》卷七十五，《张玄素传》）

【注释】

[1] 乾阳殿：隋唐东都洛阳宫正殿。

[2] 玄素：张玄素，唐代大臣。为官清廉，直言敢谏。

[3] 贻之万叶：流传万代。叶，代，世。

[4] 良：确实。

[5] 逞嗜奔欲：放纵、追求贪欲。

[6] 阿房：阿房宫，秦代宫殿名。秦始皇三十五年（前 212 年）

开始兴建，规模极为宏大，至秦亡时犹未完成。

[7] 章华：章华台，楚离宫名。

[8] 疮痍：创伤，比喻民生疾苦。

[9] 由余：亦作“繇余”，春秋时秦国大夫。辅秦穆公谋伐西戎，灭国十二，辟地千里，称霸西戎。《韩非子·十过》中有由余和秦穆公关于以俭治国的论述。

【大意】

贞观四年（630年），唐太宗下令重修洛阳宫的乾阳殿，以供自己出游巡幸使用，大臣张玄素上书进谏说：“我暗自思忖，秦始皇做皇帝时，凭借周王朝的余力、六国的繁盛，本想把江山传之万代，结果秦朝二世而亡，其原因是放纵嗜欲，贪婪无度，逆天而行，危害百姓。因此，天下不是可以用武力来制服的，神祇不是因为和其亲近就可以依靠的，只有弘扬俭约的风气，轻徭薄赋，慎始慎终，才可以使江山世代永固。现在国家刚刚统一，百业凋敝，百废待兴，所以一定要以礼制来约束行为，陛下您一定要以身作则。……我听说，阿房宫建成，秦朝灭亡；章华台筑就，楚国覆灭；乾阳宫功成，隋朝解体。以大唐现在的国力，哪里能和隋朝相比呢？役使疲惫不堪的百姓，承袭隋朝骄奢的旧弊，从这一点来看，您恐怕甚于隋炀帝。请陛下三思，不要为古人所耻笑，那就是天下之大幸了。”

唐太宗看了张玄素的奏表，感叹道：“我确实考虑不周，才会有这样的结果。”他又对房玄龄说：“洛阳位于国家的中间位置，各地来朝贡都不至于走太远的路，我想修洛阳宫的乾阳殿其实也是为了方便百姓。现在玄素上表，所说的确有道理。我以后如果必须巡行，就是住在露天也没什么，所有工程都停工吧。地位低的人冒犯地位高的人自古以来就不是一件容易的事，张玄素如果不是忠诚正直，怎能做到忠言直谏呢?”

【感悟】

没有节制的欲望，尤其是以君王权力为其后盾，就如同洪水猛兽。历代兴亡的经验教训告诉人们：“阿房成，秦人散；章华就，楚众离；及乾阳毕功，隋人解体。”崇俭抑欲则国昌，穷奢极欲则国亡。

这也就是李商隐的诗所总结的：“历览前贤国与家，成由勤俭破由奢。”

石介拒享口腹之欲

【经典】

守道[1] 为举子[2] 时，寓学于南都，其固穷苦学，世无比者。王渎闻其穷约，因会客，以盘餐遗之。石谢曰：“甘脆[3] 者，亦介之愿也。但日飧之则可，若止一餐，则明日无继。朝飧膏粱[4]，暮厌粗粝[5]，人之常情也。介所以不敢当赐。”（黄宗羲：《宋元学案·泰山学案》）

【注释】

[1] 守道：石介，北宋初学者、文学家。字守道，兖州奉符（今山东泰安）人。和孙复、胡瑗并称“宋初三先生”。

[2] 举子：被举应试的士子。

[3] 甘脆：美味食品。

[4] 膏粱：肥肉和上等的粟，指精美的食品。

［5］粗粝：糙米。

【大意】

北宋名儒石介年轻时家境贫寒，求学期间生活十分清苦，但学习刻苦，无人能比。当时的官员王渎听说石介穷困节俭，很同情他，借着宴请宾客的机会，送给石介很多美味佳肴。石介谢绝了，说："我不是不喜欢吃美味。我不可能每天都享受到这样的美食，吃了这一顿，下一顿怎么办呢？早上吃了美味佳肴，晚上就不想吃粗茶淡饭，这是人之常情。所以我不敢接受这份馈赠。"

【感悟】

对美食的欲望是人之常情，但石介偏偏就在这样的小事上省察克治，拒享一时的口腹之欲。"朝飨膏粱，暮厌粗粝。""由俭入奢易，由奢入俭难。"

与其说石介拒绝的是一顿美食，不如说是担心自己沉溺于口腹之欲，再做不到"固穷苦学"，内心深处是对欲望的怵惕。

知行：听其言而观其行

导语

在中国传统伦理文化中，“知”“行”既是一对认识论的范畴，也具有道德认识和道德实践的意义，知行关系是中国传统伦理文化中的重要内容。古人对于知行的先后、轻重做了很多探讨，其中的重要观点有孔子的“敏于行”“力行”、程朱的“知先行后”、王阳明的“知行合一”、王夫之的“行先知后”，等等，这些学说虽然对知行先后的认识各不相同，但总体上，在重行这一点上却是一致的。

在先哲们看来，知只有落实到行上，才是真正的知。陆游告诫孩子：“纸上得来终觉浅，绝知此事要躬行。”王阳明说，知孝知悌属知，行孝行悌属行，知而不行，并不是真正的孝悌。颜元说，熟读琴谱为知，用手弹琴为行，知而不行，并不是真的会弹琴。他们从为学、为人的不同方面论述了行的必要性和重要性。在中国传统伦理文化中，“力行”“躬行”“笃行”“习行”等重行的观念深入人心，反映了古人倡导知行统一、反对知行脱节、重视躬行践履的良好学风和道德主张。

在先哲们看来，只有行才能检验知，否则就会流于语言的浮夸，背离道德。孔子特别重视言行关系，他认为一个实践自己的诺言、言行一致的人，才可以称得上是君子。孔子强调语言的道德意蕴，肯定一个人“讷于言”“慎于言”“其言也讱”的品格，认为这是一个人最基本的道德。孔子批评言行不一的宰我，认为一个人如果言有余而行不逮，既是做学问的大忌，也是道德修养的大敌。

名 言

非知之艰，行之惟艰。（《尚书·说命中》）

听其言而观其行。（《论语·公冶长》）

言忠信，行笃敬。（《论语·卫灵公》）

道虽迩，不行不至；事虽小，不为不成。（《荀子·修身》）

不闻不若闻之，闻之不若见之，见之不若知之，知之不若行之，学至于行之而止矣。（《荀子·儒效》）

善学者尽其理，善行者究其难。（《荀子·大略》）

宰相必起于州部，猛将必发于卒伍。（《韩非子·显学》）

力行近乎仁。（《礼记·中庸》）

博学之，审问之，慎思之，明辨之，笃行之。（《礼记·中庸》）

论事易，作事难；作事易，成事难。（苏轼：《荐诚禅院五百罗汉记》）

论先后，知为先；论轻重，行为重。（《朱子语类》卷九）

行之力则知愈进，知之深则行愈达。（张栻：《南轩先生论语解·序》）

穷理以致其知，反躬以践其实。（《宋史》卷四百二十九，《朱熹传》）

一语不能践，万卷徒空虚。（林鸿：《饮酒》）

知而不行，只是未知。（王阳明：《传习录》上）

读书无他道，只须在行字著力。如读“学而时习”，便要勉

力时习；读“其为人孝弟”，便要勉力孝弟。（《颜习斋先生言行录·理欲》）

日日行，不怕千万里；常常做，不怕千万事。（金缨：《格言联璧·处事类》）

君子讷言敏行

【经典】

子贡问君子。子曰："先行其言[1]，而后从之[2]。"（《论语·为政》）

子曰："古者言之不出，耻躬[3]之不逮也。"（《论语·里仁》）

子曰："君子欲讷[4]于言而敏于行。"（《论语·里仁》）

司马牛[5]问仁。子曰："仁者，其言也讱[6]。"曰："其言也讱，斯谓之仁已乎？"子曰："为之难，言之得无讱乎？"（《论语·颜渊》）

【注释】

[1] 先行其言：行之于未言之前。

[2] 而后从之：言之于既行之后。

[3] 躬：实行，践行。

[4] 讷（nè）：言语迟缓，慎言。

[5] 司马牛：孔子弟子。姓司马，名耕，字子牛。

[6] 讱（rèn）：话难说出口，引申为说话谨慎。

【大意】

子贡问什么是君子。孔子说："言行要统一。行要在未言之前，言要在行动之后。"

孔子说："古代的人很注重自己的许诺，怕的是说了而做不到。"

孔子说："有道德的人言语谨慎而行动敏捷。"

司马牛问什么是仁。孔子说："有仁德的人，说话一定是慎重的。"

司马牛说："说话慎重，就是仁者吗？"孔子说："说话容易，但做起来很难，说话能不慎重吗？"

【感悟】

孔子从来都是因材施教、循循善诱。针对子贡的提问，孔子对君子的界定是：言行一致，行之于未言之前，言之于既行之后。针对司马牛的提问，孔子则认为，慎重地对待自己所说的话，是仁德的体现。

对于语言的道德意蕴及言行关系，孔子有很多论述。孔子认为，仅有华丽的道德辞令而不付诸道德实践，甚至说一套做一套，从根本上背离了仁德的根本精神。在《论语》中，孔子多次批评"巧言令色"，认为"鲜矣仁"；他认为"言过其行"，君子耻之；对言行关系，他一方面强调"慎于言""讷于言""其言也讱"，另一方面强调"敏于事""敏于行""力行"。

孔子批评宰予

【经典】

宰予[1] 昼寝。子曰："朽木不可雕也，粪土[2] 之墙不可杇[3] 也。于予与[4] 何诛？"子曰："始吾于人也，听其言而信其行；今吾于人也，听其言而观其行。于予与改是。"（《论语·公冶长》）

【注释】

[1] 宰予：亦名"宰我"，孔子弟子。字子我，以擅长言语著称。

[2] 粪土：秽土，脏土。

[3] 杇（wū）：亦作“圬”，涂饰墙壁的工具。

[4] 与：语气词。

【大意】

一次，孔子的弟子宰我白天睡大觉。孔子看见了，责备说：“腐朽的木头无法雕刻，污秽的墙面没法粉刷。宰予啊，我责备你还有什么用呢？”孔子又说：“起初，我对一个人，听他说的话就相信了他的行为；现在，我对一个人，听他说的话还要观察他的行为。自宰予这件事后，我改变了评价人的方法。”

【感悟】

根据《论语》和《史记》中的记载，在孔子的众弟子中，宰我是一个性格特点比较鲜明的人。他擅长言语，口才极好；有自己的思考，曾经质疑老师的“三年之丧”；他在白天睡大觉，受到了老师的批评。

孔子批评宰我，恐怕主要不是因为他睡觉而耽误了读书，而是因为宰我的言行脱节，说的与做的不统一。

在古人眼中，言有余而行不逮，既是做学问的大忌，也是道德修养的大敌。

纸上得来终觉浅

【经典】

古人学问无遗力[1]，少壮工夫老始成。纸上得来终觉浅，绝知此事要躬行。[陆游：《冬夜读书示子聿（其一）》]

【注释】

[1] 无遗力：不遗余力。

【大意】

古人做学问不遗余力，非常刻苦，年少时努力学习，年老时方有所成就。从书本上学到的东西终归是浅近的，要想真正理解书本中的道理，还要靠自己去亲身实践。

【感悟】

这是陆游为劝勉幼子刻苦学习而写的诗。在陆游的另一首诗中，他还告诫儿子："汝果欲学诗，工夫在诗外。"这些既是他的治学经验之谈，也是他做人的准则。

古语道，读万卷书，行万里路。

纸上功夫总是缺乏厚重感，实践是检验真理的唯一标准。

为学如此，为德同样如此。

王守仁的"药方"

【经典】

爱[1] 因未会先生[2] "知行合一"之训，与宗贤、惟贤往复辩论，未能决，以问于先生。先生曰："试举看。"

爱曰："如今人尽有知得父当孝、兄当弟者，却不能孝、不能弟，便是知与行分明是两件。"

先生曰："此已被私欲隔断，不是知行的本体了。未有知而不行者。知而不行，只是未知。圣贤教人知行，正是安复那本体，不是着你只恁的便罢。故《大学》指个真知行与人看，说'如好好色[3]'，'如恶恶臭[4]'。见好色属知，好好色属行。只见那好色时，已自好了，不是见了后又立个心去好。闻恶臭属知，恶恶臭属行。只闻那恶臭时，已自恶了，不是闻了后别立个心去恶。如鼻塞人虽见恶臭在前，鼻中不曾闻得，便亦不甚恶，亦只是不曾知臭。就如称某人知孝、某人知弟，必是其人已曾行孝行弟，方可称他知孝知弟，不成只是晓得说些孝弟的话，便可称为知孝弟。又如知痛，必已自痛了方知痛。知寒，必已自寒了。知饥，必已自饥了。知行如何分得开？此便是知行的本体，不曾有私意隔断的。圣人教人，必要是如此，方可谓之知，不然，只是不曾知。此却是何等紧切着实的工夫！如今苦苦定要说知行做两个，是甚么意？某要说做一个，是甚么意？若不知立言宗旨，只管说一个两个，亦有甚用？"

爱曰："古人说知行做两个，亦是要人见个分晓，一行做知的功夫，一行做行的功夫，即功夫始有下落。"

先生曰："此却失了古人宗旨也。某尝说知是行的主意，行是知的功夫；知是行之始，行是知之成。若会得时，只说一个知，已自有行在；只说一个行，已自有知在。古人所以既说一个知，又说一个行者，只为世间有一种人，懵懵懂懂的任意去做，全不解思惟省察，也只是个冥行妄作，所以必说个知，方才行得是。又有一种人，茫茫荡荡悬空去思索，全不肯着实躬行，也只是个揣摸影响，所以必说一个行，方才知得真。此是古人不得已补偏救弊的说话，若见得这个意时，即一言而足。今人却就将知行分作两件去做，以为必先知了，然后能行，我如今且去讲习讨论做知的工夫，待知得真了方去做行的工夫，故遂终身不行，亦遂终身不知。此不是小病痛，其来已非一日矣。某今说

个知行合一，正是对病的药。”（王阳明：《传习录》上）

【注释】

[1] 爱：徐爱，明代学者。字曰仁，号横山，余姚（今属浙江）人。为王守仁最早的入室弟子之一。

[2] 先生：指王守仁。

[3] 好（hào）好色：喜欢美色。

[4] 恶（wù）恶臭：厌恶臭味。

【大意】

王阳明和弟子徐爱在一起讨论如何理解“知行合一”。

徐爱说：“现在有的人知道应该对父母尽孝，应该对兄弟友爱，但却做不到孝和悌，将知与行当作两件事，您怎么看？”

王阳明说：“这其实是知与行被私欲割断了。没有知而不行的。所谓知而不行，其实还不是真正的知。比如，喜欢美色、厌恶恶臭是人之常情，这便是知行合一。见好色是知，好好色是行；见恶臭是知，恶恶臭是行。见到的同时便已经喜好了或者厌恶了。又比如，知道痛了，一定是感到痛了；知道冷了，一定是感到冷了；知道饿了，一定是感到饿了。同理，知道孝悌的道理，一定是已经有了孝悌的行为。知与行两个字，原本是一件事。”

徐爱说：“古人说知与行分作两件事，也有一定的道理，是教人在知或者行上下功夫，也好使道德有个落实之处。”

王阳明说：“这样的理解其实未得先哲的宗旨。所谓知行关系，应该是：知是行的主意，行是知的功夫；知是行之始，行是知之成。说一个‘知’字，已经有‘行’的意义蕴含在里面；说一个‘行’字，已经有‘知’的意义蕴含在其中。先哲之所以将知与行分开说，是针对道德实践中的两种倾向而言的，一种人只会懵懵懂懂地去做，全然没有反思，所以先哲要强调一个‘知’字，用‘知’去指导他们的道德实践；另一种人则相反，只会空空荡荡地去想，全然没有躬行，所以先哲要强调一个‘行’字，用‘行’去落实他们的理论。古人之所以分开谈知与行，实在是针对人们道德修养中的毛病的不得已做法，并不是真的将知与行分作两截。现在人们谈知与行，认为必须先有道德知识，然后才可有道德实践，将知与行截然分开，导致终身不行，也便是终身不知。如此看来，知行关系不是小问题，也不仅仅是一个理论问题，而是关涉到人们修养的大问题。我所说的‘知行合一’，正是这些弊病的对症之药。”

【感悟】

在王阳明之前，朱熹告诉人们先要致知，然后实行，即为学必须先求圣贤之言，必须先读圣贤之书，把做学问的功夫分成两截。王阳明按照朱熹所说的方法去“格”竹子之“理”，结果“理”没格出来，自己却累病了。从此，他转向心学，认为为学应该向内用功，认为“心外无理”，提出“致良知”，倡导“知行合一”，告诫人们“破心中贼”。梁启超先生说过，王阳明教人下手的方法，与朱熹教人下手的方法是不同的。

在王阳明的时代，一个普遍的弊病是道德上的心口不一、知行脱节，道德义理成为一些人猎取功名利禄的工具，这些人全然没有切实的躬行践履。王阳明认为这绝不是一个“小病痛”，而是时代的大问题。他力倡的“知行合一”，正是切中时弊的一剂良药。

颜元以学琴论力行

【经典】

譬之学琴然，《诗》《书》犹琴谱也。烂熟琴谱，讲解分明，可谓学琴乎？故曰：以讲读为求道之功，相隔千里也。更有一妄人，指琴谱曰：是即琴也。辨音律，协[1] 声韵，理性情，通神明，此物此事也。谱果琴乎？故曰：以书为道，相隔万里也。（颜元：《存学编》卷三）

【注释】

[1] 协：调和。

【大意】

颜元注重习行，反对专以读书为穷理致知之道。他说，做学问好比学琴，书只是琴谱。只懂琴谱，讲得头头是道，但不会弹琴，能算是学琴吗？更有甚者，说琴谱就是琴，专注于音韵、音律，以为研读琴谱就是学琴。可见，以读经来为学，乃失之千里；用读书来求道，乃失之万里。

【感悟】

颜元是清初思想家、教育家，他在学术上和学生李塨一同倡导一种注重实践的“习行”学风，被称为颜李学派。他认为，习行比书本知识更为重要，他把“格物致知”中的“格”字，解释为“手格猛兽之格”，注重动手、操作、实践。他认为，读书的目的是实践而非空谈，反对宋明理学空谈心性，特别反对教人读死书，认为在故纸堆中使人耗尽身心气力，做弱人、病人、无用人，实在是危害身心，贻害国家。

怎么读书，既是一个治学方法的问题，同时也涉及对读书目的的理解。清初有不少有识之士已经深刻认识到，如果读书与实践脱节，虚浮空谈，就只能是读死书，不能经世致用。

穷达：独善其身，兼善天下

导 语

“穷”“达”是中国传统伦理文化论及人生时经常使用的一对范畴。古人所谓穷，指一个人的困厄、不得志、壮志未酬等；所谓达，本义为畅通，也指发达、显贵、壮志得酬等。穷达既是人的两种不同的生活状态、两种不同的境遇，也是人们由此而产生的两种不同的精神感受。穷达历来受到先哲们的高度重视，形成了独具特色的中国传统伦理文化的穷达观，在他们的论述中，包含着古人对于人生问题独特而深邃的理解。

古人的穷达观注重人的精神生活。穷，不仅仅是物质上的穷困，更是精神上的困顿、道德上的困厄、心灵上的不自由。在这一点上，儒、道是一致的，孔子困于陈、蔡，七日不食而弦歌于室；庄子固穷自爱，不以自由去换取千金、卿相。他们都认为，达于道者谓之达，穷于道者谓之穷。儒家讲的孔颜乐处，正是认为真正的幸福感与物质条件没有必然的关系，而是来自“得道”之后精神的充实与心灵的安顿。

古人认为，一个有道德的人，无论处在何种生活境遇中，穷也好，达也罢，都要有底线、有操守、有追求，做到穷不失义，达不离道。不得志的时候，穷不易心，独善其身，能够“固穷”；壮志得酬的时候，兼善天下，造福于民。只有如此，才能是一个富贵不能淫、贫贱不能移、威武不能屈的堂堂正正的大丈夫。

古人认为，一个人的穷达在很大程度上是由际遇好坏决定的，但真正有操守的人，不能因为“不遇”就放弃自己的追求。时也？命也？君子要知其不可而为之。

名 言

不仁者不可以久处约，不可以长处乐。（《论语·里仁》）

富与贵，是人之所欲也，不以其道得之，不处也。贫与贱，是人之所恶也，不以其道得之，不去也。（《论语·里仁》）

君子固穷，小人穷斯滥矣。（《论语·卫灵公》）

富贵不能淫，贫贱不能移，威武不能屈，此之谓大丈夫。（《孟子·滕文公下》）

穷则独善其身，达则兼善天下。（《孟子·尽心上》）

穷不失义，达不离道。（《孟子·尽心上》）

穷且益坚，不坠青云之志。（王勃：《滕王阁序》）

不以物喜，不以己悲。（范仲淹：《岳阳楼记》）

富贵福泽，将厚吾之生也；贫贱忧戚，庸玉女于成也。（张载：《西铭》）

宠辱不惊，闲看庭前花开花落；去留无意，漫随天外云卷云舒。（洪应明：《菜根谭》）

君子安贫，达人知命。（《增广贤文》）

君子固穷

【经典】

在陈绝粮[1]，从者[2]病，莫能兴[3]。子路愠[4]见，曰："君子亦有穷乎？"子曰："君子固穷[5]，小人穷斯滥[6]矣。"（《论语·卫灵公》）

【注释】

[1] 在陈绝粮：孔子和他的弟子们前往陈国，在途中绝粮七天。

[2] 从者：随从的人。

[3] 兴：起来，这里指行走。

[4] 愠（yùn）：生气，恼怒。

[5] 固穷：一解为"固有穷时"，另一解为"固守其穷"，皆通。此处取"固守其穷"的含义。

[6] 滥：胡作非为。

【大意】

孔子和弟子们在前往陈国的途中曾经绝粮七天，很多弟子都饿得病倒了，甚至不能起来行走。子路气呼呼地来见孔子，说："您不是教导我们做道德君子吗？难道君子也会穷途末路吗？"孔子回答说："人都会遇到穷困之时。君子能安守困顿，小人则不能。小人若穷困潦倒，那是什么事都干得出来的。"

【感悟】

好人为什么没有好报？在陈绝粮，孔子的弟子们产生了选择做君子还是做小人的困惑。孔子对此的回答是：能否“固穷”，是衡量君子、小人的试金石。君子之所以为君子，在于其有操守，有底线，哪怕是困厄之时，也要安贫乐道。小人之所以为小人，在于其在困顿之时的“滥”，从而弃守底线，胡作非为。

在儒家看来，真正的幸福与物质多寡没有必然的关系，故有孔颜之乐；真正的幸福与穷达也没有必然的关系，穷之乐在于独善其身，达之乐在于兼善天下。幸福，来自精神的充实与道德的完善，这既是君子之德，也是君子之福。

庄子论穷通

【经典】

孔子穷于陈、蔡之间[1]，七日不火食，藜[2]羹不糁[3]，颜色甚惫，而弦歌于室。颜回择菜，子路、子贡相与言曰：“夫子再逐于鲁[4]，削迹于卫[5]，伐树于宋[6]，穷于商、周[7]，围于陈、蔡，杀夫子者无罪，藉[8]夫子者无禁。弦歌鼓琴，未尝绝音，君子之无耻[9]也若此乎？”

颜回无以应，入告孔子。孔子推琴喟然而叹曰：“由与赐[10]，细人[11]也。召而来，吾语之。”

子路、子贡入。子路曰：“如此者，可谓穷矣！”孔子曰：“是何言也！君子通于道之谓通，穷于道之谓穷。今丘抱仁义之道以遭乱世之患，其何穷之为？故内省而不穷于道，临难而不失其德，天寒既至，霜雪既降，吾是以知松柏之茂[12]也。陈、蔡之隘[13]，于丘其幸[14]乎！”（《庄子·让王》）

【注释】

[1] 穷于陈、蔡之间：见“君子固穷”注[1]。

[2] 藜（lí）：亦称灰菜，嫩叶可食。

[3] 糁（sǎn）：米粒。

[4] 再逐于鲁：在孔子三十五岁的时候，鲁国的三家权臣共攻昭公，昭公败走于齐，孔子也奔齐。齐景公向孔子问政，但终未见用，孔子于是离开齐国返回鲁国。

[5] 削迹于卫：孔子适陈过匡，因貌似阳虎，被匡人围困五日。

[6] 伐树于宋：孔子离开曹地去宋国，在大树下与弟子习礼。宋国的司马桓魋拔其树，欲杀孔子。

[7] 穷于商、周：穷于周，当指孔子至周问礼于老聃而被讥讽之事。

[8] 藉：凌辱。

[9] 无耻：不以穷厄为羞耻。

[10] 由与赐：子路和子贡。

[11] 细人：见识短浅的小人。

[12] 松柏之茂：《论语》有“岁寒，然后知松柏之后凋”句，比喻君子在困境中的高尚品德。

[13] 隘：同“厄”。

[14] 幸：因困厄而彰显君子之德，可谓幸事。

【大意】

孔子和弟子们困于陈、蔡之时，断粮七日，每日以野菜汤充饥。孔子面带菜色，但却边弹琴边唱歌。见此，子路和子贡感叹道：“先生周游列国，屡遭困顿。他的主张不被采纳，被围于匡，被桓魋追杀，穷于商、周，现在我们又被困在陈、蔡，杀先生的人不会被定罪，凌辱先生的人不会被禁止，可夫子却鼓琴唱歌，镇定自若，世上能够不以穷厄为耻的人莫过于夫子了。”

在一旁择菜的颜回听出二人话中的困惑与怨气，于是就把这件事告诉了孔子。孔子感叹道：“子路和子贡被眼前的困难吓倒了。你让他们进来，我给他们讲讲其中的道理。”

子路、子贡来到孔子的房间。子路说：“老师，以我们现在的处境，就是所谓‘穷困’吧！”孔子说：“你的理解不对。我认为，通达于道者谓之通达，穷困于道者谓之穷困。现在孔丘我怀抱仁义之道遭遇乱世之患，怎么能说是穷困呢？有道德的人越是在困境中越是反省自己，越是遭遇挫折越是要磨砺自己的品德，就像松柏一样，越是在寒冬越是要展示自己的青翠和茂盛。如此看来，困于陈、蔡，是我的幸运啊！”

【感悟】

陈、蔡之困史载有其事。但此事经庄子之口讲出来，则有了另外的意蕴。

庄子善于让儒家的人物讲出道家的观点。虽然他讲故事的笔法有点怪诞，把道家的主张贯彻到“孔子陈、蔡之困”的故事中，但还是显现出道家和儒家对于人生穷达的理解有一致的方面：达于道者谓之达，穷于道者谓之穷。

庄子固穷自爱

【经典】

楚威王闻庄周贤，使使厚币迎之，许以为相，庄周笑谓楚使者曰：

“千金，重利；卿相，尊位也。子独不见郊祭之牺牛乎？养食之数岁，衣[1] 以文绣，以入大庙。当是之时，虽欲为孤豚[2]，岂可得乎？子亟[3] 去，无污我。我宁游戏污渎[4] 之中自快，无为有国者所羁，终身不仕，以快吾志焉。”（《史记》卷六十三，《老子韩非列传》）

【注释】

[1] 衣：给……穿衣服。
[2] 孤豚：小猪。
[3] 亟：同“急”。
[4] 污渎（dú）：污水沟。

【大意】

楚威王想让庄子做他的国相，派使臣带着厚礼来接庄子，庄子笑着对楚国使臣说：“千金，的确是重利；卿相，的确是尊位。您看见过做祭品的牛吗？精心饲养，身披文绣，被送入太庙之中。一旦成为郊祭的牺牲，即使想做一头自由的小猪，怕也再无可能了。您快走吧，不要用千金、尊位来诱惑我。我宁愿在污水沟中快乐嬉戏，也不要做官受到约束！”

【感悟】

庄子穷得靠织草鞋为生，经常饿得脖子精瘦、面容枯槁，吃不上饭的时候还要去找监河侯借钱。一次，他身穿打补丁的破衣服，脚穿用麻绳绑着的破草鞋去见魏王，魏王就说，庄先生您怎么混得如此穷困啊？庄子正色回答道，我这副样子只是贫穷，而不是穷困。

在庄子看来，一个人吃不上饭不要紧，要紧的是自由与否。他认为真正的穷困是不自由，因此他宁可做一头能在污泥中嬉戏的小猪，宁可做一只能在荒泽中觅食的野鸟，也不用自由去换取千金、卿相这样的厚禄高位。

大丈夫的穷达

【经典】

景春[1]曰："公孙衍、张仪[2]岂不诚大丈夫哉？一怒而诸侯惧，安居而天下熄[3]。"孟子曰："是焉得为大丈夫乎？……得志，与民由之；不得志，独行其道。富贵不能淫[4]，贫贱不能移，威武不能屈，此之谓大丈夫。"（《孟子·滕文公下》）

【注释】

[1] 景春：人名。

[2] 公孙衍、张仪：战国时纵横家。

[3] 熄：同"息"。

[4] 淫：心志惑乱。

【大意】

有一次，孟子和门人谈论什么是所谓"大丈夫"。景春说："像公孙衍、张仪那样的人，可称得上是大丈夫了。他们号令天下，一怒而诸侯惧，安居而天下息。"孟子反诘道："这样的人怎么称得上是大丈夫呢？真正的大丈夫是这样的，在得志的时候，要同天下人循着大道前行；在不得志的时候，要坚持自己的操守。富贵不能乱其心，贫贱不能变其志，武力不能屈其节，这样的人才可称得上是大丈夫。"

【感悟】

时势造英雄。战国时期，纵横家们游走于各国之间，纵横捭阖，他们一怒而诸侯惧，安居而天下息。

叱咤风云，指点江山，威风一时，但孟子不认为这些人是大丈夫。在孟子眼中，真正的大丈夫，是指那些有操守、有气节、有志向的人，无论何种遭遇，他们都不改初衷、不易心志，而公孙衍、张仪则达不到这样的标准。

孟子论穷达

【经典】

孟子谓宋句践[1] 曰："子好游[2] 乎？吾语子游。人知之，亦嚣嚣[3]；人不知，亦嚣嚣。"曰："何如斯可以嚣嚣矣？"曰："尊德乐义，则可以嚣嚣矣。故士穷[4] 不失义[5]，达[6] 不离道。穷不失义，故士得己[7] 焉；达不离道，故民不失望焉。古之人，得志，泽[8] 加于民；不得志，修身见于世。穷则独善其身，达则兼善天下。"（《孟子·尽心上》）

【注释】

[1] 宋句践：人名。姓宋，名句践。

[2] 游：通过游学、游说来推行自己的道德主张。

[3] 嚣嚣（xiāo）：自得的样子。

[4] 穷：困顿，潦倒，不得志。

[5] 义：事之宜，正义。

[6] 达：显贵，发达，得志。

[7] 得己：不迷失自己。

[8] 泽：恩泽。

【大意】

宋句践是一个好以游学来推行自己道德主张的人。孟子对他说："您不是喜好游学吗？我们今天就来谈谈游学的问题。别人理解你的主张的时候，你自得其乐；别人不理解你的主张的时候，你也自得其乐。"

宋句践问："怎样才能做到您说的这样呢？"

孟子说："尊德乐义，就可以这样了。有道德的人穷困不会失掉义，显贵不会离开道。穷困不失义，故不迷失自己；显贵不离道，故能如民所望。能够实现自己的抱负，就让更多人受到恩泽；不能实现自己的抱负，就做一个有修养的人。穷困的时候要独善其身，发达的时候要兼善天下。"

【感悟】

一个尊德乐义的人在精神上是快乐充实的。"人知之，亦嚣嚣；人不知，亦嚣嚣。"

只有内心怀有信念、尊德乐义的人，才能做到穷不失义、达不离道，穷则独善其身，达则兼善天下。

荀子叹时遇

【经典】

女[1] 以知者为必用邪？王子比干[2] 不见剖心乎！女以忠者为必用

邪？关龙逢[3] 不见刑乎！女以谏者为必用邪？吴子胥不磔[4] 姑苏东门外乎！夫遇不遇者，时也；贤不肖者，材也。君子博学深谋不遇时者多矣。由是观之，不遇世者众矣，何独丘也哉！(《荀子·宥坐》)

【注释】

［1］女：同“汝”，这里指子路。

［2］比干：商代贵族。纣王的叔父，官少师，因屡次劝谏纣王，被剖心而死。

［3］关龙逢：亦称“关逢”“龙逢”，夏代大臣。因多次直谏夏桀，被囚禁杀死。

［4］磔（zhé）：中国古代的一种刑罚，将犯人分裂肢体后悬首张尸示众。

【大意】

孔子对子路说：“你以为智者必然会受到重用吗？可是王子比干却被剖心而死！你以为忠臣必然会得到重用吗？可是关龙逢却遭受重刑！你以为敢于直谏的人必然会有善终吗？可是伍子胥却受磔刑死在姑苏城外！一个人的际遇好坏，要看时机；一个人的贤与不肖，很大程度上取决于先天条件。博学、有大智谋却生不逢时的君子有很多。可见，没有时遇的人太多了，何止我孔丘一人呢？”

【感悟】

荀子借孔子之口，谈一个人的际遇。孔子当年困于陈、蔡，曾与子路有一番对话。孔子认为，自己的困厄并非道德的穷困，而是际遇的问题。

一个人的穷达在很大程度上是由际遇好坏决定的，既要遇于时，也要遇于世。

孔子说，真正有操守的人，不能因为“不遇时”“不遇世”就放弃自己的追求。

知其不可而为之，正是孔子自己的写照。

生死：三不朽

导　语

中国传统伦理文化对“生死”问题做出了自己独特的回答，其中，儒家和道家的生死观最具代表性。

儒家更注重生，对于死采取了存而不论的审慎态度，孔子讲的“未知生，焉知死”，成为古人对于生死的一般看法。儒家注重生的意义和价值，在生的立场上看待生死问题。在儒家的生死观中，更注重回答的是怎样活着才有意义和价值的问题。儒家认为，一个人在死后所受到的礼遇程度，与地位、财富没有任何关系，而完全取决于此人在世时的行为的善恶，齐景公和伯夷、叔齐就是例子；还认为，人的自然生命不可避免地走向终结，而人的精神生命却以多种方式薪火相传，这就是儒家所看重的“三不朽”。在儒家生死观的影响下，中国历史上的志士仁人为了他们的信念、追求，或像司马迁那样以比赴死更勇敢的坚忍，仰慕大义，忍辱负重地面对残酷的生活；或杀身成仁，舍生取义，唱响了“重于泰山”“人生自古谁无死”的慷慨壮歌。

道家的生死观则更为达观。道家认为，生是气之聚，死是气之散，生与死都是生命的一部分，要尊重生，更要直面死亡、善待死亡，不必悦生而恶死，“庄子鼓盆而歌”是道家直面死亡、善待死亡的最好诠释；嵇中散临刑一曲《广陵散》，则表现了魏晋风度的生死绝唱。

名　言

“太上有立德，其次有立功，其次有立言。”虽久不废，此之谓不朽。(《左传·襄公二十四年》)

未知生，焉知死？(《论语·先进》)

志士仁人，无求生以害仁，有杀身以成仁。(《论语·卫灵公》)

安时而处顺，哀乐不能入也。(《庄子·养生主》)

生也死之徒，死也生之始。(《庄子·知北游》)

生亦我所欲，所欲有甚于生者，故不为苟得也；死亦我所恶，所恶有甚于死者，故患有所不辟也。(《孟子·告子上》)

宁以义死，不苟幸生，而视死如归。(《欧阳修全集·居士集》卷十七，《纵囚论》)

存，吾顺事；没，吾宁也。(张载：《西铭》)

生当作人杰，死亦为鬼雄。(李清照：《夏日绝句》)

人生自古谁无死，留取丹心照汗青。(文天祥：《过零丁洋》)

伯夷叔齐虽死犹生

【经典】

齐景公有马千驷[1]，死之日，民无德而称焉。伯夷、叔齐饿于首阳之下，民到于今称之。其斯之谓与[2]？(《论语·季氏》)

【注释】

［1］驷（sì）：四匹马。

［2］其斯之谓与：此句与上文不衔接，意义不甚明确。朱熹《论语集注》认为此处有脱漏的句子。

【大意】

孔子说，齐景公有马千驷，富可敌国，但他死的时候，老百姓既不称颂他，更不怀念他。伯夷、叔齐饿死在首阳山，老百姓到如今还称颂他们，怀念他们。

【感悟】

据《左传》记载，齐景公在位期间，横征暴敛，刑罚残酷，致使路有冻馁，屦贱踊贵，百姓避之如避水火。他活着的时候，找不到可圈可点的德政；死了以后，找不出可以称颂的德行。而像伯夷、叔齐那样有操守的高洁之人，则受到人们的敬仰和怀念。

其实，善恶评价的盖棺定论，在一个人活着的时候就写好了。

有的人活着，他已经死了；有的人死了，可他还活着。

《左传》首倡“三不朽”

【经典】

二十四年，春，穆叔[1]如晋。范宣子[2]逆之，问焉，曰：“古人有言曰，‘死而不朽’，何谓也？”穆叔未对[3]。宣子曰：“昔丐[4]之祖，自虞以上为陶唐氏[5]，在夏为御龙氏[6]，在商为豕韦氏[7]，在周为唐杜氏[8]，晋主夏盟为范氏，其是之谓乎？”穆叔曰：“以豹所闻，此之谓世禄，非不朽也。鲁有先大夫曰臧文仲，既没，其言立。其是之谓乎？豹闻之：‘太上有立德，其次有立功，其次有立言。’虽久不废，此之谓不朽。……”（《左传·襄公二十四年》）

【注释】

[1] 穆叔：叔孙豹，春秋时鲁国大夫。叔孙为氏，名豹，史书中亦曰“叔孙穆子”。

[2] 范宣子：春秋时晋国正卿。士氏，名丐。因祖父辈受封于范地而改范氏，名宣子。

[3] 对：回答。

[4] 丐：士丐，即范宣子。

[5] 陶唐氏：古部落名。尧是其领袖。

[6] 御龙氏：夏朝有一个人叫刘累，跟豢龙氏学习养龙，御龙技艺十分精湛，被赐予“御龙氏”。

[7] 豕（shǐ）韦氏：古部落名。彭姓，为商汤所灭。故地在今河南省滑县。

[8] 唐杜氏：古国名。祁姓，帝尧之后。故地在今陕西西安东南。

【大意】

鲁襄公二十四年（前549年）春天，鲁国大夫叔孙豹赴晋。晋国正卿范宣子迎接他，两人就何为“不朽”的问题展开讨论。范宣子说：“古人所说的‘死而不朽’，您怎么理解？”叔孙豹没回答。范宣子接着说：“我看所谓‘死而不朽’说的就是世代的传承吧。比如，我范宣子的祖先，在虞舜以前是陶唐氏，在夏朝是御龙氏，在商朝是豕韦氏，在周朝是唐杜氏，到了晋国主持中原盟会的时候就是我们范氏了。您看这是不是不朽呢？”叔孙豹说：“我倒觉得，您说的这是世禄，而非不朽。鲁国曾有一个大夫叫臧文仲，他死了以后，他说过的话被人们世世传诵，这应该是不朽吧。我听说，最高的不朽是树立德行，其次是建功立业，再次是言论传世。能做到这三者，人的身体虽然朽烂了，但精神却可以永远流传，这才是不朽。”

【感悟】

人总是要死的，人的自然生命不可避免地走向终结，人的财富、地位、权力，无不随着自然生命的终结而丧失。但是，为社会做出过贡献的人，他们的功绩和精神却以多种方式薪火相传，这就是另一种生命的不朽。

一个有德行的人，找到了安身立命的精神家园，故而不朽；一个有功业的人，拯厄除难济世安民，故而不朽；一个著书立说的人，为往圣继绝学，为黎民百姓代言，故而不朽。

孔子论未知生，焉知死

【经典】

季路[1] 问事鬼神。子曰：“未能事人，焉能事鬼?”“敢问死?”曰：“未知生，焉知死?”（《论语·先进》）

【注释】

[1] 季路：孔子弟子。

【大意】

季路问服事鬼神的方法。孔子回答说：“人的事还不能服事，鬼神的事怎么能服事呢?”季路又问生死问题。孔子说：“生的道理都没有弄明白，怎么能懂得死呢?”

【感悟】

“未知生，焉知死?”是儒家对待死亡的态度。

对死亡问题搁置不论，是儒家“入世”观念的重要体现。儒家强调珍视生命、人生有为、自强不息。

庄子鼓盆而歌

【经典】

庄子妻死，惠子[1] 吊[2] 之，庄子则方箕踞鼓盆而歌。惠子曰：

“与人居，长子[3]、老、身死，不哭亦足矣，又鼓盆而歌，不亦甚乎！”庄子曰：“不然。是其始死也，我独何能无概[4]然！察其始而本无生，非徒无生也而本无形，非徒无形也而本无气。杂乎芒芴[5]之间，变而有气，气变而有形，形变而有生，今又变而之死，是相与为春秋冬夏四时行也。人且偃然[6]寝于巨室[7]，而我噭噭[8]然随而哭之，自以为不通乎命，故止也。”（《庄子·至乐》）

【注释】

[1] 惠子：惠施，战国时名家的代表人物。善论辩，与庄子为友。

[2] 吊：吊唁。

[3] 长子：生育子女。

[4] 概：同“慨”。

[5] 芒芴（huǎng hū）：恍恍惚惚、不可辨认的样子。

[6] 偃然：仰卧的样子。

[7] 巨室：天地之间。

[8] 噭噭（jiào）：悲哭声。

【大意】

庄子的妻子死了，好友惠施前去吊唁，一进门，看到庄子伸开两腿坐在地上，边敲着盆边唱歌。惠施责备庄子说：“你与妻子生活了大半辈子，人家为你生儿育女，现在老而身死，你不哭也就罢了，还鼓盆而歌，太说不过去了！”庄子说：“你说的不对。她刚死的时候，我的心情也不能平静。但我细想，人本来没有生命，生命是怎么来的呢？在苍茫之间，先是变而有气，气变而有形，形变而有生，今又由生变而为死，这就如同春夏秋冬四时的变化而已。人死了，安然地躺在天地之间，变成了原初气散的状态，活着的人又何必悲伤！如果号啕大哭，就是不懂得大道是一个自然流转的过程。想明白了，自然就不哭了。”

【感悟】

在庄子看来，人生不过是气之聚，人死不过是气之散，气有聚有散，人必然有生有死，就像四时的运行那样自然而然，生与死都是宇宙大道自然流转的过程。

庄子认为，死亡是生命的一种形式，出生入死，死而为生，方生方死，方死方生。

如此看来，生又何欢，死又何哀？

庄子对死亡的看法非常达观，即消除对死亡的恐惧，不必悦生而恶死，要尊重生命，更要善待死亡。

司马迁忍辱而活

【经典】

人固有一死，死有重于泰山，或轻于鸿毛，用之所趋异也。太上[1] 不辱先，其次不辱身，其次不辱理色，其次不辱辞令，其次诎体[2] 受辱，其次易服受辱，其次关木索被棰楚[3] 受辱，其次鬄[4] 毛发婴[5] 金铁受辱，其次毁肌肤断支体受辱，最下腐刑，极矣！传曰“刑不上大夫”，此言士节不可不厉也。猛虎处深山，百兽震恐，及其在阱槛[6] 之中，摇尾而求食，积威约之渐也。故士有画地为牢势不入，削木为吏议不对，定计于鲜也。今交手足，受木索，暴肌肤，受榜棰，幽于圜墙[7] 之中，当此之时，见狱吏则头枪[8] 地，视徒隶则心惕息。何者？积威约之势也。及已至此，言不辱者，所谓强颜耳，曷足贵乎！……夫人情莫不贪生恶死，念亲戚，顾妻子，至激于义理者不然，乃有不得已也。今仆不幸，蚤失二亲，无兄弟之亲，独身孤立，少卿视仆于妻子何如哉？且勇者不必死节，怯夫慕义，何处不勉焉！仆虽怯耎[9] 欲苟活，亦颇识去就之分矣，何至自湛[10] 溺累绁[11] 之辱哉！且夫臧获婢妾犹能引决[12]，况若仆之不得已乎！所以隐忍苟活，函粪土之中而不辞者，恨私心有所不尽，鄙没世而文采不表于后也。

古者富贵而名摩灭，不可胜记，唯俶傥非常之人称焉。盖西伯拘而演《周易》；仲尼厄而作《春秋》；屈原放逐，乃赋《离骚》；左丘失明，厥有《国语》；孙子髌脚，《兵法》修列；不韦迁蜀，世传《吕览》；韩非囚秦，《说难》《孤愤》；《诗》三百篇，大氐贤圣发愤之所为作也。此人皆意有所郁结，不得通其道，故述往事，思来者。及如左丘明无目，孙子断足，终不可用，退论书策以舒其愤，思垂空文以自见。

仆窃不逊，近自托于无能之辞，网罗天下放失旧闻，考之行事，稽[13] 其成败兴坏之理，凡百三十篇，亦欲以究天人之际，通古今之变，成一家之言。草创未就，适会此祸，惜其不成，是以就极刑而无愠色。仆诚已著此书，藏之名山，传之其人通邑大都，则仆偿前辱之责，虽万被戮，岂有悔哉！(《汉书》卷六十二，《司马迁传》)

【注释】

[1] 太上：首位的，最重要的。

[2] 诎（qū）体：屈身，在人前低三下四。

[3] 棰楚：亦作“捶楚”，木棍，荆杖。

[4] 鬄（tì）：通“剔”。

[5] 婴：系于颈上。

[6] 阱槛（jǐng jiàn）：陷阱和笼子。

[7] 圜（huán）墙：牢狱。

[8] 枪：碰撞。

[9] 耎（ruǎn）：软弱。

[10] 湛（chén）：通“沉”。

[11] 累绁（léi xiè）：亦作“缧绁”，拘系犯人的绳索，引申为囚禁。

[12] 引决：亦作“引诀”，自杀。

[13] 稽：考察。

【大意】

人固然都有一死，但有的人的死比泰山还重，有的人的死却比鸿毛还轻，这是因为他们对生死的看法不同啊！一个人最重要的是不辱祖先，其次是不辱自身，再次是不受辱于别人的脸色，再次是不受辱于他人的言辞，再次是不因低三下四而受辱，再次是不因成为囚犯而受辱，再次是不被戴上脚镣手铐、被杖击鞭笞而受辱，再次是不被剃光头发、身披枷锁而受辱，再次是不被毁坏肌肤、断肢截体而受辱，最不能令人容忍的侮辱就是腐刑，这是对一个人最大的侮辱！

古书说“刑不上大夫”，说的就是士人节操的重要性，不能让刑罚凌辱自己的清白。猛虎跃于山林，百兽见之无不恐惧，等到它落入猎人的陷阱和牢笼之中，就只得摇着尾巴乞求食物，这是人不断地使用武力驯服它的结果。所以，哪怕是画地为牢，读书人也绝不肯进去，哪怕是削木为吏，读书人也绝不同他对答，这是由于早有立场，态度鲜明。

现在我身陷牢狱，手脚被木枷锁住，身体被绳索捆绑，衣衫不整，皮肉暴露，受着棍打和鞭笞，在这种时候，看见狱吏就叩头触地，看见牢卒就心生恐惧。为什么呢？这是刑罚的威慑所造成的结果。事已至此，再谈什么不受侮辱，那就是人们常说的厚脸皮了，还有什么值得尊敬的呢？

人之常情，莫不贪生怕死，这是因为父母需要赡养，妻儿需要照顾，当然，那些激愤于正义公理的人舍生取义，则另当别论。我是一个不幸的人，父母早亡，兄弟皆无。妻室儿女也不是我舍生取义的牵挂。受此大辱，我理当去死。

但我认为，一个勇敢的人不一定要为名节去死，看似怯懦的人，只要仰慕大义，活着又何尝不是一种勇敢？我虽然怯懦软弱，想苟活在人世，但也颇能区分弃生就死的界限，哪会自甘沉溺于牢狱生活而忍受屈辱呢？再说奴隶婢妾尚且懂得自杀，何况像我这样被凌辱至此的人呢？我之所以忍受着屈辱苟且活下来，在污浊的监狱中却没有自杀，是因为我内心的愿望还没有实现，如果著作没有完成就自杀而死，使史书不得流传后世，那样的死毫无意义，那才是我真正的遗憾。

纵观历史，虽是豪富权贵但已被历史淹没的人不可胜数，只有那些给历史做出贡献的人物著称于世。西伯姬昌被拘禁而演绎出《周易》；孔子受困窘而作成《春秋》；屈原被放逐而写出《离骚》；左丘明失明而著下《国语》；孙膑被挖去膝盖骨而修了《孙子兵法》；吕不韦被贬谪蜀地，《吕氏春秋》方流传于世；韩非被囚禁在秦国，写出了《说难》《孤愤》；《诗》三百篇，大都是圣贤们抒发愤懑而写作的。人们的感情受到压抑，郁结不得开解，理想无法实现，所以只好用著述来记述过去，思考将来。就像左丘明没有了视力，孙膑断了双脚，不能被人重用，便退隐著书立说来抒发他们的怨愤，表达他们的思想。

我很自不量力，用我那笨拙的文笔，收集天下散失的历史传闻，粗略地考订其事实，推究其成败盛衰的道理，把上自黄帝、下至当今的历史写成史书，一共一百三十篇，也是想探求天道与人事之间的关系，总结历史更替的规律，成为一家之言。草稿还未写完，就遭遇了这场灾祸。因为著述尚未完成，我忍受了腐刑这样的奇耻大辱而苟活。现在，我的著述已经完成，我打算把它藏进名山，并让它流传于世，如此，便抵消了我此前所受的奇耻大辱，即便是让我千次万次地被侮辱，我也无怨无悔。

【感悟】

人固有一死，但为什么而死，却使死亡显示出不同的意义来，或重于泰山，或轻于鸿毛。

司马迁似乎是苟活着，但他敢于直面最悲惨的人生。只有具备比不怕死更决绝的生死信念和大德大勇的人，才能够坚强地活下去。在司马迁这里，活远比死难，他是为了未竟的事业，饮辱含垢，无怨无悔。他的业绩和精神，流芳后世，永垂不朽。

嵇康临刑绝唱

【经典】

嵇中散[1] 临刑东市，神气不变，索琴弹之，奏《广陵散》[2]。曲终，曰："袁孝尼[3] 尝请学此散，吾靳固[4] 不与，《广陵散》于今绝矣！"（刘义庆：《世说新语・雅量》）

【注释】

[1] 嵇中散：嵇康，三国魏文学家、思想家、音乐家。字叔夜，

谯郡铚县嵇山（今属安徽涡阳）人。“竹林七贤”之一，曾任中散大夫，因遭到钟会构陷，被司马昭杀害。

[2]《广陵散》：又名《广陵止息》，古琴曲。

[3] 袁孝尼：袁准，字孝尼。

[4] 靳固：吝惜，舍不得。

【大意】

中散大夫嵇康在东市被处决之时，神态自若，向人要过琴来弹奏了一曲《广陵散》。奏完，叹息道：“袁准曾想要学这个曲子，我却没舍得教给他，现在看来，《广陵散》从今以后就是绝响了！”

【感悟】

嵇康能够神态自若地引颈就戮，并在临刑前抚琴弹奏一曲，只是遗憾未能将《广陵散》传下去，将魏晋风度的生死达观“雅量”，展现得淋漓尽致。

文天祥留取丹心照汗青

【经典】

辛苦遭逢起一经[1]，干戈寥落[2] 四周星[3]。山河破碎风飘絮，身世浮沉雨打萍。惶恐滩[4] 头说惶恐，零丁洋里叹零丁。人生自古谁无死，留取丹心照汗青[5]。(文天祥：《过零丁洋》)

【注释】

[1] 经：经籍。

[2] 寥落：冷清，稀稀落落。

[3] 周星：岁星。岁星十二年在天空循环一周，故又以周星指十二年。

[4] 惶恐滩：地名。在今江西万安县境内，水流湍急，为赣江十八滩之一。宋瑞宗景炎二年（1277 年），文天祥在江西兵败，经惶恐滩退往福建。

[5] 汗青：史书。古时人们在竹简上书写前，须先用火烤，使青竹“出汗”，烤干竹子的水分，干后再书写，故称“汗青”。

【大意】

南宋末，文天祥为元军所俘，被囚于珠江口外零丁洋的战船中。他宁死不降，写下了《过零丁洋》一诗。诗中说：回想我早年精通经籍，通过科举入仕历尽辛苦，如今战火不断，已经度过了人生四十多个年头。国家风雨飘摇危在旦夕，恰如狂风中的柳絮，我个人坎坷跌宕的命运，又好似骤雨里的浮萍。惶恐滩的惨败让我至今依然惶恐不已，零丁洋上身陷牢笼可叹我孤苦伶仃。人生自古以来又有谁能够长生不死，我要用自己的一片丹心照耀史册。

【感悟】

虽然人都是要死的，但每个人的死却有不同的意义。南宋末年，元军铁骑长驱南下，文天祥宁死不降，慷慨赴死，死得其所。

“人生自古谁无死，留取丹心照汗青。”置个人生死于度外的千古慷慨悲歌，荡气回肠。

苦乐：孔颜乐处

导　语

“苦乐”问题受到中国古代先哲们的特别重视。从总体上看，中国传统伦理文化注重从精神方面而不是物质方面来理解苦乐，强调道德的满足、精神的愉悦和心灵的安宁是最高的快乐与最大的幸福。

古人认为，所谓苦乐是主观的精神感受，所以不同的人对何为苦、何为乐，有着截然不同的理解，因而苦乐观迥然不同，“箪食瓢饮”是孔颜之乐的代表性的例子。

古人认为，所谓苦乐不在于物质占有多寡和欲望是否满足，而在于精神是否充实、道德是否完善。儒家说，疏食饮水，教人向善，是道德完善的快乐；爱山爱水，是对伟岸人格心向往之的快乐；闻《韶》而不知肉味，是道德和审美合而为一的快乐；“父母俱存，兄弟无故”，是人伦关系完满和谐的快乐；“仰不愧于天，俯不怍于人”，是良心安宁、问心无愧的快乐；用礼乐约束行为，是从心所欲不逾矩的快乐。道家则说，真正的快乐是超越了物质牵累和羁绊的快乐，是忘却物质、忘却形体，甚至忘却生死的精神满足，是与宇宙大道合而为一的逍遥之乐。

古人认为，一个人不应该沉溺在对个人苦乐、个人际遇的感叹中，而应该忧乐天下。中国传统伦理文化特别是儒家文化注重从个人与社会关系的角度来看待苦乐，提倡“乐以天下，忧以天下”“先天下之忧而忧，后天下之乐而乐”。这些积极的思想成分是中华优秀传统道德的重要组成部分，是中华民族精神的重要内容。

名　言

饭疏食，饮水，曲肱而枕之，乐亦在其中矣。不义而富且贵，于我如浮云。(《论语·述而》)

乐以天下，忧以天下。(《孟子·梁惠王下》)

天将降大任于是人也，必先苦其心志，劳其筋骨，饿其体肤，空乏其身，行拂乱其所为，所以动心忍性，曾益其所不能。(《孟子·告子下》)

生于忧患，而死于安乐也。(《孟子·告子下》)

先天下之忧而忧，后天下之乐而乐。(范仲淹：《岳阳楼记》)

颜子非乐箪瓢陋巷也，不以贫累其心，而改其乐也。(《二程集·河南程氏粹言》卷二)

君子之忧乐在天下，小人之忧乐在一身。(薛应旂：《薛子庸语》)

君子以道为乐，则但见欲之苦焉；小人以欲为乐，则但见道之苦焉。(《魏源集·默觚上·学篇十》)

咬得菜根香，寻出孔颜乐。(《增广贤文》)

孔颜之乐

【经典】

子曰："贤哉，回也！一箪食，一瓢饮，在陋巷，人不堪其忧，回也不改其乐。贤哉，回也！"（《论语·雍也》）

【大意】

孔子很喜欢弟子颜回。他称赞颜回道："颜回，是个贤德的人啊！一竹筐饭，一瓢水，住在小巷子里，别人不能承受这样穷苦的忧愁，他却不改变他自有的快乐。颜回，真是个贤德的人啊！"

【感悟】

在孔子的弟子中，颜回应该算是物质生活质量最差的一个。但颜回的可贵之处在于，他能够在贫穷的生活境况中自得其乐，并"不改其乐"。

在对苦乐的理解上，孔子和颜回确为同道。孔子赞赏颜回，亦是夫子自道。孔子说自己，哪怕是吃粗饭，喝冷水，席地而眠，"乐亦在其中矣"。因此后世儒者把孔子和颜回师生之"乐"，合称为"孔颜之乐""孔颜乐处"。后人一再追问，孔颜之乐到底"所乐何事"？很显然，孔颜之乐，非乐箪瓢陋巷，非乐疏食饮水，他们所乐，只在不以贫困累其心志，不以富贵易其操守，追求一种超越的精神之乐。宋代的程颢、程颐曾说："箪瓢陋巷非可乐，盖自有其乐耳。'其'字当玩味，自有深意。"

乐水乐山

【经典】

子曰："知者乐[1] 水，仁者乐山。知者动，仁者静。知者乐[2]，仁者寿。"(《论语·雍也》)

【注释】

[1] 乐 (yào)：喜好。
[2] 乐 (lè)：快乐。

【大意】

孔子说："智慧的人喜欢水，仁爱的人喜欢山。智慧的人通达事理但不拘泥，像水一样富有变化；仁爱的人明于义理坚守不迁，如山一般崇高厚重。智慧的人快乐，仁爱的人长寿。"

【感悟】

儒家的理想人格是智、仁的统一，如果用自然界中的事物来比拟的话，非流水不足以形容其通达权变，非高山不足以形容其崇高厚重。乐水、乐山，其实都旨在说明理想人格的伟岸。

对"知者乐水，仁者乐山"不应做拘泥的、一一对表式的理解，否则便无法理解儒家所推崇的理想人格之崇高，正如宋代儒者程颐所说，如果不是对智、仁的品格理解至深者，是无法做出如此形容的。

孔子闻《韶》

【经典】

子在齐闻《韶》[1]，三月不知肉味。曰：“不图为乐之至于斯也!”(《论语·述而》)

【注释】

[1]《韶》：舜时期的乐曲名。

【大意】

孔子在齐国时，听到了舜之《韶》乐，竟然很长时间没有吃出肉的味道。他说：“没想到音乐之美可以达到这个地步。”

【感悟】

中国古人认为，音乐不仅仅是宫、商、角、徵、羽五音的和谐，更是“通伦理者”，音乐中蕴含着教化的意味，通达心灵，陶冶情操。

孔子具有很高的音乐鉴赏力，认为郑声是不合礼制的靡靡之音，从子路鼓瑟中听到了杀伐之气，说武王之乐只尽美而未能尽善，对舜之《韶》乐则大加赞美：尽美，又尽善。

《韶》乐之美善，不仅仅在其五音和谐，更在其中的圣人气象。

孔子闻《韶》乐，不仅仅在于欣赏其音律之悦耳，更在于对其中所蕴含的道德意义心向往之。

曾子居卫苦中有乐

【经典】

曾子居卫，缊袍[1] 无表，颜色肿哙[2]，手足胼胝[3]。三日不举火[4]，十年不制衣，正冠而缨绝，捉襟而肘见，纳屦而踵决。曳縰[5]而歌《商颂》，声满天地，若出金石。(《庄子·让王》)

【注释】

[1] 缊袍：用乱麻絮做的袍子。缊，乱麻。

[2] 肿哙（kuài）：浮肿。

[3] 胼胝（pián zhī）：老茧。

[4] 举火：生火做饭。

[5] 曳縰（xǐ）：拖着鞋子。

【大意】

曾子在卫国居住的时候，生活非常穷困潦倒。他穿的袍子里面是乱麻败絮，外面破烂不堪。他面带浮肿，手足生满老茧。他经常几天不生火做饭，好几年不做新衣服。帽子的带子断了，衣服破烂不堪，鞋子露脚后跟。就是在这样贫苦的生活中，曾子仍然过得很快乐，他趿拉着破鞋子唱诵《诗经》中的《商颂》，歌声响彻天地，如同钟磬之音那样清越优美。

【感悟】

“曾子居卫苦中有乐”的故事，如果在儒家的眼中，表现的是曾子之乐在于人伦的完善、道德的提升以及死而后已的担当精神。而在庄子看来，曾子之乐是道家式的：超越了物质的牵累和羁绊，忘却了口体奉养之缺，忘却了自身形体的存在，逍遥游于宇内，与大道合而为一。

孟子“三乐”

【经典】

君子有三乐，而王[1] 天下不与存焉。父母俱存，兄弟无故，一乐也。仰不愧于天，俯不怍[2] 于人，二乐也。得天下之英才而教育之，三乐也。君子有三乐，而王天下不与存焉。（《孟子·尽心上》）

【注释】

[1] 王（wàng）：动词，称王。

[2] 怍（zuò）：惭愧。

【大意】

孟子说，君子有三种快乐的事情，称王天下不在其中。父母健在，兄弟没有变故，这是人生第一乐。无愧于天，无愧于人，这是人生第二乐。教导天下英才，这是人生第三乐。君子有三乐，称王天下并不在其中。

【感悟】

孟子认为，权力不意味着快乐，财富不意味着快乐。君子的快乐，乐在人伦关系的完满和谐，乐在存诚于己的良心安宁，乐在导人向善的教书育人。人生有此三乐，夫复何求？

范仲淹忧乐天下

【经典】

居庙堂[1]之高则忧其民，处江湖[2]之远则忧其君。是[3]进亦忧，退亦忧。然则何时而乐耶？其必曰“先天下之忧而忧，后天下之乐而乐”欤！噫！微斯人，吾谁与归？（范仲淹：《岳阳楼记》）

【注释】

[1] 庙堂：宗庙和朝堂，指在朝为官。

[2] 江湖：指在野，不做官。

[3] 是：这样。

【大意】

在朝为官，则为民众担忧；在野为民，则为国君担忧。如此，他们身在朝堂也忧虑，退隐江湖也忧虑。那么，他们什么时候会快乐呢？他们一定会说：“先天下之忧而忧，后天下之乐而乐。”唉，如果没有这样的人，那谁会是我的同道呢？

【感悟】

范仲淹对忧与乐的理解，代表了中国传统伦理文化对士大夫的期望和劝诫。在朝为官则忧其民，在野为民则忧其君，乐以天下，忧以天下，地位不同、身份不同，但忧乐天下的情怀是一致的。这样的忧乐观中所包含的以奉献国家、民众为乐，以国家危亡、民生困苦为忧的情怀，对后世产生了重大影响。

力命：知其不可而为之

导 语

“力”“命”是中国传统伦理文化中很具特色的一对范畴。大体上说，力，指的是力量、人力、后天的努力等；命，指的是天命、命运、命定等。力命涉及人力与命运等的关系，受到先哲们的重视而得以大加阐发。《列子》以人力与天命对话的寓言形式，阐发了关于力命的哲学思考。

古人首先承认命的存在。儒家认为，人生的很多因素非人力所能更改，故伯牛有疾，孔子叹命运之无常；子夏亦云：“死生有命，富贵在天”。他们所说的命，既有命定的意味，也包含着对人生复杂多变、种种不确定性和不可预测性的感叹。道家则说，人生中有很多无可奈何者，这就是命；人所能做的，只能是理顺理想与现实之间的巨大落差。因为命不可改变，所以只好安之若命；安之若命，便无须改变。

古人亦重视人的努力，即力。儒家强调谋事在人，特别是强调人的道德面貌完全是个人主观努力的结果。孔子说，为仁由己，欲仁则仁至。荀子说，贫富是际遇，道德在个人，一个人是不是努力，决定了君子与小人的分野，每个人都可以决定自己的道德。颜元则以地力的肥瘠来说明，命是道德资质，力是后天努力，地力虽有肥沃与贫瘠之分，但秋收时，人们却能看见庄稼人的勤劳和懒惰，因此，善恶在人。

名 言

穷则变，变则通，通则久。（《周易·系辞下》）

为仁由己。（《论语·颜渊》）

不怨天，不尤人。（《论语·宪问》）

知其不可而为之。（《论语·宪问》）

今天下之士君子，中实将欲求兴天下之利，除天下之害，当若有命者之言，不可不强非也。（《墨子·非命下》）

力，形之所以奋也。（《墨子·经上》）

亦余心之所善兮，虽九死其犹未悔。（屈原：《离骚》）

天行有常，不为尧存，不为桀亡。应之以治则吉，应之以乱则凶。（《荀子·天论》）

变祸为福，易曲成直，宁关天命，在我人力。（柳宗元：《柳河东集》卷二，《愈膏肓疾赋》）

古之立大事者，不唯有超世之才，亦必有坚忍不拔之志。（苏轼：《晁错论》）

人定真足胜天，今人但委于天，而不知人事之未定耳。（吕坤：《呻吟语·应务》）

为事在人，成事在天。（《增广贤文》）

志之所趋，无远勿届，穷山距海不能限也。志之所向，无坚不入，锐兵精甲不能御也。（金缨：《格言联璧·学问类》）

孔子叹命

【经典】

伯牛[1]有疾。子问之，自牖[2]执[3]其手，曰：“亡之，命矣夫[4]！斯人也而有斯疾也！斯人也而有斯疾也！”（《论语·雍也》）

【注释】

[1] 伯牛：孔子弟子。姓冉，名耕，字伯牛，鲁国人。

[2] 牖（yǒu）：窗户。

[3] 执：握着。

[4] 夫（fú）：语气词，相当于“吧”。

【大意】

孔子的弟子伯牛得了重病。孔子前去探病，从窗户拉着伯牛的手说：“看样子是不行了，这是命里注定的吧！伯牛这样好的人竟然会得这样的病啊！伯牛这样好的人竟然会得这样的病啊！”

【感悟】

在孔门的道德排行榜上，伯牛排在颜渊、闵子骞之后，位列第三，可见其德行是很突出的。因此，伯牛有疾，孔子尤为痛惜，不禁感慨命运之无常，感叹人生之不可预测。

孔子一方面强调人的主观努力，强调知其不可而为之，但另一方面也不得不承认，人生的很多因素非人力所能更改，比如疾病，比如寿夭。这两个方面看似矛盾，其实表达了孔子对力与命的看法：德行在已，寿夭在天；谋事在人，成事在天。

庄子论命

【经典】

知不可奈何而安之若命，唯有德者能之。游于羿[1] 之彀中[2]。中央者，中地也；然而不中者，命也。(《庄子 · 德充符》)

【注释】

[1] 羿（yì）：神话人物。精于射，每发必中。

[2] 彀（gòu）中：箭的有效射程。

【大意】

在这个世界上，有很多事情是无可奈何的。把这种无可奈何看作命运的安排，并安然处之，只有有德之人才能做到。举个例子说吧，在羿的射程内，一定是会射中的。然而羿偏偏射不中，那就是无可奈何，那就是“命”。

【感悟】

《德充符》是《庄子 · 内篇》的七篇之一。庄子在此篇中刻画了几个外形丑陋、德行完善之人。

庄子认为，对于一些人来说，人生的种种不如意是无可奈何的；对此，人不但要面对，而且要接受并“安之若命”，接受理想与现实之间的巨大落差。

庄子不是把“安之若命”理解为对种种不如意的逆来顺受，而是理解为对种种不如意的主动调适。顺其自然，是一种德行。

荀子谈道德在我

【经典】

楚王后车千乘，非知也；君子啜菽饮水[1]，非愚也。是节[2]然也。若夫心意修，德行厚，知虑明，生于今而志乎古，则是其在我者也。故君子敬其在己者，而不慕其在天者[3]；小人错[4]其在己者，而慕其在天者。君子敬其在己者而不慕其在天者，是以日进也；小人错其在己者而慕其在天者，是以日退也。故君子之所以日进与小人之所以日退，一也。君子、小人之所以相县者在此耳。(《荀子·天论》)

【注释】

[1] 啜菽（chuò shū）饮水：以豆为食，以水为饮，形容生活清苦。

[2] 节：恰好碰到这样。指个人际遇。

[3] 在天者：指富贵。

[4] 错：同“措”。

【大意】

楚王出游，后面跟随着千乘马车，这并不是依靠楚王自身的智慧；君子以豆为食，以水为饮，生活清苦，也不能说明君子愚笨。他们之所以会有这样的不同，是因为他们的际遇不同而已。如果一个人注重修养，德行突出，理智冷静，善于从历史中总结有利于自己道德进步的东西，那么，这个人就是能够掌握自己道德命运的人。因此，君子知道哪些东西是靠自己的努力可以实现的，不去羡慕那些由好的际遇带来的富贵；小人却放弃了努力，而去羡慕际遇。君子知道凭自己的努力可以改变自己的道德面貌，因此每天都有道德上的进步；小人把自己的道德面貌归于际遇，因此道德上每况愈下。君子与小人之所以会有境界上的差距，其实，全在他们如何看待外在环境与个人努力之间的关系。

【感悟】

“君子啜菽饮水”的故事，是讲道德与幸福的关系。荀子说，不能认为道德注定不能带来实际的幸福；如此，只是际遇不同而已。

荀子的观点是，贫富是际遇，道德在个人。人或许无法改变自己的遭际，但选择做君子还是小人，是由自己决定的。

《列子》的力命观

【经典】

力[1] 谓命[2] 曰：“若[3] 之功奚[4] 若我哉？”命曰：“汝奚功于物而欲比朕？”力曰：“寿夭、穷达、贵贱、贫富，我力之所能也。”命曰：“彭祖[5] 之智不出尧、舜之上，而寿八百；颜渊之才不出众人之下，而寿十八。仲尼之德不出诸侯之下，而困于陈、蔡；殷纣之行不出三仁[6] 之上，而居君位。季札无爵于吴，田恒[7] 专有齐国。夷、齐饿于首阳，季氏[8] 富于展禽[9]。若是汝力之所能，奈何寿彼而夭此，穷圣而达逆，贱贤而贵愚，贫善而富恶邪？”力曰：“若[10] 如若言，我固无功于物，而物若此邪，此则若之所制[11] 邪？”命曰：“既谓之命，奈何有制之者邪？朕直而推之，曲而任之。自寿自夭，自穷自达，自贵自贱，自富自贫，朕岂能识之哉？朕岂能识之哉？”（《列子·力命》）

【注释】

[1] 力：人力。

[2] 命：天令之谓命，指人生中无可奈何的某种必然性，如吉凶、祸福、寿夭、贫贱等命运。

[3] 若：你。

[4] 奚：何。

[5] 彭祖：传说中的长寿人物。姓篯名铿，颛顼玄孙，生于夏代，至殷末已有八百余岁。

[6] 三仁：指商朝的微子、箕子和比干三人。微子是纣王的庶兄，见纣王昏乱残暴而离去。箕子和比干是纣王的叔父，比干被杀，箕子劝谏纣王而被囚，佯狂而受辱。孔子称他们为殷之“三仁”。

[7] 田恒：春秋时齐国大臣。名恒，一作常，也称“陈成子”。大斗借出，小斗收进，笼络民心。杀死齐简公，拥立平公，任相国，扩大自己的封邑，从此齐国由田氏专政，奠定了田氏代齐的基础。

[8] 季氏：季孙氏，春秋后期鲁国掌握政权的贵族，是鲁国的三家权臣之一。

[9] 展禽：柳下惠，春秋时鲁国大夫。展氏，名获，字禽。食邑在柳下，私谥惠。

[10] 若：如果。

[11] 制：决定。

【大意】

人力对命运说："你的功劳怎么比得上我呢？"命运说："你对人们有什么功劳，却要和我比？"人力说："长寿或者短命，倒霉或者顺利，尊贵或者低贱，贫穷或者富有，这些都是我能够决定的。"命运说："彭祖的智慧不在尧和舜之上，却活了八百岁；颜渊的才能不在众人之下，却只活了十八年。孔子的品德不在诸侯之下，却被困在陈、蔡之间；殷纣王的品行不在箕子、微子、比干三人之上，却做了商朝的国君。季札在吴国没有爵位，田恒却独揽了齐国的政权。伯夷和叔齐饿死在首阳山，不守礼的季孙氏比有道德的柳下惠富有。如果你能够决定人的遭遇，为什么让那个人长寿而让这个人短命，让圣人困厄而让倒行逆施的人显达，让贤明的人低贱而让愚蠢的人尊贵，让善良的人贫穷而让邪恶的人富有呢？"人力说："即便如你所说，我对人们没有什么功劳，可是，人们有这样那样的遭遇，难道是由你控制的吗？"

命运说："既然说是命运，哪里还会有谁控制它们呢？一切是非曲直，我都听任其自然发展。人们都是该长寿的自然长寿，该短命的自然短命，该倒霉的自然倒霉，该顺利的自然顺利，该尊贵的自然尊贵，该低贱的自然低贱，该富有的自然富有，该贫穷的自然贫穷，我怎么能够知道呢？我怎么能够知道呢？"

【感悟】

这是中国哲学史上的一篇著名哲学论文，它涉及了自由与必然、人力与命运、选择与际遇等的关系问题。

孔子说，人要知其不可而为之。但在《论语》的最后，孔子也告诫人们，"不知命，无以为君子也"。

天令之谓命，进取之谓力；命不可测，但力在自己。

颜元论善恶在人不在命

【经典】

或问："祸福皆命中造定，信[1] 乎？"先生曰："不然。地中生苗，或可五斗，或可一石，是犹人生之命也。从而粪壤培之，雨露润之，五斗者亦可一石；若不惟无所培润，又从而蟊贼[2] 之，摧折牧放之，一石者幸而五斗，甚则一粒莫获矣。生命亦何定之有？夫所谓命一定者，不恶不善之中人，顺气数而终身者耳。大善大恶，固非命可囿[3] 也，在乎人耳。"（颜元：《颜习斋先生言行录·理欲》）

【注释】

[1] 信：真实。

[2] 蟊（máo）贼：亦作"蝥贼"，吃庄稼的两种害虫。食根曰蟊，食节曰贼。

[3] 囿：限制。

【大意】

有人问颜元："祸福都是命中注定的吗？"颜元回答说："不是这样的。就如同地里长的庄稼，有的可以产五斗粮食，有的可以产一石粮食，这就像每个人不同的命一样。如果施肥浇水，产五斗粮的也可以增产到一石；如果既不施肥浇水，又不消灭害虫，任凭人破坏和牛羊啃食，原本能产一石粮的只能产五斗粮，甚至有可能颗粒无收。人的命哪里是被注定的呢？所说的命定，是指那些既无善也无恶的人。而那些或者大善或者大恶的人绝非为命所决定，而是他们后天选择的结果。”

【感悟】

如果说人生有“命”存在的话，那么它可能是人先天的资质，就像有的地产粮五斗，有的地产粮一石一样。

地力虽有肥沃与贫瘠之分，但秋收时，农人的勤劳或者懒惰却一目了然。

人的道德同样如此。善恶完全是自己选择的结果。你选择了善，并自觉地约束自己、反思自己，你心里善的幼苗就会长成伟岸的大树；你选择了恶，懵懂而不反思，在恶的泥沼里不能自拔，你就会成为一个恶人。

善恶在人，非命可囿也。

荣耻：知耻近乎勇

导 语

中国传统伦理文化十分重视“荣耻”问题，古人对荣耻的论述，着重强调的是人的知耻心、羞耻感。

在社会评价中，人们对何者为荣、何者为辱的看法往往并不相同。某些人眼中的荣誉，恰恰是别人眼中的耻辱；某些人眼中的耻辱，反而是别人眼中的荣誉。针对荣辱呈现出的复杂情形，荀子对荣辱做了分类，认为荣辱皆可分为两种，即义荣、势荣，义辱、势辱，“君子可以有埶辱，而不可以有义辱；小人可以有埶荣，而不可以有义荣”。

古人看重人的羞耻心。《诗经》以“相鼠有皮”讽喻，如果一个人丧失了做人的道德底线，缺乏基本的羞耻之心，就连鼠类都不如。孔子强调“有耻且格”。孟子基于对人性本善的认识，认为羞耻之心，人皆有之，它决定了人和动物的分野，决定了人之为人的资格。《管子》认为“耻”是维系社会生活的纲纪之一。传统道德中强调的知耻心、羞耻感，就是一个人行为的“应该”。有了知耻心、羞耻感，人就具有了改过迁善的内在动因，盗牛者也可以路不拾遗；有了知耻心、羞耻感，人就可以自我约束，行己有耻，担当起自己的义务和责任。

古人认为，道德始于人的知耻心、羞耻感，而许多社会道德问题都是由不知羞耻引发的。孟子说，那些以不义的手段追求富贵利禄的人，与乞食墓场的齐人一样，寡廉鲜耻。

名　言

道之以政，齐之以刑，民免而无耻；道之以德，齐之以礼，有耻且格。(《论语·为政》)

士志于道，而耻恶衣恶食者，未足与议也。(《论语·里仁》)

巧言、令色、足恭，左丘明耻之，丘亦耻之。匿怨而友其人，左丘明耻之，丘亦耻之。(《论语·公冶长》)

羞恶之心，义之端也。(《孟子·公孙丑上》)

人不可以无耻，无耻之耻，无耻矣。(《孟子·尽心上》)

先义而后利者荣，先利而后义者辱。(《荀子·荣辱》)

知耻近乎勇。(《礼记·中庸》)

辱莫大于不知耻。(王通：《中说·关朗篇》)

得义则重，失义则轻。由义为荣，背义为辱。轻重荣辱，惟义与否。(《陆九渊集》卷十三，《与郭邦逸》)

廉耻，立人之大节。盖不廉则无所不取，不耻则无所不为。(顾炎武：《日知录·廉耻》)

见富贵而生谄容者，最可耻；遇贫穷而作骄态者，贱莫甚。(朱柏庐：《朱子治家格言》)

士皆知有耻，则国家永无耻矣。(龚自珍：《明良论二》)

相鼠有皮

【经典】

相鼠有皮，人而无仪[1]。人而无仪，不死何为？相鼠有齿，人而无止[2]。人而无止，不死何俟？相鼠有体，人而无礼。人而无礼，胡不遄[3] 死？（《诗经·鄘风·相鼠》）

【注释】

[1] 仪：礼仪。

[2] 止：节制。

[3] 遄：迅速。

【大意】

看那老鼠尚且有身鼠皮，做人怎可不讲礼仪？若是做人没有礼仪，为何不死还活在世上？看那老鼠尚且有副牙齿，做人怎可不讲节制？若是做人没有节制，为何不死还等什么？看那老鼠尚且有肢有体，做人怎可不讲礼？若是做人不讲礼，为何还不快快去死？

【感悟】

在古人的观念中，鼠类是丑陋且令人厌恶的，汉语中很多与“鼠”相关的词汇都表达了人们对鼠类的憎恶心理。

但就是这样一种令人厌恶的小动物，仍然有皮、有齿、有体，形象虽然猥琐，但也形体俱全，可以称之为“鼠”；与之相比，一个人如果丧失了做人的道德底线，缺乏基本的羞耻之心，甚至不可以称之为“人”。

这样的人，其行为堪比鼠类，甚至连鼠辈都不如。

行己有耻

【经典】

子贡问曰：“何如斯可谓之士矣？”子曰：“行己有耻；使于四方，不辱君命。可谓士矣。”（《论语·子路》）

【大意】

子贡问孔子：“怎样做才配称为士？”孔子说：“怀有一颗羞耻之心；出使到其他国家，能够不辜负国君的委托。这样的人便可以称为士了。”

【感悟】

孔子的要求是：道德修养上要有羞耻心，家国担当上要有责任感。

羞耻心是最基本的，它使人明白什么当为、什么不当为，什么是有所不为、什么是有所作为。一个在道德上令人信得过的人，也一定是恪尽职守、不辱使命的。儒家“八条目”所说的修身为本，与孔子强调的“士”的首要德行是知耻，道理是一致的。

齐人有一妻一妾

【经典】

齐人有一妻一妾而处室者，其良人[1]出，则必餍酒肉而后反。其妻问所与饮食者，则尽富贵也。其妻告其妾曰："良人出，则必餍酒肉而后反。问其与饮食者，尽富贵也，而未尝有显者来。吾将瞷[2]良人之所之[3]也。"蚤起，施从[4]良人之所之，遍国中[5]无与立谈者。卒之东郭墦间[6]，之祭者乞其余，不足，又顾而之他。此其为餍足之道也。其妻归，告其妾，曰："良人者，所仰望而终身也，今若此！"与其妾讪[7]其良人，而相泣于中庭。而良人未之知也，施施[8]从外来，骄其妻妾。由君子观之，则人之所以求富贵利达者，其妻妾不羞也而不相泣者，几希[9]矣！（《孟子·离娄下》）

【注释】

[1] 良人：古时妻子对丈夫的称呼。

[2] 瞷（jiàn）：窥视。

[3] 之所之：所去的地方。第一个"之"为助词，第二个"之"为动词，去。

[4] 施（yí）从：逶迤斜行。这里指暗中跟踪。施，通"迤"。

[5] 国中：国都内。

[6] 卒之东郭墦（fán）间：最后来到了东郊的墓地。东郭，东门外。墦，坟墓。

[7] 讪：咒骂。

[8] 施施：徐行貌。

[9] 希：同“稀”。

【大意】

齐人有一妻一妾。丈夫每次出门，必定是酒足饭饱后回家。他妻子问他一道吃喝的是些什么人，据他说来全都是些有钱有势的人。

妻子疑惑，就对他的妾说：“咱们的丈夫出门，总是酒足饭饱后回来。问他和什么人一道吃喝，据他说来全都是些有钱有势的人，但我们却从来没见到这样的人到家里来过。我打算悄悄地跟踪他，看看他到底去什么地方。”

第二天早上起来，她便跟在丈夫后面，但走遍全城，也没看到一个人停下来和她丈夫说话。最后，她看见丈夫来到东郊的墓地，向祭扫的人讨些剩余的祭品吃，没吃饱，又去别处乞讨。原来，这就是他酒醉肉饱的办法。

妻子回到家里，把自己所看到的一五一十地告诉了妾，对妾说：“丈夫，是我们仰望而终身依靠的人，可现今怎么是这样呢！”二人在庭院中咒骂着，哭泣着。而得意扬扬的丈夫还不知此事，从外面回来，仍然在他的两个女人面前显摆。

孟子说，其实，很多人用以谋取升官发财的途径，都与这个齐人一样，足以令他们的妻妾蒙羞哭泣。

【感悟】

这个齐人的行为遭到了人们的耻笑和唾弃，沦为千古笑柄。汉代的赵岐说过，一些想当官发财的人“皆以枉曲之道”，像那个齐人一样，暗夜里乞求哀告，但却骄人于白日。朱熹也说，现在那些求富贵之人的行为与齐人别无二致，“可羞之甚也”。

孔子说，“富与贵，是人之所欲”，但不以正当手段谋取，有道德的人是万万不肯做的。这个齐人，表面似乎餍足、光鲜、骄人，实则寡廉鲜耻。

孟子论耻

【经典】

是故所欲有甚于生者，所恶有甚于死者。非独贤者有是心也，人皆有之，贤者能勿丧耳。一箪食，一豆羹，得之则生，弗得则死。呼尔而与之，行道之人弗受；蹴尔而与之，乞人不屑也。(《孟子·告子上》)

【大意】

人们所追求的，有比生命更为宝贵的东西；人们所拒斥的，有比死亡更为可怕的事情。羞耻之心并非只有贤者才有，而是人皆有之，只不过贤者能够不丧失自己的羞耻之心罢了。一碗饭，一碗汤，得到了就能活命，得不到就会死掉。但如果有人吆喝着给别人，即使过路的饥民也不肯接受；有人用脚踩踏后再给别人，即使乞丐也不会要。

【感悟】

先秦诸子有不少关于人的羞耻心的论述。庄子曾经讲故事讽刺那些以吮痈舐痔等下作手段获得富贵的人寡廉鲜耻。孟子则认为，羞恶之心作为道德本心，人皆有之，但有的人却流失掉了。儒家认为道德是人之为人的根本。没有羞耻心，人则没入异类，同于禽兽。古人认为，流失掉的不仅仅是羞耻心，还有人自己。没有羞耻心，人就会毫无约束，胡作非为。

“羞恶之心，义之端也。”它告诉人们什么当为，什么不当为。

“一箪食，一豆羹，得之则生，弗得则死。”君子求生避死，要有道德底线，这就是要知廉耻。

荀子论荣辱

【经典】

有义荣者，有埶[1] 荣者；有义辱者，有埶辱者。志意修，德行厚，知虑明，是荣之由中出者也，夫是之谓义荣。爵列尊，贡禄厚，形埶胜，上为天子诸侯，下为卿相士大夫，是荣之从外至者也，夫是之谓埶荣。流淫污僈[2]，犯分乱理，骄暴贪利，是辱之由中出者也，夫是之谓义辱。詈侮捽搏[3]，捶笞膑脚[4]，斩断枯磔，藉靡舌綼[5]，是辱之由外至者也，夫是之谓埶辱。是荣辱之两端也。故君子可以有埶辱，而不可以有义辱；小人可以有埶荣，而不可以有义荣。有埶辱无害为尧，有埶荣无害为桀。义荣、埶荣，唯君子然后兼有之；义辱埶辱，唯小人然后兼有之。是荣辱之分也。（《荀子·正论》）

【注释】

[1] 埶（shì）：同“势”，权势。

[2] 污僈（màn）：同“污漫”，污秽卑劣。

[3] 詈（lì）侮捽（zuó）搏：辱骂，揪住，击打。詈，骂。捽，揪住。

[4] 捶笞膑（bìn）脚：杖击，挖掉膝盖骨。

[5] 藉靡舌縪（jǔ）：用绳索捆绑，双手后举。藉靡：绳绑。舌縪，王先谦《荀子集解》认为二字意思未详。孙诒让认为“舌縪”应为“后缚”，即反缚。

【大意】

有道义上的光荣，有权势上的光荣；有道义上的耻辱，有权势上的耻辱。内心纯洁，德行敦厚，思虑明智，这种光荣是由自身获得的，这叫作义荣，即道义上的光荣。爵位尊贵，俸禄丰厚，位高权重，在上是天子诸侯，在下为卿相士大夫，这种光荣是从身外获得的，这叫作势荣，即权势上的光荣。邪恶下贱，放荡污浊，冒犯名分，扰乱事理，骄横凶暴，贪图私利，这种耻辱是由自身造成的，这叫作义辱，即道义上的耻辱。受骂挨打，杖击鞭打，挖掉膝盖骨，分尸车裂，五花大绑，这种耻辱是由身外产生的，这叫作势辱，即权势上的耻辱。这就是荣辱的两个方面。

因此，君子可以遭受势辱，但不可以有义辱；小人可以获得势荣，但不可以有义荣。遭受权势上的耻辱不妨碍成为尧一样的圣人，拥有权势上的光荣也难免成为桀一样的恶人。道义上的光荣和权势上的光荣，唯有君子能够二者兼有；道义上的耻辱和权势上的耻辱，唯有小人能够二者兼有。这就是荣辱的区别。

【感悟】

荀子认为，在现实生活中，荣辱呈现出很复杂的情形，荣辱皆可分为两种，即义荣、势荣，义辱、势辱。

在两种荣誉和耻辱中，荀子所肯定、重视的是义荣和义辱，因为它们与个人的善恶相关。在荀子看来，义荣是真正的荣誉，是个人内在德性的体现；义辱是真正的耻辱，它意味着个人道德的堕落。

势荣虽然也是一种荣誉，但是外在的荣耀，是由人的身份、地位、机遇带来的。有德的君子可以势荣、义荣兼而有之。但君子之为君子，却不是因为势荣，而是因为义荣；小人虽然可侥幸逃避势辱，但却无法逃脱义辱。

有德的君子虽然有义荣，但往往得不到势荣，不过这丝毫无损君子的人格，因为只有义荣才是人的道德善的体现，才是真正的荣誉。

盗牛者怀耻迁善

【经典】

王烈字彦方，太原人也。少师事陈寔，以义行称。乡里有盗牛者，主得之。盗请罪曰："刑戮是甘，乞不使王彦方知也。"烈闻而使人谢之，遗布一端 。或问其故，烈曰："盗惧吾闻其过，是有耻恶之心。既怀耻恶，必能改善，故以此激之。"后有老父遗剑于路，行道一人见而守之，至暮，老父还，寻得剑，怪而问其姓名，以事告烈。烈使推求，乃先盗牛者也。(《后汉书》卷八十一，《王烈传》)

【大意】

东汉人王烈，祖籍太原。他青年时曾在陈寔门下学习，以品德高尚而著称。乡里有个偷牛贼被抓住了，他哀求主人说："判刑杀头我都心甘情愿，只求不要让王烈知道这件事。"王烈听说后派人去看望他，还送给他半匹布。有人问缘故，王烈说："偷牛人怕我知道他的过错，说明他尚有羞耻之心。既然心怀羞耻，就必然能够改正错误，我这样做，正是为了进一步激发他的羞耻心，促使他改过。"后来又发生了一件事，证明王烈的做法是正确的。有个老汉在路上丢了一把剑，等到晚上回来寻找的时候，发现拾到剑的那个人一直在原处等，整整守候了一天。老汉将这件事告诉了王烈。王烈派人查访拾剑人是谁，原来就是当初那个偷牛贼。

【感悟】

人难免有过错，甚至会做恶事。

做了恶事，有的人不会有羞耻心，又何来改过迁善的内在动力呢？而有羞耻心的人，则会在自己的过错面前悔恨难当，从而产生改恶从善的动力，努力向善。

“既怀耻恶，必能改善。”羞耻心是内在的向善之心，需要激发和培育。

图书在版编目（CIP）数据

中华美德书 / 夏伟东主编. -- 北京 ：中国人民大学出版社，2025. 6

ISBN 978-7-300-27003-6

Ⅰ. ①中… Ⅱ. ①夏… Ⅲ. ①品德教育-中国-通俗读物 Ⅳ. ①D648-49

中国版本图书馆 CIP 数据核字（2019）第 148004 号

中华美德书

夏伟东　主编

Zhonghua Meideshu

出版发行	中国人民大学出版社		
社　　址	北京中关村大街 31 号	**邮政编码**	100080
电　　话	010－62511242（总编室）		010－62511770（质管部）
	010－82501766（邮购部）		010－62514148（门市部）
	010－62511173（发行公司）		010－62515275（盗版举报）
网　　址	http://www.crup.com.cn		
经　　销	新华书店		
印　　刷	北京联兴盛业印刷股份有限公司		
开　　本	890 mm×1240 mm　1/32	**版　　次**	2025 年 6 月第 1 版
印　　张	19.75 插页 2	**印　　次**	2025 年 8 月第 2 次印刷
字　　数	491 000	**定　　价**	99.00 元